U0444582

北京师范大学中国近代文化研究中心　主办

近代文化研究

第二辑

主编　郑师渠

商务印书馆
2011年·北京

图书在版编目(CIP)数据

近代文化研究.第二辑/郑师渠主编.—北京:商务印书馆,2011
ISBN 978-7-100-07435-3

I.①近… II.①郑… III.①文化史－中国－近代－文集 IV.①K203-53

中国版本图书馆 CIP 数据核字(2010)第 200900 号

所有权利保留。
未经许可,不得以任何方式使用。

近代文化研究

(第二辑)

主编 郑师渠

商 务 印 书 馆 出 版
(北京王府井大街36号 邮政编码100710)
商 务 印 书 馆 发 行
北京市白帆印务有限公司印刷
ISBN 978-7-100-07435-3

2011年4月第1版 开本787×1092 1/16
2011年4月北京第1次印刷 印张18¾
定价:35.00元

编辑委员会
（按姓氏笔画排序）

顾　问
　　刘桂生　清华大学
　　李文海　中国人民大学
　　章开沅　华中师范大学
　　龚书铎　北京师范大学

主　编
　　郑师渠　北京师范大学

委　员
　　王先明　南开大学
　　孙若怡　台湾元培科技大学
　　孙燕京　北京师范大学
　　李　帆　北京师范大学
　　李长莉　中国社会科学院
　　村田雄二郎　日本东京大学
　　张昭军　北京师范大学
　　房德邻　北京大学
　　胡伟希　清华大学
　　郑大华　中国社会科学院
　　郑师渠　北京师范大学
　　朗宓榭　德国埃尔朗根—纽伦堡大学
　　桑　兵　中山大学
　　黄兴涛　中国人民大学

封面题字　欧阳中石

目 录

文化思潮

耿云志:近代文化保守主义的历史角色演变 …………………………… 1
俞祖华、赵慧峰:文化保守主义思潮的三份标志性文本 ………………… 27

学术史

张永春:"西学中源"说与晚清诸子学的演变趋向——以墨学为中心的考察……
 ……………………………………………………………………………… 40
曹志敏:试论魏源《诗古微》的考证成就 ………………………………… 59
〔日〕後藤延子:严译《天演论》早期版本考索 …………………………… 88
王宪明:严复的"群学":内涵、传承、特点 ……………………………… 105
李帆:刘师培论清代经学 …………………………………………………… 121
刘贵福:钱玄同与刘师培 …………………………………………………… 138

文化与社会

马勇:梁启超与湖南时务学堂再研究 ……………………………………… 156
〔德〕顾德琳:世界语与中国的无政府主义 ……………………………… 173
〔日〕村田雄二郎:钱玄同和汉字简化——另一个简体字 ……………… 205
史革新:历史真实与艺术真实统一问题略说 ……………………………… 215

研究综述

黄爱平:百年来清代汉学成因研究述评 …………………………………… 242
张昭军:新时期30年的中国近代文化史研究 …………………………… 268

书讯 …………………………………………………………………………… 291

Contents

Cultural Trend of Thoughts

The Evolution of the Historical Role Played by the Modern Cultural Conservatism ·················· Geng Yunzhi (1)

Three Significant Texts on the Trend of Cultural Conservatism
·················· Yu Zuhua, Zhao Huifeng (27)

Academic History

The Evolution of the Theory of "Chinese Origin of Western Learning" and Chu-tzu Hsueh in the Late Qing Dynasty: A Research Focused on Mohism
·················· Zhang Yongchun (40)

Comments on the Textual Research Achievements of Wei Yuan's *Shi Gu Wei*
·················· Cao Zhimin (59)

The Investigation of the Earlier Versions of *Evolution and Ethics and other Essays* Translated by Yan Fu ·················· (Japan) Gotō Nobuko (88)

Yan Fu's "Qun Xue": Contents, Heritage and Characteristic
·················· Wang Xianming (105)

Liu Shipei's Comment on the Study of Confusion Classics in Qing Dynasty
·················· Li Fan (121)

Qian Xuantong and Liu Shipei ·················· Liu Guifu (138)

Culture and Society

A Further Study on Liang Qichao and Hunan Shi Wu School
·················· Ma Yong (156)

Esperanto and Chinese Anarchism ··· (Germany) Gotelind Müller-Saini (173)

Qian Xuantong and the Simplification of the Chinese Characters: Another Simplified Chinese Character ·················· (Japan) MURATA Yujiro(205)

A Brief Study on the Integration of Historical and Art Authenticity
·· Shi Gexin(215)

Research Overview

A Research Overview on the Formation of the Han Xue of Qing Dynasty in the Recent Hundred Years ································ Huang Aiping(242)

The Study of Chinese Modern Cultural History in the Recent Thirty Years
·· Zhang Zhaojun(268)

Information of Books ································ (291)

近代文化保守主义的历史角色演变

耿云志

在中国近代文化史上,保守主义曾扮演了重要角色。它在各个时期都充当了传统的守护者,只是随着历史的发展,所要保守和所能保守的传统的范围却不断地缩减。

十几年前,我在《传统与未来》一篇短文里曾说:"传统是一个民族或一个社会群体累代传承下来的,凝结在其文化中,长久地制约着、规范着人们的思想、行为和情操的那些东西。"文章还指出,传统主要有三个特性,即稳定性、模式化与排他性。又指出,传统在历史上有时会起到两种截然不同的作用,它"既可以是一种支持进步的力量,也可以是一种惰性的力量"。最重要的是人们对传统采取什么样的态度,"聪明的人,利用传统,创造未来;愚蠢的人,把自己捆缚在传统上"。① 至今,在这些问题上,我的看法没有改变。

传统既然是累代生命历程中形成起来的东西,它就是与民族或社会群体的生命紧密连接在一起的,是不可随意抹杀,不可骤然取缔的。但另一方面,它既然是历史上形成的,它也就不可能是一成不变的。所以,关键就在于我们如何对待传统。就中国近代文化转型的历史而言,既不乏利用传统以开拓进步事业的先进分子,也有不少固守传统、抵抗进步潮流的人物。鸦片战争后至洋务运动时期,一些主张改革的人所鼓吹的"西学中源"说以及"中体西用"说,都是利用传统,对传统作出新的解释,以为进步事业开辟出路。康有为直接利用孔子的招牌,为其政治改革制造舆论,更是人所共知的了。而固守传统的人,无论是反对同文馆招收正途人员的倭仁,还是反对康、梁变法主张的王先谦、叶德辉乃至张之洞,都坚持中国传统,或者是全部或者是其"本体"不可变。

---

① 耿云志:《蓼草集》,中国社会科学出版社2000年版,第126—130页。

关于保守主义,其含义向来不十分确定。保守主义可以是对开放主义而言,保守本民族的文化,拒绝外来的文化。保守主义也可以是对任何改革或革命的趋势而言,主张保持现状,维护固有的东西。保守主义也可以是对激进主义——如暴力革命或急进的改革——而言,主张温和的、缓进的改革,不赞成急遽地或大幅度地改变现状。在中国近代史上,保守主义曾以各种不同的面目出现过,其主张各有不同,其所扮演的角色、所起的历史作用亦各不相同,很值得我们加以探讨。

一、洋务运动时期的保守主义

魏源提出"师夷长技",冯桂芬提倡"采西学",在当时,都可算是开放主义的文化观念。他们的思想主张,可以说是引发洋务运动的直接思想先驱。最初学习西方,自然只能是从显明易见之处开始,如船、炮、机械之类。由此而推及算学。1866年12月和1867年1月,主持洋务的恭亲王奕䜣两度上折要求在同文馆添设天文算学馆。其理由是"洋人制造机器、火器等件,以及行船行军,无一不自天文算学中来"。因此,他建议从满汉举人及恩拔岁副优贡所谓正途出身五品以下京外各官,其年龄在二十以上者中选拔学生;随后又将招生范围扩大到翰林院编修、检讨、庶吉士及进士出身之五品以下京外各官,年龄在三十以下者。被录取者须常川住馆学习,实行月考、年考。馆中专聘洋人充教习。此事自是洋务之一种,目的在培养人才,若能认真举办,当然有益无害。但奕䜣奏折中称:"倘能专精务实,尽得其妙,则中国自强之道在此矣。"①以为自强之道即在于此,显然不对。

此奏一出,当即遭到守旧大臣们的反对。最先起来争持的是掌山东道监察御使张盛藻。他主要是反对以科甲正途出身人员入馆学习。他认为"若令正途科甲人员习为机巧之事,又藉升途、银两以诱之,是重名利而轻气节,无气节安望其有事功哉?"他认为,若办此馆,"止宜责成钦天监衙门考取年少颖悟之天文生、算学生,送馆学习。……至轮船、洋枪,则宜工部遴选精巧工匠,或军营武弁之有心计者,令其专心演习,传授其法,不必用科甲正途官员肄习其事"。②张氏的奏

---

① 《筹办夷务始末》(同治朝)卷四十六,第4页。
② 《筹办夷务始末》(同治朝)卷四十七,第16页。

折遭到朝廷的驳斥。这时，倭仁出而上奏，反对奕䜣的主张。按，倭仁（1804—1871）原为河南开封驻防旗人，家境清寒，以学优而仕。道光九年（1829）中进士，授翰林院庶吉士，得与京中士林为伍，相与切磋，学益长进。其学原宗王阳明之心学，入京师以后，受吴廷栋、唐鉴影响转而尊程朱，遂终生笃奉朱子之学，以卫道崇德自任，渐为士林所重，被视为"道光以来一儒宗"。由此，其仕途亦称顺，相继为帝师，为翰林院掌院学士，随后复以大学士兼管户部。到同文馆之争起，倭仁已是望重朝野的理学名臣，士林尊奉的"一代儒宗"。由他出来力争，虽未得朝廷采纳，事实上却产生了重大影响。按奕䜣奏请的招收条件，在招生范围内的正途人员，他们获取功名多半都在1862—1867年间。而这期间，倭仁恰好担任翰林院掌院学士，又担任历次会试正考官，或殿试读卷官，或朝考阅卷大臣。以此，适合参加应考的人员，几乎都可算是他的门生。既是门生，自然极易接受他的影响。再加上，倭仁身兼帝师、大学士的头衔和理学名臣、"一代儒宗"的声望，其对年轻士子的影响力，可想而知。这就是报名应考天文算学馆的人员甚少的基本原因。①

倭仁反对奕䜣与朝廷添设天文算学馆的计划，主要理由是两个方面。

一、坚持"夷夏之防"。倭仁最不能容忍的是"以诵习诗书者而奉夷为师"②。这里所说"诵习诗书者"，是泛指读中国圣贤之书的士子，自然包括天文算学馆准备招考的那些科甲正途人员。倭仁认为，"议和以来，耶稣之教盛行，无识愚民，半为煽惑，所恃读书之士讲明义理，或可维持人心。今复举聪明隽秀，国家所培养而储以有用者，变而从夷，正气为之不伸，邪氛因而弥炽，数年以后，不尽驱中国之众咸归于夷不止。"③在倭仁看来，读圣贤书的中国士子，乃系维持圣道人心的砥柱，是维系中国之所以为中国者的民族精英。让他们去奉夷人为师，"无论所学必不能精，即使能精，又安望其存心正大，尽力报国乎？恐不为夷人用者鲜矣。"④倭仁强调，夷人是我们的仇人，"咸丰十年，称

---

① 李细珠：《晚清保守思想的原型——倭仁研究》，社会科学文献出版社2000年版，第174—178页。
② 倭仁：《奏陈奉夷为师之害并述自强之道仍须以礼义为本》，《筹办夷务始末》（同治朝）卷四十八，第11页。
③ 倭仁：《奏陈学习西洋天文数学为益甚微延西人教习正途学士为害甚大》，《筹办夷务始末》（同治朝）卷四十七，第24—25页。
④ 倭仁：《奏陈奉夷为师之害并述自强之道仍须以礼义为本》，《筹办夷务始末》（同治朝）卷四十八，第11页。

兵犯顺,凭陵我畿甸,震惊我宗社,焚毁我园囿,戕害我臣民,此我朝二百年未有之辱。……能一日忘此仇耻哉?"①他还指出,"夷人机心最重,狡诈多端。今欲习其秘术以制彼死命,彼纵阳为指授,安知不另有诡谋?"②倭氏说:"闻夷人传教,常以读书人不肯习教为恨。今令正途从学,恐所习未必能精,而读书人已为所惑,适堕其术中耳。"③

　　显然,倭仁坚持认为,夷与中国不能并容,夷夏之防不可破。以正途出身的学子奉夷人为师,将使本可赖以维系中国圣道人心的砥柱之才,反为夷人所用,为害中国,至尽驱中国之众咸归于夷。在他看来,这岂不是助夷人以亡我之国,亡我之种,亡我之教?这是他强烈反对设立天文算学馆,延西人教授正途士子最基本的原因。

　　二、他坚持认为,立国之道,根本之图在人心不在技艺。倭仁所上反对奕䜣的第一折就从这一点上立论。他说:"窃闻立国之道,尚礼义不尚权谋;根本之图在人心,不在技艺。今求之一艺之末,而又奉夷人为师,无论夷人诡谲,未必传其精巧;即使教者诚教,学者诚学,所成就者不过术数之士。古今来未闻有恃术数而能起衰振弱者也。"应该说倭仁这段话是有几分道理的。奕䜣误以为,"举凡推算学格致之理,制器尚象之法,钩河摘洛之方,倘能专精务实,尽得其妙,则中国自强之道在此矣。"④这话是不对的。任何国家,欲求强盛,首先须有一种较好的制度,使人民皆得其所,从而上下齐心,各尽其力,国家始能强盛。只是,倭仁不懂得政治制度为何事,依然尊奉古圣先贤的礼义人心的说教,不足为训。他所说的礼义,即是围绕君权专制的,以孔孟学说为核心的一套纲常名教;他所说的人心是与前者密切相关的道德规范,诸如忠、孝、仁、义、廉、耻之类。值得注意的是,倭仁把传统士大夫的本末观推至极端。照经典的说法,本末之论是强调重本轻末,本与末是轻与重之分,并非只要本,不要末。但倭仁却明确地反对向西人学习其技艺之长。他说:"天文算学,止为末艺,即不讲习,于国家大计,亦无所

---

① 倭仁:《奏陈学习西洋天文数学为益甚微延西人教习正途学士为害甚大》,《筹办夷务始末》(同治朝)卷四十七,第24页。
② 倭仁:《奏陈奉夷为师之害并述自强之道仍须以礼义为本》,《筹办夷务始末》(同治朝)卷四十八,第11页。
③ 倭仁:《奏陈学习西洋天文数学为益甚微延西人教习正途学士为害甚大》,《筹办夷务始末》(同治朝)卷四十七,第25页。
④ 《筹办夷务始末》(同治朝)卷四十六,第4页。

损,并非谓欲求自强,必须讲明算法也。"①如此说来,兴办天文算学馆,本属多此一举。而又招收正途人员,奉夷人为师,更是大谬误国。

倭仁的立场和思想主张,是洋务运动时期保守主义的典型代表。以"夷夏之防"为理由,拒斥西方文化,这是封闭主义的文化心态。在1850年代之初,魏源提出"师夷长技"的主张,在1860年代之初,冯桂芬倡"采西学",并主张"以中国之伦常名教为本,辅以诸国富强之术"。这些主张,显然已突破了传统的"夷夏之防"的观念。而到了1867年,倭仁却以"夷夏之防"为理由,反对添设天文算学馆,尤其反对招收正途人员入馆学习,奉夷人为师。他比魏源、冯桂芬倒退了一大步。须知,当时洋务运动刚刚兴起,中国人都还不曾认识到西方的政教制度之善。人们还只能从西方国家强大的一些最表面的东西上看到值得学习仿效的地方。这是非常自然、不可避免的一个认识阶段。所以,在当时,开创洋务的那些人,就代表了那时的进步趋向。倭仁反对洋务派官员兴办的事业,就是反对中国朝向进步的方向走。可以说,他是鸦片战争后,沿海口岸开放以来,统治集团上层中,第一个系统表述保守主义思想主张的人。

倭仁的保守主义的第一个特点,是他仍以"天朝上国,惟我独尊"的心态对待外国人。在他心目中,西方人与中国历来所遇的蛮夷没有区别,不承认他们的文化有任何可取之处。他认为,西人所传之教不是正当的宗教,视彼教为"邪氛"。他认定,西人"机心最重,狡诈多端"。他不加分别地视西人皆"吾仇也"。这与中国古代士大夫对待周边民族的态度完全一致。

倭仁的保守主义的第二个特点,是他以为天下只有孔孟之学为"正学",可为治国大道。倭仁说:"有关圣贤体要者,既已切实讲求,自强之道,何以逾此?"②所以,他坚持认为,自强之道仍须以圣贤之礼义为本。读圣贤之书者,方可成"忠信之人"、"礼义之士"。此等守忠信、秉礼义之士,方能"伸正气","除邪氛","维持人心","平治天下"。可以说,在倭仁的心目中,除中国之圣贤孔孟学说以外,无所谓学问。西人"一艺之末",何足道?

从以上两个特点我们可以看出,倭仁以为,中国之外没有高度文明的民族,

---

① 倭仁:《奏陈立国之道以礼义人心为本天文算学止为末艺》,《筹办夷务始末》(同治朝)卷四十八,第19页。

② 倭仁:《奏陈奉夷为师之害并述自强之道仍须以礼义为本》,《筹办夷务始末》(同治朝)卷四十八,第12页。

孔孟学说之外没有高等的学问。这就是洋务运动时期保守主义的基本思想特征。

但应该看到,像倭仁这样的保守主义者,在当时绝不是个别的例外,相反,他反映了当时社会大多数人的思想状况。徐一士在《倭仁与总署同文馆》一文中说:"清总理各国事务衙门之设同文馆(按,当指添设天文算学馆一事——引者),士大夫多守旧,以'用夷变夏'非议者甚众。倭仁以大学士为帝师,负众望,反对尤力。虽违旨,而一时清议极推服之。"①接着,他引了《翁同龢日记》中多条记载,以实其说。翁氏《日记》同治六年二月十三日记道:"同文馆之设,谣言甚多,有对联云:'鬼计本多端,使小朝廷设同文之馆;军机无远略,诱佳子弟拜异类为师'。"②同月二十四日又记道,针对同文馆,"京师口语藉藉,或粘纸于前门,以俚语笑骂:'胡闹,胡闹! 教人都从了天主教!'云云。或作对句:'未同而言,斯文将丧';又曰:'孔门弟子,鬼谷先生'。"③所反映的都是一般民众从"夷夏之防"的观念出发,对同文馆招收正途士子的做法表示义愤。其思想的心理基础与倭仁可谓同出一辙。徐氏复引李慈铭的日记,记载李氏见到朝廷驳斥杨廷熙关于同文馆事所上的奏折,并责令倭仁假满即到总理衙门上任的上谕后,所写:"草土臣慈铭曰:当咸丰末之设总理各国事务衙门也,慈私谓其非礼,宜以理藩院并辖,而添设侍郎一人,以恭邸总理之,不宜别立司署。尝为一二当事者言之而不听也。……至今年开同文馆(按,应是指添设天文算学馆——引者),以前太仆卿徐继畬为提调官,而选翰林及部员之科甲出身年三十以下者学习行走。则以中华之儒臣而为丑夷之学子,稍有人心,宜不肯就,而又群焉趋之(按,李氏当时丁忧在籍,不甚明了情况。实则,因倭仁等保守势力的影响,报名参考者并不多——引者)。盖学术不明,礼义尽丧,士习卑污,遂至于此。驯将夷夏不别,人道沦胥,家国之忧,非可言究。"李氏还责备杨廷熙的奏折说得不够到位,未能"深切着明"地指陈"西法之不足用,夷心之不可启,国制之不可不存,邪教之不可不绝"④。李氏当时尚未成进士,但其学问已渐为人知。他的思想见解,可反映出一般读书人的态度。据《郭嵩焘日记》载,自倭仁、张盛藻与总理衙门为天文算学馆招考正途人员

---

① 徐一士:《一士类稿 一士谈荟》,书目文献出版社1984年版,第380页。
② 《翁同龢日记》第一册,中华书局1989年版,第519页。
③ 同上书,第521页。
④ 《越缦堂日记》同治六年七月三日,扬州广陵书社2004年版。

事发生争论以后,"湖南京官会议,有入馆从洋人肄业者,不准入会院,其各部司员皆不得分印结。山西人亦从而和之。"①这也可反映出一般官场上的态度。

总之,就总理衙门添设天文算学馆、招收正途人员入馆学习一事,倭仁以"夷夏之防"和"立国之本末"为理由所进行的抗争,是得到相当广泛的同情和支持的,说明在当时,排斥西方文化的保守主义是很有社会基础的。

二、从戊戌到辛亥时期的保守主义

戊戌维新运动中的保守主义

如果说在洋务运动初兴时期,以倭仁为代表的保守主义是针对洋务运动的,其所要保守的,是洋务未兴以前的固有状态。那么,在维新运动起来以后所发生的保守主义,则其所针对的已不是洋务运动,而是在批判洋务运动基础上新兴起来的维新变法运动。这时的保守主义者,已可以承认洋务运动的正当性;但反对更进一步的变法。所以,他们不同于倭仁为代表的近代原初形态的保守主义,而是对变革的范围和深度持保守态度的一些人。

在戊戌维新运动中,真正做得有声有色的是湖南省,那里既有一批极其活跃的维新志士,也有一批很有典型意义的保守派代表人物。在这里,保守派对维新派的攻击比任何地方都来得更为激烈。而他们的保守主义的思想言论也具有一定的系统性和代表性。

湖南维新运动最惹人注目的是时务学堂、南学会和《湘学报》《湘报》两份报纸。南学会是维新志士们想把它做成地方议会一样的组织,聚集绅、学等各界人士,定期讲演,宣讲新学新理,议论时政。时务学堂是他们培养和训练维新人才之地。两份报纸则是维新派为推进变法大造舆论的机关。这三个方面都有一批康有为、梁启超的朋友、学生在其中充当骨干力量。保守派即抓住这三个方面的问题向维新派发动反击。其代表人物主要有王先谦、叶德辉及宾凤阳、曾廉、苏舆等人。其中又以王、叶两人为最重要。

王先谦(1842—1917),长沙人,同治年间进士,历任翰林院编修、国子监祭

---

① 《郭嵩焘日记》同治六年四月初三日,湖南人民出版社1982年版。

酒、江苏学政等职。还曾任云南、江西、浙江等省乡试考官,长沙岳麓书院、城南书院院长,其学问淹博,著述甚丰,在湖南乃至全国都甚有名望。他曾颇积极地参与湖南洋务事业的举办,甚至后来成为他们攻击的重要目标的时务学堂,也是王先谦领衔禀请开设的。所以王氏绝非一般意义上的保守分子。叶德辉(1864—1927),湘潭人,光绪年间进士,曾任吏部主事。他对西学西事,略有所知,尝说,"谓西人无伦理者,浅儒也;谓西教胜孔教者,缪种也"[1]。他也参与过一些地方洋务。所以,他与王先谦一样,与以往的保守主义者是有区别的。至于时任湖广总督,发表《劝学篇》批评康有为等维新派的张之洞,乃清末主持洋务新政最重要的大员之一。论其思想,亦远非倭仁之流可比。

现在我们就分析一下他们的思想言论,以明其不同的时代特点,及其所发挥的不同的历史角色作用。

我们把张之洞与王先谦、叶德辉三人作为戊戌维新运动时期保守派的代表人物,是因为他们有明显的共同立场和共同的思想主张。第一,他们都赞成并参与洋务事业,对西学有相当的容纳;第二,他们都激烈地反对康、梁。

王先谦说:"所谓西学者,今日地球大通,各国往来,朝廷不能不讲译学。西人以工商立国……我不能禁彼物使不来,又不能禁吾民使不购,则必讲求工艺以抵制之,中国机庶可转。故声光化电及一切制造矿学,皆当开通风气,力造精能。国家以西学导中人,亦是于万难之中求自全之策,督抚承而行之,未为过也,绅士和之,未为过也。"[2]正因此,他本人亦曾"掷万金于制造,实见中土工艺不兴,终无自立之日"[3]。叶德辉亦认为,"中国欲图自强,断非振兴制造不可"[4]。他本人也多少参与过一些洋务事业。至于张之洞之于洋务事业的关系,那是尽人皆知的了,无须再赘。

在对西学的认识和态度上,他们之间亦有差异。约而言之,张氏比较更开明,王氏次之,叶氏则比较落后。张氏在《劝学篇》的《序》里面说,"西艺非要,西政为要"。他这里所说的"政",当然不是指政治制度,但显然是不限于"艺",是在"艺"之上,应当是指管理方面的学问。承认应该重视学习西方在行政及各种社

---

[1] 《明教》,《翼教丛编》卷三,光绪二十四年八月武昌刻本,第35页。
[2] 《王祭酒与吴生学兢书》,《翼教丛编》卷六,光绪二十四年八月武昌刻本,第9页。
[3] 《王祭酒复毕永年书》,《翼教丛编》卷六,第6页。
[4] 《叶吏部与俞可恪士观察书》,《翼教丛编》,第35页。

会事业的管理知识,这种认识,在当时无论如何都是很前沿的。在《明纲》篇中,他甚至在一定程度上,承认西方人也有君臣、父子、夫妇的伦纪。这种认识很可能只是得自传闻,并且目的是为了批评急进的西化论者。但此种认识在中国士大夫中间,同样亦属开明之见。王先谦认为,西人"究其所学,皆工艺之学也"。"西人之学专在工艺,故舍工艺而谈西学,犹断航而求至海,南辕而北其辙也。"①所以,他又总括地说:"西学无论巨细,止当以工艺统之。"②他的见识,显然不如张之洞的开阔。至于叶德辉,其对西学的认识比王先谦还要落伍。如他说:"西俗合众公主之法,由于无君臣之伦;其无君臣,由于无父子;其无父子,由于无夫妇。"③他还费尽力气地企图证明中国与中国人在地球上之特殊地位。他说:"亚洲居地球之东南,中国适居东南之中,无中外独无东西乎?四时之序,先春夏,五行之位,首东南。此中西人士所共明,非中国以人为外也。五色,黄属土,土居中央。西人辨中人为黄种,是天地开辟之初,隐与中人以中位。西人笑中国自大,何不以此理晓之?"④他还有一种颇为奇特的见解,认为西方的宗教实际上都是中国儒、道之绪余。他说:"老氏之学,一变而为儒,再变而为法;其入夷狄而为浮屠也,又变而为释。释教盛于身毒,即今之印度也。今西域海西诸教,若回回、若天方、若天主、若耶稣,又本释氏之支流余裔,各以其一鳞一爪纵横于五大洲之间。"⑤

尽管他们对西学的认识有如此差异,但他们的思想水准,至少与洋务运动是同步的。他们所要保守的,是洋人所不可企及的那些中国传统的宝贝,就是中国数千年奉若天条的所谓纲常名教,说白了,就是君主专制制度和宗法制度。我们看,张、王、叶等都极力反对民权平等之说,坚认纲常名教不可破。张之洞说:"亲亲也,尊尊也,长长也,男女有别,此其不可得与民变革者也。五伦之要,百行之原,相传数千年,更无异议。圣人所以为圣人,中国所以为中国,实在于此。故知君臣之纲,则民权之说不可行也;知父子之纲,则父子同罪,免丧、废祀之说不可

---

① 《与俞中丞》,见《虚受堂书札》卷二,第12—13页。
② 《复万伯任》,《虚受堂书札》卷二,《近代中国史料丛刊》第69辑,台湾文海出版社有限公司1971年版,第21页。
③ 《叶吏部与俞恪士观察书》,《翼教丛编》卷六,第34页。
④ 《叶吏部与南学会皮鹿门孝廉书》,《翼教丛编》卷六,第20—21页。
⑤ 《明教》,《翼教丛编》卷三,第32页。

行也;知夫妇之纲,则男女平权之说不可行也。"①他认为,西方的议院,其意不过是"民间可以发公论达众情而已,但欲民申其情,非欲民揽其权"。他认定,民权的提法,纯属误译西语所造成的错误。若倡民权,教人以争权力为主义,则"使民权之说一倡,愚民必喜,乱民必作,纪纲不行,大乱四起"。所以,"民权之说,无一益而有百害"。② 王先谦认为,"纲常实千古不易"。"梁启超承其师康有为之学,倡为平等平权之说,转相授受。……而谭嗣同、唐才常、樊锥、易鼐辈,为之乘风扬波,肆其簧鼓。学子胸无主宰,不知其阴行邪说,反以为时务实然,丧其本真,争相趋附,语言悖乱,有如中狂。"③王氏还颇有独到地认为,康、梁辈"其言平等,则西国并不平等;言民权,则西主实自持权"④。意谓康、梁倡民权之说,并无所本,乃是别有用心的欺人之谈。叶德辉认为,"敬天、孝亲、爱人之理,中西所同,独忠君为孔教特立之义,西教不及知也"⑤。康、梁倡民权,显违忠君之义,是背离孔教。曾廉则更指责康有为"主泰西民权平等之说,意将以孔子为摩西,而己为耶稣,大有教皇中国之意,而特假孔子大圣,借宾定主,以风示天下。……浸假而大其权位,则邪说狂煽,必率天下而为无父无君之行"⑥。宾凤阳等也是抓住康、梁们的民权言论,上书其师长,要求向上峰检举康、梁。其书中说:"舍名教纲常,别无立足之地;除忠孝节义,亦岂有教人之方? 今康、梁所用以惑世者,民权耳,平等耳。试问,权既下移,国谁与治? 民可自主,君亦何为? 是率天下而乱也。"⑦

可以看出,这时期的保守主义者,最关注的是要保守住中国的纲常名教。他们反对康、梁的最主要的理由,也是为此。

他们对康、梁之学有两种分析。一种是说,康、梁所宣扬者,实际上并非是西学,而是他们别有用心地编造出来的东西。王先谦说:"康、梁今日所以惑人,自为一教,并非西教。……康、梁谬托西教以行其邪说,真中国之巨蠹,不意光天化

---

① 《劝学篇·明纲》,《内篇》,光绪二十四年刻本,第17页。
② 《劝学篇·正权》,《内篇》,第30、29页。
③ 《湘绅公呈》,《戊戌变法》(二),上海人民出版社1957年版,第640页。
④ 《王祭酒与吴生学兢书》,《翼教丛编》卷六,第9页。
⑤ 《王祭酒与俞恪士观察书》,《翼教丛编》卷六,第34页。
⑥ 《应诏上封事》,《戊戌变法》(二),第492页。
⑦ 《宾凤阳等上王益吾院长书》,《戊戌变法》(二),第638页。

日之中有此鬼蜮。"①宾凤阳在其《上王益吾院长书》中也明确说,康、梁辈"究其所以立说者,非西学,实康学耳"②。王、宾两氏的指责,应当说,是有部分的道理的。康、梁等当时对西学,确实知之不多,他们不过是痛时局之危迫,略袭西学之大意,将孔子学说改造成变法救国的理论而已。另一种分析则宣称,康、梁是尽从西学、西教。文悌在其参劾康有为的折奏中说:"此日讲求西法,所贵使中国之人明西法为中国用,以强中国。非欲将中国一切典章文物废弃摧烧,全变西法";但康有为"则专主西学,欲将中国数千年相承大经大法一扫刮绝",简直是"使中国之人默化潜移,尽为西洋之人"。③这一指责,就有一点"大批判"的味道了。而且可以看出,保守主义者对康、梁的批判是互相矛盾的:一则说,康、梁所谓西学,并非西学,只是康学而已;一则说,康、梁主张尽用西学,全变西法。这种矛盾暴露出保守主义者们在理论上的脆弱。

说到这里,我想顺便指出,此时期保守派的言论确实有不少"大批判"的语言和口气。如苏舆说樊锥"首倡邪说,背叛圣教,败灭伦常,惑世诬民,直欲邑中人士尽变禽兽而后快"。又在《驳南学分会章程条议》中说,章程谓之"开办章程",是待开办后更有新章,而言"大略",是"以细目不好明言也,一俟会徒既众,便于任意更改,凡一切平等禽兽之行,惟所欲为"。又评论平等之说谓:"人人平等,权权平等,是无尊卑亲疏也。无尊卑是无君也;无亲疏是无父也;无父无君,尚何兄弟夫妇朋友之有?是故等不平则已,平则一切倒行逆施,更何罪名之可加,岂但所谓乖舛云乎?"④这些都明显地表现出大批判的文章特点:有罪名而无罪证,尽量将对方妖魔化,无限上纲,大作诛心之论。

综观此时期保守主义的思想,基本上都在"中体西用"的思维框架内。张之洞的《劝学篇》虽通篇未有"中学为体,西学为用"的字样,然而其全书贯穿着"中体西用"的精神。他所谓《内篇》务本,《外篇》务通,务本者,即是立中学之根本,立纲常名教之根本;务通者,即是通西学以济用。他责备一般"旧者不知通,新者不知本。不知通,则无应敌制变之术;不知本,则有菲薄名教之心"⑤。其思想实

---

① 《王祭酒与吴生学箴书》,《翼教丛编》卷六,第9—10页。
② 《翼教丛编》卷五,第5页。
③ 《戊戌变法》(二),第484—485页。
④ 《翼教丛编》卷五,第1—2页。
⑤ 《劝学篇序》。

质正是"中体西用"。王先谦强调,"设立学堂本意,以中学为根柢,兼采西学之长"①,亦正是此意。文悌参康有为折称,"必须修明孔孟程朱四书五经小学性理诸书,植为根柢,使人熟知孝弟、忠信、礼义、廉耻、纲常、伦纪、名教、气节以明体,然后再学习外国文字言语艺术以致用"②。这里所表达的也是"中体西用"之意。按,"中体西用"在近代思想文化史上实具有双重性质,即一方面,对于像前述倭仁那样的保守主义者,它具有进步性,它容纳一部分西学的内容和相应的改革;另一方面,对于主张政治改革的康、梁等人而言,它显然又是保守的。所以,我们说戊戌维新运动时期的保守派,其文化观念已较洋务运动初起时的保守派向前迈进了一步,但其保守主张却长期充当了反对政治变革者的主要思想武器。

排满革命高潮中的国粹主义

在清朝统治垮台前的最后几年中,中国出现一股国粹主义思潮。这一思潮与日本的国粹主义思潮有一定的关系。黄节于1902年发表在《政艺通报》上的《国粹保存主义》一文中说道:"昔者日本维新,欧化主义浩浩滔天,乃于万流澎湃之中,忽焉而生一大反动力焉,则国粹保存主义是也。当是时,人日本国民思想而主之者,纯乎泰西思想也。如同议一事焉,主行者以泰西学理主行之,反对者亦以泰西学理反对之,未有酌本邦之国体民情为根据而立论者也。文部大臣井上馨特谓此义,大呼国民,三宅雄次郎、志贺重昂等和之。其说以为,宜取彼之长补我之短;不宜醉心外国之文物,并其所短而亦取之,并我所长而亦弃之。"③黄氏的话表明,他和他的同道者的思想是受到了日本国粹主义思潮的影响。但更重要的是时势的发展诱发了这一思潮的产生。当时中国面对严重的民族危机:一方面,受西方列强的侵略与压迫;另一方面,相当一部分人又特别不能忍受少数满洲贵族的专制压迫。所以,特别需要激扬民族大义,促进民族觉醒,推动排满革命。黄节在《国粹学报叙》里,痛陈受制于"外族专制之国体"和"外族专制之学说"之苦。认为欲求复兴吾国,复兴吾学,必须大力提倡国粹主义。他表示,"同人痛国之不立,而学之日亡也,于是瞻天与火,类族辨物,创为《国粹学报》"④。其所谓国不立,学日亡,既是针对西方列强而言,也是针对满清朝廷而

---

① 《湘绅公呈》,《戊戌变法》(二),第640页。
② 《戊戌变法》(二),第485页。
③ 《政艺丛书·壬寅政学文编》卷五。
④ 《国粹学报》第一年第1期。

言。他和他的同道者们都把国粹与国学紧密联系起来。他们所谓国学,是指一国之所以为一国的国学。国学与国粹虽不能简单地认为同一物,但国学实属于国粹之精华。他们认为,"国有学则虽亡而复兴,国无学则一亡而永亡"①。国粹主义者们,例如其主将邓实、黄节、马叙伦、章太炎、刘师培等,当时都是反满革命论者。他们都毫不讳言以国粹、国学激动种姓,推动革命。马叙伦曾回忆说,他们倡导国粹主义,办《国粹学报》"实阴谋藉此以激动排满革命之思潮"②。同时也要指出,国粹主义思潮之兴起,也确有针对欧化日趋日烈的形势的一面。黄节说:"宇内士夫痛时势之日亟,以为中国之变,古未有其变,中国之学诚不足以救中国。于是醉心欧化,举一事,革一弊,至于风俗习惯之各不相侔者,靡不惟东西之学说是依。"他认为这是"奴隶于人之学"。③ 必须纠正这种偏弊,树自己之国学,其办法就是大力提倡国粹主义。

研究国粹主义者的言论著述,我们发现,他们在形式上是保守主义者,而在实质上却是趋新的和革命的。

先谈其实质的方面。

国粹主义的提倡者们,都是对西学有所了解的,他们或者有留学的经历,或者有海外游历的经验,或因师友的关系,得读一些西学书籍。他们虽不赞成醉心西学,但并不排斥西学。他们认为,"国粹也者,助欧化而愈彰,非敌欧化以自防"④。他们更主张借鉴西学,以重新整理中国之旧学。代表国粹主义者之共识的《拟设国粹学堂启》文中说:"凡国学微言奥义,均可借晢种之学,参互考验,以观其会通,则施教易而收效远。"⑤

他们趋新和革命的特点还表现在他们对中国传统旧学的分析评论上。须知,一般保守主义者都有一个共同的特点,即对中国传统旧学无分析地认为都是值得珍惜的东西。国粹主义者不然。他们把中国传统旧学一分为二:一种是为历代统治者所张扬的,是所谓"君学";一种是为历代在野之学者所悉心研究的,这才是所谓"国学"。邓实说:"君学者,经历代帝王之尊崇,本其学说,颁为功令,

---

① 许守微:《论国粹无阻于欧化》,《国粹学报》第一年第7期。
② 马叙伦:《石屋余沈》,转引自郑师渠:《晚清国粹派文化思想研究》,北京师范大学出版社1997年版,第10页。
③ 《国粹学报叙》,《国粹学报》第一年第1期。
④ 许守微:《论国粹无阻于欧化》,《国粹学报》第一年第7期。
⑤ 《国粹学报》第三年第1期。

而奉为治国之大经,经世之良谟者也。……若夫国学者,不过一二在野君子,闭户著书,忧时讲学,本其爱国之忧,而为经生之业,抱残守缺,以俟后世而已。"①他们认为,君学是应该淘汰的,只有国学才是值得继承发扬的。这种认识,实在是非常具有革命性的。

不仅如此,我们通常都承认,孔子与儒学是中国传统旧学之主导。一切保守主义者最为极力保守的也正是孔子与儒学。但国粹主义者却并非尊孔崇儒主义者,他们对孔子与儒学颇能持一种分析和评判的态度。邓实说:"我国自汉以来,以儒教定于一尊,传之千余年。一旦而一新种族挟一新宗教以入吾国,其始未尝不大怪之,及久而察其所奉之教,行之其国,未尝不治,且其治或大过于中国。于是而恍然于儒教之外复有他教,六经之外复有诸子,而一尊之说破矣。"②以国粹主义者的这种论调与前述倭仁一流人相比,其进步之程度已不可以道里计。他们还具体指出独尊孔儒所造成的弊害。例如,他们指出,孔儒学说与君主专制紧密结合,成为专制君主的得力工具。以至"其学能使天下之人驯服而不敢动,而一听君主之操纵也"。③他们还指出,独尊孔儒,又造成思想学术的僵化、窒息。孔儒既树为一尊,则"诸子之学遂绝于中国"④。不宁惟是,将独尊的孔儒之学定为官学,由统治者操纵,必守一家之言,不容异说出现,"借孔子以束缚天下之人之思想言论"。一旦出现异说,必严行取缔、攻伐、焚毁、杀戮,无所不用其极。章太炎等还揭露孔儒之学本身的种种弊病。在《诸子学略说》中,章氏批评儒家"以富贵利禄为心","惟在趋时",所谓"君子时中,时伸时绌,故道德不必求其是,理想亦不必求其是,惟期便于行事则可矣"。所以,"用儒家之道德,故艰苦卓厉者绝无,而冒没奔竞者皆是"。"用儒家之理想,故宗旨多在可否之间,论议止于函胡之地"。因之,"儒术之害,则在淆乱人之思想"。⑤ 在清末,这是批评孔子和儒家最激烈的言论,正可表现出国粹主义者们的趋新与革命的精神。

但国粹主义者们的保守主义的一面也是不容否认的。我们说它的保守主义主要表现在形式方面,是指它包裹着一层浓重的民族主义的外衣。他们强调,国

---

① 《国学无用辨》,《国粹学报》第三年第5期。
② 《古学复兴论》,《国粹学报》第一年第9期。
③ 黄节:《孔学君学辨》,《政艺通报》1907年第3期。
④ 邓实:《古学复兴论》,《国粹学报》第一年第9期。
⑤ 《国粹学报》第二年第8期。

学系国家民族之存亡。他们鼓吹,要用国学、国粹铸造国魂。他们说,"国学即国魂所存",所以,"保全国学,诚为最重要之事"。① 民族主义在文化上,不可避免地会带有保守主义的特征,这是古今中外的历史所明白昭示的。正因此,尽管国粹主义者们声明,他们并不反对欧化,但他们还是无法抑制地表现出他们对欧化的担忧。如前引黄节那篇与发刊词有同等意义的《国粹学报叙》中,指责"醉心欧化"者,"靡不惟东西之学说是依",是"奴隶于人之学"。这种心态是完全合乎逻辑的,以民族主义为其基本立脚点,当然要对非本民族的外来的东西保持相当的警惕。事实上,国粹主义者们对西方的认识和了解是很有限的。在保国学、保国粹的使命感的笼罩下,宣扬旧学,礼赞旧学成了他们的主要基调,而这又恰是他们所优为之事。《拟设国粹学堂启》里面,开篇即深以时人"不尚有旧"为忧,竟悲叹道:"嗟乎!户肄大秦之书,家习劫卢之字,宿儒抱经以行,博士倚席不讲,举凡三仓之雅诂,六艺之精言,九流之坠绪,彼嬴秦蒙古所不能亡者,竟亡于教育普兴之世,不亦大可哀邪!"②这里所表现出的对旧学的珍惜和依恋之情是何等深切。章太炎尽管对孔儒之学有很深刻的批评,但精熟于中国旧学,毕竟是他的最大优势。他在《原学》一文中,缕述诸多中国所长,而"远西"所"弗能为"的事情之后,说:"世人大共僄弃,以不类远西为耻;余以不类方更为荣,非耻之分也。"③国粹主义者的保守主义的内心世界显露出来了。

国粹主义者们曾把欧洲文艺复兴时期的思想家和学者引为同道,以为他们自己所做的是中国的文艺复兴。这种心态是可以理解的。但是在当时的中国,做文艺复兴的事业,无论是客观条件,还是主观条件都不具备。于是他们随着时势的发展演变而使其国粹主义时而表现为激昂的革命精神,时而表现为落伍的保守主义情绪。由于他们自身的西学知识不足,缺乏新的理论与方法的训练;同时,在旧学的整理方面也还缺乏足够的积累。所以,他们因直接投身于反满革命斗争而激发出来的进取与革命的精神,随着辛亥革命的退潮而逐渐被其固有的保守主义的形式所压抑,甚至窒息。剩下来的就只有恋旧、恋古的心理了。也正因如此,他们的保守主义也就为后来反对新文化的学衡派承接起来了。

不过,我们明显可以看到,国粹主义所保守的,与戊戌时期的保守主义所保

---

① 许之衡:《读国粹学报感言》,《国粹学报》第一年第6期。
② 《国粹学报》第三年第1期。
③ 《国粹学报》第六年第4期。

守的已大为不同。后者所要保守的是所谓纲常名教,最主要的是君主专制制度。而国粹主义者不但不要保守君主专制制度,而恰恰是要打倒君主专制制度。那么,他们着力要保守的是什么呢?这就要看看他们所谓的"国粹"到底是什么。

黄节说:"发现于国体,输入于国界,蕴藏于国民之原质,具一种独立之思想者,国粹也。有优美而无粗犷,有壮旺而无稚弱,有开通而无锢蔽,为人群进化之脑髓者,国粹也。"①邓实说:"一国之立,必有其所以自立之精神焉,以为一国之国粹,精神不灭,则国亦不灭。"②许守微说:"国粹者,一国精神之所寄也。其为学,本之历史,因乎政俗,齐乎人心之所同,而实为立国之源泉也。"我们仔细审读这些文字,可以有几种观念。第一,他们所说的国粹,显然不是物质性的东西,而是一种精神。第二,这种精神应是一国所独有的。所谓"发现于国体,输入于国界,蕴藏于国民之原质,具一种独立之思想者",此之谓也。第三,这种精神是足以使国家民族自立的,没有此种精神,国遂以亡,它是国家与民族存亡所系的东西。第四,这种精神是由整个国家民族的历史所凝聚、铸造出来的。所谓"本之历史,因乎政俗,齐乎人心之所同",即此之谓也。国粹主义者所描述的这种作为一国之国粹的精神,不免有些失之笼统、抽象。若正面地、具体地说清国粹到底是什么,是很难的。但我们却比较容易说清国粹不是什么。首先,它肯定不是物质的器物。其次,它也不是国家的制度。国粹主义者非常明确地反对中国固有的君主专制制度。所以,他们所说的国粹,肯定是器物、制度以外的东西。由此便可以看出,国粹主义者所要保存的,只是中国之所以为中国的那些精神性的东西。这就比戊戌时期的保守主义者更进了一步。这也是他们能够同后来主要由留学生构成的学衡派连接起来的一个重要原因。

三、新文化运动时期的学衡派

新文化运动时期有过不同形态的保守主义,例如有初期的以林纾为代表的古文派,有稍后出现的以梁漱溟为代表的所谓"东方文化派",有后期出现的以梅

---

① 《国粹保存主义》,《政艺丛书·壬寅政学文编》卷五。
② 《政艺通报》1903年第24期。

光迪、吴宓等为代表的学衡派。就其声势之大、持续之久,尤其是其反对新文化之激烈程度而言,自然是以学衡派为最重要。所以,这里我们主要研究一下学衡派。

首先,我们看学衡派是怎样攻击新文化的。

他们指责提倡新文化者弃绝传统。吴宓认为,"新文化运动者反对中国的传统",说他们将中国传统文化中一切"普遍性的文化规范一并打倒",因此"损害了人类的基本美德与高尚情操"。[①] 梅光迪则攻击新文化派称:"彼等以推翻古人与一切固有制度为职志,诬本国无文化,旧文学为死文学,放言高论,以骇众而眩俗。"[②]胡先骕则说,新文化之提倡者们"为求破除旧时礼俗之束缚,遂不惜将吾国数千年社会得以维系,文化得以保存之道德基础根本颠覆之"[③]。以此,不能不造成政治腐败,人心浇漓,国本动摇。这等于说,新文化运动对于中国社会、政治、文化之发展,是一大罪恶。

学衡派又指责提倡新文化者们,对于西方文化毫无研究,缺乏理解,所倡导之欧化,乃是"伪欧化"。梅光迪说,提倡新文化者"其所称道,以创造矜于国人之前者,不过欧美一部分流行之学说,或倡于数十年前,今已视为谬陋,无人过问者。……马克思之社会主义,久已为经济学家所批驳,而彼等犹尊若圣经。其言政治,则推俄国,言文学,则袭晚近之堕落派(The Decadent Movement),如印象、神秘、未来诸主义皆属此派。所谓白话诗者,纯拾自由诗(Verslibre)及美国近年来形象主义(Imagism)之唾余,而自由诗与形象主义亦堕落派之两支。乃倡之者数典忘祖,自矜创造,亦太欺国人矣。……彼等于欧西文化,无广博精粹之研究,故所知既浅,所取尤谬。以彼等而输进欧化,亦厚诬欧化矣"[④]。吴宓在这一点上,更是攻击不遗余力。他说:"彼新文化运动之所主张,实专取一家之邪说,于西洋之文化,未识其涯略,未取其精髓,万不足代表西洋文化全体之真相。"认为,"其取材则惟选西洋晚近一家之思想,一派之文章,在西洋已视为糟粕为毒鸩者,举以代表西洋文化之全体"。还更为激烈地攻击说:"今新文化运动之流,乃专取外国吐弃之余屑,以饷我国之人。闻美国业电影者,近将其有伤风化之影

---

① 《中国之旧与新》,《中国留学生月报》第 16 卷第 3 期。
② 《评提倡新文化者》,《学衡》第 1 期。
③ 《中国今日救亡所需之新文化运动》,《国风》第 1 卷 9 期。
④ 《评提倡新文化者》,《学衡》第 1 期。

片,经此邦吏员查禁不许出演者,均送至吾国演示。又商人以劣货不能行市者,远售之异国,且获重利,谓之 dumping。呜呼!今新文化运动,其所贩入之文章、哲理、美术,殆皆类此,又何新之足云哉!"①梅、吴两氏被视为"学衡派"的灵魂人物,也是该派攻击新文化之最偏激者。他们诬称,新文化提倡者们所输入之学理,通通都是最坏的东西,实难令人信服。

他们对新文化的另一个严重指责是其平民主义。梅光迪说:"吾国近年以来,所谓'新文化'领袖人物,一切主张皆以平民主义为准则。惟其欲以神道设教之念,犹牢不可破,其行事与其主张相反,故屡本陈涉、宋江之故智,改易其形式,以求震骇流俗,而获超人天才之名。"②彼又说:"今日吾国所谓学者,妄以平民主义施之于天然不可平等之学术界,雅俗无分,贤愚夷视,以期打破智识阶级。故彼等丛书杂志之多而且易,如地菌野草。"③将新文化一派的丛书、杂志概诬之为地菌野草,显属污蔑之词。梅氏又说:"学术为少数之事,故西洋又称智识阶级为智识贵族。人类天材不齐,益以教育修养之差,故学术上无所谓平等。……文化之进,端在少数聪明特出不辞劳瘁之士,为人类牺牲,若一听诸庸惰之众人,安有所谓进乎?"④所以,在梅氏看来,一切思想学说,一切文化现象,"其本体之价值,当取决于少数贤哲,不当以众人之好尚为归"⑤。而一切文化之创造,亦仅为极少数优异分子之事,与大众毫无关系。吴宓、胡先骕等也都抱持此种知识贵族的立场,极力排斥平民主义。当然,梅光迪曾说过,"平民主义之真谛,在提高多数之程度,使其同享高尚文化,及人生中一切稀有可贵之物,如哲理、文艺、科学等,非降低少数学者之程度,以求合于多数也"⑥。这话自然不错,但像他们那样,高居于"象牙之塔"内,眼中全无大众,根本不知大众之需要为何,又何从"提高多数之程度,使其同享高尚文化,及人生中一切稀有可贵之物"呢?所以,其所谓"提高多数之程度"云云,不过是些空话而已。

学衡派攻击新文化还有一项罪名,是说他们相信和追求进步。吴宓说:"物质科学以积累而成,故其发达也循线以进,愈久愈详,愈晚出愈精妙。然人事之

---

① 以上引文均见吴宓:《论新文化运动》,《学衡》第 4 期。
② 《评今人提倡学术之方法》,《学衡》第 2 期。
③ 《论今日吾国学术界之需要》,《学衡》第 4 期。
④ 同上。
⑤ 《现今西洋人文主义》,《学衡》第 8 期。
⑥ 《论今日吾国学术界之需要》,《学衡》第 4 期。

学,如历史、政治、文章、美术等,则或系于社会之实境,或由于个人之天才,其发达也无一定之轨辙。故后来者不必居上,晚出者不必胜前。因之,若论人事之学,则尤当分别研究,不能以新夺理也。"①当时提倡新文化者,都颇相信进化主义,认为历史是进化的,因之,人类都有追求进步的要求。提倡新文化,批判旧文化,正所以推动社会进步,增益人群之幸福。而学衡派则恰相反对,他们认为进化主义是毫无道理,甚且是导致社会堕落的一大原因。梅光迪早在胡适最初提出文学革命的问题时,便与胡适争辩,他批评胡适"以为人类一切文明皆是进化的",这是他所深不以为然的。他说:"科学与社会上实用智识(如 Politics, Economics)可以进化,至于美术、文艺、道德则否。"他认为,人们尊信进化主义,乃受卢梭以来之所谓"浪漫主义运动"的影响。"其流弊乃众流争长,毫无真伪善恶之别",遂使"价值混乱,标准丧亡,天下皆如盲人瞎马。卒之,抉择之力失,智识上之发达退步千里"。② 在梅氏看来,因迷信进化主义,人类文明不但没有进步,反而倒退。他更武断地说,第一次世界大战就是迷信进化主义的结果。

在一些具体的学术文化领域(例如文学革命),学衡派对新文化攻击的言论甚多,此处不再赘述。上述四个方面,基本反映出学衡派对待新文化的立场和态度。下面我们再看彼等其他方面的思想言论。

学衡派攻击新文化弃绝传统,那么,他们自己是如何对待传统的呢?他们坚信中国传统有不可磨灭的价值,而其中最核心的东西是孔子代表的儒学。梅光迪早年即认为,"孔子之大,实古今中外第一人"③。儒家学说是塑造"君子人格"的最好教材。此种认识,后来迄无改变。吴宓认为,"中国文化,以孔教为中枢"④。而孔子与儒学的基本精神又集中体现于礼教之中。学衡派中著述颇多的柳诒徵在其《国史要义》中说:"礼者,吾国数千年全史之核心也。"⑤吴宓则说:"吾侪居今之世,颇欲讲明礼教之精意,而图保存之。"而在他看来,"礼教之精意,亘万世而不易者也"。学衡派中之后进,《学衡》杂志的主要撰稿人之一——缪凤

---

① 《论新文化运动》,《学衡》第 4 期。
② 转引自耿云志:《胡适与梅光迪——从他们的争论看文学革命的时代意义》,《耿云志文集》,上海辞书出版社 2005 年版,第 431 页。
③ 耿云志:《耿云志文集》,第 432 页。
④ 《论新文化运动》,《学衡》第 4 期。
⑤ 《国史要义·史原第一》,上海古籍出版社 2007 年版,第 9 页。

林更明确说:"中国文化的根本在礼","中国文化最伟大之成就,即在其礼教之邃密"。① 礼教的内容即是通常所说的纲常名目。新文化提倡者们批判得最厉害的正是旧礼教。在这一点上,可谓两派针锋相对。吴宓曾不止一次地指出,他只是要保存和发扬礼教的精意,而不拘守于礼教之末节。但他本人及学衡派的其他人,都不曾虚心地、冷静地研究和分析礼教之精意到底是些什么东西。因之,一味笼统地鼓吹礼教,势必教人安于旧礼教之三纲五常的束缚,而不能得精神之解放。

学衡派攻击新文化派输入西方文化都是糟粕,甚至是毒鸩。他们自己并不反对输入西方文化,只是他们强调要特别注重选择。他们选择了什么呢?他们选择了据他们自己说是西方文化中最无弊病的一种,那就是他们的恩师白璧德的所谓"新人文主义"。这种新人文主义之所以令他们极端崇信,其原因大致有如下几个方面。一、白璧德等新人文主义者认为,人性分为"理"、"欲"二元。"若人诚欲为人,则不能顺其天性,自由胡乱扩张,必于此天性加以制裁,使有节制之平均发展"②。此说与中国理学家"以理制欲",乃至"存天理,灭人欲"之说恰相吻合。因此,以白璧德弟子为主体的学衡派,便以为这是放之四海而皆准的真理。二、白璧德等新人文主义者力辟西方近代以来提倡科学、民主、人权的主流思想,贬之为"机械主义"和"浪漫主义"。认为是这些思想潮流导致人欲横流,道德堕落,直至发动战争,互相残杀。这又与学衡派对于第一次世界大战的感性反应相契合。三、最重要的是,白璧德等新人文主义者大都赏识中国的孔子和儒家思想,这与学衡派依恋传统的情怀正相默契。白璧德等人一向标榜其新人文主义是综合古代中西文化精神而成者。他们认为西方近代以来,受前述所谓"机械主义"和"浪漫主义"之害,以至文明趋于没落,"亟应取亚洲古昔之精神文明,以为药石"。③ 白璧德甚至认为,"孔子之道有优于西方之人文主义者"。他期望结合孔子与亚里士多德之学说,以造成一种"人文的君子的国际主义"。④ 前面曾说过,梅光迪认为孔子与儒家思想之最高价值正是能够塑造"君子人格"。可见其师生之间,灵犀相通。吴宓在阐释其师说时称:"白璧德先生不涉宗教,不立规

---

① 《谈谈礼教》,《国风》第1卷第3期。
② 胡先骕译:《白璧德中西人文教育谈》,《学衡》第3期。
③ 《白璧德论欧亚两洲文化》,《学衡》第38期。
④ 《白璧德中西人文教育谈》,《学衡》第3期。

训,不取神话,不务玄理,又与佛教不同。……实兼采释迦、耶稣、孔子、亚里士多德四圣之说,而获集其大成。又可谓之为以释迦、耶稣之心,行孔子、亚里士多德之事。"① 学衡派诸子皆高标继承与汇合中西古代文明之精神,以造成一种超乎物质、超乎时代、超乎国界的具有普遍永恒价值的"新文化"。但可惜的是,学衡派中除王国维、陈寅恪、汤用彤、柳诒徵等少数具有专业精神的学者,在自己的专业范围内,于中西古代学术有具体而深入的研究,并卓有成绩之外,作为学衡派的灵魂人物,梅光迪、吴宓等却并无具体成就可言。

在过去"左倾"教条主义笼罩的年代,一般论及学衡派的著述,一概将之视为反动,不免失之武断和简单化。近年研究学衡派的论著颇多,其中以台湾大学出版委员会出版之沈松侨所著《学衡派与五四时期的反新文化运动》(1984)和北京师范大学出版社出版之郑师渠所著《在欧化与国粹之间——学衡派文化思想研究》(2001)两种著作最为重要。前者对学衡派的思想主张基本肯定,略有批评;后者则大体是肯定与批评参半。他们都是以学者的立场,对学衡派的相关文献作过系统深入的研究而得出自己的结论。对同一事物,经过研究,而得出不尽相同甚至相反的看法,这在学术史上和当今学术界里,乃是常见而且合乎情理的事。其原因大致缘于时代环境,师承渊源,与以往的学术积累及其所侧重之不同。

我本人对学衡派之激烈反对新文化运动这一点,是基本否定的。因为在我看来,他们的说法都是不能成立的。如他们说,新文化提倡者们弃绝中国一切传统,然而却不曾作出任何有说服力的论证。后来所有否定新文化运动者,大体也都如此。最多不过引证所谓"将线装书都抛到茅厕里去"之类的情绪化的说法,和某些青年的过激言行。以此作为评判新文化运动的根据,未免过于皮相了。新文化运动最主要的领袖和灵魂人物诸如陈独秀、胡适、李大钊、鲁迅,以及新文化运动的护法者蔡元培,他们都不曾有什么弃绝一切传统的思想主张。他们对传统持批判的态度,这是理性的思想家和学者所应有的态度。至于究竟传统中哪些应予扬弃,哪些应予发扬光大,则是可以长期从容讨论的问题。像陈独秀那样"必不容反对者有讨论之余地"的说法自属不可取。也正因此,胡适批评他这位老朋友,不赞成他这种武断的态度。

又如,学衡派批评新文化提倡者们输入西方新学理,皆是"糟粕"、"毒鸩",因

---

① 《白璧德论民治与领袖》,《学衡》第 32 期。

此称他们在搞"伪欧化"。此说就更加不能令人信服。即使不考虑新文化提倡者们所介绍的西方新学理对中国人是否具有启蒙的意义,试问,学衡派专主于西方新人文主义一派的学说何以就是"真欧化"？而新文化提倡者们所介绍的实验主义、写实主义、个性主义,以及科学、民主等等就是"伪欧化"？对此,任何一个稍具客观立场的人都是无法信服的。

再如,学衡派攻击新文化提倡者们主张平民主义。我们即使不去讨论近代逐渐消除贵族与平民之间在文化上的鸿沟是否有利于社会之进步,那么究竟有什么理由让我们相信,保持甚或加深这种鸿沟就一定是好事呢？梅光迪曾说:"平民主义之真谛,在提高多数之程度,使其同享高尚文化,及人生中一切稀有可贵之产物,如哲理、文艺、科学等,非降低少数学者之程度,以求合于多数也。"①这话自然不错。可是,事实是新文化运动确曾做到将新教育、新文学等向广大平民阶层普及。所以新成长起来的一代青年学子和一般受过一定新教育的青年,都怀着感激的心情说,他们之所以能够容易地做到开口讲话,提笔作文,都是蒙文学革命和新文化之赐。反过来看,梅光迪辈究竟将多少人提高到与他们"同享高尚文化"的程度呢？实践是检验真理的唯一标准,漂亮话是代替不了事实的。

至于学衡派批评进化主义和进步主义,未尝没有一定的道理。提倡新文化者中,确有些人,有些时候,在有些问题上,把历史上的进化与进步看得太简单,太绝对了,而看不到其中的复杂性和曲折性。但究不能因此而主张复古,或过分揄扬古代文化,否定近代以来文化上所取得的进步。

学衡派最大的弱点是其言行不一。除前述王、陈、汤、柳等真正具有专业精神的几个学者之外,以梅、吴为代表的最激烈地攻击新文化运动的几个人,往往陈义过高,而所见甚隘;笔舌颇健,而心胸褊狭;目标远大,而成绩甚微。

梅光迪曾说:"改造固有文化与吸收他人文化,皆须先有彻底研究,加以至明确之评判,副以至精当之手续,合千百融贯中西之通儒大师,宣导国人,蔚为风气,则四五十年后,成效必有可睹也。"②这话说得也并不错。可是梅氏本人对中西学术的任何一个具体领域都谈不上有什么"彻底研究"。他对实验主义、马克思主义、文学写实主义,以及对卢梭等人的非常片面的抨击,也更说不上是"至明

---

① 《论今日吾国学术界之需要》,《学衡》第4期。
② 《评提倡新文化者》,《学衡》第1期。

确之评判"。谁也无法相信,他的这些批评与攻击是经过"至精当之手续"而得出的结论。吴宓也曾有过宏大的志愿,他曾说:"今欲造成中国之新文化,自当兼取中西文明之精华而熔铸之,贯通之。吾国古今之学术、德教、文艺、典章,皆当研究之,保存之,昌明之,发挥而光大之。而西洋古今之学术、德教、文艺、典章,亦当研究之,吸取之,译述之,了解而受用之。若谓材料广博,时力人才有限,则当分别本末轻重、小大精粗,择其尤者,而先为之。"①这可以说是一个很不错的建设中国新文化的纲领之大旨。但很可惜,吴宓、梅光迪及除开前面指出的王、陈、汤、柳等几个学者之外的学衡派诸子,从未曾实际动手去做这种功夫。吴宓在其一生最可有为的时期,大部分用于编刊物和教育与教学的组织工作,尚情有可原。而梅光迪,照吴宓的说法,此人"好为高论,而无工作能力"②。他们若能将其有用之精力用于对中西文化某一两个具体领域做深入精细的研究,就像王、陈、汤、柳等人那样,以他们所具备的中西学术基础,是应当有一些实际的建树的。可惜,他们不此之务,而独喜发高论和攻击别人,后人不止为其本人惜,亦为中国文化惜。

思想、学术、文化有赖批评与争论而获进步。马克思有云,历史是从矛盾的叙述中清理出来的;真理愈辩而愈明。但批评与辩论当有一定的规范,应当平心说理,言之有据,不当逞意气,攻击漫骂,无限上纲,且作诛心之论。学衡派中有些人,颇犯此忌。梅光迪是一突出的典型。他在《学衡》所发的几篇文章,如《评提倡新文化者》(第1期)、《评今人提倡学术之方法》(第2期)、《论今日吾国学术界之需要》(第4期)等,这些文章常被研究者所征引,视为学衡派精神之代表作。然而,这几篇文章实在有失学者仪范。漫骂之词,诛心之论,所在多有。如骂"今之吾国学者,……如政客娼妓之所为"③。"故语彼等以学问之标准与良知,犹语商贾以道德,娼妓以贞操也。"④又骂人是"门外汉及浮华妄庸之徒"⑤等等。吴宓等其他人也时有詈骂之语。这与他们所标榜的"平心而言,不事漫骂"⑥实在相去甚远。不仅如此,梅光迪等辈还好为诛心之论。如他说:"专制时代,君主卿相操功名之权以驱策天

---

① 《论新文化运动》,《学衡》第4期。
② 《吴宓自编年谱》,三联书店1995年版,第235页。
③ 《评今人提倡学术之方法》,《学衡》第2期。
④ 《评提倡新文化者》,《学衡》第1期。
⑤ 《论今日吾国学术界之需要》,《学衡》第4期。
⑥ 《弁言》,《学衡》第1期。

下士,天下士亦以君主卿相之好尚为准则。民国以来,功名之权操于群众,而群众之智识愈薄者,其权愈大。今之中小学生,即昔日之君主卿相也。否则,功名之士又何取乎白话诗文与各种时髦之主义乎!"①说民国时期的中小学生,即如昔日之君主卿相掌控功名之权,说胡适等人是为着向中小学生们讨取功名而提倡白话文,这岂不是极端的诛心之论吗?习为漫骂之语,好为诛心之论,这是"大批判"运动的典型特色。我们读梅光迪的《评提倡新文化者》一文,如同读一篇古代的讨罪檄文,尤像是读文革时期的一篇大字报。他给提倡新文化者列出四大罪名:"一曰,彼等非思想家,乃诡辩家也";"二曰,彼等非创造家,乃模仿家也";"三曰,彼等非学问家,乃功名之士也";"四曰,彼等非教育家,乃政客也"。通篇只见罪名,而不见罪证;满纸都是声讨和漫骂,而不见有任何具体的分析。攻其一点,不及其余,动辄出漫骂之语,为诛心之论,这是中国儒家一个很坏的传统(儒家自然有许多好东西,但坏东西也不容否认),由孟子开其端,后世以孔孟真正传人自居者承其绪,其余毒残焰在"文革"中,竟成遍地野火。中国人真欲造成现代文明,必须学会尊重对手,与对手同守游戏规则,平心地讨论问题。

任何民族的文化都有其不可磨灭的精神在,学衡派强调要维系中国文化的基本精神,自有其道理。但此基本精神要做具体分析,不可笼统地、抽象地提倡和鼓吹,以至造成复古、崇古之风,遏抑新文化的成长。学衡派的保守态度虽有其消极作用,但文化之发展,历来都是在进取与保守的互动中前进的。我们这里关注的不是对学衡派作出全面的评价,而是要指出学衡派在近代中国文化转型过程中,其在保守主义系谱中的角色特点。

学衡派最大的特点是他们以西学为武器,与新文化运动相抗衡。这是与以往各时期的保守主义者截然不同的。近代中国思想文化上的保守主义者,历来都在某种程度上对西方文化采取排斥或谨慎选择的态度,惟有学衡派反而是根据西方一个学派的学说来做保守中国传统的工作。这表明,排斥西方文化已经是根本不可能了。世界化的大趋势已无法阻挡,要不甘于完全被淘汰,就只有顺应这种大趋势。中国的保守主义者,也无法逃避这个世界化的潮流。他们终于从西方新人文主义那里,找到了共同的精神园地和共同的语言。他们说,你们看,西方著名思想家和学者也是主张保守传统的,你们不是主张学习西方吗?那

---

① 《评提倡新文化者》,《学衡》第1期。

就应保守传统才是。否则,你们岂不是搞的"伪欧化"吗?保守主义者本意是要借用西洋武器来阻遏新文化运动的发展。但这种西洋武器原是对付西方过度膨胀的近代性的某些东西,其在中国还基本上没有长成,还是绝大多数中国人所渴望的东西。所以,学衡派诸子的愿望基本落空。

至此,我们可以对近代中国文化保守主义者角色演变的轨迹及其文化史的意义略作一番检讨。

第一,保守主义者起初极端排外,对西方文化一概排斥。鸦片战争后20年左右,渐渐兴起"师夷长技"的洋务运动,其所师者,不过器物、工艺而已。这些洋人的事物渐渐被士大夫之稍具开放眼光者所承认。但人们坚持认为中国的政教制度、人伦道德远高于西方,故必不许稍有失坠。人们把这叫做"中体西用"。在那时期,保守主义者人数众多,他们所要保守的"中体",是中国固有的君主专制制度与纲常名教。19世纪90年代至20世纪初期,由于内外环境的逼迫,改革派与革命派先后继起,他们深知,要救国,须图强,要图强,就必须废除腐朽的君主专制制度,建立立宪的近代民主制度(改革派希望避免暴力革命,故主张通过和平改革,实现君主立宪;革命派则主张通过暴力革命,推翻清朝的君主专制制度,建立民主共和制度)。从这时起,直到民国初年,一般保守主义者(其人数已经大大减少)知道君主专制制度已保不住,于是退而保中国固有的伦理道德,圣圣相传的学说思想等等纯属精神文化的东西。清末的国粹主义者,民初的尊孔主义者,以及新文化运动初起时的一些保守主义者均属此类。学衡派,从大的方面说,也属于此类之范围。但其特出之点在于,他们已不津津于一般旧道德和旧的思想学说之保守,而尤致力于提倡中西文化自古以来就绳绳相继的共通的基本精神。可见,保守主义者所能排拒的西方文化,和他们所能保守的中国文化,其范围都愈缩愈小,最后在退无可退的情况下,于西方新起的一种保守主义的特别流派中,找到托命之地。

第二,这里有一点非常有趣,即提倡新文化者的理论依据之一就是承认中西文化本质上是可以互通的。他们认为,西方文化因某些内外环境的因素,近代以来,走快了几步,跑到前边了,中国人需要赶上去。学衡派则强调说,西方因一味地往前跑,结果出了大乱子。现在人家已经反省了,要回复到古代的文化精神里去。而古代的文化精神是中西所共通的。中国要学西方,就要学习西方的新人文主义,学习那些与中国古代的文化精神相通的西方文化。于是两派的争论与以往进步与保守之间在中西文化问题上的争论大不相同,不是要不要学习西方文化的问题,而是遵循哪一派西方学说的指引的问题。也就是说,中西文化要打通,已经没有疑问了。这就表示,中国文化不可避免地要走世界化之路。

第三,一个民族的文化精神到底是什么,是很难说得清楚的;中西共通的文化精神到底又是什么,这就更难说得清楚了。强为之说,必不免抽象、笼统。既失于抽象、笼统,则不免苍白无力,难以真正说服人。但民族文化各有其特别之精神,则是不应否认的。这种精神并非只存在于文字典籍中,那不过是这种精神留下的记号、痕迹而已。真正的民族文化精神是存活在千千万万的民众的生活实践之中。当胡适与后来提倡"本位文化"者们争论时,胡适指出,那真正的文化本位,"就是那无数无数的人民"。他的说法实在比讲"文化本位"的十教授和讲"文化精神"的学衡派要切实得多,也高明得多了。惟其如此,讲文化问题,尤其是讲文化传统问题,是绝不能忘记千千万万的人民大众的。如今我们发现,在中国大陆以外的儒家文化圈里,儒家文化中之真正优美的东西保存了很多,且保存得很好,岂不是大可发人深省吗?人民最根本的需要就是安定的生活,美好的传统只有在人民安定的生活中,才会得到最好的护持。从这里我们又可更清楚地看出,学衡派最值得重视的见解,是他们反对激烈的变革这一点。而在这一点上,他们与最受他们攻击的提倡新文化的胡适是没有根本分歧的。胡适在他的博士论文里就曾指出,一个具有光荣历史以及自己创造了灿烂文化的民族,在一个新的文化中绝不会感到自在的。如果新文化被看作是从外国输入的,并且因民族生存的外在需要而被强加于他的,那么,这种不自在是完全自然的,也是合理的。如果对新文化的接受不是有组织地吸收,而是采取突然替换的形式,因而引起旧文化的消亡,这确实是全人类的一个重大损失。因此,真正的问题可以这样说:我们应当怎样才能以最有效的方式吸收现代文化,使它能同我们的固有文化相一致、协调和继续发展。这里不同的是,胡适所追求的,仍是现代的新文化,而不是学衡派所刻意追求的中西古典文化。

从上述这一点出发,我们又可进一步认识到,在文化的问题上,最要注意的是避免偏激的态度。过于激进的革新,或过于偏激的保守都是脱离民众的大多数,都难以收到好的结果。

〔作者简介:耿云志,中国社会科学院学部委员、近代史研究所研究员。〕

文化保守主义思潮的三份标志性文本

俞祖华 赵慧峰

在20世纪以来中国文化保守主义思潮的发展史上,有过三份颇有分量、颇有影响的关于中国文化的宣言:1935年1月10日,王新命、何炳松、陶希圣、萨孟武等十教授在《文化建设》杂志第1卷第4期上联名发表共有2840字的《中国本位的文化建设宣言》(简称"一十宣言"、"三五宣言"、"十教授宣言"等);1958年元旦,牟宗三、徐复观、张君劢、唐君毅4位教授发表约4万字的《为中国文化敬告世界人士宣言》(简称"五八宣言");2004(甲申)年9月3日至5日在北京举行"2004文化高峰论坛",由许嘉璐、季羡林、任继愈、杨振宁、王蒙5人提议,共有72位名流签名发表了1500字的《甲申文化宣言》。我们曾以从康有为的"三世说"到梁漱溟的"文化三路向说"再到牟宗三的"三统说"为节点,分析过近代文化保守思潮由外到内、再由内转外的两次转向①,这里再通过分析三件文本之间的变与不变,观察文化保守主义的变通与坚持,梳理文化保守主义思潮演进的轨迹。

一

三份宣言发表于不同的年代,签署者的背景也有所不同,但均是从当时中西文化激烈冲突的背景出发提出和试图回答中国文化建设路向问题,或者说是从文化的角度提出和试图回答中国向何处去的问题。三份宣言站在文化保守主义立场对中国文化走向的看法,引发了持其他文化立场的知识界、文化界人士的辩驳,激起了不同文化思潮之间的激烈角力,是文化保守主义思潮发展过程中的标

---

① 俞祖华:《论文化保守主义思潮的两次转向》,《东岳论丛》2004年第4期。

志性事件,也是中国现代文化史上的大事。

自民国初年的新文化运动以来,中国文化建设路向问题就一直是知识界、文化界关注的一个热点。而对中国文化建设的路向,知识界、文化界人士也一直有着不同的意见。针对新文化运动倡导者全面反叛传统文化、全面接纳西方文明的主流思潮,梁启超在《欧游心影录》(1920)宣称"西方文明破产",梁漱溟《东西文化及其哲学》(1921)提出"批评的把中国原来态度重新拿出来",开启了现代文化保守主义,引发了持续十年之久的东西文化论争。到了20世纪30年代,知识界、文化界对中国文化建设路向的争议与文化派别的分野更趋清晰。还在"十教授宣言"发表前,当时在中山大学任教的陈序经在1933年年底发表的《中国文化的出路》的讲演中,把当时国内学术界关于中国文化的主张分成为三派:主张复返中国固有文化的;主张调和中西文化的;主张全盘接受西洋文化的。这一讲演稿在1934年1月的《民国日报》发表后,即在广东引起了一场文化讨论。"十教授宣言"出笼后更引发了"中国本位"与"全盘西化"的激烈交锋。宣言提出:"要使中国能在文化的领域中抬头,要使中国的政治、社会和思想都具有中国的特征,必须从事于中国本位的文化建设。……要从事中国本位的文化建设,必须用批评的态度、科学的方法,检阅过去的中国,把握现在的中国,建设将来的中国。""我们特别注意于此时此地的需要,就是中国本位的基础。"[①]"十教授宣言"发表后,受到了其他文化派别的批评。对"中国本位"的批评主要来自西化派与"左翼文化"两个方面:西化派胡适指出十教授的"中国本位的文化建设"正是"中学为体,西学为用"的最新式的化装出现[②],陈序经更认为"十教授在宣言里的态度是偏于复古的"[③],他们强调中国文化的惰性极大,不必替"中国本位"操心,藉保持旧有文化来维护民族生命的想法也是虚狂的;张闻天、嵇文甫等"左翼文化"论者指出了"中国本位文化"与"文化中国化"的区别,所谓"文化中国化"是把世界性的文化"中国化",世界性的文化是其本质,所谓"中国本位文化"则只看见文化的民族性而没有看见文化的世界性,比起"国粹论者"、"中体西用论者"不见得进步

---

① 王新命等:《中国本位的文化建设宣言》,《文化建设》(1935)第1卷第4期。
② 胡适:《试评所谓"中国本位的文化建设"》,《胡适文集》第5册,北京大学出版社1998年版,第448页。
③ 陈序经:《读十教授〈我们的总答复〉后》,《走出东方——陈序经文化论著辑要》,中国广播电视出版社1995年版,第270页。

多少。十教授于同年 5 月 10 日在《文化建设》第 1 卷第 8 期上发表《我们的总答复》一文。此外，为回击西化派的批评，王新命还于 4 月 3 日出版的《晨报》上发表了《全盘西化论的错误》一文。

标志着港台当代新儒学开宗的"五八宣言"酝酿于 1957 年。是年春，张君劢赴美国访问，在美与唐君毅谈到西方人士对中国学术之研究方式及对中国与政治前途之根本认识多有不当之处，共觉西方人士于中国文化不甚了了，为消除西方人士对中国文化的误会，他们商定联名发表一份文件对中国文化的生命实质，对其过去及将来的命运作一个阐述。于是由唐君毅起草，张君劢致函在台湾的牟宗三、徐复观征求意见，再经修改后联名发表于 1958 年 1 月《民主评论》，后又刊于台北《再生》杂志，并有英译本刊于台北《中国文化季刊》。民国时期活跃于中国思想界的是激进主义、自由主义与文化保守主义三大思潮，三大思潮的影响是难分上下的。1949 年成为一个重要的转折点，在大陆马克思主义取得了主导地位，文化保守主义则受到了激烈批判并失去了发展的空间。另有一部分文化保守主义者流落港台，他们在四顾苍茫、一无凭借的心境情绪之下对中国文化的出路深感忧虑，自称"门庭冷落"、"花果飘零"。"五八宣言"由其代表人物将其近十年的对中国文化之过去、现在与将来的认识加以总结，表明现代新儒学在经过政治激进主义与文化激进主义的洗礼之后，力图以港台为基地再度活跃于现代中国的思想舞台。宣言认为，中国民族之历史文化能历数千年而不断与中国人重视历史文化保存之自觉的思想有关，中西文化可以取长补短，中国向西方学习所欠缺的科学民主，而西方人至少在当下即是、一切放下，圆神智慧，温润悲悯之情，文化悠久智慧，天下一家情怀等 5 方面向中国文化学习。

50 余年前的"五八宣言"标志港台新儒学崛起，但在大陆地区文化保守主义的复兴则是上个世纪 80 年代末 90 年代初以后的事情。80 年代的主流话语是反传统、倡西化的文化激进主义。到了 90 年代，发生了从激进主义到反激进的保守主义的话语转换。保守主义在大陆的兴起受到了海外学者的影响。1988年，余英时发表了《中国近代思想史上的激进与保守》的演讲，指出"中国近代一部思想史就是一个激进化（Process of Radicalization）的过程。最后一定要激化到最高峰，十几年前的文化大革命就是这个变化的一个结果"[①]。从其把文化大

[①] 余英时：《中国近代思想史上的激进与保守》，《现代儒学的回顾与展望》，三联书店 2004 年版。

革命作为思想激进化的最高峰可以看出他对激进主义的质疑与否定态度。鉴于中国现代思想史上的两大思潮"自由主义和社会主义大体上都对传统持否定的立场",他呼吁在文化上建构"保守"与"激进"的平衡。1990年12月,80年代鼓吹过新权威主义的萧功秦在"中国传统文化与社会主义现代化"座谈会上,正式提出"新保守主义"的概念。一时间,对激进主义的反思与批判成为强劲的思潮,保守主义则成了一个时髦的话题。国外学者柯文的《在中国发现历史:中国中心观在美国的兴起》、艾恺的《世界范围内的反现代化思潮——论文化守成主义》、柏克的《法国革命论》、卡尔·曼海姆的《保守主义》、约翰·凯克斯的《为保守主义辩护》、罗杰·斯克拉顿的《保守主义的含义》等译著和中国学者研究保守主义思想的著作,如刘军宁的《保守主义》、朱德米的《自由与秩序:西方保守主义政治思想研究》、萧功秦的《与政治浪漫主义告别》等著作相继出版。一个以编纂中国文化典籍、介绍国学大师、研究传统学术为主要内容的"国学热"取代80年代的"西学热"蓬勃兴起,并发生了从思想史研究到学术史研究的转向,王国维、陈寅恪、冯友兰、金岳霖、汤用彤、牟宗三等"学术大师"成为关注的热点。《学人》、《原学》、《原道》、《东方》等研究传统文化的刊物接连问世。蒋庆于1989年在台湾《鹅湖》杂志上发表《中国大陆复兴儒学的现实意义及其面临的问题》,此后,他与康晓光等人编写读经课本、举办儒学(教)会、倡导确立儒学为国教等,随之出现了大陆新儒家的派别。正是在90年代以来保守主义话语累积的基础上,到了2004年文化保守主义高调抬头,有人把这一年命名为"文化保守主义年",《甲申文化宣言》则被视为标志性事件之一(其他两个标志性事件是蒋庆发起读经和《原道》创刊十周年纪念)。该宣言的核心观点是"我们主张每个国家、民族都有权利和义务保存和发展自己的传统文化;都有权利自主选择接受、不完全接受或在某些具体领域完全不接受外来文化因素;同时也有权对人类共同面临的文化问题发表自己的意见"[①]。该宣言发表后,同样引发了激烈的讨论,对其加以质疑的重要文章如袁伟时的《评〈甲申文化宣言〉》。

---

① 《大地》2004年第18期。

二

在百余年的心路历程中,文化保守主义经历了不同的发展阶段并相应呈现出阶段性的不同特征,但作为一种前后相续绵延百年的文化思潮必有其整体性、连贯性,三份宣言作为其典型文本体现了这一思潮相近的文化主张、相似的文化心态。主要有:

1. 都有着忧危与关注在西方文化、全球化冲击的背景之下,在与强势文化交流的背景之下传统文化、本土文化如何延续的强烈的悲情意识、忧患意识、危机意识,都有从文化问题入手解决问题摆脱危机的取向。文化保守主义者有一个基本的思想认识,就是将近代以来的民族危机归结为一场由西方文明冲击所造成的文化危机,认为必须从文化上谋求摆脱危机的出路,认为必须通过复兴民族文化尤其是复兴儒学实现民族复兴。"十教授宣言"劈头第一句话就是:"在文化的领域中,我们看不见现在的中国了。""从文化的领域里面去展望,现在世界里面固然已经没有了中国。而中国的领土里面也几乎已经没有了中国人。"以非常尖锐、激烈的言辞揭示了西化大潮之下中国文化所面临的生存危机、存亡绝续危机。"五八宣言"也饱含着忧危"儒门淡泊,收拾不住"、忧危中华民族之花果飘零的满腔悲情,文章沉重、沉痛地指出:"我们不能否认,在许多西方人与中国人之心目中,中国文化已经死了。……我们亦不否认,中国文化正在生病,病至生出许多奇形怪状之赘瘤,以致失去原形。"在当今世界,以美国文化为代表的西方文明仍然是一种强势文化,并且西方国家在有意识地将其价值观向世界的其他地方进行推销,使得这种强势文化迅速向全球推进,严重影响着其他国家尤其是发展中国家的文化传统与文化主体性。《甲申文化宣言》明确表达了对全球化与西方霸权话语伤害发展中国家民族文化主体性的忧心:"我们为世界上许多古老民族、经济次发达地区的文化命运深感忧虑。"

2. 以文化的多样化、民族文化的特殊性抗衡西方启蒙理性所建构的普遍性、普世性,深信民族文化仍有活力、生命力,主张对传统文化予以"同情地理解",主张守护与接续中国传统人文精神,但主张温和的、开放的保守主义而反对极端的、狭隘的保守主义。文化保守主义要求对中国文化要有温情与敬意,反对复古、抱残守缺、死抱传统,也反对"打倒"、"切断"、"割裂"、完全推翻中国传统,主张接续、更新与重构传统,实现传统的创造性转化,使中国文化重现生机与活力。"十教授宣言"把"中国空间时间的特殊性"作为"中国本位"的基点,提出对待传统文化的基本态度是"不守旧"、不非古、不复古,"徒然赞美古代的中国制度思想,是无用的;徒然诅咒古代的中国制度思想,也一样无用;必须把过去的一切,加以检讨,存其所当存,去其所当去;其可赞美的良好制度伟大思想,当竭力为之发扬光大,以贡献于全世界;而可诅咒的不良制度卑劣思想,则当淘汰务尽,无所吝惜";提出"中国本位的文化建设,是创造,是迎头赶上去的创造"。"五八宣言"呼吁"中国与世界人士研究中国学术文化者,须肯定承认中国文化之活的生命之存在",希望人们不要以凭吊古迹的心情将中国文化视为"无生命精神之文物",视为"如字纸篓中之物、只待整理一番"的"国故",而要视其为无数代的中国人以其生命心血所写成的"活的客观的精神生命之表现"。"五八宣言"指出中国文化有不同于西方文化的独立性,"中国文化以其来源为一本,则其文化之精神生命之表现方式,亦不必与文化来源为多元之西方文化相同也",与以分门别类见长的西方文化相比中国文化有着其自身的独特价值,中国哲人的思想"虽以粗疏简陋,而其所涵之精神意义、文化意义、历史意义,则正可极丰富而极精深"[①]。《甲申文化宣言》提出"文明多样性是人类文化存有的基本形态","色彩斑斓的人文图景,正是不同文明之间相互解读、辨识、竞争、对话和交融的动力",也以"不同文明的差异"、"文明多样性"、"文化多元化"来为传统文化寻求出路。

  中西文化各有所长,中国文化的优长之处在哪?三份宣言的答案是相似的。实际上,在三份宣言之前,就有了"西方物质——中国精神"的比较模式。这几份宣言所要倡导的中国文化的独特价值还是在道统、心性、东方伦理、人文精神、东方智慧、中国人的人生态度、中国人的精神力量方面。本位文化派强调中国本位的文化建设是民族自信力的表现,呼吁"以文化养成民族性"、造成"自信心"。其宣言对中国文化发展历程有简略的总结:春秋战国时代大放异彩的隆盛期,汉代以后停顿,宋明综合了固有的儒、道和外来的佛学有一个新的发展,然而并未超出过去文化的范围。可见其心目中的中国文化主要还是儒学。"五八宣言"明确地提出中国文化是中国人安身立命的精神家园,"中国文化不被了解,中国文化

[①] 唐君毅:《唐君毅全集》卷四之二,台湾学生书局1992年版。

没有将来,则这四分之一的人类之生命与精神,将得不到正当的寄托和安顿"。该宣言指出中国哲学思想尤其是道统是中国文化的核心,心性之学为中国学术思想之本源,中国文化不仅有其所重之伦理道德,且和西方文化一样具有宗教性的超越感情。《甲申文化宣言》提出:中华文化至今仍是全体中国人和海外华人的精神家园、情感纽带和身份认同,"我们确信,中华文化注重人格、注重伦理、注重利他、注重和谐的东方品格和释放着和平信息的人文精神,对于思考和消解当今世界个人至上、物欲至上、恶性竞争、掠夺性开发以及种种令人忧虑的现象,对于追求人类的安宁与幸福,必将提供重要的思想启示"。三份宣言都主张兼采中西且均认同中国文化在伦理道德、人文精神方面有长处的认识,都延续着"东方文化救西"的思维,故被批评者责难为徘徊在"中体西用"的窠臼之中。

3. 都能以比较开阔的胸襟、比较开放的心智面对西学,赞成学习西方但反对"全盘西化",反对盲从、反对盲目模仿,主张在对文化中的不同因素加以分离、择取的基础上部分接受或不完全接受西方现代文明,主张在借鉴外来文化的过程中保持民族文化的主体性。"十教授宣言"主张要有世界眼光,对外来文化的态度应为"不盲从"、不排拒,"既要有不闭关自守的度量,也要有不盲目模仿的决心","吸收欧、美的文化是必要而且应该的,但须吸收其所当吸收,而不应以全盘承受的态度,连渣滓都吸收过来"。"五八宣言"表示:我们承认中国文化历史中,缺乏西方之近代民主制度之建立、西方之科学及现代之各种实用技术,致使中国未能真正的现代化工业化。而中国需要真正的民主建国,亦需要科学与实用技术,中国文化中须接受西方或世界之文化。通过接受西方或世界之文化,使中国人在自觉成为一道德的主体之外,兼自觉为一政治的主体、认识的主体及实用技术活动的主体。《甲申文化宣言》表示要"反对排斥异质文明的狭隘民族主义",要共享"人类现代文明特别是科技成就和企业经验",要"学习和吸收世界各国文化的优长,以发展中国的文化。我们接受自由、民主、公正、人权、法治、种族平等、国家主权等价值观"。

4. 都倾向于人类文化多元共存的生态,对中国文化在人类文化、世界文化发展中的意义有着较为充分的估计,并期待中国文化对今后世界文化的发展发挥独特的、巨大的贡献。"十教授宣言"称:中国在文化的领域中,曾占过很重要的位置。并期待:通过中国本位的文化建设,使中国和中国人与别国和别国人"并驾齐驱于文化的领域,并且对于世界的文化能有最珍贵的贡献";通过文化上建设中国,守住大同理想,在促进世界大同上能有充分的活力;"使中国在文化的领域中能恢复过去的光荣,重新占着重要的位置,成为促进世界大同的一支最劲最强的生力军"。"五八宣言"也声称:中国文化是世界上少数连绵数千年迄未断绝的文化,对于人类文化已作出自己的贡献并得到过欧洲人的称美,是全人类四分之一的人口的精神家园,故"我们真切相信:中国文化问题,有其世界的重要性"。指出东方与西方到了应当真正以眼光平等互视对方的时候了。中国文化现在虽表面混乱一团,过去亦曾光芒万丈。西方文化现在虽精彩夺目,未来又毕竟如何,亦可是一问题。《甲申文化宣言》显然是把中国文化作为可与西方文明对话与互补的"东方品格"的代表,并表示相信中华传统人文精神对于追求人类的安宁与幸福必将提供重要的思想启示。

总之,三份宣言以不同的表述表达了持守传统文化价值理念的信念及相应的基本文化主张:面对西方现代文明的强势逼压,以文化多元论为守护传统文化辩护,希望通过复兴民族文化实现民族复兴,主张弘扬中国传统人文精神,主张借鉴外来文化尤其是西方文明中的民主与科学以发展中国文化,期待中国文化在世界未来文化中扮演重要角色,其中包括以东方人文精神救赎西方工业文明的弊端。

三

文化保守主义对守护传统文化、弘扬中华文化的信念是一以贯之的,但随着时代的急剧变革、社会文化环境的总体变化与思想群体的代际交替等因素,这一思潮的文化主张前后自然会有所调整与发展,而这种"变异"也会折射在不同时代出笼的三份文化宣言上。三份宣言所体现的"变异"如:

1.随着中华民族生存处境发生的巨大变化,使民族自信心、自豪感包括对中华文化的自信心、自豪感得到不断恢复与增强,对民族文化有着深刻的身份认同、对弘扬中华文化有着强烈的使命责任、对通过文化复兴实现民族复兴有着坚执的信心信念的文化保守主义者对这种自信心的变化有着高度的敏感,并及时地把他们所感知的信息传达到文化宣言中。有的学者即从文化心理的角度解读上述宣言,认为这三份宣言展现的是中国文化从"文化自卑"到"文化自觉"到真正确立"文化自信"的复杂的心路历程。①

"十教授宣言"发表之时,正是"中华民族到了最危险的时候",宣言是从文化角度发出的痛苦呐喊,正是有感于"中国在文化的领域中是消失了"的痛苦现状,正是迫于"全盘西化"的压力,他们才倡导防御性的"中国本位",才强调要有自我的认识。他们痛苦地感叹:汉代以后,中国文化就停顿了;鸦片战争后,巨舰大炮带来了西方文化的消息,带来了威胁中国步入新时代的警告,于是古老的文化起了动摇;眼下,"中国在对面不见人形的浓雾中,在万象蜷伏的严寒中:没有光,也没有热。为着寻觅光与热,中国人正在苦闷,正在摸索,正在挣扎"。复古派"拼命钻进古人的坟墓,想向骷髅分一点余光,乞一点余热",西化派"抱着欧美传教师的脚,希望传教师放下一根超度众生的绳,把他们吊上光明温暖的天堂",但"结果是同一的失望"。他们尽管仍顽强地发出守护文化传统的声音,仍有着民族自信的信念,但面对现状的无奈与希望的暗淡,只能是悲伤的呐喊与痛苦的悲鸣。

"五八宣言"的发布者在大陆发生政权更迭后流落港台、海外,他们将马克思主义成为大陆意识形态主流与儒家思想受到批判叹为"门庭冷清、花果飘零"。他们在宣言中发出了忧惧绵延数千载的道统中辍的声声叹息,表达了因中国文化面临生存危机而使中华民族精神世界无处安顿的深深惶惑。宣言多处使用"恳求"一词:"恳求"中国与世界人士研究中国学术文化须肯定承认中国文化之活的生命之存在;"恳求"大家将"中国文化已经死了"的观念去掉;"恳求"大家以另一种动机与态度,即以同情与敬意对待中国传统文化,并注意他们本此态度得出的关于中国文化现在与将来的结论等。"恳求"固然包含了诚恳之意,但也透露了其时处在弱势的儒家文化寻求同情与理解、寻求转型与再生的信息,仍不乏对中国文化"花果飘零"的失望、自卑情结。不过,与"十教授宣言"相比,"五八宣言"力陈中国文化仍有其价值,力陈中国文化只是生病而不是死亡,力陈中国文化不仅有为中国人提供"灵魂安顿"之所方面的价值且对整个人类与世界文化方面的重要意义,多了对中国文化前途的乐观与提振中国人自信心的强烈文化信念。

《甲申文化宣言》发表在中国崛起为世界性大国强国、中华民族与中华文化

---

① 黄有东:《从"文化自卑"到"文化自信"》,《中华文化论坛》2005年第3期。

的复兴正在逐步成为现实之际,泱泱大国的风范自然要在文化领域里要有所展现,该宣言即在一定程度上体现出一个文化大国的更开阔、更自信的雄心与气度。宣言没有直接以"中国文化"为主题,而是试图从关注整个人类文化,从不同文明平等对话的角度表达全球化背景之下关于中华文化的主张。宣言中表示:我们愿与海内外华人一起,为弘扬中华文化而不懈努力,愿与世界各国人民一起,为促进人类文明与社会发展共同奋斗!随着国势从衰弱走向强大,民族文化心理从自卑转向自信,是自然而然的趋势。

2. 与文化自信增强的趋势相适应,是对外来文化、对异质文明从被动的防范到主动的开放的态势,是对文化变革、文化现代化更加开放的态度,三份宣言从一个侧面展示了文化保守主义日渐增强的文化开放意识。这种日渐开放的趋势体现为:(1)从宣言针对的对象看,"十教授宣言"主要是号召国人从事本位文化建设;"五八宣言"乃为中国文化敬告"世界人士"、敬告关心中国文化的"中国及世界无数专家学者政治家们",既针对若干西方人士对中国文化之意见而说,最重要者仍为吾中国人之反求诸己,对其文化前途先有一自信;相对于前者主要针对专业人士,《甲申文化宣言》立意更为宏阔,称是"藉此向海内外同胞,向国际社会表达我们的文化主张"。(2)从宣言所涉及的问题视野看,"十教授宣言"主要是提出和试图回答中国文化建设路向问题,包括本位文化建设的迫切性、对过去中国文化的总清算、本位文化建设的应有认识与态度方法。"五八宣言"涉及"对中国文化之过去与现在之基本认识及对其前途之展望,与今日中国及世界人士研究中国学术文化及中国问题应取的方向,并附及我们对世界文化的期望",既讨论了中国文化的历史价值与走向问题,也讨论了世界文化的发展问题,讨论了中国文化对世界文化的价值。《甲申文化宣言》的切入点是全球范围的人文生态,认为文化多元化、文明多样性是人类文化存有的基本形态,从这一角度出发主张每个国家、民族都有权利和义务保存和发展自己的传统文化,主张反思自己的传统文化,发展中国的文化。(3)在对传统文化、对中国文化的理解上,三份宣言也是一种日渐开放、日趋多元的解读。"十教授宣言"所指的"中国文化"从时间上讲主要繁荣于春秋战国时期,从内容上讲主要是"可赞美的良好制度伟大思想",不言自明是指先秦时期已成规模的、以儒学为代表的本土文化。"五八宣言"认为中国历史文化的特点是"一本多根","中国文化在本原上是一个文化体系,此一本并不否认其多根","中国之历史文化,乃系无数代的中国人,以其生命心血所写成,而为一客观的精神生命之表现","中国文化,虽亦有来原于印度文化,阿拉伯文化及昔所谓四夷者,亦有间接来自希腊罗马者,然而在百年以前之中国,在根本只是一个文化统系一脉相传,则是没有问题的"。该宣言既指出了在中国文化的形成发展过程中,有着不同之方面、不同之文化地区,但又强调中国之哲学思想尤其是儒家心性之学是中国文化的中心,中国古代文化有着一脉相承之统绪,他们自己则着力于、贯注于接续儒家道统,建构以道德上的内在超越为中心的价值体系。《甲申文化宣言》把中国文化定位为"华夏 56 个民族共同创造的中华文化",定位为"发生于上古时代多个区域、多个民族、多种形态的文化综合体",且强调"文化既涵盖价值观与创造力,也包括知识体系和生活方式",相对于将中国文化尤其是其核心主要界定为"汉学"、界定为"道统"、界定为"中国古代的制度思想"、界定为"中国之哲学思想",更能反映中国文化的丰富多彩,即它应囊括包括汉民族文化在内的多元一体文化、包括儒学在内的百家、包括中原文化在内的中华整体文化、包括古代哲人思想在内的各层面文化。(4)在对外来文化、对世界文化的理解上,在对中国文化与世界文化关系的理解上,从一个侧面展示了中国文化日益开放的胸襟与气度。十教授所指的"中国本位"是相对于"全盘西化"而提出的,其所理解的世界现代文化主要是巨舰大炮带来的西方文化,其所理解的"要有世界的眼光"是"吸收欧、美的文化是必要而且应该的,但须吸收其所当吸收"。"五八宣言"主要涉及中国文化、西方文化的特点及其相互学习的问题,但也传达了其对多元文化并存的人类文化更广远的考虑,提出要"发展出一大情感,以共同思索人类整个的问题。这大情感中,应当包括对不同民族不同文化之本身之敬重与同情,及对于人类之苦难,有一真正的悲悯与恻怛之仁。由此大情感,我们可以想到人类之一切民族文化,都是人之精神生命之表现,其中有人之血与泪,因而人类皆应以孔子作春秋的存亡继绝的精神,来求各民族文化之价值方面保存与发展,由此以为各种文化互相并存,互相欣赏,而互相融合的天下一家之世界之准备"。《甲申文化宣言》的主题即为文明多样性的人类文化存有形态、文化多元化的全球范围的人文生态,也正是从这一角度提出了中国文化、各国政府对维护与营造人类多元人文生态的作用与责任。不过在展示开放意识、体现开放气度上,三份宣言也反映出文化保守主义的保守性、防御性的品格。"中国本位"被批评为"中体西用"的翻版,《甲申文化宣言》在这个方面也受到了质疑。批评者称其没有同"文化多元化"这个饱含狭隘民族主义情绪的思潮划清界限，指出《宣言》的"我们反对排斥异质文明的狭隘民族主义，更反对以优劣论文明"一句，从字面上看似乎完全正确，但"把它放在具体的历史环境中去考察，所谓'更反对以优劣论文明'就必须认真掂量了。人种没有优劣之分，人类文化是多元的，但世界上发达与不发达国家相差甚远，这难道与各自的文化传统毫无关系吗？……片面鼓吹文化'平等'、'没有优劣之分'，正好迎合了各地正在膨胀的狭隘民族主义情绪"①。有的学者指出被《宣言》作为学理基础之一的"文化多元论"是站不住脚的："文化多元论是被《宣言》当作不证自明的前提来使用的。然而，正是这个前提很有推敲的必要，并且其观点是大可怀疑的。"②

3. 由于传统文化"内圣外王"精神的塑造使文化保守主义均具有关注现实的热情、热心政治的情结与经世致用的情怀，三份宣言作为其表达文化主张的载体，体现了政治与文化场域互动的不同模式。"十教授宣言"是"政治驱动型的政治—文化场域互动模式"。该宣言经过文人精致的文字功夫自然不易被看出官方背景的痕迹，不过在此之前，1934年5月成立了以国民党党政要人陈立夫为理事长的中国文化建设协会，"十教授"中的陶希圣、樊仲云等为其中成员，宣言及《我们的总答复》发表在协会创办的刊物《文化建设》上，内容上还有配合当局的"中国的政治改造终于达到了相当的成功"一句，故两者之间的瓜葛是显而易见的，宣言在当时就被批评者指为官方授意、推动的。尽管如此，学者们在起草宣言中的独立思考仍值得我们注意，正是这种主体性使其毕竟有别于官样文章而成为文化史上具有相对独立且较为重要的事件。"五八宣言"是"游离超脱型的政治—文化场域互动模式"。当事者遭遇空前的政治大变局后流亡海外，转向文化场域希望通过学术尤其是儒学的转进为现代性拓展而作准备。该宣言是一份纯学术的文本；不过秉承关注"外王"事业之精神传统的新儒家宗师们还是通过这份学术性文献传达出了其对家国政治的关怀、对国人由道德的主体转进为政治的主体之希冀、对开出"民主政治""新外王"的期待。宣言提出：使中国人不仅由其心性之学，以自觉其自我之为一"道德实践的主体"，同时当求在政治上能自觉为一"政治的主体"，指出中国需要真正的民主建国。《甲申文化宣言》则是

---

① 袁伟时：《评〈甲申文化宣言〉》，《南方都市报》2004年9月21日。
② 顾乃忠：《评〈甲申文化宣言〉的学理基础》，《南京大学学报》2006年第1期。

"文化建言型的政治—文化场域互动模式"。该宣言的联署者中有少数进入政界的文化名流,但总体上应被视为文化界自觉、主动的发声。宣言"表达我们的文化主张",很重要的是将对文化负有重要责任的各国政府作为倾听者,为此呼吁包括中国政府在内的各国政府推行积极有效的文化政策:捍卫世界文明的多样性,理解和尊重异质文明;保护各国、各民族的文化传统;实现公平的多种文化形态的表达与传播;推行公民教育,特别是未成年人的文化、道德教育,以及激励国家、民族和地区间的文化交流。近代以来保守主义主要体现在思想文化层面,主要是文化的保守主义而少有政治的保守主义,他们与政治保持着或远或近的距离,但其关注现实、关注社会、关注民族命运和国家发展、关注宇宙与人类前途的经世情怀则是一致的。

[**作者简介**:俞祖华,鲁东大学历史文化学院教授;赵慧峰,鲁东大学历史文化学院教授。]

"西学中源"说与晚清诸子学的演变趋向

——以墨学为中心的考察

张永春

鸦片战争后,自魏源"师夷长技以制夷"始,知识界求新慕新趋势日显,但其中又包含着鲜明的复古倾向,由此引发晚清古学复兴。晚清的古学复兴,在当时诸多思潮中或许并不居主流,但如果与民国后的古学热潮相连,则可察其演变脉络及对后世的影响。晚清古学之复兴,主要表现为诸子学的复兴。从某种意义上讲,诸子学的兴起,为晚清学术、思想上的一大变化,此点愈来愈引起学人的重视。①晚清诸子学之兴,固与中国传统学术的内在演变逻辑有关,如嘉道之后汉宋兼采的学术趋向、经世致用思潮的张扬、今文经学的兴起等,但更受益于西学东渐。诚如邓实所言:"西学入华,宿儒瞠目,而考其实际,多与诸子相符。于是而周秦学派遂兴,吹秦灰之已死,扬祖国之耿光。"②细考西学于晚清诸子学兴起之推动,盛行于19世纪中后期的"西学中源"说思潮实居功至伟。在晚清中西交汇大潮中,"西学中源"说上承明清之际的"西学中源"论,但较明清之际更为广阔深入地流行于晚清知识界,其内容也由明清时期的天文、历算之学扩展到包括政制、宗教在内的诸多层面。对于这一影响广泛的社会文化思潮,学人多所论列,如"西学中源"说思潮流行的原因、该思潮对晚清诸子学复兴的影响、好古心态及

---

① 如张灏:《危机中的中国知识分子:寻求秩序与意义》(新星出版社2006年版)第一章将诸子学的兴起视为晚清思潮的三大本土资源之一。王汎森:《章太炎的思想》(台北:时报文化出版公司1985年版)第二章则描绘了晚清众多学者的诸子观,极具参考意义。罗检秋:《近代诸子学与文化思潮》(中国社会科学出版社1998年版)则以相当的篇幅较为系统地阐述了晚清诸子学的兴起与发展情况。至于专题论文及相关著述中涉及者,亦不在少数。

② 邓实:《古学复兴论》,《国粹学报》第一年第9期。

附会流弊的批评等。① 至于诸子学在"西学中源论"思潮中所表现出来的诸多特征及其对 20 世纪后古学研究和中国近代学术转型的影响，尚有进一步探讨的空间，如求是与致用的关系、中西比较问题，这些困扰 20 世纪后中国众多知识人的难题，追根溯源，多可从近代中西接触之初的"西学中源"说思潮中寻找因缘。众所周知，无论"西学中源"说还是诸子学的复兴，其所借重者，多与墨学有关，墨学亦因此成为晚清诸子学复兴的重要代表。其中原因，是墨学更近于西方的学术政教。本文即以墨学为个案，考察"西学中源"说与墨学之关系及其对于后世学术思想之影响。

一、"西学墨源"

鸦片战争后，西方"坚船利炮"之学相继输入，引起知识界追寻中国古学中科学知识的兴趣，墨学因其多含科技知识，将之与西学相附会，遂有"西学墨源"之论，而后又演变为"西学中源"说。栾调甫曾总结道："道咸以降，西学东来，声光化电，皆为时务。学人征古，经传蔑如。《墨子》书多论光、重、几何之理，足以颃颉西学。此由微而著者。"② 至于"西学墨源"说的始作俑者，学界多认为是广东学者邹伯奇。邹氏精通历算，对西方科技知识有所了解，认为《墨子》乃西学科技、宗教乃至文字之源，其言曰："梅勿庵言和仲宅西，畴人子弟散处西域，遂为西法之所本。伯奇则谓西方天学未必本之和仲，然其伎俩，由不出《墨子》范围。《墨子·经上》云：'圆，一中等长也'，即几何言圆惟一心，圆界距心皆等之意。又云：'同重体合，类异；二体不合，不类同异，而俱之于一也。同异交得放有无。'此比例规更体更面之意。又云：'日中正南也。'又《经下》云：'景迎日。'又云：'景之大小，说在地。'亦即表度说测影之理。此《墨子》皆西洋数学也。西人精于制器，

---

① 专门论述有：全汉升：《清末的西学源出中国说》，《岭南学报》第 4 卷第 2 期；王尔敏：《中西学源流说所反映之文化心理趋向》，《中国近代思想史论续集》，社会科学文献出版社 2005 年版；陶飞亚、刘天路：《晚清"西学源于中学"说》，《历史研究》1987 年第 4 期；马克锋：《"西学中源"与近代文化》，《北京社会科学》1990 年第 1 期；马克锋：《"西学中源"说及严复对其批评与反思》，《福建论坛》1993 年第 2 期；曾建立：《〈格致古微〉与晚清"西学中源"说》，《中州学刊》2000 年第 6 期。他如晚清或近代学术史、思想史的著作，多有涉猎。

② 栾调甫：《二十年来之墨学》，栾调甫：《墨子研究论文集》，人民出版社 1957 年版。

其所恃以为巧者,数学之外有重学、视学。重学者,能举重若轻,见邓玉函《奇器图说》及南怀仁所纂《灵台仪象图志》,说最详。然其大旨,亦见《墨子》。《经说下》招负衡木一段,升重法也,两轮高一段,转重法也。视学者,显微为著,视远为近详,汤若望《远镜说》,然其机要亦《墨子·经下》'临鉴而立,一小而易,一大而正'数语,及《经说下》'景光至远,近临正鉴'二段足以赅之。至若泰西之奉上帝,佛氏之明因果,则尊天明鬼之旨,同源异流者耳。《墨子·经上》云:'此书旁行,正无非。'西国书皆旁行,亦祖其遗法。故谓西法源出《墨子》可也。"①

邹氏的上述言论多为同期广东学者陈澧注释《墨子》时所引用,并有所补充。②很明显,他们均是以西学傅会中学,学理上并无多少可取之处,后人对此多有讥讽,自不待言。维新时期的徐仁铸于此傅会不以为然:"近人有牵合比附,谓西人之学悉出中土者,亦涉自大之习,致为无谓。"他从理性的角度推测,认为诸子必有与西学相合之处:"陆子静所谓:四海各有圣人出焉,此心同也,此理同也。此所以东西虽辽绝,而政学之暗符者,不一而足也。西人学艺原本希腊,政学原出罗马,惟能继续而发明之,遂成富强。我中土则以六经诸子之学,而数千年暗昧不彰,遂以积弱,学者不可不自奋也。"③徐氏实将中国富强之道寄于诸子学之兴了。以西方科技傅会中学也罢,从理性角度推测中西学相合也罢,均于诸子学的复兴有莫大推动作用,对此,学者多有阐述。④具体到墨学而言,因其尤能符合时代需要,乃缘时势而兴,有骎骎然凌驾于儒学之势。

自道光以迄清末,"西学墨源"说愈演愈烈,沿着两个方面发展:一是从范围上,一变为"西学源于诸子"说,再变为"西学中源"说,中学涵盖日广,无论经子,均为西学之源,该项理论也出现了种种表现形态,如"西学中国古已有之"说、"西人窃我余绪"说等等,不一而足;二是内涵上,从科技层面扩展至政制、宗教层面。流风所及,士绅倡议者众。察其所论,多与诸子尤其是墨子有关。如洋务运动早期的思想家薛福成即曰:"《墨子》一书导西学之先者甚多。"《墨经》"光学、重学之所自出也。"《鲁问》、《公输》"机器、船械之学之所自出也。"《旗帜》则"西人举旗灯

---

① 邹伯奇:《论西法皆古所有》,《邹征君遗书》,《学计一得》卷下,同治粤东省城刻本。
② 陈澧:《读诸子》,钱钟书、朱维铮主编:《东塾读书记》卷12,三联书店1998年版。
③ 徐仁铸:《輶轩今语》,《湘学新报》第33册。
④ 王尔敏先生认为,该种学风,实为文化观念上的重大变化,透露出晚清学术的几点基本态势:第一,将要挣脱正统观念之藩篱;第二,确定正统之外之学术价值;第三,赋予诸子学与儒学以相等地位。见王尔敏:《清季知识分子的自觉》,《中国近代思想史论》,社会科学文献出版社2003年版。

以达语言之法之所自出也"。至于西人"千里镜"、"显微镜"均不出《墨经》景大、景小之范围。①维新派思想家黄遵宪亦倡导墨学甚为得力,其言曰:"余考泰西之学,其源盖出于《墨子》。其谓人人有自主权利,则《墨子》之尚同也;其谓爱汝邻如己,则《墨子》之兼爱也;其谓独尊上帝保汝灵魂,则《墨子》之尊天明鬼也;至于机器之精,攻守之能,则《墨子》备攻、备突、削鸢能飞之余绪也;而格致之学,无不引其端于《墨子》经上下篇。当孟子时,天下之言半归于墨,而其教衍而为七,门人邓陵、禽滑之徒,且蔓延于天下,其入于泰西,源流虽不可考,而泰西之贤智推衍其说至于今日,而地球万国行墨之道十居其七。距之辟之于二千余岁之前,逮今而骎骎有东来之意。呜呼!何其奇也。余足迹未及欧洲,又不通其语言文字,未由考其详。顾余闻东西之人盛称泰西者,莫不曰:其国大政事、大征伐,皆举国会议,询谋金同而后行;其荐贤授能,拜爵舒官,皆以公选;其君臣上下,无疾苦不达之隐,无壅遏不宣之情;其人皆乐善好施,若医学、若义学、若孤独园,林立于国中;其器用也,务以巧便胜;其学问也,实事求是,日进而不已;其君子小人,皆敬上帝、怵祸福;其法律详而必行;其武备修而不轻言战。余初不识其操何术致此,今而知为用墨之效也。"②

考"西学墨源"之言论,多为西学张目,实非抱残守缺、抗拒外来文化之保守态度。其于西学的看法上,固与明清之际的"西学中源"说相类,并没有摆脱平行类比、穿凿附会的思维方式,但其内容却较明清时期复杂得多,其态度也开放得多。其中原因,当然是时势使然。面对西学的强势,沟通中西,逐渐成为晚清知识人的共识,而其最初所依赖之工具,则是明清之际的"西学中源"说。梁启超曾生动描述西学冲击下中国知识界的变化:"鸦片战争以后,志士扼腕切齿,引为大辱奇戚,思所以自湔拔。经世致用观念之复活,炎炎不可抑。又海禁既开,所谓'西学'者逐渐输入,始则工艺,次则政制。学者若生于漆室之中,不知室外更何所有。忽穴一牖外窥,则粲然者皆昔所未睹也。还顾室中,则皆沉黑积秽,于是对外求索之欲日炽,对内厌弃之情日烈。"③纵观晚清"西学墨源"的内容,基本上没有摆脱"中国文化中心观"笼罩下的以西附中的格局,而且随着国人对西学了

---

① 薛福成:《出使英法义比四国日记》,岳麓书社1985年版,第252页,转引自罗检秋:《近代诸子学与文化思潮》,第74页。
② 黄遵宪:《日本国志》,学术志1,陈铮编:《黄遵宪全集(下)》,中华书局2005年版,第1399页。
③ 梁启超:《清代学术概论》,东方出版社1996年版,第65页。

解的加深,有逐步扩大和深化的趋势,这大致反映出晚清"西学中源"说的变化轨迹和诸子思想被阐述和张扬的先后次第。具体而言,有以下两个方面:

第一,科学技术层面。以西方科技知识附会墨学,是鸦片战争初期至洋务运动时期"西学墨源"说的主要内容。该项内容论说的群体涵盖了开明的传统知识分子、守旧派人士、早期改良派和洋务派等,且与当时社会"师夷长技以制夷",引进西方"坚船利炮"及由此引发的论争等思想趋向相吻合。如前所述,较早将西方科技纳入墨学的是邹伯奇和陈澧,其后的早期改良派知识分子如陈炽、薛福成等人及洋务派人士均延续其说。至于保守派人士如张自牧亦多有类似言论。张自牧尤其重视对《墨子》书中科技知识的阐述,认为西方近代的诸多科学知识如天文、算学、重学、机器、测量、植物、农学、气象、地理、化学、医学等多源自《墨子》《关尹》《淮南子》等书,其中出于《墨子》者最多。① 而代表此期以西方科技知识附会中学最为完备的书籍是刘岳云所辑之《格物中法》和王仁俊所辑之《格致古微》《格致精华录》。此后,在西方近代科学的关照下挖掘《墨子》中的科技知识一直是近代墨学的研究重点,民国后《墨经》研究热潮的形成,实可反映墨学研究者兴趣之所在。不同之处在于,晚清国人强调西方科技不出墨学范围,是以西附中;而民国后国人将《墨经》中的科技知识等同于西方科技,是以中附西,其间固然反映出中西学地位的颠倒变易,但类比、附会的思维方式一以贯之,此点下面详述。

第二,政制宗教方面。如关于西方平等说,皮嘉佑曰:"夫平等之说,导源于墨子,阐义于佛氏,立法于泰西。墨子之兼爱,尚同也。佛法之平等也。泰西之人人有自主权利。爱汝邻如己,而倡为君民一体也。名不同而旨则一也。佛法之平等,即出于墨子之兼爱尚同。泰西之人人有自主权利,爱汝邻如己,亦出于墨子之兼爱尚同。墨子一视同仁,摩顶放踵,利天下而为之,自谓爱无差等。孟子推其流弊,以为无父,等之已失,何平之有,不知正由爱无差等,乃可渐生平等。夫天下之心,尚同则公,公则恕,恕则和,和则无不理。天下之事,尚同则通,通则群,群则合,合则无不成。公也,恕也,和也,通也,群也,合也,要不外乎一平也。盖尚同为仁之起点,平等为仁之交线,起点既正,交线斯明。故佛法之开教宗,泰西之治家国,皆本乎此。"② 认为西方基督教源于《墨子》是19世纪中后期"西学

---

① 张自牧:《蠡测卮言》,王锡祺辑:《小方壶舆地丛钞》十一,南清河王氏铸版。转引自罗检秋:《近代诸子学与文化思潮》,第74页。
② 《湘报类纂》甲集,卷上,第7页。

中源"说的重要观点,前引邹伯奇、黄遵宪之言论均持此说。张自牧在《瀛海论》中说:"西洋之教同出一源,盖墨氏之本旨而缘饰以桑门天方之说。"黎庶昌更坚定地认为:"今泰西各国耶稣天主教盛行尊天、明鬼、兼爱、尚同。其术确然本诸《墨子》。"①甲午战争后,会通中西的严复则认为墨学暗合西学,欲借墨立说,为接受西教张目,其言曰:"以我华今日人心风俗之浮伪,欲为谓何教使然竟无可傅。必欲取一以周纳之,则惟半边之杨教,盖皆是拔一毛以利天下而不为耳。杨之书教虽俱亡,其为人所窃取之半边,古今似二而一。自祖龙窃取其为我以行政,延及近世,遂无不窃取其为我而成俗。至今已如寒疾之四体皆冰,真火不绝如缕。苟欲起死回生,固非参苓中和之儒教所能,必得乌头姜桂之墨教。墨亡而适有西教暗合其兼爱。其教士之尽心竭力,不避艰险,又过我人。然则资其劝导庶化众人之偏私,而上智仍知涵泳于洙泗,以固其元气,岂非标本并治之良方乎?"②关于《墨子》西传,亦有人阐述了一些看似合理,实则毫无依据的看法。如王闿运云:"南方之墨,由南洋而越海岛,故墨学被于海西。"而宋育仁在《采风记》说:"墨氏之教,秦以后微于中邦,而流转于西土",并生动地描述了墨学流传而为基督教的过程。③

《墨子》书中的宗教思想及兼爱思想与西方政治观念、基督教教义有一些表面的相似之处,但本质差异更大,已为今人之常识。问题是当时的墨学研究者和墨家思想鼓吹者于此并未留意或有意识回避其中差异,而是继续将二者等同起来,到民国时依旧如此。如坚持以西学知识阐释《墨子》的张纯一就认为:"墨家之天志即景教之天父上帝,墨家之明鬼即景教之灵魂不灭,墨家之兼爱即景教之圣灵无处不在。"胡适所撰之《中国哲学史大纲》上卷,也把墨子视为"一个实行的宗教家"。此类言论,在近代墨学史上,多不胜数。这实际上反映出近代墨学的重要特征,即墨学已成为国人引介、宣扬西方思想的媒介和工具,而其本相,反在其次。对此,陈寅恪在批评民国古史研究中的穿凿附会之风时一语道破:"今日之谈中国古代哲学者,大抵即谈其今日自身之哲学者也。所著之中国哲学史者,即其今日自身之哲学史者也。其言论愈有条理系统,则去古人学说之真相愈远。此弊至今日之谈墨学而极矣。今日之墨学者,任何古书古字,绝无依据,亦可随

---

① 黎庶昌:《读墨子》,《拙尊园丛稿》卷4,台湾文海社影印本。
② 严复:《除杨墨辨》,《严几道诗文钞》卷3,王栻主编:《严复集》第一册,中华书局1986年版。
③ 宋育仁:《采风记》卷4,《宋育仁集》,中华书局1987年版。

其一时偶然兴会,而为之改移,几若善博者能呼庐成庐,喝雉成雉之比。"①进入20世纪尤其民国后,随着西方各类社会文化思潮的涌入,墨学更是与不少西方思想相提并论,如社会主义学说、科学主义、民主自由观念等,②成为接引西学、沟通中西的重要渠道,墨学也因此兴盛。

二、经世致用与晚清墨学的工具性取向

晚清"西学中源"说作为中西文化会通的初始形态,具有鲜明的过渡色彩,从学理层面看极为简单,但思想史上的内涵却十分丰富。即以持该理论者而言,从高官显贵到普通士子,从主张西学的趋新人士到严"夷夏之辨"的顽固守旧派,各人的文化取向形形色色。即便表现到个人,在此问题上也会出现时鼓时荡、进退失据的情况。典型者如梁启超,一方面传播此说,撰写《古议院考》,论证中国古代即有议会制度的存在;一方面又对"西学中源"说以欧西新理比附中国旧学的做法批评不遗余力,他说:"举凡西人今日所有之学,而强缘饰之,以为吾古人所尝有,此重诬古人,而奖励国人之自欺者也。"③虽然"西学中源"说的倡导者形态各异,但有一点却惊人的一致,即面对西学东来的千古大变局,都借此理论为各自的现实主张张目,由此,"西学中源"说在晚清的社会变迁中扮演了一种"工具"的作用。趋新人物以之为引进西学、从事洋务或维新大业立论;顽固守旧者是为了排斥西学,固守传统,恪守旧制。④其实,对于中西差异,许多"西学中源"说的鼓吹者并非如后人所讥讽的那样对西学茫然无知,之所以如此,实际上是为了扫除引进西学的障碍,服务于现实。郭嵩焘就曾无奈地表白,鼓吹此说是为了"以是邀时誉",有"难言之隐。"⑤梁启超在答复严复责其不该附会中西时也说:"实则启超生平最恶人引中国古事以证西政,谓彼之所在,皆我所有。此实吾国虚骄之积习,初不欲蹈之,然在报中为中

---

① 陈寅恪:《冯友兰中国哲学史上册审查报告》,《陈寅恪史学论文选集》,上海古籍出版社1992年版。
② 有心者可参阅刘桂生:《晚清"墨学复兴"与社会主义学说传入中国》,《教学与研究》,1986年第4期;罗检秋:《近代墨学与西学》,《中州学刊》1991年第3期。
③ 梁启超:《戊戌政变记》,《饮冰室合集》专集之一,中华书局1986年版。
④ 参见马克锋:《"西学中源"与近代文化》,《北京社会科学》1990年第1期。
⑤ 《郭嵩焘日记》第3册,湖南人民出版社1981年版,第444页。

等人说法,又往往自不免。"①并肯定倡导"西学中源"有其合理之处,"亦增长国民爱国心之一法门","并非无用之业也明矣"。②

以"西学中源"说为现实立论,实出于晚清以来有关洋务存废、维新与否和西学利弊的诸多论争的需要。对于趋新派而言,面对守旧派基于传统道义、说引进西学会"破坏中国数千年相承之治法"、"以夷变夏"的指责,最好的方法就是证明中西学能相辅相成,引进西学是"礼失求诸野",对中学有益无害。因为这正符合国人"信古"、"尊古"和"托古改制"的心理需求。而对于守旧派来说,抵制西学的最好武器就是论证西学乃导源于中学,西方学理技艺乃窃中国古学之余绪,不足学,也不必学。由是,"西学中源"说应运而生,其理一,而运用之目的则相差甚远。关于这方面情形,相关言论举不胜举。

正是"西学中源"说的这种现实取向,决定了晚清墨学从复兴伊始即具有鲜明的实用特征,无法摆脱对现实社会的依附,从而获得独立的学术发展形态。栾调甫对晚清墨学成就评价并不高,认为是有墨无学,主要原因是墨学研究受制于经世致用思维的影响,可谓一语中的。其言曰:"盖其始也,当国家极盛之日,又值经学极盛之时,学人以子通经,原为经学附庸。逮至国势日衰,外侮日乘。学人埋首穷经之余,辄有经世致用之慨。自知所业无以应时势之亟变,思采西学之长辅所弗逮,而又耻于步武后尘。不得不谬其辞,以为斯皆古先所尝有,西学盖得其传而未绝。故其言曰:海外几何传自冉有,泰西工艺出于墨子。斯已足为墨学张目,一洗异端害道之诬。而愤激之徒又以《孝经》退贼羌无故实,《墨子》备守足以御强。遂至隆崇墨子而有东方救主之号,敷畅兼爱而有耶稣之教源出《墨子》之说。此非所谓因果相生而由于时世之变者乎?然其校理故书不过为治学之初步,因时致用亦不免有比附缘饰之辞。而夫专己沟犹之见,闳肆不经之谈,终无以起《墨子》书而名之为学者,盖亦其时世有以限之也。"③任何一种理论的产生,当然是应现实而生,为现实而用,但构造过程中所依赖的思维方式和价值取向对该理论的表现形态及对学术、思想的发展有重大影响。"西学中源"说的出现,从外部因素看,显然是因为西学入侵和国势日窘的刺激,但其内部因素则

---

① 《梁启超选集》第40页,转引自陶飞亚、刘天路:《晚清"西学源于中学"说》,《历史研究》1987年第4期。

② 梁启超:《新民说》,《饮冰室合集》专集之十。

③ 栾调甫:《二十年来之墨学》,栾调甫:《墨子研究论文集》。

与国人传统的平行类比、模糊性的思维方式及注重实用的价值取向有关。

近世以降,比较中西为国人所乐道。其中有一广泛流行的观念是,中国重精神,西方重物质;中国重虚理,西方重实用。故引进西学,多尚科技,以为救国经世之用。这实际上是对中国传统的误解。对此,陈寅恪多所讥评。他认为,中国古人素擅长政治及实践伦理学,与罗马人最相似。其言道德,惟重实用,不究虚理。长处,即修齐治平之旨。短处,即实事之利害得失,观察过明,而乏精深远大之思。"今人误谓中国过重虚理,专谋以功利机械之事输入,而不图精神之救药,势必至人欲横流,道义沦丧,即求其输诚爱国,且不能得。"故强调"救国经世,尤以精神之学问(谓形而上之学)为根基"。① 1922年,他在柏林演讲时,说平常人把欧亚作东西民族性的分界,是一种很大的错误。欧洲人的注重精神方面,与印度比较的相近些,只有中国人是顶注重物质、最讲究实际的民族。有英国通之称的陈源初闻此论,觉得是"闻所未闻的奇论,可是近几年的观察,都可以证实他的议论,不得不叫人惊叹他的见解的透彻了"②。陈寅恪学贯东西,于东西学术均有精深了解,上述言论虽与时俗有别,实为不刊之论。③晚清士人囿于传统,外出于现实刺激,内以实用取向的价值观念将西学与墨学在内的传统学术相比附,以为现实主张张目。此点至今文学派代表人物康有为的"托古改制"理论而达到极致。④受此影响,晚清士人阐述墨子思想,无论是汉宋调和、以子致用还是"西学墨源",均不出实用目的、为现实立论范畴,而少学理的探讨和理论上的发展,不免图画鬼物、缘饰现实之弊。

先秦诸子本为寻求社会剧变中现实问题的解决而授徒立说。晚清墨子思想

---

① 吴学昭整理注释:《吴宓日记》第2册,三联书店1998年版,第101—102页。
② 西滢:《闲话》,《现代评论》第3卷第65期,1926年3月6日,转引自桑兵:《近代中外比较研究管窥——陈寅恪〈与刘叔雅论国文试题书〉》,《中国社会科学》2003年第1期。
③ 今人李泽厚将中国传统中的这一实用价值取向概括为"实用理性",认为是中国民族精神的主要支柱之一(另一个是"乐感文化")。如他所言:"中国实用理性的传统既阻止了思辨理性的发展,也排除了反理性主义的泛滥。它以儒家思想为基础构成了一种性格——思想模式,使中国民族获得和承续着一种清醒冷静而又温情脉脉的中庸心理:不狂暴,不玄想,贵领悟,轻逻辑,重经验,好历史,以服务于现实生活,保持现有的有机系统的和谐稳定为目标,珍视人际关系,讲求关系,反对冒险,轻视创新……"李泽厚:《中国古代思想史论》,安徽文艺出版社1994年版,第303—304页。李氏所言是否确论,尚有探讨的必要,但其所论实用取向对中国学术思想的影响确实发人深思。
④ 康有为在《孔子改制考》卷3《诸子创教改制考》中归纳有"墨子改制"、"管子改制"等,认为除孔子外,诸子也无一不改制。其切割诸子学术以为政治张目,由此可见一斑。有心者可参阅《孔子改制考》一书,《康有为全集》第3册,上海古籍出版社1992年版。

的张扬(学人常言之"义理之学"),如前所述,自与西学入侵相关,但其前缘,则可追溯至鸦片战争前后的社会现实需要。①以儒家道统卫护者自居的叶德辉曾如是述及清季学术的演变趋向:"有汉学之攘宋,必有西汉之攘东汉,无恐异日必有以战国诸子之学攘西汉矣。"②叶氏所言不谬。嘉道以降,曾经盛极一时的乾嘉汉学日益没落,代之而兴的是汉宋调和趋向及重义理的今文经学,而道光年间社会危机的加深引发了士人对现实的关注,经世致用遂成士林风气。经世致用作为一种治学取向,向为历代士人所重,从先秦诸子至明末清初的顾炎武等人,表明了这一传统的延续,晚清的社会变局,促使这一传统再现,实为时势使然。其结果,是使乾嘉时期以考据为主要内容、以子证经为目的的诸子学走向以子通用为目的、阐发义理为内容的发展之途。换言之,以经世致用的标准来选择、张扬包括墨子在内的先秦诸子的社会意义和现实价值,是道光后诸子学研究的重要特征。具体到宣扬墨子思想以救时弊方面,路德、曾国藩最为典型。路德明确肯定墨学的社会价值,提出以墨学来经世致用、解决社会危机,公开提出了墨学救世的观点。③作为理学名臣的曾国藩以理学经世派闻名于世,其思想受先秦诸子影响较深。他有意识地把诸子纳入经世致用的理论范畴,并与理学相沟通,其言曰:"周末诸子各有极至之旨……若游心能如老庄之虚静,治身能如墨翟之勤俭,齐民能如管商之严整,而又持之以不自是之心,偏者裁之,缺者补之,则诸子皆可师,不可弃也。"④曾氏言行受道墨影响甚深,如他所述之"以老庄为体,禹墨为用"⑤。作为同治年间的中兴重臣,曾国藩面对内忧外患的危机局势,兢兢业业,为挽救清王朝的统治劳碌奔波,故其对墨子勤俭吃苦精神的倡导实出于自身对现实的担忧,欲以此挽救危局:"大禹周乘四载,过门不入,墨子之摩顶放踵以利天下,皆极俭以奉身,而极勤以救民。"⑥

由此可见,晚清墨学的发展,从一开始就打上了用世的烙印。而体现这一工

---

① 今人刘仲华之《清代诸子学研究》(中国人民大学出版社 2004 年版)第 7 章第 2 节"走出考据和子学经世"及罗检秋之《近代诸子学与文化思潮》(中国社会科学出版社 1998 年版)第 2 章第 1 节"诸子学的内在嬗变"对此有详尽论述。
② 叶德辉:《叶吏部与戴宣翘校官书》,苏舆编:《翼教丛编》卷六,上海书店 2002 年版。
③ 参见罗检秋:《近代诸子学与文化思潮》,第 53—68 页。
④ 曾国藩:《求阙斋日记类钞》卷上,第 20 页,《曾文正公全集》,光绪二年刊本。
⑤ 同上书,第 55 页。
⑥ 曾国藩:《日课四条》,李翰章编辑、李鸿章校刊:《曾国藩文集》第四册,九州图书出版社 1997 年版,第 380 页。

具性特征的另一表现,就是从学术层面看,晚清墨学并没有突破传统的考据学范畴,其成就主要是校勘训诂之作。期间虽然有不少士人为拯救危局或应对西学冲击挖掘墨子思想的社会价值和现实意义,但对墨子思想的阐述零散而不成系统,且多以西附中的缘饰之词,在学理上于墨学的突破性发展益处不大。关于此点,刘师培的评价可谓一语中的:"近世巨儒稍稍治诸子书,大抵甄明诂故,掇拾丛残,乃诸子之考证学而非诸子之义理学也。"①作为汉学正统派传人的孙诒让为清季以考据方法治墨学之集大成者,他意识到墨学的突破有赖于中西会通,阐述墨子义理之学。他在1897年写给梁启超的信中说:"《经》、《说》诸篇,闳谊眇诣,所未窥者尚多。尝谓《墨经》楬举精理,引而不发,为周名家言之宗;窃疑其必由微言大义,如欧士亚里大得勒之演绎法,培根之归纳法,及佛氏之因明论者……拙著印成后,间用近译西书,复事审校,似有足相证明者……盖此学赅举中西,邮彻旷绝,几于九译乃通,宜学者之罕能津逮也。"②孙氏此语,既道出了晚清墨学的局限,也指出了其发展轨辙。因此,晚清墨学具有从传统向近代学术形态的过渡特征,③真正意义上的近代新墨学尚未产生。造成这种情况的原因颇为复杂,其要者,是受致用取向的制约,墨学并没有摆脱对现实的依附地位,获得独立的学术形态。张灏在论及晚清知识分子思想的本土资源时,将诸子学的复兴列为其中之一,他注意到,"当这种对非正统的古代典籍(诸子学)的兴趣蔓延时,这种兴趣倾向于从理论化变为更加现实化,因为一些知识分子转向这些典籍更多的是出于对人生和社会问题的关怀,而不是思想的猎奇,在这方面,古代典籍如《荀子》、《墨子》和法家的那些经典,变成了19世纪近几十年来发展的道德和政治行动的思想源泉。"但是,"这种对非儒家古典哲学的兴趣,并没有导致一个作为独立可辨认的思想学派的古典哲学的重现"。④

栾调甫1932年总结晚清以迄民国墨学的实用取向及其流弊时说:"夫治古学者,不过为使古人已晦之学复现于今日。古人之好丑匪所问也,其有用无用于今世匪所论也。学者必以上用心,然后乃足以发挥其学使之无余蕴。今则曰惟墨学可以救中国。姑无问墨学能否救今日之中国。但于墨学犹未尽发之际漫为

---

① 刘师培:《周末学术史序》,钱钟书、朱维铮主编:《刘师培辛亥前文选》,三联书店1998年版。
② 孙诒让:《与梁卓如论墨子书》,《籀高述林》卷10,转引自刘仲华:《清代诸子学研究》,第307页。
③ 罗检秋:《近代诸子学与文化思潮》,第105页。
④ 张灏:《危机中的中国知识分子:寻求秩序和意义》,新星出版社2006年版,第14—15页。

斯论,亦何异不辨古量今剂之医执古方以治病。充其量,不过使病方俱废而已。此学者本其殷切用世之心以治墨子,而墨子之学所以不能蕴发无余者一也。"①学以用世,原本不谬,但首先得学术分途,方可致用。近世墨学,其损益褒贬均以现实需要为指归,缘势而兴,亦因势而衰,20世纪40年代后重归沉寂,真可谓其兴也速,其衰也疾,不免给人"昙花一现"之慨。可以说,因为致用,晚清墨学应时而兴,甚至出现了民国初年"人人言墨"的盛况,墨子的思想被一步步拔高。其后果,一方面是《墨子》书得到了整理,墨家思想得到了挖掘,墨学也随着中国学术的转型获得了近代学术形态;但另一方面,墨学本身的内在局限却很容易被人忽略,其结果是墨学和墨家思想本身的发展却没有大的突破。清末民初谈墨者很多,但很少有人出于求是目的从理论上去完善和发展墨学,治墨者大多出于用世目的为各自主张立论,缘饰附会之词比比皆是。墨子几成一任人打扮的小姑娘,胖瘦美丑,因人而异,出现如陈寅恪所言之"譬如图画鬼物,苟形态略具,则能事已毕,其真状之果肖似与否,画者与观者两皆不知也"的状况。②

　　求是与致用,政治与学术,这是晚清以来中国知识分子所面临的两难命题,亦是学术思想界诉讼不休的问题,其影响至今未休。面对西方文化的汹涌之势,变革传统,寻求政学分途,是20世纪初众多学人的自觉;但另一方面,社会弊端丛生、外侮日甚的现实又需要他们"铁肩担道义,妙手绣文章"。因是之故,近世知识分子,无论是章太炎这样新旧过渡的晚清士人,还是胡适这样的新派知识分子,均摇摆于政学之间,取舍两难。但晚清学术、思想的"粗率浅薄"(梁启超语)使得像严复、章太炎、梁启超、王国维这样的有识之士,强调求是和学术独立,追求突破传统及新型学术的建立,这恰好代表了世纪之交晚清学术发展的趋向,为中国现代学术的确立奠定了基础。在《沈乙庵先生七十寿序》中,王国维以"道咸以降之学新",来概括晚清学术,但并不表明他认同以龚自珍、魏源、康有为等人为代表的道咸以降之学,因为这种"或托于先秦西汉之学,以图变革一切"的经世之学,"其所陈夫古者不必尽如古人之真,而其所以切今者,亦未必适中当世之蔽,其言可以情感,而不能尽以理究"③。王氏和他同时代的章太炎、梁启超、罗振玉等人一样,好论清学,尤其推崇清初大儒的忧世和乾嘉学术的精微,并以此

---

① 栾调甫:《二十年来之墨学》,栾调甫:《墨子研究论文集》。
② 陈寅恪:《陈垣元西域人华化考序》,《陈寅恪史学论文选集》,上海古籍出版社1992年版。
③ 王国维:《观堂集林》(外二种),河北教育出版社2003年版,第574—575页。

构造新型学术的发展轨辙。因此,"其忧世之深,有过于龚、魏;而择术之慎,不后于戴、钱"成为他们的学术追求。如王国维言:"故欲学术之发达,必视学术为目的,而不视为手段而后已。""未有不视学术为一目的而能发达者,学术之发达,存于其独立而已。然则吾国今日之学术界,一面当破中外之见,而一面毋以为政论之手段,则庶可有发达之日焉!"①至于其言学术"无有用无用"之论更为人所知。章太炎治学重稽古,主求是,即所谓"字字征实,不蹈空言,语语心得,不因成说",②反对在学术研究中夹杂个人好恶或以学术缘饰政治,如他所言:"稽古之道,略如写真,修短黑白,期于肖形而止。使妍者媸,则失矣;使媸者妍,亦未得也。"③章氏十分推崇顾炎武,赞赏其对求是与致用关系的处理,即具体治学时"求其真,不取其美",故"持论多求根据,不欲空言义理以诬后人";可治学之初衷以及学术之功效,却关涉人世家国之兴废。所以,章太炎对晚清士人"通经致用"的提法不以为然,讥之为汉儒借以干禄的鬼话。但这并不等于说治学不能有经世精神,或者说学术不屑于致用,而是反对将二者直接挂钩甚至等同起来的传统做法。首先是政学分途,然后才是学以致用。④

三、以西附中与以中附西

"西学中源"说作为中外文化交流过程中出现的理论,并非晚清所独有,而是在中国历史上多次出现。⑤细察不同时期的"西学中源"说,基于中国文化优越论的"一源辐射"论实为其共同的理论基础,中外比较视野下的格义附会为其共同特征,而平行类比的模糊性思维方式为其运思途径。在比较中外时,中国人喜欢平行推理,这种运思模式既非演绎也非归纳,而是表现为格义附会形式的简单类

---

① 王国维:《论近年之学术界》,傅杰编校:《王国维论学集》,中国社会科学出版社1997年版。
② 章太炎:《再与人论国学书》,《章太炎全集》第4卷,上海人民出版社1985年版。
③ 章太炎:《与人论朴学报书》,同上。
④ 参见陈平原:《中国现代学术之建立——以章太炎、胡适为中心》,北京大学出版社1998年版,第28—63页。
⑤ 王尔敏先生即从思想史的角度考察了中国历史上内容各异但运思方式、文化心理倾向一致的四种形态:公元2世纪以降的老子化胡说、明清之际的西方历算学源出中国说、19世纪西学源出中国说及20世纪以来之中国文化源于西方说。见《中西学源流说所反映之文化心理趋向》,王尔敏:《中国近代思想史论续集》,社会科学文献出版社2005年版。

比。20 世纪 30 年代,陈寅恪在批评附会中外学说的格义式比较时指出:"西晋之世,僧徒有竺法雅者,取内典外书以相拟配,名曰'格义',实为赤县神州附会中西学说之初祖。即以今日中国文学系之中外文学比较一类之课程言,亦只能就白乐天等在中国及日本之文学上,或佛教故事在印度及中国文学上之影响及演变等问题,互相比较,方符合比较研究之真谛。盖此种比较研究方法,必须具有历史演变及系统异同之观念。否则古今中外,人天龙鬼,无不可取以相与比较。荷马可比屈原,孔子可比歌德,穿凿附会,怪诞百出,莫可追诘,更无所谓研究之可言矣。"①晚清以降,比较中西为学人所乐道,陈寅恪所批评者,当为民国时期学界以格义式附会当作比较研究的流弊,此点在民国初的墨学研究热潮中表现尤为典型,并非针对晚清"西学中源"说所表现出来的简单附会所发。但也由此可见,包括诸子学在内的古史研究,其比较中西时的附会流弊可谓一以贯之。②

事实上,早在"西学中源"说流行时期,即有人不断对其简单附会的做法进行批评。如严复云:"晚近更有一种自居名流,于西洋格致诸学,仅得诸于耳剽之余,于其实际,从未讨论。意欲扬己抑人,夸张博雅,则于古书中猎取近似陈言,谓西学皆中土所已有,羌无新奇。"③在致张元济的信中,严复尖锐地批评了这种流行的观点:"中国学者,于科学绝未问津,而开口辄曰吾旧有之,一味傅会,此为一时风气,然其语近诬,诬时讨厌。"④梁启超则批评这种把西学简单附会中学的做法会导致人们无法认识真正的西学,流弊无穷,其言曰:"摭古书片词单语以傅会今义,最易发生两种流弊:一、倘所印证之义,其表里适相吻合,善已;若稍有牵合附会,则最易导致国民以不正确之观念,而缘'郢书燕说'以滋蔽。例如,畴昔谈立宪,谈共和者,偶见经典中某字某句与立宪共和等字义略相近,辄撷拾以沾沾自喜,谓此制为我所固有。其实今世共和、立宪制度之为何物,即泰西亦不过起于近百年,求诸彼古代之希腊、罗马且不可得,遑论我国。而比附之言,传播既

---

① 陈寅恪:《与刘叔雅论国文试题书》,陈美延编:《陈寅恪集·金明馆丛稿二编》,三联书店 2001 年版。

② 比较与比附的问题自民国后成为学界讨论的热点,尤其在古史研究领域,它实际涉及近世以来中国近代学术利弊的评价、中西会通的路径及古学研究的轨辙等诸多关键问题,无论当时还是后来,学术界对此评价不一,在有些问题和人物的看法上区别甚大或者完全相反,且至今未休。对此,桑兵教授曾撰文辨析甚为详尽,可参阅:《近代中外比较研究史管窥——陈寅恪〈与刘叔雅论国文试题书〉解析》,《中国社会科学》2003 年第 1 期。

③ 严复:《救亡决论》,王栻主编:《严复集》第一册。

④ 严复:《与张元济书》(1902 年 2 月 5 日),王栻主编:《严复集》第三册。

广,则能使多数人之眼光之思想,见之于所比附之文句,以为所谓立宪、共和者不过如是,而不复追求其真谛之所存……此等陋习,最易为国民研究实学之魔障。二、劝人行此制,告之曰,吾先哲所尝治也。其势较易入,固也。然频以此相诏,则人于先哲未尝之行,辄疑其不可行;于先哲未尝治之学,辄疑其不当治。无形之中,恒足以增其故见自满之习,而障其择善服从之明。"①因是之故,随着西学传入的深化和"西学中源"说弊端的暴露,世纪之交的知识分子逐渐摒弃该理论,真正意义上的近代诸子学由此产生。

　　章太炎曾如是区别经学与子学:"说经之学,所谓疏证,惟是考其典章制度与其事迹而已。""若诸子则不然。彼所学者,主观之学,要在寻求义理,不在考迹异同。"②1923年11月,章太炎在介入章士钊与胡适有关《墨经》之争时,再一次谈及治经与治子的区别:"按校勘训诂,以治经治诸子,特最初门径然也。经多陈事实,诸子多明义理(此就大略言之,经中《周易》亦明义理,诸子中管、荀亦陈事实,然诸子专言事实,不及义理者绝少)。治此二部书者,自校勘训诂而后,即不得不各有其主。"③章胡之争牵涉问题众多,另当别论,但其所揭示的诸子之学侧重义理,思想学说自成体系,与偏重典章事迹的经学有别,确属不刊之论。④ 从这个意义上讲,晚清墨学虽然在"西学中源"说思潮中受西学影响,其思想有所阐发,但零散而不成系统,传统考据学无法为其义理的探求提供方法上的支持。因而,19世纪末20世纪初西方社会科学及研究方法的引进,既是晚清墨学的发展趋向,也是其走向近代学术形态的标志。1904年,梁启超发表的《子墨子学说》,最先采用西方社会科学的理论和方法研治墨学,可视为近代墨学和中国近代学术构建之肇始,而后,章太炎于1909年的《原名》中全面比较中国、古希腊、印度的

---

① 梁启超:《清代学术概论》,东方出版社1996年版,第79—80页。
② 章太炎:《诸子学略说》,《章太炎政论选集》上册,中华书局1977年版。
③ 章太炎:《与章行严论墨学第二书》,《华国月刊》1卷4期,1923年12月。
④ 章太炎的诸子学研究对胡适影响甚大,尤其是墨学研究,更令胡适佩服不已。胡适曾如是述及章太炎在清末民初诸子学上的重要地位:"宋儒注重贯通,汉学家注重校勘训诂。但是宋儒不明校勘训诂之学(朱子稍知之,但不甚精),故流于空疏,流于臆说。清代的汉学家,最精校勘训诂,但多不肯做贯通的工夫,故流于支离破碎。校勘训诂的工夫,到了孙诒让的《墨子间诂》,可谓最完备了(此书尚多缺点,此所云最完备,乃比较之辞耳)。但终不能贯穿全书,述墨学的大旨。到章太炎方才于校勘训诂的诸子学之外,别出一种有条理系统的诸子学。"由此可见章、梁为代表的晚清知识分子与胡适为代表的现代知识分子在中国学术转型过程中的传承和中国现代学术建立的"共谋"(陈平原语)作用。见胡适:《中国哲学史大纲(卷上)》第1篇导言,姜义华主编:《胡适学术文集·中国哲学史》(上),中华书局1991年版,第27页。

逻辑学,实为近代中西比较研究的重要里程碑,至胡适的《中国哲学史大纲(卷上)》出版,全面运用西方近代社会科学方法研究中国古代哲学,则标志着中国传统学术向近代转型的完成。①自此,知识分子在研究诸子学说时注重阐发与西方思想相似的内容,以西方近代的标准评价诸子的是非得失,同时按照西方社会科学的概念、理论来解释诸子思想,将之纳入西方社会科学的理论框架之中。

西方社会科学方法的引入和诸子学的近代转向,带来的不仅仅是"西学中源"说这种简单附会的比较中西方式的被抛弃,更主要的是中国文化优越感的丧失和中西文化关系的乾坤颠倒,即西方文化由卑而尊,中国文化由中心走向边缘。严格来讲,这种文化心态上的逆转过程自甲午战争后始,至20世纪初的欧化思潮成波澜之势,至五四时期而得以完成。其中转化关键及脉络确实值得深究,因非关本文主旨,这里仅举例说明世风变化的情形。中西学的沉浮从中国传统典籍的身价由贵而贱的变化中表现得尤为明显。有人谈道:"吾曩以壬寅走京师,当丧乱之后,士夫若梦初醒,汲汲谈新学倡学堂,窃喜墨受之习之由是而化也。入琉璃厂书肆,向者古籍菁英之所萃,则散亡零落,大非旧观,闻悉为联军搜刮去,日本人取之尤多。而我国人漠然无恤焉,以为是陈年故纸,今而后固不适于用者也,心又悲之。迨乙巳返里,幽忧索居,南中开通早士,多习于舍己从人之便利,日为卤莽浮剽之词,填塞耳目,欲求一国初以前之书于市肆,几几不可得。比来海上风会所至,乃益灿然。"②世风转换之下,其于诸子学的影响有二:一是诸子学正式走向前台,地位急剧上升,几有取代儒学,成为中国传统学术文化代表之势。守旧派学者陈黻宸1903年总结说:"况于今日,时势所趋,而百家诸子之见排于汉初者,今日骎骎乎有中兴之象,则皆与我经为敌者也。环海通道,学术之自彼方至者,新义迥出,雄视古今,则又皆我经所未道者也。"③自20世纪初开始,诸子学被赋予了重要的历史地位,或是与西学相对应的"国粹",或是融合中西的基础。如胡适在撰写《先秦名学史》时所言:"我认为非儒学派的恢复是绝对需要的,因为在这些学派中可望找到移植西方哲学和科学最佳成果的合适土

---

① 自余英时借用库恩的科学革命理论阐释胡适《中国哲学史大纲(卷上)》在中国近代学术史上的中心意义后,学界多袭其说,将胡适视为中国近代学术或现代学术新"典范"或新"范式"的标志性人物。
② 《张南械辑印佚丛自序》,《国学萃编》第6、7期,转引自桑兵:《晚清民国时期的国学研究与西学》,《历史研究》1996年第5期。
③ 陈黻宸:《经术大同说》,《陈黻宸集》上册,中华书局1995年版。

坏。"①二是西学一改"西学中源"说思潮中附属于中学的状况,成为衡量诸子学的参照系,尤其是在中西会通成为学人的自觉追求、比较中西成为学术研究常用方法的情况下。只是在以西衡中的运用上做法各异,简单附会之外,或以外来理论解释固有知识,或以本土材料填充外来框架,或作超越时空的系统对应,或探索接触影响的脉络变化,不一而足。

学术转型过程中的学人,无论新派如胡适,还是旧派如梁启超、章太炎,均对晚清"西学中源"说思潮中的简单附会不以为然。在1923年的《国学季刊发刊宣言》中,胡适提出研究国学要"用比较的研究来帮助国学的材料的整理与解释",并强调"附会是我们应该排斥的,但比较的研究是我们应该提倡的"②。但这并不意味着真正意义上的比较研究已成为学界共识,事实上,清末民初的学人,对于比较中西并无分歧,但什么是比较研究,运用的轨辙如何,其与附会的区分该如何,则诉讼不休,无论对当时学术演变的路径,还是当今中国学术的走向均有重大影响。如前所述,严复对"西学中源"说的简单附会之风深恶痛绝,批评不遗余力,其比较中西的方法和成就被后人所赞许,称之为"近代系统比较中西文化的开拓者之一"。他比较中西文化的一段话几成后人视为描述中西之别的典范:"中国最重三纲,而西人首明平等;中国亲亲,而西人尚贤;中国以孝治天下,而西人以公治天下;中国尊主而西人隆民……"③其实,严复的这类比较方法及言论后来在五四期间的东西文化论战中比比皆是,当时论战的双方对中西文化的认识尖锐对立,大相径庭,但看问题的态度和方法如出一辙,都是无视中西历史演变,进行平行类比,求其异同。对于这类比较,较为了解西方经院派比较研究规则的胡适很不以为然,批评为"笼统",说梁漱溟将人类文化归入三类的做法看似辨析精细,实则"想把每一大系的文化各包括在一个简单的公式里,这便是笼统之至。公式越整齐,越简单,他的笼统性也越大"。④

作为留学国外的新派知识分子,胡适比较中西时较同时代学人有着更多的自律,这也是胡适在五四时期能以《中国哲学史大纲》一书暴得大名,于民国以来

---

① 姜义华主编:《胡适学术文集·中国哲学史》(下),中华书局1991年版,第775页。
② 《国学季刊》第1期,1923年1月。
③ 严复:《论世变之亟》,王栻主编:《严复集》第一册。
④ 胡适:《读梁漱溟先生的〈东西文化及其哲学〉》,载欧阳哲生编:《胡适文集》(3),北京大学出版社1998年版。

中国思想、学术有重大影响的重要原因之一。但即便如此，胡适的诸子学研究和比较中西方法亦为不少有识之士诟病。《中国哲学史大纲》出版后不久，任教北京大学的刘文典撰写名为《怎样叫做中西学术之沟通》的长文，在批评好以"古已有之"附会中西学说的所谓"沟通家"之余，一面对胡适在该书导言中所言之对待东西学术思想的见识和胸襟大加赞赏，一面又在列举附会中西流弊的事例时，对时人将《庄子》一书中的某些内容与西方达尔文的生物进化论等同起来的做法进行批评。虽没指名道姓，但胡适应在暗讥之列。[①]因该书第九篇《庄子》第一章恰好名为《庄子时代的生物进化论》，所言及大多是以庄子的相关言论与西方进化论相比照，而且第九篇也是胡适自认为在《中国哲学史大纲》中论述最为薄弱的，这当然与胡适的西学训练无法理解和感悟《庄子》这种"东方神秘主义"学说有关。对此，对墨学尤其是庄学研究很深的章太炎大加讥评，并一度引起两人之间的笔墨官司。但到20世纪50年代后，胡适即自悔于当初的论述，说："我在那一章里述'《庄子》书中的生物进化论'，用的材料，下的结论，现在看来，都大有问题。""这真是一个年轻人的谬妄议论，真是辱没了《物种由来》那部不朽的大著作了！"[②]金岳霖在冯友兰之《中国哲学史》的《审查报告》中也批评胡适《中国哲学史大纲》"牵强附会"。[③]如果比照胡适的相关言论，则可知，他在比较中西时实际上也难免附会之蔽，如在他看来，"墨子在哲学史上的重要，只在于他的'应用主义'，他处处把人生行为上的应用作为一切是非善恶的标准。兼爱、非攻、节用、非乐、非命都不过是几种特别的应用。"[④]墨子俨然是实用主义的同道。这正是陈寅恪所批评的"夸诞之风"："今日之谈中国古代哲学者，大抵即谈其今日自身之哲学者也。所著之中国哲学史者，即其今日自身之哲学史者也。"这种现象在诸子学上表现尤为明显。

严复对西方进化论的介绍和西方社会科学著作的翻译在晚清风行一时；梁启超在20世纪初的众多著述笔端常带感情，被誉为"晚清思想界的巨子"，对世纪初的中国思想学术界的影响众所周知，其于墨学研究中常现比附之词，已是众

---

① 参见刘叔雅：《怎样叫做中西学术之沟通》，《东方杂志》第16卷第12号，1919年12月。
② 胡适：《〈中国古代哲学史〉台北版自记》，姜义华主编：《胡适学术文集·中国哲学史》（上）。
③ 参见冯友兰：《中国哲学史》（下册），华东师范大学出版社2000年版，第434—438页。
④ 胡适：《中国哲学史大纲》（卷上），姜义华主编：《胡适学术文集·中国哲学史》（上）。

所周知;①而在新文化运动中"暴得大名"的胡适更是被视为中国现代学术和思想的奠基者,其深远影响至今尚在。他们三人在中西比较研究中尚不能避免附会之蔽,遑论其他?因是之故,民国初年的墨学研究,在比较中西问题上仍不出晚清简单附会之蔽,期间的最大差异是,因为中西文化关系的乾坤颠倒,比较的路向有所区分,即由"西学中源"说的"以西附中"变为"以中附西"。20世纪早期以墨学与西方科技、基督教、西方近代启蒙思想、社会主义相比附,以道家思想与西方自由主义、法家思想与西方法治主义相等同的做法在民初人士的学术研究和思想宣传中比比皆是。②由此可见,摒弃附会式比较,实为中国现代学术构建的重大命题。

[作者简介:张永春,暨南大学历史系教师。]

---

① 如世纪之交,梁氏为宣扬启蒙思想,故其墨学研究就很重视墨学"启蒙思想"的发掘,常把墨子的"兼爱"与近代西方的"博爱"相提并论,并认为墨学的核心就是"兼爱"。参见梁启超:《子墨子学说》(1904年)。

② 此中详情可参阅罗检秋:《西学与近代诸子学的发展》(《天津社会科学》1994年第4期)、《近代墨学与西学》(《中州学刊》1991年第3期)。

试论魏源《诗古微》的考证成就[*]

曹志敏

一、问题的提出

以经学而论,魏源是晚清著名的今文经学家,而《诗古微》是其阐发三家诗微言大义的一部力作。《诗古微》自从刊印以来,学者对其褒贬不一。总体而言,学者对《诗古微》的诗经新解与义理阐扬多所肯定,而对其考据成就多所忽视,甚至是持批评否定的态度,不仅晚清以来的今、古文经学家如此,而且近现代学者亦是如此。李慈铭作为古文经学家,对魏源的经世之学颇为肯定,认为"其文笔兀异,在并时包慎伯、张石舟之上。……其中如《明代食兵二政》、《海国图志叙》、《拟进呈元史新编序》、《苗疆敕建傅巡抚祠碑铭》,最为佳作,其余议论多可取"。但李氏对魏源经学颇多微词,认为其"于经学实无所解,乃大言自矜,援西汉诸儒,托于微言大义,掊击郑、许,于乾嘉诸儒,痛诋不遗余力,猖狂无忌,开口便错"。[②]章太炎站在古文经学家和反满的立场上,对魏源今文经学持完全否定的态度,认为魏源"素不知师法略例,又不识字",作《诗古微》、《书古微》混乱家法师法[③],《书古微》"最为荒谬"[④]。支伟成《清代朴学大师列传》1925年成书,书中采纳了章氏"魏源不得附常州学派"的意见,在《作史学家列传》中,支伟成说:"其学

---

[*] 本文是2010年教育部人文社科项目《学理探究与春秋大义:魏源〈诗古微〉的现代阐释》的阶段性成果。

② 李慈铭:《越缦堂读书记》,上海书店2000年版,第1135页。
③ 章太炎:《章太炎经典文存》,上海大学出版社2003年版,第142页。
④ 同上,第60页。

最精史地……治经好求微言大义。……后之论者诋其空疏少实,盖考据非其所擅,而新理解则时出也。"①支氏对魏源的今文经学成就持否定态度,将其从经学大师中剔除,而列入"作史学家"、"地理学家"、"治事学家"来撰述。

　　同为今文经学家的皮锡瑞著《经学通论》,亟称魏源《诗古微》驳辨明快,认为魏源不信《毛序》多本朱熹之说,"亦有特见";②对于世人信毛诗而怀疑三家诗,皮氏盛赞"魏源驳辨明快,可为定论";③在诸多《诗经》学观点上,皮氏多与魏源相同,他右三家诗而抑《毛传》,也与魏氏同旨。但皮锡瑞又不满于魏源说经好创新解,批评魏源《书古微》"解《尚书》多臆说不可据"④,认为魏源治经多穿凿武断。梁启超认为魏源《诗古微》影响极大,他说:"道光末,魏源著《诗古微》,始大攻《毛传》及大、小《序》,谓为晚出伪作。其言博辩,比于阎氏之《书疏证》,且亦时有新理解。……自魏书出而《毛诗》真伪成问题。"⑤另一方面,梁氏也不讳言《诗古微》的不足之处,认为其书"偏激的地方不少,但亦有许多崭新的见解,可供将来新《诗》学之参考"。⑥梁氏对章太炎批评魏源《诗古微》、《书古微》,认为章氏"诚中魏氏之失",但是"不得以此遽抹煞魏氏学"。⑦梁启超对魏源思想与著述的论述,在诸家中较为全面,持论也公允精当,但对章氏批评《诗古微》穿凿武断、考证失据也持同一态度。

　　20世纪30年代,钱穆著《中国近三百年学术史》,曾说:"晚清今文一派,大抵菲薄考据,而仍以考据成业,然心已粗,气已浮,犹不如一心尊尚考据者,所得犹较踏实。其先特为考据之反动,其终汇于考据之颓流,龚、魏其著例也。"⑧清末民国时期诸多经学家、学者对魏源经学思想和《诗古微》的研究评论,大多言简意赅,精辟深邃,至今在学术界依旧影响深远。但毋庸讳言的是,这些研究大都失之简略,结论性的评论多于具体问题的研究探讨,不能涵盖《诗古微》丰富的学术思想,对于《诗古微》考证特色的评价也缺乏深入分析。

---

① 支伟成:《清代朴学大师列传》,岳麓书社1986年版,第391页。
② 皮锡瑞:《经学通论·二诗经》,中华书局1954年版,第27页。
③ 同上书,第15页。
④ 皮锡瑞:《经学通论·一书经》,第97页。
⑤ 梁启超:《清代学术概论》,东方出版社1996年版,第68—69页。
⑥ 梁启超:《中国近三百年学术史》,东方出版社1996年版,第231页。
⑦ 梁启超:《论中国学术思想变迁之大势》,上海古籍出版社2001年版,第126页。
⑧ 钱穆:《中国近三百年学术史》(下),商务印书馆1997年版,第587—590页。

1949年新中国建立后,魏源研究受到学术界的普遍关注。齐思和、冯友兰、姚薇元、吴泽、李侃等学者纷纷撰文,并且运用马克思历史唯物主义的方法,对魏源的《海国图志》以及哲学思想、政治思想、经济思想等方面进行了研究,但其经学思想并没有引起学术界的关注。从1949年至80年代初,基本上没有关于魏源经学思想的专题论文或著作,只是散见于部分论文之中。1950年齐思和的《魏源与晚清学风》,充分肯定了魏源的经世思想与史学成就,对于魏源的今文经学,齐先生认为适应了当时政治变革的需要,但其治经"向壁虚造之失,逞臆武断之弊,俱不能免焉","其学术上之价值盖微"。①这种评论堪称是民国以来对魏源经学一贯评价的沿袭。80年代以后,魏源研究依旧繁荣,论文与专著不断发表和问世,研究角度也非常广泛。其中有关魏源经学思想的论文十余篇,有关《诗古微》研究的论文五六篇,在整个魏源研究中比例依然较小,且研究重点集中于对魏源今文经学的整体论述以及今文经学与社会改革关系的论述上,对《诗古微》的考证成就依然是旧说相沿。从总体上来讲,学术界对魏源《诗古微》缺乏全面系统的研究,缺乏突破性研究成果的问世。

也正是由此,魏源《诗古微》的考证成果长期得不到学术界的公认与重视,甚至以"穿凿武断"一概加以否定。而事实并非如此。诚然,《诗古微》一书中,考证失实、论说无据的问题确实存在,但也存在诸多细密客观的专门考证,显示了魏源思想上的远见卓识与深邃的学术功底,本文拟对魏源的考证思想以及《诗古微》考证的思想解放价值与学术价值等问题加以阐述,以使《诗古微》能够在诗经学史上得到准确的定位。

二、魏源的考证思想与《诗古微》
考证的思想解放价值

清代学术虽流派纷呈,但汉学堪称是其主流。汉学家治经,以实事求是为治学目的,立说反对宋儒的凭胸臆断、空言说经,治学讲究无征不信。他们广参互证、追根求源,广泛搜集材料,进行钩稽、贯穿、爬梳、排比、归纳、演绎,其方法具

---

① 齐思和:《魏源与晚清学风》,杨慎之等编:《魏源思想研究》,湖南人民出版社1987年版,第43页。

有朴素的科学因素。正如梁启超所言,正统考据派学风的特色之一,就是"凡立一义,必凭证据。无证据而以臆度者,在所必摈"。①《诗经》汉学研究发轫于康熙中叶,大盛于乾嘉时期,其渊源于清初大儒顾炎武、王夫之,而陈启源开拓于前,戴震、段玉裁、焦循、阮元等人接踵其后,胡承珙、马瑞辰、陈奂则将《诗经》汉学研究推向了顶峰。汉学家治《诗》,尊崇古文毛诗而排斥朱熹《诗》学,说经遵循汉、唐古说,方法注重名物训诂。其诗经学的主要成就,也集中在文字、训诂、名物方面。

戴震为乾嘉考据学派中成就最大的学者,也是诗经汉学研究的中坚力量。《毛诗补传》是戴震的早年之作,其《序》云:"今就全诗考其名物字义于各章之下,不以作诗之意衍其说。"②对于诗篇诗旨,戴震"各推而论之,以附于篇题后"。③戴震对于《诗经》基本理论未有特识,少有发明,对于《诗经》中蕴含的丰富的政治思想更是很少阐发。对于治诗,戴震曾说:"今就全诗考其名物字义于各章之下,不以作诗之意衍其说。盖名物字义,前人或失之者,可以详核而知。古籍具在,有明证也。作诗之意,前人或失之者,非论其世、知其人,固难以臆见定也。"④在戴震看来,名物字义由于"古籍具在",可以详核考证,而"作诗之意"却无法通过考证来解决,"难以臆见定也"。此论代表了乾嘉汉学家普遍的治学倾向,他们墨守《毛传》、《毛序》、《郑笺》、《孔疏》之说,注重考证,讲究无征不信,而排斥主观的冥想与哲学的思辨,这就导致了汉学家们拙于理论的创造与经典思想的阐发。

乾嘉时代汉学家的治诗名作相继问世,段玉裁著《诗经小学》30卷,在研究《诗经》用字时,将音、形、义三者结合起来考察,自觉运用文字、音韵学理论对《诗经》文字进行较为系统的研究,反映了清代在《诗经》小学方面的卓越成就。焦循著《毛诗补疏》五卷,全书主旨以辨《孔疏》为主,兼纠《郑笺》,对于《诗经》文字、训诂、地理、名物的考释,其议论之精确,确能发《毛传》、《郑笺》之幽微。阮元著有《毛诗注疏校勘记》、《三家诗补遗》等,其中《毛诗注疏校勘记》是到目前为止最完整的《诗经》校勘记,《三家诗补遗》则考证三家诗的家数,辑补三家异文,考证三家遗说。道光年间成书的胡承珙《毛诗后笺》、陈奂《诗毛氏传疏》、马瑞辰《毛诗

---

① 梁启超:《清代学术概论》,第44页。
② 戴震:《毛诗补传序》,《戴震全书》(一),黄山书社1994年版,第125页。
③ 同上书,第126页。
④ 戴震:《毛诗补传序》,《戴震全书》(一),第125—126页。

传笺通释》,可视为乾嘉学派在《毛诗》研究上的总结性著作,梁启超评价甚高,他说:"三书比较,胡、马贵宏博而陈尚严谨,论者多以陈称最。……硕甫以极严谨的态度演绎他,而又常能广采旁征以证成其义,真可称疏家模范了。"①此三书在音韵训诂、名物考证方面取得了极高的成就,可谓将清代《诗经》汉学研究推向了顶峰。

　　魏源是晚清学术的重镇,经世致用,或者说通经致用,是其学术价值取向的根本准则与重要特色。在这一思想的指导下,魏源认为"六经其皆圣人忧患之书",无非是圣人"治天下之具",因此应以"经术为治术"。魏源治经,就是要从作为"前朝之文献"的儒家典籍中,发掘先圣先王治国平天下的经世精神。因此魏源反对汉学家们脱离现实的为考据而考据的纯经典研究,批评汉学家治经"以训诂音声蔽小学,以名物器服蔽《三礼》,以象数蔽《易》,以鸟兽草木蔽《诗》,毕生治经,无一言益己,无一事可验诸治者乎"。②魏源赞赏西汉儒者"以经术为治术"的精神,赞赏他们"能以《周易》决疑,以《洪范》占变,以《春秋》断事,以《礼》、《乐》服制兴教化,以《周官》致太平,以《禹贡》行河,以三百五篇当谏书,以出使专对"。③作为经世派思想家,魏源治经与一般经生不同,绝非单纯为治经而治经,而是希望从古老的经典中找到当今治世的出路。魏源从西汉今文经中所汲取的正是这种"通经致用"的治学精神,这在一定程度上恰好适应了嘉道以后内忧外患的社会形势对于学术的新诉求。

　　对于弥漫学术界的考据学风,魏源进行了尖锐的批评,对乾嘉以来诸大儒的讥诋可谓不遗余力。他说:"自乾隆中叶后,海内士大夫兴汉学,而大江南北尤盛。苏州惠氏、江氏,常州臧氏、孙氏,嘉定钱氏,金坛段氏,高邮王氏,徽州戴氏、程氏,争治诂训音声,爪剖釽析……锢天下聪明知慧使尽出于无用之一途。"④这些批评对古文经学家来说,是无法忍受的,直到同光年间李慈铭仍反驳道:"自道光以来,经学之书充栋,诸儒考订之密,无以复加,于是一二心思才智之士,苦其繁富,穷年莫殚,又自知必不能过之,乃创为西汉之说,谓微言大义,汨于东京以后,张皇幽眇,恣臆妄言,攻击康成,土苴冲远,力诋乾隆诸大儒,以为章句硁硁,

---

① 梁启超:《中国近三百年学术史》,第229—230页。
② 魏源:《默觚上·学篇九》,《魏源全集》第12册,岳麓书社2005年版,第23页。
③ 同上书,第23页。
④ 魏源:《武进李申耆先生传》,《魏源全集》第12册,第283页。

名物繁碎,敝精神于无用,甚至谓内外祸乱,酿成于汉学。实则自便空疏,景附一二古书,寱语醉酱,欺诬愚俗。……盖几于非圣无法,病狂丧心,而所看之书不过十余部,所治之经不过三四种,较之为宋学者尚须守五子之语录,辨朱陆之异同,用力尤简,得名尤易,此人心学术之大忧,至今未已也。默深才粗而气浮,心傲而神很,耻于学无所得,乃遁而附于常州庄氏,遂作《书古微》……又作《诗古微》。"①在李慈铭看来,魏源苦于无法从考证名物方面超越乾嘉诸儒,才倡言西汉今文经学的微言大义,以掩饰其经学的空疏,其做法近于"非圣无法",此外李氏还一一指摘魏著的疏失,并自称"爱护古人之意",而对于《诗古微》中精审的考证则视而不见。

汉学家治诗,亟亟于《诗经》的音韵、文字、训诂以及名物方面的考证,在魏源看来无异于"以草木鸟兽蔽诗"。因为魏源认为,《诗经》是周公制礼作乐的产物,而孔子鉴于"王者之迹熄"而作《春秋》,因此《诗经》与《春秋》可谓相为表里。对此魏源说:"故《诗》之道,必上明乎礼乐,下明乎《春秋》,而后古圣忧患天下来世之心,不绝于天下。"②而魏源治诗的旨趣,在《诗古微》二刻本《自序》中明确指出:

  《诗古微》何以名?曰:所以发挥齐、鲁、韩三家《诗》之微言大谊,补苴其罅漏,张皇其幽渺,以豁除《毛诗》美、刺、正、变之滞例,而揭周公、孔子制礼正乐之用心于来世也。

  盖自"四始"之例明,而后周公制礼作乐之情得,明乎礼、乐,而后可以读《雅》、《颂》;自迹熄《诗》亡之谊明,而后夫子《春秋》继《诗》之谊章,明乎《春秋》,而后可以读《国风》。正、变之例不破,《雅》、《颂》之"得所"不著,而礼、乐为无用也;美、刺之例不破,则《国风》之"无邪"不章,而《春秋》可不作也。礼、乐者,治平防乱,自质而之文;《春秋》者,拨乱返治,由文而返质。故《诗》之道,必上明乎礼、乐,下明乎《春秋》,而后古圣忧患天下来世之心,不绝于天下。③

魏源作《诗古微》,就是要昭明周公、孔子"制作以救天下当世之心"。他不屑于对《诗经》只作声音、名物、训诂方面的繁琐考证,而是要直求经文,以追寻经文

---

① 李慈铭:《越缦堂读书记》,中华书局1963年版,第869页。
② 魏源:《诗古微·序》,《魏源全集》第1册,第99页。
③ 同上。

中的微言大义,以达到"贯经术、政事、文章于一"的治学目的。在魏源看来,治诗的最高价值,在于体会"诗教"的深微之处,"深微者何?无声之礼乐志气塞乎天地,此所谓兴、观、怨、群可以起之《诗》,而非徒章句之《诗》也。故夫溯流頳则涵泳少矣,鼓弦急则适志微矣。《诗》之道可尽于是乎?"①《诗古微》也与同一时代其他今文经学著作异趣,并不单纯搜罗三家遗说,而是要阐发三家诗蕴含的微言大义,钗割诗三百篇的篇第,掊击《毛序》、《郑笺》,论证严密,发前人所不敢发之论,在清代诗经学著作中可谓独树一帜。

在治经方法上,魏源与汉学家也颇为不同。清代汉学家说诗,一以《毛序》、《郑笺》为准,将《毛诗》的美刺说看作是解释《诗经》义旨的最高准则。《毛序》认为,政治的清明与黑暗决定诗的美与刺,天下大治则产生颂美之诗,也就是正风、正雅;政失常轨,"王道衰,礼仪废,政教失,国异政,家殊俗",就会产生怨刺之诗,也就是变风、变雅。《毛诗》以正、变、美、刺来统一解释整部《诗经》,使每一篇诗歌都成为赞美或讽喻在位者而作的。清代汉学家无论是推究诗旨,还是名物训诂,都遵循着美刺的教条说解诗旨,即便《毛序》、《郑笺》、《孔疏》之说不合诗旨,汉学家也曲为回护,胶固泥古。

魏源则认为:"经有奥义,有大义。研奥者必以传注分究而始精,玩大者止以经文会观而自足。"②魏源治诗以宣究三家诗微言大义为宗旨,因此主张摆脱传注,涵咏经文,直接从经文本身来阐发经文的义理所在,自抒心得。在魏源看来,诗是诗人用来抒发性情、感物吟志的产物,他说:"诗以言志,百世同揆,岂有欢愉哀乐,专为无病代呻者耶?"③因此诗歌是没有"美刺"目的的即事抒情之作,因而阐发诗篇义旨,一定要理解诗所要表达的本义,即诗人的真情实感,说诗应如"子思之'鸢飞'、'鱼跃'也,孟氏之《小弁》、《凯风》也,观其会通,博其旨趣,何莫非左宜而右有也?"④魏源认为解说诗旨应"观其会通,博其旨趣",根据《诗经》本文反复涵咏揣摩,推求诗篇的本义,而不拘泥于《毛传》、《毛序》、《郑笺》的陈腐之见。正是在这种思想的指导下,魏源说诗,和宋儒一样主张依据主观情感和个人体验说诗,却不一定有文献依据,《诗古微》论《国风》诗旨,大胆采用三家诗说,同时吸

---

① 魏源:《诗古微序》(初稿),《魏源全集》第 12 册,第 118 页。
② 魏源:《论语孟子类编序》,《魏源全集》第 12 册,第 131 页。
③ 魏源:《诗古微》,《魏源全集》第 1 册,第 129 页。
④ 同上书,第 169 页。

收《毛诗》的合理因素,批判其谬误,因此具有独到之处,比《毛序》更接近诗篇的本义。另外,魏源广泛吸收宋儒诗说,可谓融贯群言,古今汉宋兼采。这使魏源说诗颇有新颖独到之处,梁启超曾赞扬说:"通论诗旨之书,清魏源《诗古微》,崔述《读风偶识》,都极有理解,可读。"①

但有清一代的学术,虽然程朱理学高居庙堂之上,嘉道以后今文经学也颇有声势,而考据兴盛一直是其主流特色。在当时的学术环境之下,魏源论诗,也不得不运用考据的方法,以铸成其说,因为只有如此,才能和当时学术界搭上可以沟通的桥梁。台湾学者贺广如认为,"《诗古微》中的考证有两大准则,一是发挥'《诗》亡然后《春秋》作'的义旨,二是凸现两汉今古文的问题,故此时期的考证,很显然有其目的,亦藉由考证的手法,来阐释所谓的'微言大义',为义理服务。"②贺广如此论甚是。的确,魏源"治经好求微言大义",但通观《诗古微》全书,魏源阐发其"主三家诗而斥毛诗不遗余力"的学术主张的主要方法,依然以考证为主。《诗》三百篇作于何时,作者为谁,孔子在编订《诗经》时,怎样通过三百篇次第的排列先后,寄寓了"《诗》亡然后《春秋》作"的微言大义,是魏源解诗关注的焦点。因此对《诗经》世次体系的重新调整,是贯穿魏源《诗古微》一书的主线。无论是《国风》,还是《雅》、《颂》,魏源钗割数千年来相传之篇第,对《诗经》的世次提出全面而广泛的怀疑与调整,在清代《诗经》研究史上罕有其比。《诗古微》对《诗经》世次的重新阐发,纠正了《毛序》、《郑谱》在诗篇年代、篇旨方面的许多错误,此一问题后文将详细阐述。

清儒遍考群经,以复古为解放。阎若璩作《古文尚书疏证》,专辨东晋晚出的《古文尚书》及孔安国《尚书传》为伪书;邵懿辰作《礼经通论》,谓《仪礼》十七篇为足本,所谓古文《逸礼》三十九篇为刘歆伪造;刘逢禄《左氏春秋考证》,认为《左传》为记事之书,不传《春秋》微言大义,非解经之书,《左氏传》之名为刘歆伪创。在晚清疑古思潮的推演中,魏源是一位重要人物,所著《书古微》,专辟东汉马、郑《古文尚书》"凿空无师传",比阎若璩辨东晋《古文尚书》又推进了一步。五经之中《诗经》向来问题最少,不像其他经典今、古文两派的分歧势同水火,而魏源著《诗古微》,张扬三家诗说,对《毛诗》传授源流、《毛序》作者、《毛诗》世次提出广泛

---

① 梁启超:《要籍解题及其读法》,《饮冰室合集》第9册,中华书局1989年版,第71页。
② 贺广如:《魏默深思想探究》,国立"台湾大学"出版委员会1999年版,第201页。

的怀疑,这使《毛诗》真伪令人怀疑。因此梁启超说:"盖自刘书出而《左传》真伪成问题,自魏书出而《毛诗》真伪成问题,自邵书出而《逸礼》真伪成问题。"①魏源所著《诗古微》,敢发前人未发之论,打破了相传上千年的传统之见,使晚清疑古思潮大放异彩。

清末学者杨守敬在《重刊诗古微序》中赞扬魏书说:"有泥古之士,缀辑于散佚之余,若宋之王伯厚、国朝之范家相、徐璈,皆三家功臣。然齐、鲁《诗》最先亡,遗说仅有存者。《韩诗》虽有称引,亦训诂为多,只义单辞,固难贯穿周浃,张三家之焰,而与《毛诗》并行。最后乃得魏先生默深《诗古微》,张皇幽眇,归之大道。向之弃之如遗,嘿不敢出口者,至此大声疾呼,旷若发蒙。盖二千年之绝学,天实启之,非蠠言也。"②在此杨氏赞扬了魏源在阐发三家诗说方面的开拓精神,有如"大声疾呼,旷若发蒙"。

三、《诗古微》的考证成就与学术价值

《诗古微》敢发前人不敢发之论,在晚清学术史上的思想解放价值,历来多为学术界肯定与乐道,但对其学术价值则多所忽略甚至是否定。事实并非如此。在对《诗经》世次、诗旨的考证过程中,魏源搜绝拾遗,旁征博引,堪称细密、客观、严谨,闪烁着一位学者的精审与卓识,其中影响较大的如魏源考证《出车》为宣王诗,《抑》篇为平王诗,认为《周颂》有成、康以后之诗,其论证博雅精密,在现代学术界堪称定论;他考订《大武》乐章对应的诗篇,认为《鲁颂》为奚斯所作,《商颂》应属于宋诗,这些都影响了他之后的《诗经》学界近百余年,目前学术界对于这些问题尚有争论,但魏说也是一家之言,其考证之精、论据之足,持此一观点的后世学者很难逾越。其他关于诗经诗旨、年代的考辨,《诗古微》也多有精审细密之处。

(一)《诗古微》对《出车》为宣王诗的考证

魏源认为,《毛诗》的世次是大有问题的:"《毛诗》篇次、世次,莫乱于《小雅》,莫甚于宣王南仲之诗。……《采薇》、《出车》、《杕杜》,皆宣王诗也。"③他认为《小

---

① 梁启超:《清代学术概论》,第69页。
② 黄丽镛:《魏源年谱》,湖南人民出版社1985年版,第219页。
③ 魏源:《诗古微》,《魏源全集》第1册,第62页。

雅》之中的《采薇》、《出车》、《杕杜》为宣王诗,而《毛传》将三诗"错在正《雅》,而诬为文王,遂以南仲为二人,《鲁诗》、《齐诗》不然也"。尤其是"《出车》之南仲,即《常武》之南仲也"。①也就是说《小雅·出车》中的南仲,与《大雅·常武》中的南仲同为一人,为宣王之将而非文王之臣。而《毛传》则认为《出车》中的南仲为"文王之属",《常武》中的南仲为宣王大将,魏源对此进行了驳斥,其中对《出车》为宣王诗的考证堪称定论。

《出车》一诗,描写周宣王初年讨伐猃狁取得胜利,赞美统帅南仲的赫赫战功。《毛序》:"《出车》,劳还率也。"诗第一章"我出我车,于彼牧矣"句下,《郑笺》云:"上我,我殷王也。下我,将率自谓也。西伯以天子之命,出我戎车于所牧之地,将使我出征伐。"②诗中"王命南仲",《毛传》说:"王,殷王也。南仲,文王之属。"③毛、郑认为是文王诗,朱熹认为《出车》与《采薇》一样,未必是文王诗,"诗所谓天子,所谓王命,皆周王耳",④但没有作进一步的考证。戴震在《毛郑诗考正》卷二"《出车》三章王命南仲"条指出,《毛传》所说"王,殷王也,南仲,文王之属"是错误的,导致这一错误的原因在于《毛诗》"徒泥正《雅》作于周初耳"。他说:"宣王命吉甫北征,曰'猃狁孔炽',则前此二百余年间,固亦有猃狁崛疆之事矣。宣王之臣皇父谓南仲为太祖,岂必远求南仲于文王时乎?汉世有谓《采薇》为懿王时诗者,虽未为通证,其非文王时,则决然可知,文王之臣亦不闻有南仲也。"⑤这里连笃信《毛诗》的戴震,对《毛传》所言《出车》的世次都产生了怀疑,但没有具体考证《出车》一诗的世次。

魏源认为《出车》为宣王诗,《出车》中的南仲与《常武》中的南仲同为一人,都是宣王时大将。《诗古微》说:"《出车》,宣王劳还帅也。'猃狁侵周,宣王立中兴之功,是以"赫赫南仲",载在周诗。'《后汉》马融疏用三家《诗》。盖《采薇》戍边,拒之境外,为将城朔方之地;《出车》命将,'往城于方','一月三捷','执讯获丑',以收六月前举之成功焉。"⑥为了论证《出车》为宣王诗,魏源列举了"九证"、"八间"、"三表"。综合起来有以下几点:

---

① 魏源:《诗古微》,《魏源全集》第1册,第254页。
② 李学勤主编:《十三经注疏·毛诗正义》,北京大学出版社1999年版,第597页。
③ 同上书,第600页。
④ 毛苌传述、朱熹辨说:《诗序》,丛书集成初编本,商务印书馆1937年版,第29页。
⑤ 戴震:《戴震全书》(一),第617—618页。
⑥ 魏源:《诗古微》,《魏源全集》第1册,第653页。

1. 魏源依据《后汉书》马融疏、王符《潜夫论》、《风俗通义》、蔡邕《陈伐鲜卑议》、《盐铁论》、《汉书·匈奴传》、《史记·匈奴传》、《汉书·古今人表》、《衡方碑》、《尚书大传》、《周无专鼎铭》的记载,认为《出车》绝非文王诗,而是宣王诗,诗中"南仲"为宣王时大将。《汉书·匈奴传》有宣王时南仲征伐猃狁的记载,而文王无征伐猃狁的文献记载。《汉书·古今人表》也将南仲列于宣王世。

2. 魏源"更以经文质之",从诗文本身分析《出车》非文武盛世之诗,而是宣王中兴之诗。他说:"二《雅》中显颂文王之诗,皆归之《大雅》,而《小雅》绝无之,所以尊文考也。且《诗》颂文王武功,皆追称其号……从无通篇但称为王,不指明何人之理,以诗皆周公追作故也。""二《雅》中王与天子并称者,惟宣王诗有之。……若颂文王诗止称王,从无称天子者。今《出车》诗言王事、言天子者再,言王命者一,正符宣王诸诗之例。"①魏源认为歌颂文王武功之诗为周公追作,尽归之《大雅》,而《出车》在《小雅》之中,并且二《雅》中只有宣王诗"王"与"天子"并称,而文王从无称"天子",由此可以断定《出车》为宣王诗而非文王诗。魏源又从"礼乐征伐自天子出"的观念,批评毛、郑以《出车》为文王诗的错谬:"毛、郑乃谓西伯以殷王之命命南仲……夫'礼乐征伐,自天子出',文王既受方伯之命,乃不驱驰王事,而俨然使陪臣代干天讨,何其与伐崇、伐密、戡黎判然不伦?至三书'赫赫南仲',以震耀其陪臣,则虽春秋《鲁颂》诸诗,亦不至是也。矧'天子命我','王命南仲',自上下下,授受截然,岂展转相命之词?而二《雅》中宣王诸诗,无不以王与天子特称并称不一称。又若何分属耶?甚至首篇'我出我车',《郑笺》谓上'我'南仲,下'我'文王。或谓两'我'俱南仲,或谓俱文王。削趾适履,甚难实非。"②从诗的风格来看,"《大雅》言文、武兵,其词典;《小雅》言宣王兵,其词夸。固有正、变之殊"。如果将《出车》放在宣王诗中,与宣王诗《江汉》、《采芑》、《常武》诸篇,可以说是"人同、事同、辞同,其出吉甫、史籀制作,昭然无疑。若以《出车》为文王诗,尚何议宣王强美之为劣乎"?③从诗的风格、用词来看,《出车》与宣王诸《雅》相类似,因此为宣王诗。

魏源又根据《齐诗纬》"四始、五际"篇第推求,认为《采薇》、《出车》、《杕杜》为宣王诗。最后魏源得出结论:"今以《采薇》、《出车》次《六月》、《采芑》之后,情事

① 魏源:《诗古微》,《魏源全集》第1册,第256页。
② 同上书,第256—257页。
③ 同上书,第257页。

次第,昭然相承,既合《齐诗》乐章,亦补宣王诗史。"①

3. 在诸多证据中,最有力的是《诗古微》中载有甘泉罗士琳《周无专鼎铭考》一文,铭文曰:"惟九月既望甲戌,王格于周庙,燔于图室。司徒南中。"通过对鼎铭"九月既望甲戌"进行日月干支推算,是在宣王十六年乙丑,因此南仲当是宣王时人。罗士琳在文中说:"友人魏默深舍人源历举齐、鲁、韩古谊,《出车》、《常武》皆宣王诗,因以鼎铭月日干支请予推算,果得此确证,洵千古大快。爰列表于次,以申大、小《雅》三家诗谊,非第资金石文字之征信而已。"②

此说影响甚大,魏源的友人、专治《毛诗》的陈奂深受此说影响,《诗毛氏传疏》说:"《王制》:州有伯,八州八伯。八伯各以其属,属于天子之老二人,分天下以为左右曰二伯。州伯属于二伯,文王西伯,南仲州伯,故《传》云:南仲,文王之属也。《汉书·古今人表》作南中,与召虎、方叔同列,而文王时无南仲,班以此南仲与《常武》南仲为一人,从《鲁诗》说也。《匈奴传》及《盐铁论·徭役》篇,《出车》与《六月》,皆以为宣王时诗,当亦从鲁义。而《史记》又以厕入襄王者,恐司马迁记忆之误耳。《后汉书》马融疏亦云:猃狁侵周,周宣王立中兴之功,是以'赫赫南仲,载在周诗',马治毛诗,而亦兼取三家。"③陈奂疏解此诗,不敢坚持南仲是文王臣属,只罗列今古文说的异同,而不作是非判断。

清末王先谦根据三家遗说,认为此诗南仲为宣王时人。《诗三家义集疏》说:"鲁诗曰:周宣王命南仲吉甫攘猃狁,威蛮荆。又曰:猃狁攘而吉甫宴。齐说曰:懿王曾孙宣王,兴师命将以征伐之,诗人美其大功,曰:薄伐猃狁,至于太原。出车彭彭,城彼朔方。是时四夷宾服,称为中兴。""《古今人表》以怨刺诗为懿王时,又以南中与召虎、方叔、张中列第三等,次周宣王世,与《汉书》合。是《鲁》说与《齐》同。《韩诗》大指当同《齐》、《鲁》。"王先谦坚持了三家诗说,认为南仲是宣王时人,但在论证上并没有比魏源提出更多的证据。

王国维《观堂集林·鬼方昆夷猃狁考》一文,根据文献记载,证以钟鼎文,认为南仲为宣王时人。他说:"《出车》咏南仲伐猃狁之事,南仲亦见《大雅·常武》篇……今焦山所藏郳惠鼎云'司徒南中入右郳惠',其器称'九月既望甲戌',有月日而无年,无由知其为何时之器。然其文字不类周初,而与《召伯虎敦》相似,则

---

① 魏源:《诗古微》,《魏源全集》第 1 册,第 259 页。
② 同上书,第 264 页。
③ 陈奂:《诗毛氏传疏》(中),国学基本丛书简编本,商务印书馆 1911 年版,第 23 页。

南仲自是宣王时人,《出车》亦宣王时诗也。征之古器,则凡纪玁狁事者,亦皆宣王时器。……周时用兵玁狁事,其见于书器者,大抵在宣王之世,而宣王以后即不见有玁狁事。"①王氏此论,可谓对魏源考证提供了更充分的注脚。由上推论,《出车》当为宣王诗无疑。魏源力主《出车》为宣王诗,其说影响了他之后长达一个多世纪的学术界,当代《诗经》学者多持此论。

(二)《诗古微》对《大雅·抑》为平王诗的考证

魏源反对《毛诗》风、雅升降之说,认为"《王风·黍离》,必非大夫闵周之什;《苕华》、《何草》,实皆东周王朝之诗。《风》虽盛世不能列于《雅》,《雅》虽叔季不得降为《风》矣。"②他主张平王时既有《风》,又有《雅》,他说:"谓东周无《雅》,则《大雅》卫武《抑篇》作于暮年平王之世;《小雅·彼都人士》,岂非东迁之什?而《苕之华》至《何草不黄》,其词与《王风》一例,曾谓东周士大夫并此而不能为乎?"③魏源认为,《大雅·抑篇》属于平王诗。对《抑篇》作于平王之世,魏源考证周详,议论宏肆,在晚清以来的《诗经》学史上影响深远,当代多数《诗经》学者认为《抑篇》作于平王之世,堪称定论。

《抑》一诗,《毛序》认为是"卫武公刺厉王,亦以自警也"。④ 而《国语·楚语上》说:"昔卫武公年数九十有五矣,犹箴儆于国,曰:'自卿以下至于师长士,苟在朝者,无谓我老耄而舍我,必恭恪于朝,朝夕以交戒我,闻一二之言,必诵志而纳之,以训导我。'在舆有旅贲之规,位宁有官师之典,倚几有诵训之谏,居寝有暬御之箴,临事有瞽史之道,宴居有师工之诵。史不失书,矇不失诵,以训御之。于是乎作《懿》戒以自儆也。"韦昭注曰:"昭谓:《懿》,诗《大雅·抑》之篇也。'懿'读曰'抑'。"⑤从《国语》记载来看,《抑》一诗为卫武公年已老耄时所作,"戒以自儆"。魏源考察卫武公的生平,"以年计之,九十有五,时当东周。而武公即位于宣王三十六年,在位五十五载,则在厉王时尚未生,即在共和末,亦方十岁,为公子。果作自卫武,则必非刺厉;果刺厉,则必非武公。"⑥

---

① 王国维:《观堂集林》卷第十三《鬼方昆夷玁狁考》,《王国维遗书》第2册,上海书店出版社1983年版,第19—21页。
② 魏源:《诗古微》,《魏源全集》第1册,第292页。
③ 同上书,第209页。
④ 李学勤主编:《十三经注疏·毛诗正义》,第1162页。
⑤ 董增龄:《国语正义》卷第十七,《楚语上》,巴蜀书社1985年版,第222—225页。
⑥ 魏源:《诗古微》,《魏源全集》第1册,第303—304页。

《孔疏》为了调整《国语》与《毛序》之间的矛盾，认为《抑》是卫武公追刺厉王，虽然文刺前朝，但意在当代，则是借厉刺幽。吕祖谦《吕氏家塾读诗记》则认为《史记》纪年、《国语》记事不足信，应当以《小序》正《史记》、《国语》之误。① 朱熹《诗序辨说》对《毛序》条列其五得五失："此诗之序，有得有失。盖其本例以为非美非刺，则诗无所为而作，又见此诗之次，适出于宣王之前，故直以为刺厉王之诗。又以《国语》有左史之言，故又以为亦以自警。以诗考之，则其曰刺厉王者失之，而曰自警者得之也。夫曰刺厉王之所以为失者，《史记》卫武公即位于宣王之三十六年，不与厉王同时，一也；诗以小子目其君而尔汝之，无人臣之礼，与其所谓敬威仪慎出话者自相背戾，二也；厉王无道，贪虐为甚，诗不以此箴其膏肓，而徒以威仪词令为谆切之戒，缓急失宜，三也；诗词倨慢，虽仁厚之君，有所不能容者，厉王之暴，何以堪之？四也；或以《史记》之年不合，而以为追刺者，则诗所谓'听用我谋，庶无大悔'，非所以望于既往之人，五也。曰自警之所以为得者，《国语》左史之言，一也；诗曰'谨尔侯度'，二也；又曰'曰丧厥国'，三也；又曰'亦聿既耄'，四也；诗意所指，与《淇澳》所美，《宾筵》所悔相表里，五也。二说之得失，其佐验明白如此，必去其失而取其得，然后此诗之义明，今序者乃欲合而一之，则其失者固已失之，而其得者亦未足为全得也。"② 在此朱熹揭出了《毛序》与《国语》记载之间的矛盾，指出《抑》"刺厉王"之说的"五失"与"亦以自警"的"五得"，因此《朱传》认为《抑》是"卫武公作此诗，使人日诵于其侧以自警"③，并且指出，"《序》说为刺厉王者误矣"④。而清初陈启源作《毛诗稽古编》，则认为武公早慧，诗为其幼年所作，而非作于暮年。⑤

魏源论《抑》一诗，承袭朱熹之说而来，既驳斥了《毛序》"刺厉王"之说、《孔疏》"借厉刺幽"之说，对陈启源《抑》为武公幼年所作之说也持否定态度，认为是卫武公"作于为平王卿士之时。八十既耄之后，当东迁之始，《变雅》之终，不但非刺厉，并非刺幽"⑥，而是刺平王。《诗古微》说："《抑》，卫武公刺王室以自戒也。

---

① 吕祖谦：《吕氏家塾读诗记》卷二十七，丛书集成初编本，第615页。
② 毛苌传述、朱熹辨说：《诗序》，第40—41页。
③ 朱熹：《诗集传》卷七，《四书五经》上卷，北京古籍出版社1995年版，第625页。
④ 同上书，第627页。
⑤ 参见陈启源：《毛诗稽古编》卷二十一，《四库全书》，上海古籍出版社1987年版，第85册，第623页。
⑥ 魏源：《诗古微》，《魏源全集》第1册，第304—305页。

行年九十有五，犹使人日诵是诗而不离其侧。《疏》引侯芭《韩诗翼要》。盖作于为平王卿士之时，距幽没三十余载，距厉没八十余载。'尔'、'女'、'小子'，皆武公自儆之词，而刺王室在其中矣。'修尔车马，弓矢戎兵'，冀复镐京之旧，而慨平王不能也。《王风》、小、大《雅》皆终于平王，故曰：'《诗》亡，然后《春秋》作。'"①

魏源的立论，以《国语》、《史记》所载批驳《毛序》之非，驳斥《孔疏》"借厉刺幽"之说与陈启源《抑》为武公幼年所作之说。魏源说："此诗果借厉以鉴幽，正当《序》云'刺幽'以申其本意，而篇次亦不当在宣王之前。矧'其在于今'，岂追刺之语？'小子'、'尔'、'汝'讵先王之称？"而这些都是卫武公自儆之词，"是以'小子'呼其臣，必非'小子'其君"。诗中"亦聿既耄"，则"匪中年之谓"，②因此陈启源《抑》为武公幼年所作之说不成立。

从史实和诗文内容考证《抑》为"刺平王"而非"刺厉王"。魏源指出："至'用戒戎作，用遏蛮方'，明当平王初，戎荆交哄，迁洛戍申之时，勤王御侮之志。若厉王时燀威及于鬼方，荆楚去其王号，何兢兢诘戎，敌忾是劝乎？"③"盖武公以方伯入为三公，叡圣元勋，方欲修其车马、弓矢、戎兵，以复镐京之旧。而平王为勤勤于文侯之命，申、甫之戍，自是武公不竟其志，而西周不可复，东周不可为矣。""九十自儆，在幽没三十年之后，岂非大、小变《雅》，皆终于平末年，为'《诗》亡，然后《春秋》作'之征乎？"④魏源认为《抑》作于平王之时，其说影响深远，当代许多《诗经》学者认为《抑》为平王之雅。传统观点认为西周无风，东周无雅，而据魏源考证《抑》作于平王之世，为东周之雅，传统的王辙东迁，"雅"降为"风"的说法就失去了基础。

（三）魏源对《昊天有成命》、《执竞》、《噫嘻》为康王以后之诗的考证

《郑谱·周颂谱》："《周颂》者，周室成功致太平德洽之诗。其作在周公摄政、成王即位之初。"⑤郑玄认为，《周颂》成于周公制礼作乐之时，因此无成王以后的作品，更不可能有祭祀成王之诗。《孔疏》对此解释说："制礼之后，民俗益和，明颂声乃作可知，故总云：'其作之时，在周公摄政、成王即位之初也。'史传群书称

---

① 魏源：《诗古微》，《魏源全集》第1册，第664页。
② 同上书，第304页。
③ 同上书。
④ 同上书，第305页。
⑤ 李学勤主编：《十三经注疏·毛诗正义》，第1271页。

'成、康之间,四十余年,刑措不用',则成王终世太平。正言即位之初者,以即位之初,礼乐新定,其咏父祖之功业,述时世之和乐,宏勋盛事已尽之矣,以后无以过此,采者不为复录。且检《周颂》事迹,皆不过成王之初,故断之以为限耳,不谓其后不得作颂也。故曰'成、康没而颂声寝',不废康王之时乃有其颂,但今诗所无耳。"①在《孔疏》看来,《周颂》作于周公制礼乐之时,其所言"事迹",都在成王即位之初,康王时也可能作颂,但当今所传《诗经》中没有保存下来。因此毛、郑以及《孔疏》对《昊天有成命》、《执竞》、《噫嘻》等诗中出现的"成康"、"成王"进行曲解,以表明《周颂》全部作于成王即位之初。

到了宋代,欧阳修、朱熹等人对此提出质疑。欧阳修《诗本义·时世论》认为《昊天有成命》、《执竞》、《噫嘻》为康王以后之诗。《朱传》:"《周颂》三十一篇,多周公所定,而亦或有康王以后之诗。"②魏源继承宋儒之说,认为《周颂》有康王以后之诗。

《昊天有成命》一诗,诗中"成王不敢康",《郑笺》将"成王"解为"成此王功",而不是周成王。③《孔疏》:"此诗作在成王之初,非是崩后,不得称成之谥。所言成王,有涉成王之嫌。韦昭云:'谓文武修己自勤,成其王功,非谓周成王身也。'郑、贾、唐说皆然。是时人有疑是成王身者,故辨之也。"④宋儒对郑、孔之说提出质疑,欧阳修认为:"所谓'二后'者文武也,则'成王'者成王也,犹文王之为文王,武王之为武王也。然则《昊天有成命》当是康王已后之诗,而毛、郑之说以《颂》皆是成王时作,遂以成王为成此王功不敢康宁。"⑤《朱传》:"此诗多道成王之德,疑祀成王之诗也。""此康王以后之诗。"⑥关于此诗诗旨,《毛序》认为是"郊祀天、地",这显然与诗意抵牾。姚际恒《诗经通论》批评说:"《小序》谓'郊祀天、地',妄也。《诗》言天者多矣,何独此为郊祀天、地乎? 郊祀天、地,不但于成王无与,即武王亦非配天者,而言'二后',何耶?"⑦魏源《诗古微·诗序集义》阐发《国语》、西汉贾谊旧说,承袭宋儒之说,认为此诗是祭祀成王之诗:"《昊天有成命》,道成

---

① 李学勤主编:《十三经注疏·毛诗正义》,第1271页。
② 朱熹:《诗集传》卷八,《四书五经》,第638页。
③ 李学勤主编:《十三经注疏·毛诗正义》,第1297页。
④ 同上书,第1298页。
⑤ 欧阳修:《诗本义》卷十四《时世论》,《四库全书》第70册,第289页。
⑥ 朱熹:《诗集传》卷八,《四书五经》,第639页。
⑦ 姚际恒:《诗经通论》卷十六,中华书局1958年版,第328页。

王之德也。'二后',文、武也。'成王能明文昭,能定武烈者也。'《国语》。故《昊天有成命》,颂之盛德也。成王者,文王之孙,武王之子。文王有德而功未就,武王有大功而治未成。及成王承嗣,不敢怠,夙兴夜寐,以继文、武之业。四海九州,来效职贡,以供祭祀。故曰:'二后受之也。'贾子《新书》。王德既成,公乃可以告于后三王而无憾。故《诗》本祀天祖,而《国语》及《鲁诗》皆以为道成王之德。"①魏说与诗旨相符,现代学者多摒弃《毛序》之说,认为此诗是祭祀成王。

《执竞》一诗,前人有两种解释,三家诗和《毛诗》都以为是祭祀武王的诗,王先谦《诗三家义集疏》引蔡邕《鲁诗》说:"《执竞》一章十四句,祀武王之所歌也。"②《毛序》:"《执竞》,祀武王也。"③而宋儒欧阳修、朱熹则认为是合祭武王、成王、康王的诗。欧阳修《诗本义》:"所谓成康者,成王康王也,犹文王武王谓之文武尔。然则《执竞》者当是昭王以后之诗,而毛以为成大功而安之,郑以为成安祖考之道,皆以为武王也,据诗之文但云成康尔。而毛、郑自出其意,各以增就其己说,而意又不同,使后世何所适从哉!"④《朱传》:"此祭武王、成王、康王之诗。""言武王持其自强不息之心,故其功烈之盛,天下莫得而竞,岂不显哉!成王、康王之德,亦上帝之所君也。""此昭王以后之诗。"⑤明儒何楷《诗经世本古义》:"《执竞》,祭成、康也。昭王之世,始以成、康备七庙,此其日祭之诗也。"⑥《诗古微》本宋、明诸儒之说而来:"《执竞》,嗣君祭武王以成、康配也。诗作于成、康以后,当昭王初年,召公寿百余岁。见《论衡·气寿篇》。正《风》、正《雅》,皆惟召公媲周公,无他人之什,矧《周颂》乎?故召公以后无《颂》,彼以'成康谥法'为诘词者皆妄也。"⑦魏源此论对《周颂》全部作于成王初年周公制礼作乐之说,无疑是一个挑战。当代学者金启华、胡长青、唐莫尧、陈子展等都认为《执竞》是"祭祀武王、成王、康王之诗"。

《噫嘻》一诗,是春祈谷之诗,叙述周王祭祀成王,告诫农官带领农夫播种百

---

① 魏源:《诗古微》,《魏源全集》第 1 册,第 667 页。
② 王先谦:《诗三家义集疏》卷二十四,中华书局 1987 年版,第 1015 页。
③ 李学勤主编:《十三经注疏·毛诗正义》,第 1307 页。
④ 欧阳修:《诗本义》卷十四《时世论》,《四库全书》第 70 册,第 289 页。
⑤ 朱熹:《诗集传》卷八,《四书五经》,第 640 页。
⑥ 何楷:《诗经世本古义》卷十二,《四库全书》第 81 册,第 396 页。
⑦ 魏源:《诗古微》,《魏源全集》第 1 册,第 667 页。

谷。《毛序》："《噫嘻》，春夏祈谷于上帝也。"①所论基本与诗旨相合。诗中"成王"，《毛传》："成是王事"，《郑笺》："能成周王之功"，②都不以为"成王"是"周成王"。宋儒对此说提出怀疑，欧阳修《诗本义》："《噫嘻》曰'噫嘻成王'者，亦成王也，而毛、郑亦皆以为武王，由信其已说以颂皆成王时作也。诗所谓成王者成王也，成康者成王、康王也，岂不简且直哉，而毛、郑之说岂不迂而曲也！以为成王、康王则于诗文理易通，如毛、郑之说则文义不完而难通。然学者舍简而从迂，舍直而从曲，舍易通而从难通，或信焉而不知其非，或疑焉而不敢辨者，以去诗时世远，茫昧而难明也。"③欧阳修将诗中"成王"视为周成王，其实"成王"是生号而非死后谥号。《朱传》："此连上篇亦戒农官之辞。""盖成王始置田官，而尝戒命之也。"④何楷《古义》："康王春祈谷也。既得卜于祢庙，因戒农官。"诗中"成王"，他说："成王名诵，康王父也。"⑤朱熹、何楷都将诗中的"成王"视为周成王。魏源《诗古微》："成王孟春祈谷耕耤时所歌也。'既昭假尔'，率农播谷，明为先卜祈谷而后耕耤之事。'骏发尔私'，则庶人终亩之事。盖祼鬯时告先农之所歌。《国语》虢文公谏不耤千亩曰：王即斋宫，及期，王祼鬯，飨醴乃行。《毛序》兼夏月言，于诗不合。"⑥魏源继承宋、明诸儒之说，将诗中"成王"解释成"周成王"，他说："成王者，生存之尊号，而没因以为庙号。斯谊也，自古惟受命之君有之，倘受命之君未暇巡守封禅，受尊号，则继体之君能致太平，亦可巡守泰山而受尊号。《礼大传》曰：'立权度量，考文章，改正朔，易服色，殊徽号，异器械，别衣服。'徽号即尊号也。上古受命之君，无国号、年号、庙号，而惟有徽号。若轩辕、颛顼……皆有天下之更号，生则以纪年，没则天下称之为庙号，子孙世世沿之为国号。至唐、虞、夏，而徽号之外有国号矣。……然商称三宗，周立谥法，则徽号之外，又有庙号矣。汉太初以后，则又有年号矣。三号既立，于是反疑徽号之不古，故解《尚书》者，或不以放勋、重华、文命为帝王名；解《诗》、《书》者，不以成王为王诵，而泛言'成此王功'，甚至以徽号为旗帜。盖古谊之不明久矣。"⑦在这里，魏源考察了古代帝王徽号、国号、

---

① 李学勤主编：《十三经注疏·毛诗正义》，第1317页。
② 同上书，第1318页。
③ 欧阳修：《诗本义》卷十四《时世论》，《四库全书》第70册，第289页。
④ 朱熹：《诗集传》卷八，《四书五经》，第640页。
⑤ 何楷：《诗经世本古义》卷十一，《四书五经》第81页，第391页。
⑥ 魏源：《诗古微》，《魏源全集》第1册，第668页。
⑦ 同上书，第585页。

年号、庙号的变迁,指出成王为周成王的生前尊号,死后成为他的庙号,应该是可信。清儒马瑞辰、王先谦,现代学者王国维、郭沫若、程俊英、陈子展等都认为"成王"是生存之号。接着魏源说:"《书序》'作《成王征》',《酒诰篇》首'成王若曰',夏侯、欧阳说皆以为生存之称。《大雅》《周颂》皆作于周公,而《下武》诗曰'永言配命,成王之孚',《周颂》'成王不敢康',《国语》、贾谊皆以为道成王之德。《毛诗》止言二后谓文、武,而于成王无传,下篇《噫嘻传》始言'成此王事'。则《昊天》之'成王'亦同《国语》、贾子,而韦昭误释之耳。《酒诰·郑注》引或说,以成王少成二圣之功,生号曰成王,没因以为谥,盖欧阳、夏侯说。故《鲁世家》周公谓伯禽曰:'我文王之子,武王之弟,成王之叔父。'《书大传》:奄君蒲姑谓禄父曰:武王已死矣,成王尚幼矣。《书大传》:周公将薨,谓伯禽曰:必葬我成周,以示我不敢离成王。此成王非庙号之明征也。"①魏源根据《书序》、《国语》、贾谊《礼容篇》、《史记》、《尚书大传》论证"成王"为"生存之称",立论坚实有力,由此看来,《噫嘻》确实是周成王春祈谷之诗。

(四)魏源对《鲁颂》作者的考证

《鲁颂》共有《驷》、《有驳》、《泮水》、《閟宫》四篇,《鲁颂》在内容和形式方面,与《周颂》、《商颂》都有所不同。《周颂》、《商颂》不是"以其成功告于神明",就是祭祀乐歌,而《鲁颂》却是歌颂在世君主鲁僖公,诗的风格类似《风》、《雅》。孔颖达说:"此虽借名为颂,而体实国风,非告神之歌,故有章句也。"②魏源说:"《鲁颂》,《颂》之变也。无宗庙告神之乐歌,皆谀颂祝愿之泛词,且皆不颂先君而颂生存之君,名《颂》实《风》也。"③孔氏、魏氏一语道出了《鲁颂》的本质特征。

关于《鲁颂》的作者,在西汉今文三家诗认为是奚斯所作。《閟宫》一诗结尾是:"松桷有舄,路寝孔硕,新庙奕奕。奚斯所作,孔曼且硕,万民是若。"今文家认为"奚斯所作"是作诗,不仅《閟宫》一诗为奚斯所作,而且《鲁颂》四篇皆是奚斯所作,此说在今文三家诗说中多有保留。例如,《韩诗薛君章句》:"奚斯,鲁公子也。言其新庙奕奕然盛,是诗公子奚斯所作也。"扬雄《法言·学行》:"昔正考父常晞尹吉甫矣,公子奚斯常晞正考父矣。"班固《两都赋序》:"昔皋陶歌虞,奚斯颂鲁,

---

① 魏源:《诗古微》,《魏源全集》第 1 册,第 586 页。
② 李学勤主编:《十三经注疏·毛诗正义》,第 1385 页。
③ 魏源:《诗古微》,《魏源全集》第 1 册,第 671 页。

皆见采于孔氏,列于《诗》、《书》,其义一也。"①

古文《毛诗》认为《鲁颂》是史克所作,《毛序》说:"《駉》,颂僖公也。僖公能遵伯禽之法……鲁人尊之,于是季孙行父请命于周,而史克作是颂。"②《孔疏》说:"《駉颂》序云:'史克作是《颂》。'广言作颂,不指《駉》篇,则四篇皆史克所作。"③在《孔疏》看来,《鲁颂》四篇都是史克所作。而《閟宫》一诗中"奚斯所作",《毛传》:"有大夫公子奚斯者,作是庙也。"《郑笺》:"奚斯作者,教护属功课章程也。"④在毛、郑看来,奚斯所作的是作庙,而不是作颂。

在清代,不仅今文经学家魏源、皮锡瑞、王先谦等人坚持"奚斯作颂"之说,古文经学家也颇能抛开古、今门户之见,坚持"奚斯作颂"之说的也不乏其人,孔广森《经学卮言》、段玉裁《经韵楼集》、陈奂《诗毛氏传疏》、马瑞辰《毛诗传笺通释》都持此论。段玉裁《经韵楼集·奚斯所作解》一文,坚持今文"奚斯作颂"一说,他说:"此章自'徂徕之松'至'新庙奕奕'七句,言鲁修造之事。下奚斯所作三句,自陈奚斯作此《閟宫》一篇,其辞甚长且甚大,万民皆谓之顺也。"⑤接着,他就《诗经·小雅》中《节南山》、《巷伯》、《大雅》中《崧高》、《烝民》等篇作者自举其名的通例,分析"奚斯所作"为作诗,并列举汉魏学者关于"奚斯作颂"的旧说。另外段氏还就经文而研究它的文法结构、修辞命义,纠正《毛诗》上下断句的错误,他说:"《毛传》之辞最简,假令新庙奕奕,奚斯所作连文,毛如是读,则断不注之曰奚斯作是庙矣。……将新庙奕奕二句连读,岂古人离经之法哉?且路寝新庙并言,而下句乃单承庙字,云作是庙,于文法亦未协也,信其为作是诗之误矣。且以经文言,上孔硕言宫室,下孔硕言诗歌,乃无复赘。"⑥段氏从诗文作法的角度,认为《毛传》奚斯"作是庙"是"作是诗"之误,剖析深邃,令人信服。在《鲁颂》的作者上,连最坚信《毛诗》的陈奂,也采取了求实的态度,认为史克作《駉》篇,而奚斯作《閟宫》,他说:"大夫季孙行父者,往周请命,谓请命,非谓请作《颂》也。行父请命,与史克作颂是两事。史克作颂,谓作《駉》篇,非谓作《鲁颂》四篇也。"⑦但古文经学家认

---

① 王先谦:《诗三家义集疏》引,卷二十七,第1062页。
② 李学勤主编:《十三经注疏·毛诗正义》,第1384页。
③ 同上书,第1381页。
④ 同上书,第1424页。
⑤ 段玉裁《经韵楼集》,阮元编:《清经解》第4册,第661卷,上海书店1988年版,第520页。
⑥ 同上书,第521页。
⑦ 陈奂:《诗毛氏传疏》(下),第47页。

为奚斯只作《閟宫》一篇,而《鲁颂》其他三篇仍为史克所作。

在论证"奚斯作颂"这一问题上,魏源搜集的证据较多,论证更加鲜明。《诗古微》共列举了八证,以证其说。综合起来,可分为以下几个方面:

首先,从经文本身分析,《閟宫》一诗在《诗》三百篇中章句最长,因此以"孔曼且硕"称赞此诗,"正与'吉甫作颂,其诗孔硕'一例。若以为赞其作庙,则'路寝孔硕'、'孔曼且硕',一简之内,韵义雷同,古诗从无是例。""诗人篇末自述名字者,'家父'、'寺人'、'吉甫',屡见二《雅》,若颂宫室而并及其将作大将,古诗又无是例。且《孔疏》谓《鲁颂》作于僖公薨后,是易世之后,而尚追颂其督工监修之人,尤为不伦。其不云'作诗'、'作涌',而云'所作'者,变文协韵尔。"①这里,魏源从二《雅》篇末诗人自述名字的通例,来说明奚斯所作是"作颂",而古诗从没有追颂将作大将的,这一点似乎没有超出段玉裁所论。

魏源说:"自'周公之孙,庄公之子'以下,《传》、《笺》及《疏》皆谓追颂僖公之词。夫行父史克作于僖薨既久之后,乃犹颂其皇祖福汝,俾其昌炽冈艾,有冈陵作朋之寿,无亏崩震腾之虞,甚至'令妻寿母'、'黄发儿齿'、'万有千岁',骀背无疆。曾有此身后之追祷,故君之补祝哉?惟奚斯当庄、闵之末,僖公之初,故因立闵庙,而致祈寿之词,故文公二年《传》已引《閟宫》之诗。视行父之文六年始见于《经》,史克之文十八年始见于《传》。又逾三君至襄六年,行父始卒,距僖初八十余年者,先后大悬,时代孰合?且经文俱在,果颂生乎?颂死乎?"②在这里,魏源指出,《左传》文二年时已经引用《閟宫》一诗,其作者奚斯生存年代,较行父、史克更为适合,再分析诗文,此诗应是生前颂僖公而非死后,从而否定《毛传》、《郑笺》及《孔疏》"追颂僖公"之说。

接着,魏源又说:"僖四年《经》书:公会齐侯、宋公等侵蔡。蔡溃,遂伐楚,次于陉。此中夏攘楚第一举,故鲁僖、宋襄归侈厥绩,各作颂诗,荐之宗庙。若至僖二十六年使襄仲、文仲如楚乞师以后,鲁方乞哀求救不遑,尚敢曰'荆舒是惩,莫我敢承'耶?"③魏源从鲁、楚关系来说,鲁僖公曾从齐侯召陵之役伐楚有功,因此作《鲁颂》自我夸美,这说明《鲁颂》作于僖公四年以后、二十六年以前,这一论证具有说服力。上述两点,使魏源的论证超出了著名小学家段玉裁的论证水平,从

---

① 魏源:《诗古微》,《魏源全集》第1册,第321页。
② 同上书,第321—322页。
③ 同上书,第322页。

而使其在论证《鲁颂》作者问题上占有一席之地。

另外,在搜集汉魏学者关于论述"奚斯作颂"的遗说,魏源也超出了前人。除了各家经常列举的扬雄《法言》、班固《两都赋序》、王延寿《鲁灵光殿赋序》之外,魏源还列举鲍照《河清颂》、《汉绥民校尉熊君碑》、《费泛碑》、《太尉杨震碑》、《度尚碑》、《沛相杨统碑》、《太尉刘宽碑》、《曹全碑》、《张迁表》等说,以证明奚斯是"作颂"而非"作庙",魏源认为诸家"并祖鲁、韩古义,曾无一及于作庙。若果行父、史克遗文,正符故君追颂之义,何得无人征引?"①

这里需要指出的是,魏源认为"奚斯作颂",不只作《閟宫》一诗,《鲁颂》四篇皆为奚斯所作。皮锡瑞、王先谦都持此论。而段玉裁、陈奂等人认为史克作《駉》、《有駜》、《泮水》,而奚斯只作《閟宫》一诗。从史料记载来看,《毛序》明言《駉》篇为史克所作,而没有说史克作其他三篇。到了《孔疏》才说《鲁颂》四篇都是史克所作,但是没有其他文献记载可证。今文三家诗"奚斯作颂"之说,明见于《閟宫》一诗,汉魏学者大都泛言"奚斯作颂",而没有指明奚斯是仅作《閟宫》一诗,还是作《鲁颂》四篇。段玉裁、陈奂在客观疏解《閟宫》"奚斯所作"为"作颂",实际上维护了《毛序》史克作《駉》篇的说法,还一并将《有駜》、《泮水》归之史克所作。魏源、皮锡瑞、王先谦等人将《鲁颂》四篇统统归之奚斯所作,虽然难说是最终定论,但比《毛序》之说合理。事实上,奚斯作《閟宫》一诗应是定论,而史克作《駉》篇明见于《毛序》,还有待于进一步考察,而《有駜》、《泮水》的作者史无明文。

(五)魏源对《商颂》世次的考证

关于《商颂》的创作年代,自汉代以来,就存在《商颂》是商诗还是宋诗的争论。汉初今文三家诗盛行,认为《商颂》为宋诗,《史记·宋微子世家》说:"襄公之时,修行仁义,欲为盟主。其大夫正考父美之,故追道契、汤、高宗,殷所以兴,作《商颂》。"②在司马迁看来,《商颂》当为正考父所作,应为宋诗无疑,此为鲁诗说。扬雄《法言》:"正考父尝晞尹吉甫矣,公子奚斯尝晞正考父矣。"薛汉《韩诗薛君章句》:"正考父,孔子之先也,作《商颂》十二篇。"裴骃《史记集解》:"《韩诗》,《商颂》亦美襄公。"③鲁诗、韩诗学派的学者一般认为,《商颂》是正考父为赞美宋襄公而作,是春秋时期的诗歌。

---

① 魏源:《诗古微》,《魏源全集》第1册,第324页。
② 司马迁:《史记》第5册,中华书局1959年版,第1633页。
③ 王先谦:《诗三家义集疏》引,卷二十八,第1089页。

而古文《毛诗》认为《商颂》是商诗。诸家论者大多以《国语·鲁语》所载为据,鲁国大夫闵马父于鲁哀公十一年(即公元前487年)曾经说过:"昔正考父校商之名颂十二篇于周大师,以《那》为首,其辑之乱曰:'自古在昔,先民有作,温恭朝夕,执事有恪。'先圣王之传恭,犹不敢专,称曰'自古',古曰'在昔',昔曰'先民'。"这是我国传世文献中有关《商颂》写作年代的最早记载。三国韦昭对此注曰:"正考父,宋大夫,孔子之先也。名颂,颂之美者也。太师,乐官之长,掌教诗、乐。《毛诗序》云:'微子至于戴公,期间礼乐废坏,有正考父者得《商颂》十二篇于周之大师,以《那》为首。"①由此在古文毛诗家看来,《诗经》中的《商颂》是"先圣王之传恭"的制作,曾由殷商后裔宋大夫正考父请周太师考校,因此为商诗。《毛序》将《国语》中的"校"字改为"得"字,那么,所得《商颂》应是商人旧作,并且他还指出正考父为宋戴公时的大夫,由于宋国礼乐废坏,因此有向周太师校正商之名颂的必要。郑玄《诗谱·商颂谱》也持此论:"此三王(汤、中宗、高宗)有受命中兴之功,时有作诗颂之者。"②东汉以后,三家诗衰微,而《毛诗》盛行,《商颂》为商诗说成了主流。南朝宋司马贞《史记索隐》对《史记·宋微子世家》正考父作《商颂》美襄公的说法,持否定态度:"今五篇存,皆是商家祭祀乐章,非考父追作也。又考父佐戴、武、宣,则在襄公前且百许岁,安得述而美之?斯谬说耳。"③

到了宋代,《商颂》为商诗说开始受到怀疑,欧阳修《诗本义》说:"孔子始得《商颂》于宋,宋之礼坏乐崩久矣,其颂亡失之余,才五篇仅存。而当孔子得颂时,已不知其作于何王之世也。"④欧阳修对《商颂》的创作年代持存疑态度。《朱子语类》曾有朱熹与门人的一段对话,也反映了这一问题:"伯丰问:'《商颂》恐是宋作?'曰:'宋襄一伐楚而已,其事可考,安有"莫敢不来王"等事!'又问:'恐是宋人作之,追述往事,以祀其先代。若是商时所作,商尚质,不应《商颂》反多于《周颂》。'曰:'《商颂》虽多如《周颂》,觉得文势自别。《周颂》虽简,文自平易。《商颂》之辞,自是奥古,非宋襄可作。'"⑤门人对《商颂》是否为商诗的疑问,反映了当时学术界对《商颂》创作年代的怀疑倾向,但朱熹从《商颂》文字奥古这一点出

---

① 徐元诰撰:《国语集解》,中华书局2002年版,第205页。
② 李学勤主编:《十三经注疏·毛诗正义》,第1429页。
③ 司马迁:《史记》第5册,第1633页。
④ 欧阳修:《诗本义》卷十二,《四库全书》第70册,第276页。
⑤ 黎靖德编:《朱子语类》第6册,卷第八十《诗二》,中华书局1986年版,第2139—2140页。

发,否定《商颂》为春秋宋时所作。而《朱传》却认为《商颂》"存者亦多阙文疑义,今不敢强通也"。①

晚清今文经学兴起,今文三家诗说更加受到重视,魏源发掘鲁、韩诗说,力主《商颂》为宋诗说。魏源认为,《商颂》、《鲁颂》是鲁僖公四年,即公元前656年,鲁僖公和宋桓公(宋襄公父)跟从齐桓公攻打楚国,当时楚国正强,齐桓公率八国之师稍挫其锋,中原诸侯认为这是"中夏攘楚第一举"。而鲁、宋国君回国之后,作诗以夸耀武功,是为《鲁颂》、《商颂》。他说:"考《后汉书·曹褒传》,扬雄《法言》,《史记·宋世家》之遗说,而后知《商颂》与《鲁颂》一例,宋襄与鲁僖同科,犹《书》之附《柴誓》、《秦誓》也。"②为了论证《商颂》为宋襄公时正考父所作,魏源列举了十三证。下面对魏源的论证进行分析。

第一,魏源依据《礼记·乐记》、《左传》、《国语》、《逸周书》、《庄子》、《韩非子》等文献记载,论证在春秋战国时期,"宋"经常被称为"商",从而说明宋国有可能将所作之颂称之为《商颂》。而孔子"录诗",仍称之为"商颂",原因在于"鲁定公名宋,故鲁人讳宋称商,夫子录诗,据鲁大师之本,犹卫之称邶、鄘,晋之称唐,皆仍其旧"。③在周初以至于春秋战国时期,宋确实经常被称为"商",宋人所作之颂也就很可能被称为"商颂",这说明《商颂》为宋诗是有"可能性"的。但魏源提出鲁太师因鲁定公名宋,而讳"宋颂"为"商颂",却是站不住脚的。当代学者冯浩菲就曾指出,一部《诗经》之中,曾有多处出现"宋"字,何必独独"宋颂"要讳称"商颂"?况且《商颂》入诗,并非孔子所录。④

第二,魏源对《国语》闵马父之言作出新的诠释。"《国语》:'正考父校商之名《颂》十二篇于周太师,以《那》为首。'盖考父生宋中叶,礼乐散缺,《颂》虽补作,难协乐章,故必从周太师审校音节,使合《颂》声,乃敢施用。至卫宏续《毛诗序》,乃言正考父得《商颂》十二篇于周太师。夫校者,校其所本有;得者,得其所本无。改'校'为'得',傅会昭然。"⑤坚持《商颂》为商诗的学者,多据《国语》此言,认为正考父所校者为殷商旧典,由于宋国曾经礼乐废坏,典籍或散佚,或倒乱失次,因

---

① 朱熹:《诗集传》卷八,《四书五经》,第652页。
② 魏源:《诗古微》,《魏源全集》第1册,第325页。
③ 同上书,第326页。
④ 冯浩菲:《历代诗经论说述评》,中华书局2003年版,第389页。
⑤ 魏源:《诗古微》,《魏源全集》第1册,第326页。

此才会就校于周太师,如果是正考父所作,他自己最清楚,何须就校于周太师?在这里,魏源认为正考父作了《商颂》的诗文歌词,但由于"礼乐散缺",难以合于音律乐章,因此才向周太师"审校音节",这就使《国语》所载闵马父之言,成为《商颂》宋诗论的证据。

第三,考辨正考父为大夫与宋国君主世系的关系,论证考父颂殷的可能性。马瑞辰《毛诗传笺通释》认为《商颂》为商诗,否定《史记》正考父作《商颂》美襄公的说法,原因就在于"正考甫佐戴、武、宣,见于《左传》,其子孔父嘉在殇公时为大司马,亦见《左传》,中隔庄公、愍公、新君、桓公,始至襄公,去戴、武、宣时甚远,正考父安得作颂以美襄公?固宜《史记索隐》以为谬说耳"。① 马氏是古文大家,此论是《商颂》为商诗的坚强有力的证据之一。《诗古微》中对马氏之书有所称引,魏源读过《通释》无疑。他对马氏此论进行了修正,说:"或谓《左氏》称正考父佐戴、武、宣,而《史记》称其为襄公大夫。《宋世家》戴、襄相距百有十六年,宣、襄相距亦七十九年。且考父生孔父嘉,于殇公时死华督之难,明为嗣父执政,则考父必先卒于穆公之世,何由逮事八君?不知《世家》诸国,年数淆讹。而穆公七年,当鲁隐元年,始入《春秋》,其前比戴、武、宣三世之年,尤不可考。假如三公之年,共止十余载,而孔父嘉嗣位,乌知非考甫中年引疾致仕,传政于子,而襄公世尚存乎?商之老彭、伊陟,周之君奭、老聃、子夏,汉之张苍、伏生、窦公,皆身历数朝,年逾百载,恭则益寿,铭鼎可证。而《那颂》之'温恭朝夕,执事有恪',亦晬然'三命滋益恭'之情文。"② 魏源认为《史记·宋世家》年数淆讹不可靠,而戴、武、宣三世在《春秋》之前,更是不可考,而正考父又可能是年逾百岁的高寿之人,因此完全有可能在襄公时辅政,作《商颂》美襄公,这就维护了《史记》之说。而现代一些学者认为应从《商颂》本身的特点考证其年代,和正考父没有必然的联系。俞平伯《论商颂的年代》说:"我们决不该把《商颂》泥定在正考父身上。……即使宋襄公时没有正考父其人,而仍不能断定《商颂》为商人所作。换句话说,正考父与《商颂》并无生死不离的关属,我们不妨撇开正考父来谈《商颂》。"③

第四,从《商颂》诗文本身寻找内证。魏源从《商颂》经文本身的用语,所载典

---

① 马瑞辰:《毛诗传笺通释》卷三十二,中华书局1989年版,第1158页。
② 魏源:《诗古微》,《魏源全集》第1册,第326—327页。
③ 俞平伯:《论商颂的年代》,顾颉刚编著:《古史辨》(三),上海古籍出版社1982年版,第504—505页。

制、史实、章句文势等方面,论证《商颂》是正考父赞美襄公并祭祀先王。《郑笺》认为,《商颂》皆是以子祭父之颂,"如《笺》说《那》之祀成汤者为太甲,《烈祖》祀中宗者谓仲丁,《玄鸟》之祀高宗者谓祖庚。"但从经文用语来看,显然不是以子祭父,而是后世子孙作颂祭祀先祖。如果是"以子祭父,如成王之于文、武,何以遽称之曰'自古'?'古曰在昔,昔曰先民。'而且一则曰'顾予烝尝,汤孙之将',再则曰'顾予烝尝,汤孙之将',岂非易世之后,人往风微,庶冀先祖之眷顾而佑我孙子乎?"①从这一角度来说,《商颂》为商后裔宋人所作之颂无疑。

另外,魏源从《殷武》篇所载"伐楚"之事,证明《商颂》为宋襄公时所作。他说:"《殷武》诗三章《笺》云'时楚不修诸侯之职',四章《笺》云:'时楚僭号王位。'此亦郑君暗用《韩诗》,以三章、四章为《春秋》僖四年公会齐侯、宋公伐楚之事,故《笺》以'岁事来辟',责包茅不贡之文;'不僭不滥',责僭号称王之义。与《鲁颂》'荆舒是惩',皆侈召陵攘楚之伐,同时、同事、同词,故宗襄作颂,以美其父。楚人《春秋》,历隐、桓、庄、闵,止称荆,至僖二年始称楚,安得高宗即有伐楚之名?《孔疏》亦穷于词,故云:'周有天下,始封熊绎为楚子,于武丁之世,未审楚君何人。'"②在魏源看来,正如奚斯作《鲁颂》夸耀鲁僖公,《商颂》是春秋时期宋国大夫正考父所作,以夸耀宋襄公。他说:"盖宋襄图伯中兴,新其父庙,并颂其父之武功,与鲁僖《閟宫》同时创造,故陟景山之松柏,咏斫虔于旅楹,与《鲁颂》'徂徕'、'路寝'若同一词。视《周颂》邈若皇坟,曾殷人有此浮藻乎?"③再者,魏源考证,高宗时曾伐鬼方,从无伐楚之事。他说:"高宗所伐者西戎,非南蛮明矣。历考传记,从无殷高宗伐荆楚之文,亦无以荆楚为鬼之说。是鬼方者,高宗所伐;荆楚者,宋桓、襄父子所伐。盖商初难服者莫如西戎,故《诗》以'昔有成汤,自彼氐羌'为言。而匡衡疏亦以成汤之服氐羌为怀鬼方,以史证《诗》,虚实立见。"④这里,魏源考证殷高宗从无伐楚之事,楚更不可能"僭号王位",以史证诗,来论证《商颂》不可能是商诗,而是宋诗,此堪称坚证。

从章句文势来看,《商颂》篇幅较长,一诗分为数章,而《周颂》篇幅短小,也不分章。这与"商尚质,周尚文"相矛盾,从而引起了魏源对《商颂》世代的怀疑:"窃

---

① 魏源:《诗古微》,《魏源全集》第1册,第327页。
② 同上书,第328页。
③ 同上书,第329页。
④ 同上。

怪《周颂》皆止一章,章六、七句,其词噩噩尔。而《商颂》则《长发》七章、《殷武》六章,且皆数十句,其词灏灏尔。何其文家之质,质家之文?"①因此魏源认为《商颂》与《鲁颂》一样,是春秋时代的作品,都是长篇巨制,一诗分为数章。《周颂》一章成篇,是因为"《颂》以告神,不必殷勤,故不重章"。而《商颂》则不然,"高宗一人,而《玄鸟》一章,《长发》、《殷武》重章者,武丁之德,下逾于鲁僖,上不及成汤,明成功有大小,斯篇咏有优劣乎?是汉、唐诸儒,已疑三《颂》之高下,皆轩周而轾商。故《法言》云'正考父尝睎尹吉甫',明其睎《雅》而不敢睎《颂》也。'公子奚斯尝睎正考父',明其睎《商颂》而不敢睎《周颂》也"。② 在此,魏源指出了《商颂》与《周颂》的不同、与《鲁颂》的近似,从章句长短、文势词气的角度论证了《商颂》为宋诗。

在魏源之后,皮锡瑞、王先谦等人相继为《商颂》是宋诗提供佐证,充分肯定魏源对《商颂》的论定。皮锡瑞《诗经通论》列举七证,基本没有超出魏源的论证范围,他对魏源之说作了充分的肯定:"魏源《诗古微》列十三证,证《商颂》为宋诗,可谓深切著名。"③王先谦《诗三家义集疏》仍持商颂宋诗说,其论证几乎完全袭用魏源、皮锡瑞之说。对于魏氏、皮氏的论证,王氏大加赞扬:"魏、皮二十证精确无伦,即令起古人于九原,当无异议。益叹陋儒墨守,使古籍沉埋为可惜也!"④

《商颂》的创作时间,在两千多年的《诗经》学史上经历了几次变化与转折。陈桐生在《〈诗经·商颂〉研究的百年巨变》一文中指出:"两千多年来对《商颂》创作年代的研究经历了四次重大转变:先秦典籍《左传》、《国语》载《商颂》为商诗,但汉初今文三家诗则认为《商颂》是创作于春秋时期宋襄公时代,这是一变;晚出的古文《毛诗》则认为《商颂》是商诗,从东汉至清中叶一千多年时间内,商诗说占主导地位,这是一变;清中叶后今文经学复兴,今文经学家魏源、皮锡瑞、王先谦等人反对古文经说,高举三家诗旗帜,力主《商颂》为宋诗,这是三变;本世纪由宋诗说而变为商诗说,这是对《商颂》创作年代看法的第四次转变。"⑤而魏源《诗古

---

① 魏源:《诗古微》,《魏源全集》第 1 册,第 325 页。
② 同上书,第 329—330 页。
③ 皮锡瑞:《经学通论·二诗经》,第 45 页。
④ 王先谦:《诗三家义集疏》卷二十八,第 1096 页。
⑤ 陈桐生:《〈诗经·商颂〉研究的百年巨变》,《文史知识》1999 年第 3 期。

微》在《商颂》创作年代的论证之中占有重要地位。

　　魏源为《商颂》是宋诗提供了十三条证据,在清代、近现代《诗经》学史上影响很大。近代著名学者王国维、郭沫若、刘大杰、俞平伯、游国恩、余冠英、高亨、孙作云等人都持此说,在论证上都深受魏源的影响,《商颂》宋诗说压倒了《商颂》商诗说。现代学者中鲁迅、郭绍虞、杨公骥等人虽然也认为《商颂》为商诗,但在学术界反响不大。20世纪80年代以来,《商颂》商诗说又有所抬头。

　　梁启超充分肯定了魏源《商颂》为宋诗的论证,认为晚清《商颂》宋诗之说论定于魏源。他在《古书真伪及其年代》中认为西汉以前都说《商颂》为宋人作品,而《毛诗》盛行以后人们都相信《毛序》,以《商颂》为商诗:"一直到宋朝以后,才有人开始怀疑,从事辨别;辨别最清楚的没有人比得上魏源。魏源著《诗古微》,列举十三条证据于《商颂发微》篇中,断定《商颂》是宋襄公时正考父祭商先祖而称颂君德的。他那些证据也许不免琐屑,但大都很对,足以成为定论。"①《商颂》到底是商诗还是宋诗,学术界争论了两千年之久,但因为史料缺乏,各家对史料的认识又歧义纷呈,因此《商颂》到底是商诗还是宋诗,至今难有定论,但在坚持《商颂》为宋诗说的学者中,魏源论证广博精审,应是论证最为完备有力的学者,此后学者讨论《商颂》的世次,很难逾越其说。

　　诗篇的世次,是一个非常重要而值得探讨的问题。因为只有确定了诗篇的创作年代与作者,才可以准确发掘诗篇所蕴含的政治、文化内容。魏源对《诗》三百篇世次篇第的考证,纠正了《毛序》、《郑笺》、《孔疏》的诸多错误说法,其贡献不言而喻。《诗古微》关于《诗经》世次与作者的大量精审考证,奠定了魏源在诗经学史上的学术地位,其贡献不容抹杀。清末王先谦作《诗三家义集疏》,有鉴于范家相、阮元、丁晏、陈乔枞、魏源、皮锡瑞等人的三家诗学著作相继问世,对三家诗遗说的搜集与考订业已相当完备,故而王氏在《集疏序例》中说:"《集疏》,自愧用力少而取人者多也。"此语虽说是王氏的自谦之辞,但《集疏》中大量引用魏源之说却是事实,也从侧面反映出魏源考订的完备与精审。

　　但是由于年代荒远,史料缺乏,许多诗篇为何人所作,为何时所作,已经无法考证,如果不顾史实而强下论断,必然会陷入穿凿附会史实、师心臆测的窠臼,魏源对《诗经》一些诗篇世次的重新厘定,就存在这方面的问题,造成了许多新的附

---

① 梁启超:《古书真伪及其年代》,《饮冰室合集》第12册,第96页。

会和混乱,是不可取的。比如魏源认为《黍离》为卫寿作,当为卫风,毫无依据地将"伯封"定为卫寿之字;在书缺有间的情况下,仅据推断就认为《蝃蝀》刺"宣姜";在经传无明文、史料也无法稽考的情况下认为《泉水》、《竹竿》为许穆夫人所作;仅凭《月出》一诗中出现的一个"舒"字,就指诗为夏征舒所作,将诗旨定为"刺灵公淫夏姬";《孔疏》认为《郑风·清人》一诗错简,当处于《郑风》卷末,而魏源认为《清人》没有错简,《诗古微》对《清人》以后十余首诗的世次进行了调整,但其所论诗旨都不准确,所定世次也没有什么依据。

魏源仅从幽王、厉王的性格特点进行分析,就认为《颀弁》、《角弓》、《菀柳》三诗为厉王诗,在三家遗说中并无文献资料可考,却还说是"以经证经,诵诗论世"。魏源否定"西周无风,东周无雅"之说,对《抑》篇为平王之雅考证精审,但又认为《小雅》中《都人士》、《采绿》、《隰桑》、《绵蛮》、《渐渐之石》、《苕之华》、《何草不黄》7篇属于平王之雅,其中《都人士》大概是平王东迁、周人思念昔日繁盛的悼古伤今之作,《诗古微》所定世次应是可信的。但是其余6篇,则没有什么依据。

魏源《诗古微》出现诸多考证失实之处,因而受到后世学者的诟病。对于魏源治三家诗,傅斯年曾评论说:"今文经学家之治《诗》者,不幸不是那位学博识锐的刘申受,而是那位志大才疏的魏默深。魏氏根本是个文士,好谈功名,考证之学不合他的性质,他作《诗古微》,只是发挥他所见的齐、鲁、韩《诗》论而已,这去客观《诗》学远着多呢!"[①]"魏默深在此题中之工作,粗疏主观,多不足据"。[②] 此点也是经学家的通病吧。

[**作者简介**:曹志敏,天津师范大学历史文化学院讲师。]

---

① 傅斯年:《诗经讲义稿》,中国人民大学出版社 2004 年版,第 11 页。
② 同上书,第 12 页。

严译《天演论》早期版本考索

〔日〕後藤延子

1894年T.H.赫胥黎出版了《进化与伦理》一书,由严复译成中文,取名《天演论》。这本书对中国政治史和思想史都产生了极为深刻的影响。本文主要考察《天演论》版本的形成,从而反映中国人早期翻译西书的曲折历程。

一

《天演论》早期版本大致有三种类型,第一种早期版本也有若干个原稿本,其中现存最早的译稿为1895年(乙未年三月)陕西味经售书处刊印的木刻本。陕西味经售书处是陕西省泾阳县味经书院山长刘光蕡(古愚)为造就人才、作为书院的设施而创办的机构。[①]

梁启超在致康有为的信中[②],报告了刘光蕡高度评价京师和上海两地强学会的序言,并自行刻印在陕西省宣传,同时还募集资金推动织布局的设置,称其是一位很有魄力的人物。梁启超也很快将《新学伪经考》送给刘光蕡,以期得到响应。

与东南沿海都市不同,作为西方新的学术情报难以传入的内陆地区,有这等怀积极改革之志并身体力行者,不能不使梁启超为之深受感动。《天演论》译稿有可能是梁启超从接近严复的人们手中借得,读后抄写转送给了刘光蕡,出于使

---

① 参见《陕西味经书院志》卷六,光绪二十年陕西味经售书处刊。
② "有陕西书院山长刘光蕡,自刻强学会两序,于陕倡行推重甚至,此人想必亦有魄力,闻已在陕纠赀设织布局矣。"《梁启超等与康有为书》,见叶德辉编:《翼教丛编》,沈云龙主编:《近代中国史料丛刊》第六十五辑,台北文海出版社,第461页。

新思想的恩惠让更多的人尽早得到的热情,刘光贲又将之刊印出来,对此严复并未特别予以追究,只是认为作为一种版本有必要加以收藏而已,到了通行本流传之后,这种版本的使命已告完结,它也就在人们的视线中消失了。

关于这一版本,1957年由上海人民出版社刊行的《严复传》中有作者王栻的调查。王栻长年从事有关严复资料的收集,并于1986年出版了五卷本《严复集》。据王栻考察,现存陕西图书馆的该版本,不仅没有序文和译例言,译文本身也与后来的通行本区别很大。另据汤志钧在《戊戌变法人物传稿》增订版上册卷三、严复之注12中指出,该版本案语中,严复判断释迦出生年月的结论是"去今光绪二十二年丙申,共两千八百六十四年"。原稿本中的论三亦有关于释迦生年相同的记载,或者由于印刷错误,或者由于"案语"变化等原因,在通行本的论三"案语"中多出来一年时间。

1896年3月梁启超赴上海,着手《时务报》创刊的准备,这时严复经留学英国时的随员马建忠的介绍,开始了与梁启超的书信交往。《时务报》创刊后,他从访问天津的黄遵宪那里得知,《时务报》受到人们的极大欢迎,便迅速发去祝贺信件并赠一百银元的捐款。① 严复从梁启超于同年10月8日寄出的回信中,得知23岁的青年梁启超正在受教于马建忠学习拉丁语而非常高兴,于是将《天演论》的原稿和过去已发表的数篇文章送给了他(严复之回信日期无记载)。② 其中《辟韩》一篇刊登在1897年4月12日出版的《时务报》第23册上,其内容之激烈,曾使《时务报》的有力捐助者、湖广总督张之洞大为不满。还有《原强修订稿》一文,好像也是在梁启超的《时务报》催促之下写就的。这个时期应梁启超之约写就的文章还有《治功天演论》等文。

现在手稿本和通行本标明的自序,完成日期为"丙申重九"(1896年10月16日),这个完成时间肯定有误,因为这时该书稿正在寄送梁启超过程中,作为自序原形的序文应当还在酝酿之中。送给梁启超的自序原稿,与在翌年的早些时候,送给吴汝纶请其校正的应是同一内容的东西。因此,正式序文完成的准确时间应在其后。

严复原稿寄送到梁启超手中后,被他周围的人们广泛阅读并开始共同研究。

---

① 《严复与汪康年书》,王栻主编:《严复集》第三册,中华书局1986年版,第505页。捐赠在同年10月7日发行的《时务报》上有所介绍。

② 《严复与梁启超书》,王栻主编:《严复集》第三册,第515页。

又《时务报》第 36 册(1897 年 8 月 18 日)刊出的《地球纪年》等文,载有译自美国《格致报》的文章,介绍英国著名物理学家凯尔非因的最新学说,这个人就是在吴汝纶《节本天演论》和严复"自序"里提到的唐生维廉。(在通行本中,人名虽被删除,仍保留着对其"若热力平均,天地将毁灭"学说的介绍。)梁启超于 1897 年 4 月致书严复,对在 3 月间收到的 21 页恳切的长信表示谢意,并讲述了自己对有关《天演论》内容的意见,忠告严复防止翻译过程中的附会。信中还告以他正在参照《天演论》和谭嗣同的《仁学》并根据其老师康有为的学说,草拟《说群》一文。① 《说群序》刊登在《时务报》第 26 册上(同年 5 月 12 日),《知新报》第 18 册(5 月 17 日)同时刊登了《说群序》和《群理一》。《时务报》创刊以来,连载几乎未中断过的《变法通议》,从《论学会》(第 10 册,1896 年 11 月 5 日)开始,明显地反映出他读过严复《天演论》原稿的痕迹。

属于这种类型的原稿,还有一种是从严复第五个儿子严玷的遗物中发现的手稿本。这里附有前述《赫胥黎治功天演论序》,它与通行本的自序比较,基本内容虽然相同,篇幅却更长,字句也有一些区别。手稿本中关于能量守恒及物质不灭法则的评价,以及维廉·汤姆森和比塔·加斯利·泰托关于天地终结必然性的学说等,在通行本序文中已不见了踪影,代之以对杂驳部分作了玄学式的整理,使之更加通顺。在《国闻报汇编》第 2 册(1897 年 12 月 8 日)发表的文字则尚未找到。

手稿本的"译例"只有 4 条简单内容,距离通行本"信、达、雅"翻译基本原则的确立,时机尚未成熟。这个"译例"包括了通行本"译例言"的大部分内容,只删掉了第二条,即将原书从西洋古书中的引例,"代之以中国古书和故事"。严复认为,既然举例是为更好地传达著者的意图,那么选择中国读者更容易理解的方式不是更好吗?但这一点并没有得到为其斧正译文的吴汝纶的赞同。

吴汝纶先前已得知严复译书的计划,并被告知斯宾塞及赫胥黎的一些观点,正期待着《天演论》脱稿。② 此后,当他看到经吕临城(秋樵)送来的译稿时,却产生了很大的疑惑,他认为如果是严复个人的著述,尽可以自由奔放地展开议论,"若所译是赫氏的书,书中引用的古书故事,无疑应尊重原书所指西方人的称谓,

---

① 《梁启超致严复书》,王栻主编:《严复集》第五册,中华书局 1986 年版,第 1566—1571 页。
② 《吴汝纶答严幼陵》,《吴汝纶尺牍》,黄山书社 1990 年版,第 80—81 页。

无须改成中国人的用语"①,赫胥黎并不了解中国,在他的书中讲述中国事情会令人感到奇怪。

吴汝纶的这个观点提出了一个更为本质的问题。他提议要效仿晋、宋名家翻译佛典时的做法,作为中国学者的著述,在体制上应有明确的区别,将具有异质文化背景的立论,加以中国化处理,是为了帮助读者理解的方便,使其减少与原著的距离感和紧张感。吴汝纶作为幕僚,长期在曾国藩、李鸿章手下工作,还在严复英国留学时期,就以办理洋务的著名人物著称。当吴汝纶接到严复所译亚当·斯密《国富论》译稿进行校阅时,就提出对洋书的翻译要创造更为适宜的新体制,这个体制不是模仿迄今为止的古汉文和佛教汉文,而应是全新的独立的体制,他期待着严复成为这种新体制的创始者。②

不是充分了解译书过程中存在的问题,是不可能讲出这种话的。吴汝纶在1901年《与陆伯奎学使书》中指出:"现在天津译书局虽自上海运到译书七百余种,但是中国的译者往往错误地将自己的意思附加进去,在西人看来失真到使人惊奇的地步,竟难找出一个定本。"③因此他强调需要养成经常广泛地关注和选择新出的好书的见识,掌握西方诸国的语言,为培养直接阅读原文专门书籍的人才竭尽全力。严复听从当代一流古文名家吴汝纶的劝告,着手从《天演论》原稿中删除中国古书故事的工作,然而这个工作并没有做彻底,在通行本的译文中还时时出现中国古书故事的痕迹,叫人奇怪之处仍有不少。至于为什么会出现这种半途而废的情况,除了由于他那固执的性格因素之外,也有技术上的原因,这需要对原稿进行彻底的修改,即使是本人也会对其内容脉络失去控制,因而在手稿本和通行本的译文里,中国的古书故事仍频频出现,固执地保存着佶屈聱牙的文体。

一面遵从吴汝纶亲切的忠告,一面严复还是将原书中为中国人不易懂的举例,改成为中国人熟知的例子,例如导言之十"择难",导言之十三"制私"等。当时的中国人对外国的事情处于一种闭锁状态,如果将原书的举例原封搬用,读者反而会更加难解。所以吴汝纶的意见虽然完全正确,但实行起来很难处理,这是

---

① 《吴汝纶答严幼陵》,《吴汝纶尺牍》,第 98 页。
② 《吴汝纶答严几道》,《吴汝纶尺牍》,第 160—162 页。
③ "现天津译书局虽自上海运到译书七百余种,但中国译手,往往谬附己意,西人见者辄诧为失真,不敢据为定本。"《吴汝纶与陆伯奎学使书》,《吴汝纶尺牍》,第 254 页。

一直困扰着严复、使他伤脑筋的事情。

《天演论》的原稿本中有所谓"严复学"的记载(学即解诂之学,含注释阐述之意),通行本"译例言"中有"题曰达旨,不云笔译,取便发挥"称之为"严复述",从而可以看出严复为探求自己的翻译方式而经历的曲折过程。在译文之后附加"案语"也是为帮助读者理解其所做的工作。① 问题在于,对平易的启蒙教科书和高度严密的学术著作,在翻译的文体和手法上应有所不同的这种自觉,到底达到怎样的程度。作为翻译论的问题,正如福泽谕吉所论,对"推进学问"和"文明论之概略"两种情况,应加以对比,作深入考察。

严复参照吴汝纶的"圈点"和批语,②至丁酉(1897)夏,逐段对文章作了修改,从而产生了"手稿本",于1897年12月至1898年2月,分四次在《国闻报汇编》上予以发表。其中"天演论悬疏"的提法(即通行本"导言"),表明了其手稿本性质,这个手稿本现在收入到王栻所编《严复集》的第五册,并说明已与原稿本作了校对。

不管属于第一种类型的原稿本有多少种,应该说都带有产生于通行本形成过程中过渡期的性格。中国的知识人真正自己独立完成对西方近代学术著作的翻译工作,在最初的试行中经历错误、挫折是不可避免的。

二

关于第二类型的版本,这一类稿本属于与通行本相关联的系统,据王栻考察有30种以上,其中有些只是个别字句上的不同。这些版本都附有吴汝纶的序文、严复的自序和译例言,作为刊本,体裁已趋完整。

初期的译稿经陕西味经书院出版,以及经由送给梁启超的原稿逐渐扩散开来,得到人们的关注,敦促出版的呼声日高。严复也在考虑筹措二三百元资金,支付正式出版的费用。为此,他再度将修订的手稿本(亦称改本)送吴汝纶审

---

① 严复将耶芳斯的《伦理学入门》以《名学浅说》为题于1909年印行时,在"译者自序"中更直接地表示,着眼于读者理解的方便,将原文中的引例按个人的想法加以表述,而不顾及是否与原文相符合。

② 《严复与五弟书》,王栻主编《严复集》第三册,第733页。

阅。① 虽然文章已经再三推敲,却也没能够顺利出版。据严复在"译例言"中说,这种书属于"探赜叩寂之学,而非当务之急需",所以难为"世人问津"。

虽有难处多多,却仍按计划在作着出版的准备。真正耽搁实现的原因,恐怕还是担心出版之后难以卖出,印刷的费用收不回来。吴汝纶在《答吕秋樵》信中说道:"目前读报的人还不多,而且在这不多的读者中,未必对中国古学有深刻了解,只是对史书有大略涉猎而已,阅读《时务报》已称拍案惊奇,而对几道(严复)《天演论》,更是闻所未闻。"②知音难觅,是困惑出版的根本原因所在。同样的情况,发生在《时务报》刊行之初,当时湖广总督张之洞和直隶总督王文韶都曾下令其部下订购。以上情况表明了吴汝纶是怎样担心着出版发行的问题。

正在严复以出版为目标对译文斟酌修改之际,《天演论》的求索者日益增多,不仅其文字需要修订,出版发行的话题被日益急切地提上日程。③ 这时沔阳的卢靖(木斋)借到译稿抄写之后,交给在湖北家乡的弟弟,以卢靖的室名慎始基斋名义出版了木刻本,请严复校阅。严复认为该刻本恰好反映了他的本意,于是便着手依此刊本作体裁整理、版面设计并请吴汝纶写序文。

吴汝纶在很快送回序文的同时寄出信件,称严复将有关《天演论》的一些想法在译文之后附以"案语",赞其为"译例精审";同时指出两点不满意之处:其一,认为在上卷开篇,使用"卮言"或"悬疏"一词不够贴切,"均非为能自树者所为",为反映新内容的学问,必须抛弃古旧的滥词而使用新的语言;其二,指出要在分节化的各章里,加上能够抓住要旨的篇名,吴汝纶并以"妄加撰之"之举,列出各篇篇名供其参考。④

严复接到吴汝纶的信件,即与当时在天津编辑《国闻报》的友人夏曾佑一起,对译稿作最后审定,放弃使用吴汝纶称之已成滥词的"卮言",和沿用佛教用语的"悬疏"之类提法,决定在卷首忠实地恢复原用语"导言"。关于各篇的分节化,夏曾佑曾担心,分节会割断赫胥黎原书议论的一贯性,但考虑到读者阅读的方便,还是决定根据吴汝纶的提议,"即义定名"列出标目。⑤ 在各篇命名中,吴列篇名

---

① 《严复与吴汝纶书》,王栻主编:《严复集》第三册,第520—522页。
② 《吴汝纶答吕秋樵》,《吴汝纶尺牍》,第124页。
③ 《严复与吴汝纶书》,王栻主编:《严复集》第三册,第523页。
④ 《吴汝纶答严几道》,《吴汝纶尺牍》,第119—120页。
⑤ 《天演论译例言》,王栻主编:《严复集》第五册,第1320页。

上卷十八篇,仅一篇未采用,下卷十七篇中有六篇未采用(在后述《节本天演论》中,则均用吴撰之篇名)。

最终是否采用吴汝纶的提议,决定权一直在严复手中。其中特别值得注意的是该书下卷之论十七的标目,吴汝纶所命标目为"进治",严复则取"进化",两者的基本意思虽相同,即向理想的政治状态推进,但表述不同。当严复翻译赫胥黎的《进化与伦理》,将其定名为《天演论》时,在日本已有岩石留孝将其译为"进化",这都充分说明严复敢于坚持个人的不同见解。①

进一步说,严复在考察批判日本人翻译用语的同时,追溯到原语的语源,并采用正确的汉语表述,努力创造独自的翻译语言。严复在1902年《与〈外交报〉主人书》中指出:"今泰西两千年挈乳演进之学术,虽经日本人三十年勤苦求索,译著丰富,然而一些用语名词未必尽善尽美,我们仍需严密地加以考订而非简单地沿袭。"②严复确定这个书名是经历了"旬月踟蹰"(译例言),淘汰了留日学生带回的日式翻译用语,最后苦心求索确定下来的。

在《天演论》的最后篇章确定使用"进化"一词,是因为演化、演变等词,不含有目的性、方向性,而进化则具有因变化和矛盾运动,推动其向最高状态的目的定向进化的本性。这样又把拒绝使用日本人"进化"一词的理由否定了。日本人的用词,含有文明开化前进的意思,即定向性进化,也即进步的意思。而严复当初立志翻译赫胥黎的书,是从天演的立场出发,然而在翻译的进程中,发展到向具有一定方向、目的"进化"而进化,具有讽刺意味地又回到了与日本人大致相同的地方。

1898年6月,慎始基斋本印出,同年出版了严复自己的石印本,即嗜奇精舍本,以后富文书局本(1901年木刻本、石印本),张元济的普通学书室本(1902年排印本)等版本先后印出,正与前述王栻所考察的那样,达到了30种以上。

这些出版物费用有多少,发行的情况如何,当时的印刷情况如何(木版、石印、排印的经费、比率、纸的种类及价格等),这方面傅兰雅著《江南制造总局翻译西书事略》(1880)、罗振玉著《译书条议》(1902)、贺圣鼐著《三十五年来中国之印

---

① 日本"进化"一语频繁出现是在明治十六、十七年,加藤弘之于明治十二年十一月及第二年三月两次演讲中开始使用"进化"一词。在明治十五年发表的《人权新说》一书中使用之后,很快定说化。

② 《严复与〈外交报〉主人书》,王栻主编:《严复集》第三册,第561页。该书信曾刊于1902年《外交报》第九、十期。

刷术》(1933)及 1930 年前后张静庐编《中国近代出版史料·初编》等书都有涉及,可以参考。

关于《天演论》的价格,这里有郑孝胥和鲁迅的记载。据 1899 年 1 月 4 日《郑孝胥日记》,郑在上海为献给张之洞而购得《天演论》一册。据购者所记,此系邱玉府之子所募资金印成的石印本,千册为二百元。① 郑又于同年 1 月 17 日在广学会再购得一册自用,于翌日读完。至于给张之洞的礼物和自用的是否同一版本,价格多少则无详细记载。②

1900 年前后,鲁迅在南京矿物铁路学堂读书时,购得一册厚厚的白纸石印本,价格正好五百文,③与邱玉府之子出资的印本原价每册两角比较,鲁迅所购每册五角,如果不加进纸质好坏的因素,这个价格应该是合适的。

在当时的中国,还不存在著作权、版权和知识产权保护,出版物多以营利为目的。在日本也同样,福泽谕吉的《西洋事情》,盗版就占了压倒性多数。出版事业既是文化普及事业,同时也是营利事业。例如上述陕西味经售书处刊本,虽未经过仔细核算,毋宁说它是以普及文化事业为主导的,严复对此没留下什么记载,印出的也不是他自己最满意的版本,但应看作这是对他翻译价值的肯定,严复或许还会对这种肯拿出资金,为社会作贡献的特殊人士怀有感激之情。

严复留学英国时,曾特地将自己的研究成果、翻译文章集中起来,提供给驻英公使郭嵩焘和继任者曾纪泽,然而由于他的文章艰深难懂,评价并不高。在 1878 年 12 月 2 日《郭嵩焘日记》中,记有他对通行的音译符号按个人意思表述这种做法的怀疑,并认为严复译文语言艰涩难懂。④ 在 1879 年 4 月 4 日的《曾纪泽日记》中,也指出《饶顿论》(即《牛顿论》——译者注)等三篇文章的翻译,"从中国文字规范来说,很不够通顺"。⑤ 这些文章后来怎样处理了,未见记载。

至 1893 年,严复四次乡试落第。由于非科举正途出身,他的文章不被承认,意见不被重视,愤懑长年淤积心中。在这种情况下,个人的译作好意地得到出版,应该感到多么欣喜和感激啊。因此,《天演论》通行本的出版,使严复一扫长

---

① 《郑孝胥日记》第二册,中华书局 1993 年版,第 706 页。
② 同上书,第 708 页。
③ 鲁迅:《琐记》,《朝花夕拾》,《鲁迅全集》第二卷,人民文学出版社 2005 年版,第 306 页。
④ 《郭嵩焘日记》第三卷,湖南人民出版社 1982 年版,第 701 页。
⑤ "近呈其(严复)所作文三篇,曰《饶顿传》、曰《论法》、曰《与人书》,于中华文字,未甚通顺,而自负颇甚。"见《曾纪泽日记》中册,岳麓书社 1998 年版,第 858 页。

久以来的阴郁心情。不久,张元济也允诺,出版严复秉李鸿章之意翻译的宓克的《支那教案论》。严复已记不清手头的译稿被谁借去,是根据王式通(书衡)的抄本付印的。他认为这个抄本能够反映该书的内容,可以作为付印的稿本。该书被认为是作者"个人的一时见解",不属于"正规的西学",然而却是一本容易传播的小书。① 不久,严复的朋友宓克的书,就在张元济任院长的上海南洋公学译书院出版了。②

张元济接管南洋公学译书院事务后,不断就书籍编纂等事征询严复的意见,并开始商讨亚当·斯密《原富》一书的翻译问题。后来由于严复住宅失火,原稿被烧毁,又有因义和团事件往南方避难等情况,使这项工作迟滞下来。为了支持书稿早日完成,张元济承诺以两千元购买译稿。历经五年的漫长岁月,约五十五万言的《原富》,于1902年完成翻译,由南洋公学译书院出版。书稿出版时,严复除前已接受的两千元作为翻译的酬金外,还就印税要求提出交涉。这本书也有吴汝纶的卷头序言,卷尾附有原文与译文对照表,完整地奉献于社会。1903年,张元济任职商务印书馆,开始其出版人的生涯。此后,严复的译书即在商务印书馆的版权契约下进行。③ 在《天演论》的卷尾也加上了"中西名表"。严复以后的译书,版权由商务印书馆独占,同样体裁的出版物,包括《天演论》,都以商务印书馆本为定本,成为保留书目。依靠版权契约所提取的印税和出资股份股息提取的收入,使有病在身、多子女的严复,得以在经济上维持充裕的晚年生活。④

三

关于第三种类型的版本,在严复一向尊重的吴汝纶的日记中记载了其副本。吴汝纶作为桐城派文人,是受到广泛赞誉的文章名家,以前曾为曾国藩、李鸿章幕僚,为其起草奏章等。此后历任直隶知县,出任过保定莲池书院的院长。他与

---

① "但此书尚是一人一时见解,不比他种正经西学,其体例不尊,只宜印作小书,取便流传足矣。"见《严复与张元济书》,王栻主编:《严复集》第三册,第525页。
② 关于宓克其人,参见《严复与张元济书》,王栻主编:《严复集》第三册,第539页。
③ "1903年12月,商务印书馆为出版严译《社会通诠》,与严复签订合约,合约主要条文如下:……"见张树年主编:《张元济年谱》,商务印书馆1991年版,第47页。
④ 《严复与长子严璩书》之五,王栻主编:《严复集》第三册,第783页。

1880年以来出任李鸿章创办的北洋水师学堂总教习和1890年晋升为总办的严复,当然有多年的交情。

对于夙所尊敬的吴汝纶,严复常把他翻译的意图、译书的计划以及拜托校正的译稿送上,总能很快得到支持、激励和承诺。吴汝纶一旦得到译稿,便能立即把握其大意,并快速地将他的意见连同书稿返还给严复,为了慎重还特派其女婿专送这些书稿和信件。吴汝纶从严复的书稿中"抄录副本,枕中秘存"①。当然这是他的私人笔记,赫胥黎的"名理"和严复的"高文雄笔"相遇而成的"海内奇作",使之爱不释手,加以珍藏并不轻易拿出示人。②

正如在副本末尾吴闿生所指出的,这个副本"与原本相较删节过半,不仅仅是抄录,而且是进一步的更定"③。作为吴汝纶私人笔记的这个副本,较严复提交的原稿压缩、删减成三分之一左右的字数,使之成为更加简洁易读的本子。

吴汝纶在完全赞同严复文章的同时,又因其过于冗长、难以理解而大刀阔斧地予以精减,把严复为阐释赫胥黎的渊博学识和明快理论,所作的多余刻画和描述加以削除。为了防止错漏,他在原稿上标有密密麻麻的蝇头小字,以原稿为依据,作了大幅度压缩和修改,或者称为改作。正如其子吴闿生的考证所指出,它已超越了副本的性质,毋宁看作是另一种创作物。

吴汝纶接受礼部尚书张百熙之请,就任京师大学堂总教习。为就职作准备,于1902年6月起程,对日本教育状况进行为期5个月的考察。在此期间由于过度劳累,于1903年2月,在安徽桐城老家突然逝世。接到父亲的死讯,在早稻田大学清国留学生部读书的儿子火速归国,丧事之后,立即着手整理父亲的遗著遗文,出版了《桐城吴先生全书》(36卷)和在弟子们协助下编辑的《桐城吴先生日记》(16卷)。④

《天演论》的副本,即收录在《桐城吴先生日记》里,本来在《日记》出版之前不可能公之于世,但其子认为该书具有特别价值,当以《节本天演论》命名,单独刊行,收入到清史馆协修门人李景濂所撰《清史本传》中,作为吴汝纶的创作列入著

---

① 《吴汝纶答严幼陵》,《吴汝纶尺牍》,第98页。
② 日记中副本末尾有其子吴闿生所附吴汝纶致严复和吕秋樵的书简。
③ "此编较之原本删节过半,亦颇有更定,非仅录副也。"见吴闿生案语,《桐城吴先生日记》(上),河北教育出版社1999年版,第512页。
④ 《桐城吴先生全书》于1904年至1905年出版,《桐城吴先生日记》出版于1928年。

述部。同时吴汝纶对日本教育的考察报告也以《东游丛书》之名,在他归国的同时,由东京三省堂出版。对并非个人专业的这一举动,反映了作为吴汝纶之子的才学和机敏。在这同时,通晓出版业务的吴闿生,看到通行本《天演论》十分难懂,感到有刊行节本的必要。因而将收录在《桐城吴先生日记》卷九"西学下"的《节本天演论》,以北京初印本、上海续印本陆续单独刊行于世。① 这就是1905年,胡适在上海澄衷学堂读书时,他的国文教师杨天骥(千里)为班级购买的教科书。② 《节本天演论》总字数约两万字,是为通行本三成左右的精本,作为教科书在分量、价格等方面都正合适。后来又有吴汝纶为儿子学习用所编辑的《古文读本》③,引起1906年在中国公学读书时胡适的注意,这成为他从自然科学走向文学道路上的一个重大推动。

与通行本《天演论》的艰深难懂相比较,平易明快、简洁流利的《节本天演论》,成为20世纪初,各地纷纷成立的中学的教科书,在中学生中广为流传。吴汝纶在对严复文章添削更定过程中,是否用了别的语言,据笔者考证不能说一点没有;有时是整段删削,有时是在文章中途隔两三行后加以衔接,这几乎是用冒险的手法,在不损害文章本意的前提下,删掉不重要的部分,使整个文章读起来一气呵成。同时他还照顾到文章的情节格调和文字的优雅表达,在相当程度上作了修订。他的能力之精强,为一般人所不具备,在准确传达作者言及内容的同时,恰当地对其予以剪裁,真不愧为人们公认的文章高手。让人感到恰似把蓝色的基调,从各种颜色混杂在一起、不雅观的调色板上,转移到除去污浊,只保留鲜艳纯蓝色的别个小型调色板上。请看当时的青少年对《节本天演论》如何地爱不释手,据扎·诺—斯齐纳·哈拉路德于1906年3月16日出版的《日本的中国留学生》一书记载,那时大多数在东京的中国留学生,都抱着一本《节本天演论》,或是通行本《天演论》,或是原文本《天演论》,④ 而热烈争论着,争论的焦点集中在宗教是否必要以及有关不可知论等问题。

周恩来在南开中学读书时,读过这本书之后所写的作文题目是《试论老子主张退让、赫胥黎主张竞争之孰是孰非》。这篇模范地回答上述问题的作文,发表

---

① 《全书》之《桐城吴先生年谱》卷四著述表。
② 胡适:《四十自述》,安徽教育出版社2006年版,第52页。
③ 东京三省堂初印,保定续印。
④ 此书译成日本语为昭和二十年代以后的事。

在南开中学的《校风》第22期(1916年3月20日)上。这篇文章以后改名为《老聃赫胥黎二氏学说异同弁》，又发表在同年10月出版的南开中学《竞业学报》第5期。

李大钊于1905年入永平府中学，1907年入北洋法政专门学校，毕业后留学日本。1916年他中断了在早稻田大学政治经济学科的留学，为中华之再造奔走斗争。这个时期他写的《青春》①，是一篇充溢着文学芳香和激情的文章，为五四时期的青年们所热爱，陈毅等就曾背诵过。在这篇文章中就引用了威廉·汤姆森和泰特共同研究的学说。这一部分如前所述，已自通行本的自序中削除，《青春》中的这一节，保留着吴汝纶修改的痕迹，可以证实李大钊所读的是《节本天演论》。

比李大钊、胡适年轻，比周恩来年长的毛泽东的情况如何？毛泽东于1912年考入湖南省立第一中学，他从国文教师那里借阅了《御批通鉴辑览》一书，读后中途退学。在入湖南师范学校前的半年中，一直在省立图书馆自修。据埃德加·斯诺的《西行漫记》记载，在此期间他贪婪地阅读了包括严复译书在内的多种书籍，在其列举的书目中未见有《天演论》。② 但李锐在《毛泽东的早期革命活动》中，却说毛泽东这个时期读了《天演论》，受到很大思想影响。③

毛泽东在"致萧子升的信"④中说到黎锦熙劝他读《群学肄言》(严复译，斯宾塞著《社会学研究》)中的《缮性篇》，受《缮性篇》所感动而读了全书，感叹道："这里有通向学问之路。"这个时期，毛泽东很快与所仰慕的历史教师黎锦熙接近，接受其教育。从那里听到使他感到惊奇的"演绎法"和"中心统辖法"的读书法，并自觉实行之。黎锦熙指出所谓"演绎法"即是"察其曲而知其全，执其微而会通之"。这种文字，实则出自于严复《天演论》通行本《自序》中的"内籀"(即归纳法)，而黎锦熙的说明实际有误。还应当引起注意的是，李锐说毛泽东精读了《天演论》，并受到很大思想影响，恐怕是言过其实。毛泽东在延安与斯诺的谈话，对他读过的书，列举相当详细，其中未提《天演论》，只能说明毛泽东对这本书印象稀薄。

毛泽东的情况作为特例，出生在1890年至1900年前后、1905年至1910年左右在中学读书的一代人，可以说他们中的大部分人已在学校中接触到《节本天

---

① 《新青年》二卷一号，1916年9月。
② 〔美〕埃德加·斯诺：《西行漫记》，生活·读书·新知三联书店1979年版，第120页。
③ 李锐：《毛泽东的早期革命活动》，湖南人民出版社1980年版，第17页。
④ 《毛泽东致萧子升信》，《毛泽东早期文稿》，湖南出版社1990年版，第21—25页。

演论》,或者说,他们中的有些人为了深入研究,正在向着通行本《天演论》的深度前进。

中学之所以采用《节本天演论》作教科书,原因之一就是严复的通行本过于难解。关于这一点,梁启超在《新民丛报》第1号介绍新书《原富》时,提到他为严复感到惋惜,并大胆地忠言相告。① 严复在对此表示敬意的同时,对说他故意追求古雅感到不解,说问题不在于易懂或难懂,而在于是否正确。② 从体例来说,严复面对的是中国国学基础深厚的知识人,而不是那些"学僮",后者读懂读不懂责任在他们自己,而不在译者。严复翻译的基本姿态停留在他的名人气质,为让"学僮"们容易接受,才有了吴汝纶的《节本天演论》。

严复对于来自各方面关于自己译文艰深的指责,一方面以高傲倔强的态度坚持着,另一方面也在逐渐向着易懂的方向努力着。这就是作为中国最早的译文版本《天演论》所面临的最大困难所在。③

光绪二十八年颁布了"京师大学堂编书处章程"。担心自己的版权受到威胁,严复向管学大臣张百熙提出保护版权的请求。④ 而他对《节本天演论》的出版却没有任何不满的表示。与素所敬重的文章之师吴汝纶之间是否有过冲突,《节本天演论》卖得怎样,似与《天演论》的发行无关,或者严复把它看作对人们接近《天演论》的促进。他们之间有关这方面没有留下任何话语。

如果把这两本书当作不同的作品来考虑,那么就有必要以翻译意图为中心,进一步考察它们的区别所在。

四

关于《天演论》通行本与节本的区别,正如我们在前面已经提到的,吴汝纶之

---

① 《新民丛报》第1号,1902年2月。
② 《严复与梁启超书》,王栻主编:《严复集》第三册,第515—517页。该书信曾以《与〈新民丛报〉论所译〈原富〉书》为题,刊于1902年《新民丛报》第7号。
③ 周作人在《鲁迅与清末文坛》一文中回忆年轻时代的鲁迅喜欢看严复的译文,后见章太炎撰文批评严复译文的八股习气,遂恍然大悟,不再佩服。见《鲁迅的青年时代》,河北教育出版社2002年版,第71—72页。
④ 《严复与张百熙书》,王栻主编:《严复集》第三册,第577页。

子说节本与原本相较"删节过半,且有颇多更定",因此他认为《节本天演论》不是剽窃、模仿,而是经他父亲改作的另一种创作物。他是在这种确信的前提下才决定出版的。

那么吴汝纶之子在他父亲日记中发现的原本,到底是哪种版本呢?这个原本应该就是吴汝纶为怕在途中出差池,极其慎重地派他的女婿专程往返送达的那个手稿本,也就是我们在前面已经提到的,根据吴汝纶的忠告作了修正最后完成的那个手稿本。所以吴汝纶之子吴闿生用以对比的原本,也即是书店中摆放的通行本。他注意到两者比较起来,不仅在量上有很大的压缩,而且内容也有显著不同,作出"不仅仅是抄录,且是在很大程度上的更定"的判断。两者决定性的相异之点,首先反映在双方的严复"自序"中。

《节本天演论》中关于原作者赫胥黎的著述目的,是说为挽救斯宾塞"任天为治之失",因而反复强调开辟自强保种之道;而通行本在叙述赫胥黎的著述趣旨时,说的是为救治斯宾塞"任天为治之末流",书中所论与中国古人学者极相符合,且再三强调自强保种之意图。

严复的这两个序文,关于赫胥黎著作的目的和对原著的评价(也即赫胥黎与斯宾塞立场的不同),前后明显地存在着色调的不一致。在《节本天演论》中指出斯宾塞的"任天为治",存在着自由放任主义的缺陷。赫胥黎已明确地认识到这一点,为此恳切指出自强保种的积极方策,这样看来,重要的是赫胥黎纠正了斯宾塞"任天为治"的社会放任主义倾向,强调人为努力,力陈挽救民族灭亡对策。对赫胥黎这种著述意图的解释,正是严复所愿意接受的,或者说这正是他选择翻译这本书的原因。

但是在通行本中,情况就不同了。这里说赫胥黎是为纠正斯宾塞的"任天为治之末流"而写作,所谓"末流"是指帝国主义歪曲斯宾塞的学说加以利用,来作为侵略其他民族、使殖民地正当化借口的理论。错误不在斯宾塞,赫胥黎没有任何反对斯宾塞个人的理由。这样斯宾塞的冤罪就被洗清,消除了两人对立的关系,向着他们的共同敌人,即歪曲斯宾塞学说,使之成为帝国主义御用理论的"末流"、"亚流"发动斗争。

对斯宾塞评价的变化,使赫胥黎的地位发生了动摇,首先表现在已引用过的通行本"自序"中反映出,选择赫胥黎著作的理由发生了微妙的变化。在那里赫胥黎著作的主旨与中国古人的思想极为合致是首要因素(即把他的著作要点概括成"胜天为治",比拟唐代刘禹锡《天论》上"天人相交胜之"之意),"自强保种"云云则退居次要位置。

与严复当初的预想不同,通行本对赫胥黎的评价及其位置发生了重大变化。与赫胥黎评价的走低相反,斯宾塞浮现了出来,情况发生奇妙的逆转。翻译赫胥黎著作的动机,中途却变成依据斯宾塞等的学说去反驳和批判赫胥黎,这当然会造成读者头脑的混乱和特别的难以理解。实际上对严复所译《天演论》阅读的困难,除了文体、语言的障碍之外,还有内容的问题。那么,为什么会取这样一种迂回的路?倒不如中断对赫胥黎著作的翻译,直接去译斯宾塞的书。可能本人也已意识到了这一点,翻译亚当·斯密《原富》的工作还没有完结,严复即开始了对斯宾塞《群学肄言》的翻译。

严复于光绪七八年之交(1881—1882)已经阅读了斯宾塞的书(《群学肄言》之《译余赘语》),注意到它的不同寻常之处,或者说他没有理由不去宣传它。因为自己以前已注意到斯宾塞,希望能有中国人把他最好的一部书尽快译出和刊行,所以严复在《原强》(1895年3月)及《原强修订稿》中,奉献的是斯宾塞诸多著作中最有名的篇章,即与《劝学篇》之后的《群学肄言》齐名的《明民要论》。然而已有中国人发现《明民要论》的教育论价值并已将其译成中文,未能引起人们的注意。或者如严复所言,拿到斯宾塞这本书,涉猎其内容已是"二十年已往"的事情(《译群学肄言序》),而真正认真地促使他去做这件事的是1894年的日清战争。①

虽已子女成群,但从1896年10月16日完成的手稿本和通行本自序中,可以看出严复内心的伤痕。英国留学回到祖国不被重用,作为一个技术官僚,其强烈的个人显示欲和自尊心受到怎样的伤害,从而引发的屈辱感是可以理解的。为挽回名誉和求得立身的机会,严复曾四次赶赴乡试都未及第,所能夸耀的仅有其西洋二十年的治学经历和语言能力而已。②

在赫胥黎著作译出之初,斯宾塞处在一个什么样的位置呢?在给吴汝纶求其帮助校正译稿的信中,严复说斯宾塞是"顺之天演,郅治终成",赫胥黎则是"不

---

① "至是年(1895),和议始成,府君大受刺激。自是专致力于翻译著述,先从事于赫胥黎 T. Huxley 之《天演论》(Evolution and Ethics),未数月而脱稿。"见严璩:《侯官严先生年谱》,王栻主编:《严复集》第五册,第1548页。

② 《严复与梁启超书》,王栻主编:《严复集》第三册,第513—515页。

求治功,人道不立",比较二人之说,赫胥黎为"自强之有益治资,诚深诚邃"。①收到书稿在回信中,吴汝纶除报告录了副本之外,还谈了对严复译书意图的感想,他认为严复译书宗旨是为"国家之软弱而伤悲,炎黄数千年之种族,恐其将无法自存,惕惕焉,欲要前进,必靠人治"。②

在《节本天演论》自序中,记录着严复当时关于赫胥黎著书的目的,是为纠正斯宾塞"任天为治之失"。在该序中他同时又在两处高度评价了斯宾塞,指出斯宾塞以著名的天演说、关于天演的界说和物质变化循环之理的发现所作贡献。这时严复一方面不赞成持"任天为治之失"说的斯宾塞,另一方面又对作为深刻了解天演之理的科学家、哲学家的斯宾塞给予高度评价。与前所述,他还在1895年3月发表的《原强》中对斯宾塞的"群学",以西方近代自然科学发展为基础的新学问称赞不已。

总而言之,如果说把斯宾塞作为"恶者"考虑的理由不是很充分,不如说对斯宾塞的评价还处在动摇、未找到统一途径的阶段。当时的中国不能无视列强蚕食的现实,去承认为帝国主义开辟侵略道路的理论。从这个意义上说,受到严复个人的限制,他对斯宾塞的理解还不够深刻。

然而,在吴汝纶的帮助下对译稿进行修改,在完成的手稿本原稿中,重新阅读了斯宾塞以及与其相关人们(马尔萨斯·巴乔特等)的著作,这时严复一扫对斯宾塞的偏见,改变了对他的评价。这在手稿本的"卮言"十五后面所附斯宾塞关于"群治进极,过庶不足为患"的结论中,充分证明了这一点。从而告别了对斯宾塞分裂矛盾的认识,迎来了对其学说统一把握的阶段。在一次次对译稿修改的磨炼中,逐渐达到对斯宾塞彻底倾倒的地步。几乎忘了他翻译的对象是赫胥黎,到这时放弃或重新再来已不可能的严复,一面对原著者赫胥黎的学说表示不满,时不时地予以反驳;一面又对斯宾塞学说加以赞扬,使他的书变成了一本反常的译著。

严复随着翻译工作的进展,立场不断发生着变化,他最初的译稿与最终完成的通行本原稿之间有着很大隔阂;然而在吴汝纶那里却始终一贯没有变化。他对《天演论》的理解,从最初所压缩写成的《节本天演论》到通行本"吴序",可以看

---

① 《吴汝纶答严幼陵》,《吴汝纶尺牍》,第 80—81 页。
② 同上书,第 98 页。

出他始终译的是赫胥黎的书,对赫胥黎"任天为治"立场的理解,是"以人持天"、"与天争胜",就是说"人与天争,而胜天者,皆为天事所包,是故天行与人治,最终同归天演"。① 这种解释,毋宁说已开始远离赫胥黎,对人为努力的成果抱着显著的乐观态度。吴汝纶通过这本书期待着读者觉醒,认清自己的处境,向着自强自励奋斗。

以上讨论了通行本与《节本天演论》的翻译意图,不能不说这两个版本最后成了差异很大的书。关于这一点,全然作为第三者的吴闿生的看法不无道理。严复为了避免在一本书中出现破绽,在论十七"进化"一节中,采取将必须译的内容故意搁置不译等做法加以主观归纳,促使斯宾塞和赫胥黎和解,让两者的立场没有龃龉、强调其一致性,虽然如此,仍避免不了受到前后不一贯的指责。

结语

近代史研究者前田爱在《近代读者之成立》一书中,引述赫胥黎之孙奥勒达斯·赫胥黎有关该书的发言时指出:"这是一本将大众漠然的感情,以合理的形式引向一个方向的原动力的书。它成为畅销书,确切地说,与作者的意图未必一致,不过,大众的误解使它成了畅销书。"严译《天演论》的情况正是如此。在压倒性优势的外国军事力量的蹂躏下,在教会、牧师增加以及受到猖狂地经济侵略的情况下,出于对国家命运的忧虑和对民族灭亡的担忧,人们希望认清所处的世界形势,了解其变化的动因,找出解救的出路,严复就是在这种情况下翻译了这本书,三种版本皆是如此。(韩一德 编译)

[作者简介:後藤延子,日本信州大学人文学部教授。]

---

① 参见吴汝纶为《天演论》所写的序言,《严复集》第五册,第 1317—1319 页。

严复的"群学":内涵、传承、特点[*]

王宪明

"群学"是19世纪最后十年中风行一时的关键词语之一,而严复又是使用"群学"这一术语来翻译西方近代思想的重要思想家之一,长期以来备受学术界的关注。令人遗憾的是,尽管有不少学者进行过专门的研究,但直到今天为止,严复的"群学"的真正内涵到底是什么,似乎并不甚清楚。20世纪80年代,陈旭麓等对戊戌时期"群学"的出现、特点及历史作用等进行了初步分析,提出广义的和狭义的"群学"概念,认为康有为、梁启超等率先开展"群学"方面的实践,建立"学会",推进维新运动,此后严复翻译介绍的进化论思想又进一步启发、丰富补充了康、梁的群学思想和主张等。[①] 此后,部分学者又在此基础上,进一步开展研究。丁乙针对以往有关研究,提出判断社会学正式传入的三个标准:第一,既称为中国的社会学,应是中国人传入;第二,应是"完整学科"、"系统学说"的传入;第三应是公开的"社会性"的传入。[②] 丁乙并由此论证:社会学的诞生不应以1891年康有为在万木草堂讲学中提出"群学"概念或1896年谭嗣同《仁学》中使用"社会学"一词为标志,而应以1895年3月严复在天津《直报》上发表《原强》一文标志着中国社会学的发轫,而系统介绍社会学理论学说到中国来则当以1897年严复翻译并发表《斯宾塞劝学篇》为标志。[③] 进入21世纪后,姚纯安等在此基

---

[*] 本文是韩国高等教育财团2006—2007年度资助项目A Cross-Cultural Study of Yan Fu's Translation of Herbert Spencer 的一部分,在此作者特向韩国高等教育财团对本研究课题的支持表示感谢。同时,本文的主要论点曾在北京大学、清华大学、福建省严复学术研究会联合主办的"严复思想与中国变革"学术研讨会(2008年12月20—21日)上作过交流,得到一些前辈师长和学界同仁的鼓励和指正。作者也向他们及会议主办者致以感谢。

① 陈旭麓:《戊戌时期维新派的社会学——群学》,《近代史研究》1984年第2期;王宏斌:《戊戌时期的群学》,《近代史研究》1985第2期。

② 丁乙:《西方社会学初传中国考》,《社会学研究》1988年第6期。

③ 同上。

础上继续前进,对康、梁所说的"群学"的内涵及学术渊源以及他们和严复所说的"群学"的实质性差别等进行了系统研析,认为"清末群学同名之下,有合群立会之说,社会学和广义的社会科学之别。康有为、梁启超等人倡导的群学,实由传统典籍中的'敬业乐群、会友辅仁'等思想而来,他们关注的中心是政治,却希望刚刚传入中国的社会学作为其学理支撑,遂以群学名其合群立会之说;严复以群学为名介绍社会学时,引经据典,也大谈合群保种,并以群学为政治学、法学、宗教学等社会、人文科学之总称,致使后人产生误解。只有梳理其中的纷纭委曲,才能显示清末群学的真实面貌。""在康有为眼中,社会学即与强弱存亡直接相关的合群立会之学。因此,对社会学等书目进行归类时,康有为毫不犹豫地把社会学列入政治一门内。由此可见,尽管康有为、梁启超等人的合群立会之说受到社会学的影响,然而从这些论述来看,他们对社会学的认识存在明显偏差。"①姚文也像丁文一样,批评严复将社会学以外的其他一些学科归入"群学"之中,似乎是由于严氏"对西方社会学的误读而起"。② 而李培林等在讨论严复的"群学与社会学"的来源时,提出了这样的问题:"'群学'这个学科名称,究竟是严复以其古文的功底和根据其信、达、雅的翻译标准杜撰的呢?还是中国当时已经存在'群学'这样一个研究领域,严复不过是为了翻译的方便而套用?如果当时中国已经有'群学',那当时中国学者思想中所理解的'群学'与斯宾塞'Sociology'的解释是否一致?如果中国在严复翻译斯宾塞的著作以前并不存在'群学'这样一个研究领域,严复为什么没有选择'社会学'这个日本已经有的译法而是选择了'群学'翻译 sociology?而严复在当时很明显已经知道了日本人把 society 译作'社会',他自己在解说'群学'的同时,经常地使用'社会'的概念。"对于这些问题,他的回答是:"在严复之前,中国并不存在'群学'这样一个专门的研究领域,也没有人使用过'群学'的概念。换句话说,在严复引入'群学'之前,中国有关于'群'的思想(社会思想),而没有'群学'的思想(社会学思想)。"③

这些学者的成果一方面对于澄清以往研究中对于康、梁和严复的"群学"概念认识上的混淆之处大有帮助,但在对严复的"群学"的来源、内涵及其性质等问题的认识和评定方面,却仍不无可商之处。

---

① 姚纯安:《清末社会学辨证——以康有为、梁启超、严复为中心》,《历史研究》2003 年第 5 期。
② 同上。
③ 李培林:《20 世纪的中国:学术与社会》(社会学卷),山东人民出版社 2001 年版,第 9、10 页。

本文在以上诸家学者研究的基础上,拟对严复"群学"的内涵及其传承、严复的"群学"与近代中国社会科学的形成及主要特点等作一初步探讨,以期加深对这一领域相关问题的理解和认识。

一、严复"群学"一词的真正内涵

严复最早使用"群"、"群学"等词,现在能够见诸于书面文字材料的,是1895年3月初他在天津《直报》上发表的《原强》一文。在该文中,严复介绍了达尔文和斯宾塞的思想学说:

又有锡彭塞者,亦英产也,宗其理而大阐人伦之事,帜其学曰群学。……至锡彭塞之书,则精深微妙,繁富奥衍。其持一理论一事也,必根柢物理,征引人事,推其端于至真之原,究其极于不遁之效而后已。于一国盛衰强弱之故,民德醇漓翕散之由,尤为三致意焉。于五洲之治中,狉榛蛮夷,以至著号最强之国,指斥发癃,十九罄尽。而独于中国之治嘿如也,此亦于其所不知,则从盖阙之义也。锡彭塞殚毕生之精力,阅五十载而后成书。全书之外,杂著丛书又十余种,有曰《动[劝]学篇》者,有曰《明民要论》者,以卷帙之不繁而诵读者为尤众。《动[劝]学篇》者,劝治群学之书也。其大恉以谓:大抵沿流溯源,执因求果之事,惟于群学为最难。有国家者,施一政,著一令,其旨本以坊民也,本以拯弊也,而所期者每不可成,而所不期者常以忽至。及历时久而曲折多,其利害蕃变,遂有不可究诘者。是故不明群学之理,不独率由旧章者非也,而改弦更张者,乃愈误,因循卤莽二者必与居一焉。……群学治,而后能修齐治平,用以持世保民以日进于郅治馨香之极盛也。呜呼!美矣!备矣!自生民以来,未有若斯之懿也。虽文、周生今,未能舍其道而言治也。①

那么,严复在《原强》及以后的论文和著译作品中所使用的"群学"的含义到底是什么?

研究中国近现代史的人都知道,近代中国的"新文本",其最大的特点之一,

---

① 王栻主编:《严复集》第一册,中华书局1986年版,第6—7页。

就是其"翻译性"或称"跨语际性",尤其是像严复这样的大家,他的很多思想观念都可以从他所翻译的作品的源头上找到解释,离开了这一源头,很多观念就难以得到令人满意的解释。严复的"群学"的真实含义,亦应循着这样的路子来探讨,方能探出其真面目。

如严复《原强》所示,"群学"是斯宾塞等人所创。那么,我们按严复的指示,到严复所翻译的《群学肄言》一书中去找寻这一问题的答案。

《群学肄言》系译自英国著名学者斯宾塞(Herbert Spencer)所著 The Study of Sociology(1873)。可能正是由于书名中的 Sociology 字样,使不少研究者,尤其是社会学方面的研究者,望文生义,想当然地以为严复的"群学",就是斯宾塞书中的 sociology,斯宾塞书中的 sociology,就是今天的社会学。但是,只要认真读一读严译的《群学肄言》,尤其是对照斯宾塞氏的原作认真读一读,就会发现这一推论前一半是成立的,后一半却很难成立。

斯宾塞原作共 16 章,其中有 3 章的标题使用了"social science"字样,即第二章:Is there a Social Science? 第三章:Nature of the Social Science;第四章:Difficulties of the Social Science。而第一章 Our need of it 中的代词 it 显然是指 sociology,而五至十五章的标题中,都省略了 of the social science 或 for the social science 字样,即困难、偏见、准备等都是有关于这一 social science 学科或为之准备的。换言之,斯宾塞书名中所用的 sociology 一词,与正文各章标题中所出现的 social science 一词,是等义的,因此,可以互相换用。

再进一步深入到此书正文内部,我们就会发现,严复的"群学",直接对应于原文的 sociology 及 social science 诸词。例如,原文第一章最后一段:

> And then, behind the more scientifically-minded who give this answer, there are those who hold, tacitly or overtly, that guidance of the kind indicated is not possible, even after any amount of inquiry. They do not believe in any ascertainable order among social phenomena—there is no such thing as a social science. This proposition we will discuss in the next chapter.[①]

严复译文:

---

① Herbert Spencer, *The Study of Sociology*, Henry S. King, London, 1873, pp. 23—24.

难者复曰:"果如此,则政乌乎行?向之为政也,亦仅就吾识力之所及,为相时而制宜焉,至于深追远溯,穷流讨源,固未暇也。且治平之功,异乎格致,国群之大,不同名物,彼之实测易为功,此之求是难为力也。寿命易歇,民生多艰,万几当前,何暇问学?亦竭智殚谋,与时会相将迎而已,责之已甚,不其苛欤?"是言也,察其微恉,无亦谓群虽有学,必不能如格物之精审,而内外籀因果相求诸术,无所于施,群之变化至蕃,即加讨论,未易得实。总之以谓群非科学云耳。然耶?否耶?则试于第二篇明之。①

原文第二章:

This, however, by the way. The foregoing extracts and comments are intended to indicate the mental attitude of those for whom there can be no such thing as Sociology, properly so called. That mode of conceiving human affairs which is implied alike by the "D. V." of a missionary-meeting placard and by the phrases of Emperor William's late despatches, where thanks to God come next to enumerations of the thousands slain, is one to which the idea of a Social Science is entirely alien, and indeed repugnant.②

虽然,此旁及之论也,与不佞之大旨为无涉。所为杂引前文,加评议者,见凡人心习,谓一切世变,其于天命,则其人不知有群学。教会将为谕告,其发端几言帝旨。德国威廉皇帝诏书扬厉所杀戮之若干万人,自谓渥膺天眷,而后臻此。凡若此者,其用意造言,无往而不与群学之义相冲突也。③

这样的例子很多,有时一个段落中 social science、sociology 等会交替出现多达七八次。④ 为节省篇幅,此处不再赘引。

斯宾塞原书中不仅大量出现 social science、sociology 两词,而且有时还使用 science of sociology 及 the morphology and physiology of society, science of

---

① 斯宾塞著,严复译:《群学肄言》,商务印书馆1931年版,第18页;商务印书馆1981年版,第17页。

② Herbert Spencer, *The Study of Sociology*, p. 30.

③ 斯宾塞著,严复译:《群学肄言》,商务印书馆1931年版,第22页;商务印书馆1981年版,第21页。

④ Herbert Spencer, *The Study of Sociology*, pp. 37—40. 相应的严复译文,参见斯宾塞著,严复译:《群学肄言》,商务印书馆1931年版,第29—33页;商务印书馆1981年版,第29—32页。

society 等，而且在上下文中显然都是完全等义、相互可以换用。而严复在《群学肄言》中，均将上述词语译作"群学"（有时拆开译，如"群之有学"、"群之无学"等）。而在第二章中，斯氏批评福劳特和荆士理二人否认有社会科学但却又矛盾地认为政治、经济之类有因果规律可循，由此，斯氏断言：他们明明"亦一一用吾群学之旨，乃于治群学者漫然曰群固无学，何前后之不相应耶！"又称"但使世有政法宪令，而世又有利害仁暴之可言，其不得谓群理为非科学，而无因果之可言也。"①这两句中，前一句中的"群学"和后一句中的"群理"均用的是 social science，可以清楚地看出，斯氏是将政治学、经济学、法学等等有关人类活动的不同方面列入其"群学"研究的范畴的。②

很显然，斯宾塞的 sociology 一词并不是今天人们所理解的"社会学"，而是等于 social science，即今天所说的"社会科学"。

再对照斯宾塞历时近 30 年始完成的三卷本巨著 *Principles of Sociology*（《社会学原理》，1—3 卷分别出版于 1876 年、1893 年、1896 年），亦可证实上述论断。今删节本的斯宾塞《社会学原理》（*Principles of Sociology*）尽管经过编者有意识地删节，删除近一半以上在编者看来是"错误的或过时的"内容，即不属于"社会学"学科的内容，而仅保留了一半左右"编者认为是斯宾塞留给当代社会学遗产的内容"③，从而使之看上去更像是一本当代"社会学"的著作，但是，通过这一半编者保留的内容，我们仍然可以看出，斯氏的著作与当代人所理解的"社会学"还是有很大的不同。例如，全书由四大部分组成，第一部分"作为有机体的社会"（包括社会发展、社会结构、社会功能、社会机体、支持系统、分配系统、调控系统、社会类型与制度、社会变形等），第二部分"政治组织"（包括从仪式到政治控制、一般政治组织、政治整合、政治分工、政治形式与内容、政治领袖、咨询机构、代议机构、诸部、地方统治机构、司法与行政机构、法律、财产、财政、军国社会、工业社会等），第三部分"宗教组织"（包括僧侣阶层的兴起、多神教与一神教僧侣、宗教等级、作为社会纽带的宗教、僧侣阶层对社会道德的影响、回顾与展

---

① 斯宾塞著，严复译：《群学肄言》，商务印书馆 1931 年版，第 37—38 页；商务印书馆 1981 年版，第 35—36 页。

② Herbert Spencer, *The Study of Sociology*, pp. 43—44.

③ Herbert Spencer, *Principles of Sociology*, abridged edition, edited by Stanislav Andreski, Macmillan, 1969, p. ix.

望),第四部分"工业组织"(包括专业化与分工、获得与生产、交换、劳动管理、社区管理、行会管理、奴隶制度、封建制度、自由劳工与契约等),实际上几乎包括了当代社会学及相应分支学科、政治学、经济学、宗教学等人文社会学科的主要内容。而读其有关"社会学范围"的界定,更可以发现,斯氏计划中(也是原三卷本《社会学原理》中所实际描述)的"社会学"原来是要研究:原始社会的地理因素、原始人的体质、情感与心智、活人的恐惧与政治控制、对死者的崇拜与宗教控制、性别、家庭与婚制、政治组织、宗教组织、宗教与政治、政治与宗教对日常生活的影响、语言、知识、道德与审美、各种社会之相互比较等,①可以说更是包括了当代社会科学的主要学科。

再从 social science 等词早期的历史来看,穆勒(J. S. Mill)等人至迟在 19 世纪 30 年代初已经在使用 social science 一词,而孔德则早在此之前十年即已在使用该词,②而傅立叶则在 1808 年时就已经在使用该词,他认为,"道德科学和政治科学",其理论与现实已经脱节,其声名已经不佳,因此,建议用"一种仍不为人知的社会科学(une science sociale encore inconnue)来替代之"。③ 傅立叶派倡导"社会病理学"、"人的科学"等,其年轻的秘书孔德率先在 1822 年发表的《实证政治学体系》中正式使用 social science 一词,并提出此词可以与政治及政治科学一词换用。④ 孔氏并称自己欲创立的这一学科为"社会物理学"(Physique Sociale, social physics)。此后,该词即迅速流行起来。为了突出这一新的科学的特性,本来是数学家出身的孔德不愿意使用统计学的方法,而恰好此时比利时一位统计学家 Quetelet 发表 *Physique Sociale*(《社会物理学》),孔氏为了与之划清界限,遂另创 sociology 一词来指称自己的学说。⑤ 显然,斯宾塞所使用的"sociology"和"social science"等词,恰好是从这一传统而来,而与后来学者所使用的"社会学"有相当距离。

---

① Herbert Spencer, *Principle of Sociology*, pp. 1—6.
② Peter R. Renn, "The Earliest Use of the Term 'Social Science'", *Journal of the History of Ideas*, Vol. 19, No. 4(Oct. 1958), pp. 568—570; J. H. Burns, "J. S. Mill and the Term 'Social Science'", *Journal of the History of Ideas*, Vol. 20, No. 3(Jun.-Sep. 1959), pp. 431—432.
③ Gerog G. Iggers, "Further Remarks about Early Uses of the Term 'Social Science'", *Journal of the History of Ideas*, Vol. 20, No. 3 (Jun.-Sep. 1959), p. 433.
④ Gerog G. Iggers, "Further Remarks about Early Uses of the Term 'Social Science'", *Journal of the History of Ideas*, Vol. 20, No. 3 (Jun.-Sep. 1959), pp. 433—436.
⑤ Harry M. Johnson, *A Short History of Sociology*, Routledge, London, 1998, pp. 12—13.

从以上分析看,严复的"群学"将政治、经济、历史等学科纳入其中,当作其分支学科,并非严复误解了西方的社会学,严复这样的做法,实际上是严格恪守着斯宾塞的学术传统,而斯宾塞的传统恰恰与后来西方盛行的一般社会学的传统不一样,而与后来的"社会科学"概念类似。①

二、"群"与"会"等译名不是严复首创

严复在《天演论》译例言中,曾诉苦道:西方"新理踵出,名目纷繁,索之中文,渺不可得,即有牵合,终嫌参差,译者遇此,独有自具衡量,即义定名。顾其事有甚难者……如物竞、天择、储能、效实诸名,皆由我始。一名之立,旬月踟蹰。我罪我知,是存明哲"。于是,不少人据此推断,"群"、"群学"等译名亦创自严复。但是,对于这样一个重要的牵涉到整整一个新的学科名称的字眼,严复并未自承是自己首创,而对于这一新学科下属的一些术语,如"物竞"、"天择"、"储能"、"效实"等,却明确称"皆由我始"。

另,《群学肄言》1903年4月初版的《译群学肄言赘语》中,末尾原曾有一段文字,后来在1908年的修订本及以后严译名著丛刊各版本,尤其是通行极广的1931年商务印书馆万有文库本和1981年商务印书馆严译名著丛刊本中,均被删除。这段文字如下:

> 不佞往者每译脱稿,即以示桐城吴先生。老眼无花,一读即窥深处。盖不徒斧落征引,受裨益于文字间也。故书成必求其读,读已必求其序。此译于戊戌之岁,为《国闻报》社成其前二篇,事会错迕,遂以中辍。辛丑乱后,赓续前译。尝以语先生,先生为立名"群学肄胲",未达其义,不敢用也。壬寅中,此书凡三易稿,岁暮成书,以示廉惠卿农部。农部,先生侄女婿也。方欲寄呈先生,乞加弁言,则闻于正月十二日,弃浊世归道山矣。呜呼!惠施去

---

① 有关此点,著名社会学家杨堃先生早在20世纪40年代中期就曾明确指出:"我们应知道,若论到社会学与社会科学的关系,在社会学史上,其有两派的意见:一是综合社会学派,认社会学乃一切社会科学之总称,孔德、斯宾塞等属之;二是特殊社会学派,认社会学乃社会科学中之一枝,与其他社会科学,如经济学、政治学等等,都是立于平行的与平等的地位,如德国系统社会学派、美国社会学派等等均属之。……应知道孔德是属于第一派,故孔德的社会学是将一切社会科学全包括在内。"(杨堃:《孔德社会学导论》,《中国学报》第三卷第1期。)

而庄周亡质,伯牙死而钟期绝弦,自今以往,世复有能序吾书者乎!①

以上两资料中,第一份显然不是出于严复的疏忽大意,相反,这反映了严复的学术品格是诚实的,他在道出自己译书的辛苦时,并未把其前辈或同辈其他人的功劳也当成自己的功劳。而第二份材料在1908年以后的各修订版本中被删除,显然不是为了隐瞒什么,而是修订本出版时,吴汝纶已经过世,严复既另约请商务印书馆的高梦旦先生作序,自然不便再把"世复有能序吾书者乎"这样的话放在其中。但是,这段话中的很关键的一个细节,即其中提到的"辛丑乱后,赓续前译。尝以语先生,先生为立名《群学奇胲》,未达其义,不敢用也"一句,说明庚子以后严复曾与吴汝纶谈及此书的翻译情况,吴氏建议他用"群学奇胲"作书名,严复认为不妥,未同意。这里的"不敢用"当不是指"群学"二字,而是"奇胲"二字不能完全反映书中的思想。"奇胲",亦作"奇賌",指奇秘,不同寻常,《汉书·艺文志》记载有《五音奇胲用兵》等书,《淮南子·兵略训》中有"明于日月星辰之运,刑德奇賌之数",高诱注称"奇賌,阴阳奇秘之要,非常之术"。此词显然与斯宾塞近代意义上的学科"导论"相差过于悬殊,故严复"不敢用"。换言之,在未成书之前,吴汝纶等已建议用"群学"作为书名的一部分。由此可以知道,即使这一术语不是吴汝纶向严复建议的,而是严复跟吴汝纶提起过的,那么,吴汝纶至少是没有感到陌生,没有感到难理解之处。无论是哪一种情况,都可说明"群学"已是当时上层士大夫阶层较为熟悉的词汇之一。

实际上,将society译成"群"、"会"等,不是创自严复。严复不过是沿用了早已存在的译法而已。

根据笔者所看到的材料,咸丰年间已有中文出版物中出现了用"会"来翻译society的例子,如咸丰丁巳年即1857年11月16日出版的《六合丛谈》第1卷第11号英文目录中有如下内容:"Notice of New Books: Transactions of the Hong Kong Branch of the Asiatic Society, vol. 5, Translation of Heuen Tsang's Travels in the West, by Mr. Julien",正文部分相应的内容是:"新出书籍:英京伦敦,设立公会,曰亚细亚会,专论东方古籍文字以及格致杂学,咸丰初年分设于香港,每阅一二年,以英文汇刻所论之事。现刊行第五册,所论计八种……法人

---

① 斯宾塞尔著,严复几道翻译:《群学肄言》,上海文明编译书局,光绪二十九年(1903)四月,第3页;王栻主编:《严复集》第一册,第126—127页。

儒连,在其国中习中华文字言语,已阅三四十年,讲论甚精,时以此训此国人……现译《大唐西域记》,凡记中所载之地,儒连皆细参梵语,证以近时地名,明其沿革,极为详博。"①

1865年前后,已经有从英文翻译为中文的作品中,明确将society译成"群"。这就是京师同文馆丁韪良等所译的《万国公法》。在该书的第二章《论邦国自治自主之权》中,在界定国际公法的研究范围时称:"人成群立国,而邦国交际有事,此公法之所论也。"②这句话在惠顿的原书中是这样表述的:"The subjects of international law are separate political societies of men living independently of each other, and especially those called sovereign states."③

可以看出,《万国公法》中文译文中的"群"字,与原文中的"political societies"有着直接的对应关系。

较早在翻译中涉及"sociology"一词的是颜永京。1881年,他将史本守(后通译斯宾塞)的《什么知识最有价值》(*What Knowledge is of Most Worth*)一文翻译成《肄业要览》,先是发表在《格致汇编》上,次年由上海美华书馆出版,以后有质学丛书、富强斋丛书、西国政治艺学丛书等多种版本流传于世。其中一段提到:

……再上民景学。凡商贾及制造厂,每日不得不察看市上银钱之多寡,探听货物之盈缩,预料五欲、棉花、糖、绵羊皮及丝价值之涨落,更不得不推想世上之平静与否,销场之多寡通塞,以定生意之大局。其精于局面者,则利市三倍;其不精者,则必至折阅。凡店肆中人,须知制物之多寡,销路之广狭,以定其生意。其或得利,或折本,总任其能预测日后货物之价及人用度之大小,或号,或行,或厂,或店,不可不体察民中之情景也明矣。凡天下之大,其大半人在耕种、制物、贩运三等之内,即不在内者,于此亦[非?]无干涉。其所习之业,皆与算学、化学、力学相关。虽与动物、植物学或相关较少,然于民景学,确大有关涉。既如此,则人于所习之业利与不利,要惟于所究之学多与寡、精与不精为定。④

---

① 沈国威等整理:《六合丛谈》,上海辞书出版社2006年版,第691—692页。
② 惠顿著,丁韪良等译:《万国公法》,1865年出版。此处据1901年各国政治艺学分类全书本,第5页。
③ Henry Wheaton, *Elements of International Law*, with a Sketch of the History of International Law, Henry Wheaton, LL. D, London: B. Fellowes, Ludgate Street, 1836, Vol. I, p. 62.
④ 史本守(即斯宾塞)著,颜永京译:《肄业要览》,此据1902年富强斋丛书本第5—6页;1903年西国政治艺学丛书本第6—7页。

与这段译文相对应的英文原文如下:

Yet one more science have we to note as bearing directly on industrial success — the Science of Society. Men who daily look at the state of the money-market glance over prices current; discuss the probable crops of corn, cotton, sugar, wool, silk; weigh the chances of war; and from these data decide on their mercantile operations; are students of social science: empirical and blundering students it may be; but still, students who gain the prizes or are plucked of their profits, according as they do or do not reach the right conclusion. Not only the manufacturer and the merchant must guide their transactions by calculations of supply and demand, based on numerous facts, and tacitly recognising sundry general principles of social action; but even the retailer must do the like: his prosperity very greatly depending upon the correctness of his judgments respecting the future wholesale prices and the future rates of consumption. Manifestly, whoever takes part in the entangled commercial activities of a community, is vitally interested in understanding the laws according to which those activities vary. Thus, to all such as are occupied in the production, exchange, or distribution of commodities, acquaintance with Science in some of its departments, is of fundamental importance. Each man who is immediately or remotely implicated in any form of industry (and few are not) has in some way to deal with the mathematical, physical, and chemical properties of things; perhaps, also, has a direct interest in biology; and certainly has in sociology. Whether he does or does not succeed well in that indirect self-preservation which we call getting a good livelihood, depends in a great degree on his knowledge of one or more of these sciences: not, it may be, a rational knowledge; but still a knowledge, though empirical. [1]

不过,我们注意到,颜氏并未将原文中的 science of society 及 sociology 译成"群学"或"社会学",而是把两词都译成了"民景学"。

---

[1] Herbert Spencer, *Essays on Education and other kindred subjects*, 1861, reprint: Dent: London, Everyman's Library, Dutton: New York, pp. 29—30.

较早在翻译中涉及 society 等词的还有江南制造局编译处 1885 年所译《佐治刍言》。该书英文原文中不止一次出现 society 一词,译者均译成"会"。例如,第十二节中提到:"今有若干人聚成一会,或成一国,欲其兴利除弊,诸事完善,则必使人人俱能自主,人人俱能工作,方能十分富庶。然一会一国之中,无论为大为小,总不免有一种人不能自食其力,全赖他人赒恤,乃能度日者。"①

这段文字的英文原文如下:

The idea of a perfect society supposes an assemblage of free citizens, each contributing his labours for the benefit of the whole, and receiving an appropriate rumuerotion, and each respecting those laws which have been ordained for the general benefit. In reality, no society is without feeble and sickly persons who, being unable to support themselves, have to be beholden their neighbours for support.②

第十四节:

凡有若干人成会,或成国,则其国内之律法章程,人人皆当恪守。③

It appears equally reasonable to expect of every individual in society an observance of its leading moral rules and legal provisions.④

光绪十三年(1887),寓华西人在上海成立同文书会,后改称广学会,总理由赫德担任,成员有德璀琳、韦廉臣、丁韪良、林乐知,而英文会名为:The Society for the Diffusion of Christian and General Knowledge among the Chinese(20 世纪初又更名为 The Christian Literature Society)。这一组织的前身为韦廉臣于 1884 年组织的 The Chinese Book and Tract Society,中文名称为同文书会。这一组织的中文名称中的"会"字,显然是从英文的 Society 对译而来。而在此之前的三百多年前,利玛窦所著《天主实义》,著者一项下即标有"耶稣会中人利玛窦"字样,可以说首开用"会"来对译 society 的先例。

"社会"一词本是中文中早就存在的词汇,"社会"二字始见于宋程明道(颢)

---

① 傅兰雅译:《佐治刍言》,江南制造局 1885 年版,此据上海书店出版社 2002 年版,第 6 页。
② William and Robert Chambers, *Political Economy*, published by William and Robert Chambers, Edinburgh, 1852, p. 4.
③ 傅兰雅译:《佐治刍言》,江南制造局 1885 年版,此据上海书店出版社 2002 年版,第 7 页。
④ William and Robert Chambers, *Political Economy*, published by William and Robert Chambers, Edinburgh, 1852, p. 6.

先生行状中。朱熹《近思录》中有"乡民为社会,立科条,旌别善恶,使有劝有耻"①之语。但该词最早何时被用来翻译西文的"society"一词,目前则尚不甚清楚,一般学者多认为是从日本学者翻译的西方社会学著作中仿用而来。如果此说成立,则日本用"社会"和"社会学"来翻译西文中的 society 和 sociology 二词并正式定型,则在 19 世纪 80 年代以后,此前则数名并存,有的译"社会"、"社会学",有的译"世态"、"世态学"等。② 不过,"社会"一词与"群"字的意思并不完全相同,"社会"指的是组织更为严密、联系更为密切的一种团体,含义较狭,而"群"则指数人以上构成的更为松散的群体,指涉更广。严复在《〈群学肄言译余赘语〉》中所说的"群有数等,社会者,有法之群也。社会,商、工、政、学莫不有之,而最重之义,极于成国"③指的正是"群"与"社会"的区别。

与此同时,用"学"来翻译和表达西方近代意义上的"学科"的概念也早已存在,严复本人早期在英国留学时,与驻英公使郭嵩焘交谈过程中,就向郭介绍过"光学"、"电学"、"力学"等诸多学科。④ 郭嵩焘日记中也记载了各种各样西人团体组织的译名,如将 society of friends 译作"安友会"⑤等,有时也将 society 音译作"苏赛也得"⑥等。因此,把已有的这些字汇合成来成为一个学科的名称,如把"群"和"学"字合起来,就是一个很自然的选择。

晚清人译书,已经明确意识到翻译的歧异性,同一外来名词,可能"十人译之而十异,一人译之而前后或异"⑦,因此,对于已有的译名较注意考订,凡有适当的成例者,尤其是两大官方译书系统即总理衙门下属的同文馆和江南制造局翻译处等所译书籍中已有的成例,尽可能沿用,以免因译者之间的译法不同而产生新的歧义。因此,直到 1903 年前后,"群"与"社会","群学"与"社会学",都是通行的,有时甚至在同一作者的同一篇论著中,会同时出现这两个词。最典型的是严复的朋友汪荣宝等人编《新尔雅》,在《释群》第一篇《总释》中,开门见山即有这样的文字:"二人以上之协同生活体,谓之群,亦谓之社会。研究人群理法之学,

---

① 朱熹:《近思录》卷九。
② 湘乡欧阳钧编译:《社会学》,商务印书馆 1911 年初版,此据 1923 年 12 月第 9 版,第 1 页。
③ 斯宾塞著,严复译:《群学肄言》,商务印书馆 1931 年版,第 2 页。
④ 郭嵩焘:《伦敦与巴黎日记》,岳麓书社 1984 年版,第 533—534 页。
⑤ 同上书,第 263、266、305、307、321、622 页等。
⑥ 同上书,第 660 页。
⑦ 徐继畬:《凡例》,《瀛环志略》,总理衙门藏版,1866 年,第 3 页。

谓之群学,亦谓之社会学。……群学所研究之客体,谓之群学之对象。群学所研究之事项,谓之群学之问题,亦谓之社会学问题。"①

三、严复"群学"的特点

严复于同治五年(1867)正式进入福建船政学堂学习海军,同治十年(1871)毕业后分配至舰上实习,后于光绪二年(1876)被清政府派往英国深造,五年(1879)学成归国,次年奉李鸿章命,到北洋水师学堂任教,此后即长期执教于该学堂。庚子以后,则先后任职、任教于京师大学堂译书局、学部、复旦公学、安徽高等学堂、北京大学等,长期边教书,边译书,边议政,"教"、"译"、"议"三位一体。这就使得严复的"群学"具有了鲜明的特色。

首先,在近代中国社会科学形成的过程之中,严复不是最初的源头,严复本人也是不断吸取着鸦片战争以来中国新兴学问的营养而成长并最终成为这一潮流中的关键人物之一。或者更准确地说,对于严复之前的"群学"翻译、研究与教学这一"源"而言,严复是"流",而对于严复之后的"群学"翻译、研究与教学而言,严复又是一个重要的"源"。在严复之前,中国翻译介绍西方的社会科学是在不太自觉的情形之下,迫于现实的压力而不得不引进的(如国际交涉急需的国际法、解决财政困难而引进的"富国策"等),从整体而言,对于社会科学在国家发展中的地位和作用并无太明确、系统的认识。而从严复的"群学"开始,中国人已经开始对社会科学在国家发展中的重要作用有了清醒认识,形成了学科"自觉",这就为此后中国社会科学学科的迅速发展奠定了重要基础。正是由于严复前后几代人的连续不懈的"接力",中国的社会科学才一步步走到"五四",走向20世纪30年代的"社会科学运动",走向新中国初期的社会科学的发展。

其次,严复的"群学"从内涵和学科属性上说,并不仅仅是现在一般人所理解的"社会学"这样一个单一的学科,而是从英国学者斯宾塞那里接过了 sociology 或 Social Science 的观念,比后来狭义的"社会学"概念要广大得多,包含了今天所说的人文社会科学主要学科。因此,不难理解,严复经常在不同的语境中,把

---

① 汪荣宝、叶澜:《新尔雅》,上海文明书局1906年版,第63页。

各种学科都说成是其"群学"的学科或内容。例如,《国计学甲部》:"以群学为之纲,而所以为之目者,有教化学(或翻伦学),有法学,有国计学,有政治学,有宗教学,有言语学。"①《西学门径功用》:"群学之目,如政治,如刑名,如理财,如史学,皆治事者所当有事也。"②《政治讲义》:"治他学易,治群学难。政治者,群学之一门也。何以难?以治者一己与于其中不能无动心故。心动,故见理难真。"③

显然,严复是将政治学、经济学、法学、历史学等都看成了"群学"的分支学科。严复这样的界定受到了一些研究者的批评,认为他"误解"了西方社会学。实际上,严复并没有误解西学,而是今天的这些研究者没有弄清楚过去的西学,硬把今天的西学概念强加到了过去的西学之上,从而误解了严复。

再次,严复的"群学"并不是盲目照搬西方近代的社会科学,更没有抄袭明治时期日本人对西方近代文化的译介,而是始终努力尝试从中国自己的思想文化传统出发,把儒学传统,特别是经过荀子和朱熹等人阐释的思想传统,有机地融入到其"群学"之中,使其"群学"具有了中国文化要素,使本来应该洋味十足的"群学",字字句句都带上了本土文化的韵味,"格物致知"、"穷理尽性"、"修齐治平"这样一些中国文化的核心观念和语汇,悄无声息地融入甚至统摄了斯宾塞的社会科学学说。这样一种以我为主、吸引外来的学术工作,为严复的"群学"增加了无穷的魅力,成为其"群学"至今不衰的重要原因。④

最后,严复的"群学"及其所代表的尚处在建立初期的中国近代社会科学学科并不是一种书斋里的死学问,不是有些学者所说的"纯学术",相反,它在与世界学术保持同步的同时,即在保持了学术上的高水准的同时,从一开始就表现出强烈的预流意识和现实导向。严复本人把自己的"群学"定为"大人之学"即治国安邦之学。他明确指出:"学问之事,以群学为要归。唯群学明而后知治乱兴衰之故,而能有修齐治平之功。呜呼!此真大人之学也!"⑤《群学肄言》于1903年正式出版后,译者对此书期许颇高,曾感叹:"吾译此书,真前无古人,后绝来哲,不以译故损价值也,惜乎中国无一赏音。扬子云:'期知者于千载。'吾则望百年

---

① 王栻主编:《严复集》第四册,第847页。
② 王栻主编:《严复集》第一册,第95页。
③ 王栻主编:《严复集》第五册,第1254页。
④ 有关严复的"群学"与中国儒学思想的关系,参见拙文《严译名著与中国文化的现代化》,《福州大学学报》(哲学社会科学版)2008年第2期。
⑤ 王栻主编:《严复集》第一册,第18页。

后之严幼陵耳!"①其言辞之中虽不无知音难求之慨叹,但更深之处却是寄托了严复用其"群学"即社会科学来激励后来者奋起救国富国的厚望。

严复"群学"的这些特点,为后来一代代的中国先进分子所继承,新兴的社会科学学科由此成为"改造中国与世界"的强大武器,严复的"群学"问世以后,中国历史进程中所发生的重大变革,可以说都与严复开创的"群学"即社会科学的这种特性有着密不可分的关系。

在目前仍由西方国家主导的世界文化多元化、全球化的时代,重温严复的"群学",反思总结中国近代人文社会科学学科建立初期的基本情况,不仅会对今天中国人文社会科学学科的健康发展起到积极的推进作用②,同时也可以为当代中国社会主义文化大繁荣大发展提供有益的借鉴。

[作者简介:王宪明,清华大学马克思主义学院教授。]

---

① 孙应祥、皮后锋编:《〈严复集〉补编》,福建人民出版社 2004 年版,第 12 页。
② 人文社会科学的学科反思及"补课"问题,近已开始受到一些有识者的关注和重视。著名学者费孝通先生生前在谈到中国社会学重建问题时曾提出,中国社会科学的重建必须注意:"一是要继续坚持继承'五四'以来从西方引进的理性的实证主义的科学性。要搞清其来源,真正理解西方社会科学的历史,了解搞清西方社会为什么这样发展来的,然后批判吸收";"二是要分析当前国际的大局面,人类发展变化的大局面,从中确定中国的位置";"三是要建立和发展中国的社会科学,必须切实了解中国文化基础,这就是'文化自觉'。……第一步要认识和理解历史,了解传统,包括西方的和中国的,找出判别和差距;第二步对本土文化要批判地继承,留下好的东西作为发展的基础。对外来文化要选优去劣,还要有追赶和竞争意识;第三步才是创新,开拓前进,建立起中国特色的社会科学。"(费孝通:《师承·补课·治学》,三联书店 2002 年版,第 345—346 页)中国社会科学院《社会学研究》编辑部也提出:"自严复将'群学'之概念引入现代中国以来,从事中国社会研究的学者们就始终以中国社会结构的宏大变迁为挑战和契机,他们通古知今、学兼中西,目的就是要将那些构成我们现代中国人之生命和生活的一切要素探个究竟,以中国自身为基本问题,摸索现代中国的可能性出路,从实质上奠定了中国社会学的核心问题和精神气质。"这些本来应该是我们今天的社会学者学术"立身"和"立言"的"根本","全面系统地整理、挖掘和诠释这些思想传统,与理论研讨和实地调查一样,是建造中国的乃至由中国而为世界的社会学的必备工作"。但实际上则不然,"在相当长的时间里,中国社会学的这些思想传统无论在研究上,还是在教学上,并没有得到今天学界的充分重视;很少有学者做此方面的专项研究,很少有学生以此为论题来从事论文写作,更是很少有学校将此类课程明确纳入到教学体系之中。"他们认为:"任何一个学科,如若不探本求源,不始终坚持追溯自身的原初问题,而只是一味地嫁接、移植和复制别人的成品,就不会获得自身的自主意识,就没有能力发现自己的问题。"为此,他们呼吁社会学界研究总结中国近代社会学的学术传统,以为该学科的长远和实际性发展取得"源头活水"。(《社会学研究》编辑部:《重新认识中国社会学的思想传统》,《社会学研究》2006 年第 4 期)

刘师培论清代经学

李 帆

刘师培出身经学世家，父祖辈皆精于左氏之学，他自身也对左氏之学颇具造诣，同时对诸经皆有探究。他的经学研究，除得益于家学外，还从整个清代的经学研究那里获益丰厚。所以他极为重视总结清代的学术成就，特别是清代经学的学术成就，留下一批相关论著，对时人和后人研究相关问题启示甚大。关于刘师培对清代学术史的总结，已有一些论著作了初步探索，①但这些论著对刘氏研究清代经学史的具体成果还有忽视之处，一些方面亟待完善。有鉴于此，本文拟就刘师培谈清代经学的文字作一粗浅梳理，力求由此呈现刘氏之清代经学史论的基本面貌。②

一

清代学术以经学为骨干，以考据为特色，即所谓考据学实以考经为主，其他辅之。这样的学问和治学取向系接续汉代经学而来，故清代考据学亦被称之为"汉学"，或者说"汉学"一词最能集中反映清代经学的学术形态。③ 刘师培曾对

---

* 本文为教育部人文社会科学研究基金项目"刘师培与清代经学"（06JA770003）部分成果。
① 主要论著如拙著《刘师培与中西学术：以其中西交融之学和学术史研究为核心》（北京师范大学出版社 2003 年版）、《章太炎、刘师培、梁启超清学史著述之研究》（商务印书馆 2006 年版），李孝迁：《刘师培与近代清学史研究》（《东南学术》2001 年第 4 期）等等。
② 刘师培总结清代经学的论著大体完成于 1904—1907 年间，所以本文所谈他对清代经学的看法，基本属于这一时期。虽然如此，却能代表他的基本主张，因终其一生，主要观点并未改变。
③ 正由于"汉学"一词集中反映了清代经学的学术形态，刘师培也常用"汉学"指称"经学"，所以本文并用两概念，不作刻意区分。

"汉学"作过自己的界定,说:"汉学以治经为主",①"古无汉学之名,汉学之名,始于近代。或以笃信好古该汉学之范围,然治汉学者,未必尽用汉儒之说,即用汉儒之说,亦未必用以治汉儒所治之书。是则所谓汉学者,不过用汉儒之训故以说经,及用汉儒注书之条例以治群书耳,故所学即以汉学标名。"②这样的界定,尤其是"用汉儒之训故以说经"一语,说出了汉学的根本。当然,一般所言汉学指以考据为特色的古文经学,不包括今文经学。这里笼统言汉学,则似应将东、西汉古、今文学皆包容在内,因这段文字出自刘师培的《近代汉学变迁论》,该篇是在广义上谈汉学,不把今文经学排斥在外。

　　清人热衷考经,崇尚汉学,不少人相信这是厌倦宋明理学之空谈而转向坚实的经史考证的结果。③ 刘师培总结清代经学也是从对这类问题的论述入手的,因这关涉到清学来源等清代学术史上的根本问题。说清代学术源自"对于宋明理学一大反动"的前提预设是宋、明学术空疏,对此刘师培首先难以认同,他不赞成宋、明学术全为空疏的看法,更强调清代经学与宋、明学术的历史连续性。他曾说过,"宋、元以降,士学空疏,其寻究古义者,宋有王伯厚,明有杨慎修、焦弱侯。伯厚博极群书,掇拾丛残,实为清学之鼻祖。"④可见在他眼里,宋代著名学者王伯厚(应麟)是清学之鼻祖。他还特别强调明儒经学对清代经学的开启作用,说:"明人之学,近人多议其空疏……钱大昕曰:'自宋以经义取士,守一先生之说,而空疏不学者皆得名为经师,至明季而极矣。'又曰:'儒林之名,徒为空疏藏拙之地。'阮芸台曰:'终明之世,学案百出,而经训家法,寂然无闻。'江郑堂曰:'明人讲学,袭语录之糟粕,不以六经为根抵,束书不观(此语出于黄梨洲)。'此皆近人贬斥明人学术之词。然由今观之,殆未尽然。"实则"明儒经学亦多可观",其可贵处至少有十条,率皆为清儒经学之滥觞,如"梅鹭作《尚书考异》,又作《尚书

---

①　刘师培:《近儒学术统系论》,《左盦外集》卷九,钱玄同等编:《刘申叔先生遗书》,民国二十五年宁武南氏排印本,江苏古籍出版社1997年重印,第1533页。
②　刘师培:《近代汉学变迁论》,《左盦外集》卷九,《刘申叔先生遗书》,第1541页。
③　这方面最典型的代表是梁启超,他认为,"清学之出发点,在对于宋明理学一大反动。""晚明王学极盛而敝之后,学者习于'束书不观,游谈无根',理学家不复能系社会之信仰。炎武等乃起而矫之,大倡'舍经学无理学'之说,教学者脱宋明儒羁勒,直接反求之于古经。而若璩辨伪绘,唤起'求真'观念;渭攻'河洛',扫架空说之根据;于是清学之规模立焉。"(见朱维铮校注:《清代学术概论》,《梁启超论清学史二种》,复旦大学出版社1985年版,第6、3页)这样的论调,被有的学者界定为"理学反动说"。(见丘为君:《清代思想史"研究典范"的形成、特质与义涵》,(台湾)《清华学报》新24卷第4期,1994年)
④　刘师培:《南北学派不同论·南北考证学不同论》,《刘申叔先生遗书》,第554—555页。

谱》,以辨正《古文尚书》,其持论具有根柢,则近儒阎、惠、江、王之说所由出也,而《古文尚书》之伪,自此大明。若陈第《尚书疏衍》则笃信古文,与梅立异,是犹西河、伯诗之互辩耳,此明代学术之可贵者一也;朱谋㙔作《诗故》,以小序首句为主说《诗》,确宗汉诂,而冯应京作《六家诗名物考》,毛晋作《毛诗陆疏广要》,咸引据淹博,乃近儒陈氏《毛诗稽古编》、包氏《毛诗礼征》之滥觞,此明代学术之可贵者二也;……杨慎、焦竑皆深斥考亭之学,与近儒江藩、戴震之说略同,此明代学术之可贵者十也。"所以"近儒之学多赖明儒植其基,若转斥明学为空疏,夫亦忘本之甚矣。"①从这些议论来看,刘师培承认宋、元以降之学术有空疏之风,但不认为全系空疏之学,尤其不能说明儒经学为空疏之学,而且恰是明儒经学开启了清代经学。也就是说,从经学史考察,明、清经学存在一种继承关系。

在谈清代经学自身的起步时,刘师培认为是始于清初的顾炎武、张尔岐。他说:"考经学之兴,始于顾炎武、张尔岐。顾、张二公均以壮志未伸,假说经以自遣。毛大可解《易》说《礼》,多述仲兄锡龄之言。阎若璩少从词人游,继治地学,与顾祖禹、黄仪、胡渭相切磋。胡渭治《易》,多本黄宗羲。张弨与炎武友善,吴玉搢与弨同里,故均通小学。吴江陈启源与朱鹤龄偕隐,并治《毛诗》《三传》,厥后大可《毛诗》之学传于范家相,鹤龄《三传》之学传于张尚瑗,若璩《尚书》之学传于冯景。又吴江王锡阐、潘柽章,杂治史乘,尤工历数。柽章弟来受数学于锡阐,兼从炎武受经,秀水朱彝尊亦从炎武问故,然所得均浅狭。……武进臧琳闭门穷经,研覃奥义,根究故训,是为汉学之始。"②这样的叙述,把起步于顾炎武、张尔岐的清初经学系统扼要总结了出来,强调了毛大可(即毛奇龄)、阎若璩、胡渭等人承上启下的作用,特别是揭示出经学在臧琳那里转向"研覃奥义,根究故训"的汉学之途。

二

作为显学,清代经学有自己的演进脉络和阶段。对此,刘师培也作过系统总

---

① 刘师培:《国学发微》,《刘申叔先生遗书》,第 501—502 页。
② 刘师培:《近儒学术统系论》,《左盦外集》卷九,《刘申叔先生遗书》,第 1533 页。

结。1907年,他在《近代汉学变迁论》中,把清代汉学(经学)之演进分为四个时期。一为怀疑时期("怀疑派")。顺、康之交,汉学萌芽,"其征实之功,悉由怀疑而入。如阎百诗之于《古文尚书》,始也疑其为伪作,继也遂穷其作伪之源;胡渭、黄宗炎之于《易》、《图》,始也斥其为曲说,继也遂探其致误之由。"这一期总的特点是:"始也疑其不可信,因疑而参互考验,因参互考验而所得之实证日益多。虽穿凿之谈,叫嚣之语,时见于经说之中,然不为俗说所迷,归于自得。"①二为征实时期("征实派")。"康、雍之间,为士者虽崇实学,然多逞空辩,与实事求是者不同。及江、戴之学兴于徽歙,所学长于比勘,博征其材,约守其例,悉以心得为凭。且观其治学之次第,莫不先立科条,使纲举目张,同条共贯,可谓无征不信者矣。……即惠氏之治《易》,江氏之治《尚书》,虽信古过深,曲为之原,谓传注之言坚确不易,然融会全经,各申义指,异乎补苴掇拾者之所为,律以江、戴之书,则彼此二派,均以征实为指归。"②可见征实期即皖、吴二派兴盛之期。三为丛缀时期("丛缀派")。"自征实之学既昌,疏证群经,阐发无余。继其后者,虽取精用弘,然精华既竭,好学之士欲树汉学之帜,不得不出于丛缀之一途,寻究古说,撷拾旧闻。此风既开,转相仿效,而拾骨襞积之学兴。"③即以搜集、校雠各种佚书佚文为主。四为虚诬时期("虚诬派")。"嘉、道之际,丛缀之学多出于文士,继则大江以南工文之士,以小慧自矜,乃杂治西汉今文学,旁采谶纬,以为名高。故常州之儒莫不理先汉之绝学,复博士之绪论,前有二庄,后有刘、宋,南方学者,闻风兴起。……于学术合于今文者,莫不穿凿其词,曲说附会;于学术异于今文者,莫不巧加诋毁,以诬前儒,甚至颠倒群经,以伸己见……经术支离,以兹为甚。"④可见"虚诬派"指的是今文经学。这样的分期,注重的是各个时期的学术风格与特色,而相对不太注重时间划分,甚至有共时色彩。从这段引文看,怀疑时期为顺、康之交,是汉学萌芽期;征实时期为皖、吴二派兴盛之期,应主要指乾、嘉时;丛缀时期为承乾、嘉余绪、不得不事丛缀之学之期,应指嘉、道及其后;虚诬时期指的是今文学兴起之期,亦应为嘉、道及其后。如果仅就时间段而言,实际是顺、康、乾、嘉和嘉、道及其后三个时期。如此的时段划分,与当时皮锡瑞的看法不谋而合。

---

① 刘师培:《近代汉学变迁论》,《左盦外集》卷九,《刘申叔先生遗书》,第1541页。
② 同上。
③ 同上。
④ 同上。

在《经学历史》中,皮锡瑞认为:"国朝经学凡三变。国初,汉学方萌芽,皆以宋学为根柢,不分门户,各取所长,是为汉、宋兼采之学。乾隆以后,许、郑之学大明,治宋学者已尟。说经皆主实证,不空谈义理。是为专门汉学。嘉、道以后,又由许、郑之学导源而上,《易》宗虞氏以求孟义,《书》宗伏生、欧阳、夏侯,《诗》宗鲁、齐、韩三家,《春秋》宗《公》、《谷》二传。汉十四博士今文说,自魏、晋沦亡千余年,至今日而复明。实能述伏、董之遗文,寻武、宣之绝轨。是为西汉今文之学。学愈进而愈古,义愈推而愈高;屡迁而返其初,一变而至于道。"①皮氏所划分的这三个时期,显然与刘师培的分期基本一致。表面看来,两人没什么分歧,但若深究下去,就会发现,学派背景的不同实际上导致判断上的差异。

大体而言,作为今文经学家的皮锡瑞以及在今文学熏陶下成长的梁启超对清代经学的看法是比较一致的,他们皆认为清代经学越向前发展,主题就越古老,所谓"学愈进而愈古","取前此二千年之学术,倒影而缫演之。"并视此为进步的表现,予以较高评价,"义愈推而愈高","一变而至于道";"此二百余年间,总可命为古学复兴时代。特其兴也,渐而非顿耳。然固俨然若一有机体之发达,至今日而葱葱郁郁,有方春之气焉。"②以今文家视角观察经学进程,自然觉得它是向前行进的,嘉、道以后今文经学崛起更是学术向上发展的表现,或可说今文经学以及康有为所倡对孔子为代表的先秦诸子之探究③是清学达到的最高阶段。与之相反,刘师培对清代经学的变迁历程完全持另一种态度,即认为每况愈下,愈发展愈走向末路,"怀疑学派由思而学,征实学派则好学继以深思,及其末流,学有余而思不足,故丛缀学派已学而不思,若虚诬学派则又思而不学。四派虽殊,然穷其得失,大抵前二派属于进,后二派则流于退,丛缀学派为征实派之变相,而虚诬之学则又矫丛缀而入于怀疑,然前此之怀疑与征实相辅,此则与征实相违。"④这种看法,自然与刘氏出自古文经学的学术背景息息相关。对他而言,古文经学一步步走向衰落,今文经学嘉、道后崛起,并非标志学术的进步,而是表明

---

① 皮锡瑞:《经学历史》,中华书局1959年版,第341页。
② 皮锡瑞:《经学历史》,第341页;梁启超:《论中国学术思想变迁之大势》,《饮冰室合集》第1册,中华书局1936年版,1989年影印,《饮冰室文集》之七,第102—103页。
③ 梁启超说:"南海言孔子改制创新教,且言周秦诸子皆改制创新教,于是有孔教宗门以内,有游、夏、孟、荀异同优劣之比较;……于孔教宗门以外,有孔、老、墨及其他九流异同优劣之比较。凡所谓辨,悉从其朔。"见《论中国学术思想变迁之大势》,《饮冰室合集》第1册,《饮冰室文集》之七,第100—102页。
④ 刘师培:《近代汉学变迁论》,《左盦外集》卷九,《刘申叔先生遗书》,第1541—1542页。

清代经学在走下坡路,由"怀疑"走向"虚诬"。

平心而论,如果除去偏袒古文的倾向,刘师培关于清代经学发展阶段的这一见解倒是合乎学术思潮兴衰的内在逻辑,就像他自己所总结的,"譬之治国,怀疑学派在于除旧布新,旧国既亡而新邦普建,故科条未备而锐气方新;若征实学派是犹守成之主,百废俱兴,综核名实,威令严明;而丛缀学派又如郅治既隆,舍大纲而营末节,其经营创设不过繁文缛礼之微;虚诬学派则犹国力既虚,强自支厉,欲假富强之虚声以荧黎庶,然根本既倾,则危亡之祸兆,此道、咸以还汉学所由不振。"①这里以治国作比喻,说明经学由开拓而昌盛而衰微转型的带有某种必然的逻辑发展,是符合一般学术发展进程的,具有较普遍的意义。刘师培此论发表后的十三年(1920年),梁启超在《清代学术概论》中又把清学变迁历程概括为三个时期:启蒙期、全盛期、蜕分期(衰落期)。梁氏这一时期划分显然承自其1904年《论中国学术思想变迁之大势·近世之学术》中的阶段划分,因此时所划各时期的主题仍是"以复古为解放",②与当年所划各阶段的学术主题(依次为程朱陆王、汉宋、今古文、孟荀与孔老墨)基本类似,时间段限上也相似,即启蒙期大体为顺、康间,全盛期大体为雍、乾、嘉间,蜕分期(衰落期)大体为道、咸、同、光间。当然梁氏此时明确以启蒙、全盛、蜕分(衰落)三期界定清学,较之当年仅是按时间顺序客观描述,是一明显进步,但这里又有刘师培的影子。梁氏所言启蒙期,相当于刘氏所言"怀疑派",全盛期相当于"征实派",蜕分期(衰落期)相当于"虚诬派"。而且两人对前二期之见解大体相类,分歧在于最后一期,梁氏眼里的蜕分期是今文经学之兴旺和在学术、政治上发挥重要作用之期,同时也是"正统派"(考据学)的衰落期,刘氏则视此期为今文经学之"虚诬"期。前者持褒扬态度,后者持否定立场,显示出学术背景之不同所带来的观念差异。尽管梁氏在论清学史时矢口不提刘氏,但两人之间的学术联系是确实存在的。

总之,对于清代经学的演进历程,刘师培、皮锡瑞、梁启超大体有相同的认识,所不同者在于具体评价上,尤其是在评价今文经学崛起后的阶段上,各人所承学术传统之差异于此凸显出来。

---

① 刘师培:《近代汉学变迁论》,《左盦外集》卷九,《刘申叔先生遗书》,第1542页。
② "第一步,复宋之古,对于王学而得解放。第二步,复汉唐之古,对于程朱而得解放。第三步,复西汉之古,对于许郑而得解放。第四步,复先秦之古,对于一切传注而得解放。"见梁启超:《清代学术概论》,《梁启超论清学史二种》,第6页。

三

作为清代学术的主体,经学不仅有自身的演进历程,而且面貌复杂,流派歧出。各流派都有独到之处,构成一时代的学术特色,所以治清代学术史者无不把经学流派视为中心问题之一,刘师培也不例外。①

近代学界揭示清儒治经流派者,当始于章太炎。在1902年的《清儒》一文中,章太炎先是追溯清代经学考据的源头,把明末清初顾炎武作为考据学的开山之祖,随后阎若璩、张尔岐、胡渭等在经学考据方面也做了大量工作,"然草创未精博,时糅杂宋、明谰言"。而"其成学著系统者,自乾隆朝始。一自吴,一自皖南"。即认为乾隆时出现的吴、皖之学才是成"系统"的学术,并就此将考据见长的清代经学家分为吴、皖两派,说"吴始惠栋,其学好博而尊闻。皖南始戴震,综形名,任裁断。此其所异也"。"栋弟子有江声、余萧客。……而王鸣盛、钱大昕亦被其风,稍益发舒。教于扬州,则汪中、刘台拱、李惇、贾田祖,以次兴起。萧客弟子甘泉江藩……皆陈义尔雅,渊乎古训是则者也。""震生休宁,受学婺源江永。治小学、礼经、算术、舆地,皆深通。其乡里同学,有金榜、程瑶田,后有凌廷堪、三胡。三胡者,匡衷、承珙、培翚也……震又教于京师。任大椿、卢文弨、孔广森,皆从问业。弟子最知名者,金坛段玉裁,高邮王念孙。……(念孙)授子引之……近世德清俞樾、瑞安孙诒让,皆承念孙之学。"②有学者认为,章氏"此说实际上是本江藩《汉学师承记》一书而来","江藩《汉学师承记》卷1、卷8为清初学者,卷2至卷4为惠栋、钱大昕诸人之学,卷5至卷6为江永、戴震、卢文弨等人之学,卷7为扬州学者,为章氏说之祖。"③实则在江藩之前,王鸣盛已说出惠、戴之别,即"方今学者,断推两先生,惠君之治经求其古,戴君求其是。"④尽管有此议论,但

---

① 需要指出的是,清末学者谈清代经学派别问题时,不一定都用到"派"的概念,有的学者基于"派""异于正源,本非雅词"的理由,而不愿用这一概念。所以章太炎、刘师培等人虽论及清代存在不同经学流派这一事实,但并非总是以"派"名之。

② 章太炎:《清儒》,朱维铮编校:《〈訄书〉初刻本 重订本》,三联书店1998年版,《訄书》重订本,第158、159页。按章太炎后将《訄书》改订为《检论》时,将"皖南始戴震"一语改为"皖南始江永、戴震"。

③ 漆永祥:《乾嘉考据学研究》,中国社会科学出版社1998年版,第111页。

④ 洪榜:《戴先生行状》,《戴震文集》,中华书局1980年版,第255页。

与章氏从学术特色、师承源流出发对吴、皖两派之界定相比,显然粗疏笼统得多,而且章氏之见清末以来影响极大,几成公论。所以可说清代经学派别的划分,启自派中当事人,成于章太炎。

章太炎之后,刘师培对清代经学派别也作了划分和阐发,较之章太炎的划分仅及于作为经学主体且考据见长的吴、皖两派,刘师培论述的范围则要更加宽泛,吴、皖自然是题中之义,今文经学也在范围之内。

对于吴、皖之学,刘师培乃至梁启超都认同章太炎吴、皖两分之主张。在章氏所论基础上,刘师培就两派之传承系统作了进一步的阐发。他指出,惠栋吴学"确宗汉诂,所学以掇拾为主,扶植微学,笃信而不疑。厥后掇拾之学传于余萧客,《尚书》之学则江声得其传,故余、江之书言必称师。江藩受业于萧客,作《周易述补》以续惠栋之书。藩居扬州,由是钟怀、李宗泗、徐复之流均闻风兴起。"戴震皖学"曲证旁通,以小学为基,以典章为辅,而历数、音韵、水地之学,咸实事求是以求其源,于宋学之误民者,亦排击防闲不少懈。徽歙之士,或游其门,或私淑其学,各得其性之所近,以实学自鸣。由是治数学者前有汪莱,后有洪梧;治韵学者前有洪榜,后有汪有诰;治三礼者则有凌廷堪及三胡,程瑶田亦深三礼兼通数学,辨物正名,不愧博物之君子。此皆守戴氏之传者也。及戴氏施教燕京,而其学益远被。声音训诂之学传于金坛段玉裁,而高邮王念孙所得尤精;典章制度之学传于兴化任大椿。而李惇、刘台拱、汪中均与念孙同里,台拱治宋学,上探朱、王之传,中兼治词章、杂治史籍,及从念孙游,始专意说经。顾九苞与大椿同里,备闻其学,以授其子凤毛。焦循少从凤毛游。时凌廷堪亦居扬州,与循友善,继治数学,与汪莱切磋尤深。阮元之学亦得之焦循、凌廷堪,继从戴门弟子游,故所学均宗戴氏,以知新为主,不惑于陈言,然兼治校勘、金石。……又大兴二朱,河间纪昀,均笃信戴震之说,后膺高位,汲引汉学之士,故戴学愈兴。"[1]这样的论述,某些方面与章太炎有所不同,如对惠、戴后学的认定,就存在差异,在章太炎那里,汪中、刘台拱、李惇属于惠学系统,而在刘师培那里,这三人则又被放到了戴学系统中。实际上,汪中、刘台拱、李惇都是扬州学者,惠栋、戴震也都曾在扬州传播学问,对当地的学术风气和学者治学皆产生较大影响,汪中等人不守一家,派别色彩并不浓厚。不过这里又牵涉到所谓"扬州学派"问题,因刘师培所论

---

[1] 刘师培:《近儒学术统系论》,《左盦外集》卷九,《刘申叔先生遗书》,第1533页。

戴氏后学,多为扬州学者。

作为扬州后学,刘师培极为关注乡邦学术。在《南北学派不同论》里,他又专门指出:"戴氏弟子舍金坛段氏外,以扬州为最盛。高邮王氏传其形声训故之学,兴化任氏传其典章制度之学。王氏作《广雅疏证》,其子引之申其义,作《经传释辞》、《经义述闻》,发明词气之学。于古书文义诎诘者,各从条例,明析辨章,无所凝滞,于汉魏故训,多所窜更。任氏长于《三礼》,知全经浩博难罄,因依类稽求,博征其材,约守其例,以释名物之纠纷,所著《深衣释例》、《释缯》诸篇,皆博综群书,衷以己意,咸与戴氏学派相符。仪征阮氏,友于王氏、任氏、复从凌氏(廷堪)、程氏(瑶田)问故,得其师说。阮氏之学,主于表微,偶得一义,初若创获,然持之有故,言之成理,贯纂群言,昭若发蒙,异于饾饤猥琐之学。甘泉焦氏,与阮氏切磋,其论学之旨,谓不可以注为经,不可以疏为注,于近儒执一之弊,排斥尤严,所著《周易通释》,掇刺卦爻之文,以字类相属,通以六书九数之义,复作《易图略》、《易诂》,发明大义,条理深密,虽立说间邻穿凿,然时出新说,秩然可观,亦戴学之嫡派也。"①从这段话来看,他眼里的扬州学者基本是继承了戴震之学,学术师承方面并非独树一帜。在其他文章中,刘师培亦多论及扬州先贤学术,多方强调扬州学术与戴震的承续关系,如将阮元、焦循、凌廷堪等扬州学者列入拟作之"东原学案"下,②俨然视扬学为戴学之遗绪或分支。即是说,在刘氏心目中,扬州之学并非一派之学,而是戴学之组成部分,所谓"扬州学派"的说法并未得到他的认可。尽管不少学者视其为"扬州学派"殿军,但他本人却不把自己看作学派中人。

惠、戴两学之外,刘师培对今文经学也颇为关注。与谈惠、戴有所不同的是,他使用"学派"一词论今文学。他从"常州学派"谈起,说庄存与"喜言《公羊》,侈言微言大义。兄子绶甲传之,复昌言钟鼎古文。绶甲之甥有武进刘逢禄、长州宋翔凤,均治《公羊》,黜两汉古文之说。翔凤复从(张)惠言游,得其文学,而常州学派以成。"③此后,"有邵阳魏源、仁和龚自珍,皆私淑庄氏之学,从刘逢禄问故。源作《两汉经师今古文家法考》,其大旨与宋氏同,谓西汉微言大义之学隳于东京,且排斥许、郑,并作《董子春秋发微》,复有《诗古微》。……湘潭王闿运亦治《公羊春秋》,复以《公羊》义说五经,长于《诗》、《书》,绌于《易》、《礼》。其弟子以

---

① 刘师培:《南北学派不同论·南北考证学不同论》,《刘申叔先生遗书》,第 556—557 页。
② 刘师培:《近儒学案序》,《左盦外集》卷十七,《刘申叔先生遗书》,第 1755 页。
③ 刘师培:《近儒学术统系论》,《左盦外集》卷九,《刘申叔先生遗书》,第 1534 页。

资州廖平为最著,亦著书数十种。其学输入岭南,而今文学派大昌。此一派也。自珍亦治《公羊》,笃信张三世之例,作《五经大义终始论》,杂引《洪范》、《礼运》、《周诗》,咸通以三世之义……其子龚澄复重订《诗经》,排黜《书序》,并改订各字书,尤点窜无伦绪。仁和邵懿辰,初治桐城古文,继作《礼经通论》,以《礼经》十七篇为完书,以《佚礼》为伪作,又作《尚书大意》,以马、郑所传逸书为伪撰,转信伪古文为真书,可谓颠倒是非者矣。惟德清戴望,受业宋氏之门,祖述刘、宋二家之意,以《公羊》证《论语》,作《论语注》二十卷,欲以《论语》统群经,精诣深造,与不纯师法者不同。此别一派也(别有仁和曹籀、谭献等,皆笃信龚氏学)。"①即常州学派之光大,实有赖于魏源、龚自珍,二人各有传承,又可分为两派。此外,"若江北、淮南之士……有江都凌曙。曙问故张惠言,又游洪榜之门,故精于言《礼》,兼治《公羊》,惟以说《礼》为本。……时句容陈立,丹徒汪芷、柳兴宗,旌德姚佩中,泾县包世荣、包慎言,均寓扬州,山阳丁晏、海州许桂林,亦往来邗水之间,并受学凌氏,专治《公羊》。"②即除常州学派外,今文经学又有凌曙一系学者,以扬州为中心,专治公羊学。值得注意的是,刘师培在这里提到两个概念——"今文学派"、"常州学派",从其论述看,两者当是不同层次的概念,有大小之别,"今文学派"是以"常州学派"(后又发展出魏源、龚自珍为首的两派)为主体,以其他地区学者为辅的学派。"学派"一词在刘师培那里用得并不多,即便使用,也基本是用于概括讲义理的宋学诸派别,而非用在讲考据的汉学身上。③ 所以,这里用"学派"谈今文经学,实际是强调今文经学有与宋学相近处,就像其所言:"及常州学派兴,以微言大义之学为天下倡,而学术益归涣散矣。"④显然,微言大义之学近于宋儒义理之学,故可用"学派"来概括这样的学问。不过,在他看来,讲求此种学问,令得"学术"涣散,并非值得提倡。

从"学派"一词的运用以及相关评价来看,刘师培论列清代经学派别有自己的标准,吴、皖之学虽有区别,但非"学派"之别,而今文经学则称得上"学派",所以属另类,其发展不见得益于"学术"。在这里,古文经学背景对他的制约显而易见。

---

① 刘师培:《南北学派不同论·南北考证学不同论》,《刘申叔先生遗书》,第558页。
② 刘师培:《近儒学术统系论》,《左盦外集》卷九,《刘申叔先生遗书》,第1534页。
③ 如在《近儒学案序》中,刘师培对明末以来的理学流派以"学派"之名条分缕析,同时列出"常州学派"之名,但对惠、戴之学却不以"学派"名之。
④ 刘师培:《近儒学案序》,《左盦外集》卷十七,《刘申叔先生遗书》,第1754页。

四

在中国学术发展史上,清代经学可谓特色独具、成就巨大。对此,刘师培深有体会。在其论著中,他对清代经学各家所具有的特色、所取得的成就等作了较为系统的评价与阐发。

作为清代经学的主体,惠、戴两家的学术特色与成就最为刘师培所关注。总结刘氏对于惠、戴的议论,有一个明显的现象值得注意,即在评价两家时,存在一定的褒戴抑惠倾向。在发表于1905年的《南北学派不同论》中,刘师培指出,惠栋之学,"富于引伸,寡于裁断,而扶植微学,亦有补苴罅漏之功"。"弟子余萧客辑《古经解钩沉》,网罗放失,掇次古谊,惟笃于信古,语鲜折衷,无一词之赘。"这里虽有肯定之语,但比之他对戴震之学的评价,则高下立见,"戴氏之学,先立科条,以慎思明辨为归。凡治一学立一说,必参互考验,曲证旁通,以辨物正名为基,以同条共贯为纬。论历算则淹贯中西,论音韵则精穷声纽,论地舆则考订山川,咸为前人所未发。而研求古籍,复能提要钩玄,心知其意,凡古学之湮没者,必发挥光大,使绝学复明;凡古义之钩棘者,必反复研寻,使疑文冰释;凡俗学之误民者,必排击防闲,使卮言日绝。且辨彰名物,以类相求,则近于归纳;会通古说,匡违补缺,则异于拘墟;辨名析词,以参为验,则殊于棱模;实事求是,以适用为归,则异于迂阔。而说经之书,简直明显,尤近汉儒。"①溢美之词,不一而足,足见刘氏对戴学的推崇与欣赏。

在发表于1907年的《近代汉学变迁论》中,刘师培对惠、戴学术的议论虽不似《南北学派不同论》那样过于偏袒戴氏,但其褒贬之际的分寸还是能清晰把握得到,如说"江、戴之学兴于徽歙,所学长于比勘,博征其材,约守其例,悉以心得为凭,且观其治学之次第,莫不先立科条,使纲举目张,同条共贯,可谓无征不信者矣。……征实之学盖至是而达于极端矣。即惠氏之治《易》,江氏(江声)之治《尚书》,虽信古过深,曲为之原,谓传注之言坚确不易,然融会全经,各申义指,异

---

① 刘师培:《南北学派不同论·南北考证学不同论》,《刘申叔先生遗书》,第555—556页。

乎补苴掇拾者之所为"。① 值得注意的是,刘氏此处对惠学的议论,已有个别评语异于《南北学派不同论》中之所言,即此处说惠学"异乎补苴掇拾者之所为",彼处则言"亦有补苴罅漏之功"。可见他对惠学的评价前后有所不同,是向肯定的方向发展。不过尽管如此,在他心目中,惠学还是无法与戴学并驾齐驱,这从他拟作之《近儒学案》不单列惠学,而将惠栋以"别出"之名列于"东原学案"下的举动里,②便可看得很清楚。而且他还专门撰有《东原学案序》、《戴震传》表彰戴学,自谓:"予束发受书,即服膺东原之训。"③还说,戴震之学"先立科条,以慎思明辨为归,凡治一学著一书,必参互考验,曲证旁通,博征其材,约守其例。复能好学深思,实事求是,会通古说,不尚墨守。而说经之书,厚积薄发,纯朴高古,雅近汉儒。""探赜索隐,提要钩玄,郑、朱以还,一人而已。"④如此评价,足见戴震学术在刘师培心目中的至高位置。

实际上,褒戴抑惠或褒皖抑吴并非刘师培的专利,在章太炎乃至于后来的梁启超那里,这种倾向也较为明显。如在《清儒》中,章太炎将吴、皖两派并列而论,说惠栋吴派之学"好博而尊闻","好博"即"泛滥百家"、"赅洽百氏";"尊闻"即"笃于尊信,缀次古义,鲜下己见","陈义尔雅,渊乎古训是则者也。"说戴震皖派之学"综形名,任裁断","分析条理,皆密严瑮,上溯古义,而断以己之律令","求学深邃,言直核而无温藉",其成就"自魏以来,未尝有也"。⑤ 从这些议论可以看出,章氏对吴派是颇有微词的,"好博"是对各家各派的调和,趋于撷拾之学;"尊闻"则信古过甚,缺少独到见解。实际上是重博闻而不重新知,乏商讨、批判精神。相反对皖派颇多赞誉之词,尤强调其多识善断的一面,与吴派之博而不精、广采众说却无裁断形成鲜明对照。从章太炎和刘师培的学术关系来看,章氏此论想必会对刘有较大影响。

就个人立场而言,任何研究者在论及与己相关的学派与学者时,皆难免情感因素的作用,所谓纯粹的、百分之百的理性与客观的态度,可说基本不存在。章太炎和刘师培对惠、戴学术所作的评价,即存在此种情形。

---

① 刘师培:《近代汉学变迁论》,《左盦外集》卷九,《刘申叔先生遗书》,第1541页。
② 刘师培:《近儒学案序》,《左盦外集》卷十七,《刘申叔先生遗书》,第1755页。
③ 刘师培:《东原学案序》,《左盦外集》卷十七,《刘申叔先生遗书》,第1763页。
④ 刘师培:《戴震传》,《左盦外集》卷十八,《刘申叔先生遗书》,第1822—1823页。
⑤ 章太炎:《清儒》,《訄书》重订本,第158—159页。

从学术传承的角度看,章太炎、刘师培都可谓是皖派的传人。章太炎是俞樾的弟子,又受到孙诒让的较大影响,而俞、孙二人被他视为"皆承念孙之学"①,王念孙则又是戴震最知名的弟子之一。对于己之所出、维系着个人学术生命的学派,予以褒扬和溢美,是很自然的事情。同样,刘师培亦自认是戴派传人。前已言及,他不认同"扬州学派"之说,主张扬州学者之学是继承戴震之学而来,其伯父刘寿曾还专门为文谈过扬州之学包括自家学术是如何源于江永、戴震的,说:"国初东南经学,昆山顾氏开之。吴门惠氏、武进臧氏继之。迨乾隆之初,老师略尽,儒术少衰。婺源江氏崛起穷乡,修述大业,其学传于休宁戴氏。戴氏弟子,以扬州为盛。高邮王氏,传其形声训故之学;兴化任氏,传其典章制度之学。仪征阮文达公,友于王氏、任氏,得其师说。风声所树,专门并兴。扬州以经学鸣者,凡七八家,是为江氏之再传。先大父早受经于江都凌氏,又从文达问故,与宝应刘先生宝楠切磨至深,淮东有二刘之目。并世治经者,又五六家,是为江氏之三传。先征君承先大父之学,师于刘先生,博综四部,宏通淹雅,宗旨视文达为尤近。其游先大父之门,而与先征君为执友者,又多辍学方闻之彦,是为江氏之四传。"②从这段文字来看,刘文淇自凌曙受经之余,与阮元多有交往,受其影响较大,再经与刘宝楠切磋,学问遂成,其子则承其学,父子之学可视为江氏学术之三传四传。刘师培承其父祖之学,又系扬州学术之殿军,戴震等于是他学问之祖,他对戴学在情感上亲近并极力推崇,显然顺理成章。

此外,从章太炎、刘师培的学术理想和他们对清学的整体评价来看,惠、戴相较,也是戴学更接近他们的理想。章氏虽为承继清学的学术大师,但对清儒治学的路径与方法并不完全认同,在东京讲学时,他曾说:"到底清朝的学说,也算十分发达了。只为没有讲得哲理,所以还算一方偏胜。"③可见他对只讲训诂考据的清学是不满的。他之推崇魏晋学者,即因他们能发挥哲理。④ 同样,刘氏也对清儒饾饤之学有微词,他曾对蒙文通说:"前世为类书者(《御览》《类聚》之类),散

---

① 章太炎:《清儒》,《訄书》重订本,第159页。
② 刘寿曾:《传雅堂文集》卷一《沤宦夜集记》,民国二十五年铅印本。
③ 章太炎:《论教育的根本要从自国自心发出来》,汤志钧编:《章太炎政论选集》,中华书局1977年版,第505页。
④ 参见陈平原:《中国现代学术之建立——以章太炎、胡适之为中心》,北京大学出版社1998年版,第250页。

群书于各类书之中;清世为义疏者(正义之类),又散各类书于经句之下。"① 讥讪之意毕现。他所崇尚的学术,是义理与训诂相合,最终能阐明义理的学术。而在戴震那里,考据之学固然十分重要,义理之学则为最终目的,所谓"经之至者,道也。所以明道者,其词也;所以成词者,字也。由字以通其词,由词以通其道,必有渐"。② 所以,章、刘二氏在清代诸学中最为推崇戴学,显然是合乎其学术逻辑的。

众所周知,乾嘉考据学为清代学术之表征,惠、戴之学为考据学之圭臬。他们所承袭的,皆是训诂治经的传统,即清初顾炎武所言"读九经自考文始,考文自知音始"的传统,惠栋始确立门墙,戴震继之发扬光大,"遂成乾嘉学派为学的不二法门。离开文字训诂,乾嘉学派将失去依托。"所以,惠、戴之学实有许多共同之处,根基是一致的。当然,戴震不仅"融惠学为己有",而且"进一步把惠学与典章制度的考究及义理之学的讲求相结合,发展了惠学"。③ 即惠、戴之间确存差异,戴学后来居上。但若仅就文字训诂为主的考据学而言,学术训练基本趋同的惠、戴两派所取得的成就,并非有霄壤之别,惠派学者深厚的学术功力与扎实的研究成果并不稍逊,这已得到许多研究者承认。④ 可以说,章太炎、刘师培看到了惠、戴之别,却对其根本共性关注有限,过于强调两者之距离。

不过无论如何,刘师培尽管存有褒戴抑惠的倾向,但在总体上仍是肯定惠学的,并将其与戴派并列,视之为"征实派"。而在谈及今文经学时,则名之曰"虚诬派",说该派"大抵以空言相演,继以博辩。其说颇返于怀疑,然运之于虚而不能证之以实,或言之成理而不能持之有故。于学术合于今文者,莫不穿凿其词,曲说附会;于学术异于今文者,莫不巧加诋毁,以诬前儒,甚至颠倒群经,以伸己见……经术支离,以兹为甚"。⑤ "征实"与"虚诬",两相较之,高下立见。

作为古文经学的传承人,刘师培尊崇惠、戴之学,反感今文经学,理所当然。

---

① 蒙文通:《廖季平先生与清代汉学》,廖幼平编:《廖季平年谱》,巴蜀书社1985年版,第148页。
② 戴震:《与是仲明论学书》,汤志钧校点:《戴震集》,上海古籍出版社1980年版,第183页。
③ 参见陈祖武:《关于乾嘉学派的几点思考》,《清代经学国际研讨会论文集》,台湾"中央研究院"中国文哲研究所1994年版,第254、255页。
④ 参见漆永祥:《乾嘉考据学研究》、李开:《惠栋评传》(南京大学出版社1997年版)、王法周:《惠栋与清代学术》(《中国社会科学院近代史研究所青年学术论坛(1999年卷)》,社会科学文献出版社2000年版)等论著。
⑤ 刘师培:《近代汉学变迁论》,《左盦外集》卷九,《刘申叔先生遗书》,第1541页。

不过在贬低今文经学的大前提下，他并非对清代今文学者的建树一概抹杀，还是能本着倡"通儒之学"的一贯精神，①破除门户之见予以评价，如在论列庄存与的学术建树时，就认为他"大抵依经立谊，旁推交通，间引史事说经，一洗章句训诂之习，深美闳约，雅近《淮南》，则工于立言；重言申明，引古匡今，则近于致用"②；谈及刘逢禄、宋翔凤时，说"刘氏作《公羊何氏释例》，觖理完密，又推原《左氏》、《谷梁》之得失，难郑申何，复作《论语述何》、《夏时经传笺》、《中庸崇礼论》、《议礼决狱》，皆比傅《公羊》之义，由《董生春秋》以窥六经家法。……宋氏之学与何氏略同，作《拟汉博士答刘歆书》，又作《汉学今文古文考》，谓《毛诗》、《周官》、《左氏传》咸非西汉博士所传，而杜、贾、马、郑、许、服诸儒，皆治古文，与博士师承迥别，而今文、古文之派别，至此大明。又以《公羊》义说群经，以古籀证群籍，以为微言之存非一事可该，大义所著非一端足竟，会通众家，自辟蹊径，且崇信谶纬，兼治子书，发为绵渺之文，以虚声相煽，东南文士多便之"。③这样的评价，以事实立论，褒贬相宜，大体公允。对于宋翔凤之后的今文经学，刘师培的态度趋于严厉，认为"宋氏以下，其说凌杂无绪，学失统纪，遂成支离"④，说龚自珍"从刘申受游，亦喜言《公羊》，而校雠古籍又出于章学诚，矜言钟鼎古文，又略与常州学派近，特所得均浅狭，惟以奇文耸众听。"⑤说魏源治学"择术至淆，以穿穴擅长，凌杂无序，易蹈截趾适履之讥。"⑥虽然如此，对他们的具体学术成就也不是彻底否定，如认为龚自珍的《太誓答问》"以今文《太誓》为伪书，虽解说乖违，然博辩不穷，济以才藻，殊足名家"⑦；魏源的《书古微》"虽武断穿凿，亦间有善言"⑧。不过刘师培也并非对晚清的今文学者一概评价不高，如戴望就得到他的较高评价，认为戴

---

① 刘师培认为，"仅通一经，确守家法者，小儒之学也；旁通诸经，兼取其长者，通儒之学也。""汉初经学，初无今古文之争也，只有齐学、鲁学之别耳。凡数经之同属鲁学者，其师说必同；凡数经之同属齐学者，其大义亦必同。故西汉经师，多数经并治。诚以非通群经，即不能通一经也。……后世儒学式微，学者始拘执一经之言，昧于旁推交通之义，其于古人治经之初法，去之远矣。"见刘师培：《群经大义相通论》，《刘申叔先生遗书》，第361、348页。基于此，他在治经时虽偏重古文经说，实亦左右采获，不抱残守缺，不一概排斥今文说。
② 刘师培：《南北学派不同论·南北考证学不同论》，《刘申叔先生遗书》，第558页。
③ 同上。
④ 刘师培：《清儒得失论》，《左盦外集》卷九，《刘申叔先生遗书》，第1538页。
⑤ 刘师培：《近儒学术统系论》，《左盦外集》卷九，《刘申叔先生遗书》，第1534页。
⑥ 刘师培：《南北学派不同论·南北考证学不同论》，《刘申叔先生遗书》，第558页。
⑦ 同上。
⑧ 刘师培：《经学教科书》，《刘申叔先生遗书》，第2085页。

望"虽以《公羊》说《论语》,然所学不流于诐狷"。① 并做诗赞扬戴望的《论语注》。②

众所周知,相较乾嘉之时,晚清今文经学的致用性更强,政治色彩更为浓厚,这似乎为当时崇古文经的学者所不满,③刘师培即曾指出:"近世以来,诸学之风顿息,惟常州学派尚延一线之存,然亦渐失本旨矣。不亦重可叹哉!"④实际上,经学自诞生之日起,就与政治脱不开干系,这一点刘师培等人很清楚,今文经学的政治色彩本身并非是被攻击的缘由,关键还在于晚清今文家的政治立场和主张为刘氏等人所不满,加上今、古文的家派冲突,古文家又自命讲求学术,种种因素掺杂,政治、学术交织,造成这一局面。具体而言,以章太炎、刘师培为代表的革命派中的学者大体以受古文经学训练者为主,而维新派则基本为今文学健将。如此一来,政见纷争即不可避免地与学术立场纠结在一起。而且章太炎、刘师培等人都是极端的民族主义者,反清革命的政治目标使得他们颇为注意士人对异族统治者的态度,这甚至成为他们评判经学家的主要标准之一。章太炎之所以对魏源、龚自珍基本持否定态度⑤,刘师培之所以也有类似看法,盖缘于魏、龚曾出任清廷官吏,虽多批评时政,却回避满汉民族矛盾,又都治今文经学,所以难入章、刘二氏法眼。至于以今文经为变法依据的康有为,坚持维新保皇立场,是章、刘政治上的论争对手,则基本不被他们视作学者,刘师培回顾清代今文经学演进历程的论著讲到王闿运、廖平等人,却根本不提康有为,显示他并不认为康有为是今文经学在学术上的传承人。而同为今文家的戴望能得到章、刘的较高评价,如章太炎说他"中更丧乱,寄食于大盗曾氏之门,然未尝仕。观其缀述《颜氏学记》,又喜集晚明故事,言中伦,行中虑。柳下、少连之俦也"。⑥ 刘师培说他"明

---

① 刘师培:《近儒学术统系论》,《左盦外集》卷九,《刘申叔先生遗书》,第1534页。
② 刘师培:《读戴子高先生论语注》,《左盦诗录》卷四,《刘申叔先生遗书》,第1932页。
③ 有学者指出,当时"偏于古文一边的,则通常对乾嘉时的今文家尚承认其有所得,对道咸以后的今文家便多斥责其把学术搞乱"。见罗志田:《导读:道咸"新学"与清代学术史研究》,章太炎、刘师培等撰,徐亮工编校:《中国近三百年学术史论》,上海古籍出版社2006年版,第10页。
④ 刘师培:《近儒学案序》,《左盦外集》卷十七,《刘申叔先生遗书》,第1754页。
⑤ 章太炎说魏源"与常州汉学同流。妖以诬民,夸以媚房,大者为汉奸、剧盗,小者以食客容于私门"。见《检论·学隐》,《章太炎全集》(三),上海人民出版社1984年版,第481页;说龚自珍之学"大抵剽窃成说,无自得者。其以六经为史,本之《文史通义》,而加华辞。观其华,诚不如观其质者"。见《说林》(下),《章太炎全集》(四),上海人民出版社1985年版,第121页。
⑥ 章太炎:《说林》(上),《章太炎全集》(四),第118页。

华夏之防……不欲以曲学进身,亮节高风,上跻颜李"。① 此种评价,盖因戴望不仕清朝,耿介自守,又能"明华夏之防",坚守民族立场。可以说,晚清今文经学的形象在章太炎、刘师培那里基本政治化了,革命立场和民族主义的述学视角,不可避免地带来一些情绪化的看法,甚至某些时候背离了学术准则。

当然,刘师培不排斥清人的今文经说,仅只限于经说本身,认为可与古文经说并行不悖,而对今文家视古文经为伪造以及孔子托古改制之说则持反对立场,如他所撰《汉代古文学辨诬》、《论孔子无改制之事》等文,便为批驳廖平《今古学考》和康有为《新学伪经考》、《孔子改制考》而作。作为根本出处在古文经的学者,评估清学时不斤斤执于汉宋之别与今古之分,基本做到以超越眼光看待学术问题,是难能可贵的。自然,与章太炎类似,古文经学的根基使得刘师培更多关注清代古文学者的成就,这或许有偏颇之处,但合于学术逻辑。

[**作者简介**:李帆,北京师范大学历史学院教授,博士生导师。]

---

① 刘师培:《戴望传》,《左盦外集》卷十八,《刘申叔先生遗书》,第 1829 页。

钱玄同与刘师培

刘贵福

钱玄同和刘师培二人都是近代中国的著名思想家和学者。二人的交往从辛亥革命前一直延续到五四时期,思想学术关系甚深。在晚年,钱玄同抱病编辑刘氏遗书,全面评价刘氏政治、学术思想,更见二人间学术关系与感情。一般说来,重要历史人物的交往,都不局限于个人间的意义,而往往是某段历史的缩影和见证。故讨论他们思想、学术上的交往对于认识近代思想学术发展变化,也会有一定意义。

一、谊兼师友

钱、刘二人家有世谊。钱玄同的父亲钱振常,曾任礼部主事,晚年出掌绍兴、龙山等地书院,是一个对中国文化研究有素的学者,在晚清学界有一定的影响,蔡元培即出于他的门下。刘家则以三世(曾祖、祖、伯父)传左氏之学,而饮誉学林。钱振常和刘师培的伯父刘恭甫是朋友,而恭甫之子师仓(字张侯)又是钱振常的学生。刘师培1884年生于仪征。钱玄同1887年生于苏州。二人家庭背景相像,成长经历也颇相似,皆为自幼饱读经书。钱玄同自幼就开始做八股、策论、试帖诗,其父因长子念劬科举不第,而对钱玄同"属望殷,督责严"。① 刘师培则是18岁中举,则可谓少年得意。但1903年,清政府迫于内外形势,实行新政,废除科举制度。二人通过科举以飞黄腾达的道路自此断绝。刘师培为此痛感"飞

---

① 黎锦熙:《钱玄同先生传》,曹述敬:《钱玄同年谱》,齐鲁书社1986年版,第147页。

腾无术儒冠误,"①在反清民族主义思潮的激荡下,思想激变,走上反清革命道路。钱玄同则是在父亲病故后为谋生计而不得不接受当时的新学,即西学,潜移默化,转向了革命。在二人思想转变过程中,章太炎起了重要作用。冯自由在论刘师培思想转变原因时说他"少读东华录,夙具民族思想,尤佩仰章太炎学术"。②刘师培是否读过《东华录》,已经难考,但受太炎影响则确属事实。1903年,刘师培在上海开始反清革命宣传,因其早慧和敏锐的思想,在不到20岁时就写出了阐述反满种族革命思想的《攘书》和《中国民族志》,宣传民主思想的《中国民约精义》。钱玄同则是在1904年读了章太炎的《驳康有为论革命书》和邹容的《革命军》后,感到"满洲政府如此可恶,真叫我气破肚,章邹的主张,实在是有理呀,有理! 一定非革命不可!"③其后钱玄同又陆续读了许多宣传种族革命的杂志和书籍,其中就有刘师培的《攘书》。1904年,钱玄同又与潘界定等人为开发民智,办《湖州白话报》,不奉清朝正朔。也许是欲引刘师培和蔡元培为同调,也许是因为二人与钱家皆有交谊,思想转变后的钱玄同到上海《警钟日报》社访问过蔡元培和刘师培,但不遇。④

1906年,钱玄同到东京留学。其时章太炎先生刚刚从上海西牢出狱,到东京为《民报》主笔。钱玄同因早就极端地崇拜章太炎,就到《民报》社拜见,并在章太炎的寓所,第一次见到刘师培并与之定交。时间是1907年4月22日。当时,刘师培应太炎之约,于2月携妻奉母到东京编辑《民报》。此后,从1907年到1908年,钱玄同与刘师培保持了密切的关系。

辛亥革命时期,中西思想碰撞,新旧学说杂陈。当时的思想界可谓色彩斑斓、丰富多姿、复杂多变。但就影响而言,则主要有三大思潮,即三民主义、国粹主义、无政府主义。在三大思潮中,刘师培都占有重要的地位,他在当时既被称为东亚卢梭,又是国粹学派的中坚,还是中国早期无政府主义的思想领袖。钱玄

---

① 光汉:《甲辰年自述诗》,《警钟日报》,1904年9月7日。
② 《刘光汉事略补述》,冯自由:《革命逸史》第3集,中华书局1981年版,第186页。
③ 钱玄同:《三十年来我对于满清的态度底变迁》(1924年12月30日),《钱玄同文集》第2卷,中国人民大学出版社1999年版,第111页。
④ 对于此事,钱玄同在自编年谱1904年条中记载道:"其时思潮日涨,于四月二十五日断发,此亦当时思想进步之一征,然究以出门不便,只得缀假尾于草帽耳。六月渡申,制西衣,因晤孟莼年等人,其时欲往谒刘申叔、蔡子民而不可得。"《钱玄同自撰年谱》,《钱玄同文集》第6卷,中国人民大学出版社2000年版,第320页。

同则是刘师培思想的追随者。在国粹主义、无政府主义诸方面,刘师培都给了钱玄同以极大的影响。

先说国粹主义。1905年由刘师培、邓实、黄节编辑的以"发明国学,保存国粹"为宗旨的《国粹学报》在上海创刊。《国粹学报》,这一号召人们研究祖国的历史和文化,继承和发扬民族传统,突出地宣传"夷夏大防"的民族主义思想的刊物,从创刊伊始就强烈地吸引了正在上海南洋中学读书的钱玄同。在1905年,钱玄同先后阅读了《国粹学报》刊登的刘师培的《国学发微》、《周末学术史序》、《两汉学术发微论》、《南北学术不同论》、《古政原始论》、《经大义相同论》、《小学发微补》、《理学字义通释》、《国学教科书》等文章和其他作者的文章。这些文章给钱玄同以很大的影响,钱玄同晚年在《刘申叔先生遗书序》中写道,他读了这些文章和章太炎《訄书》、梁启超《论中国学术思想变迁之大势》,夏穗卿《中国古代史》,"于是始知国学梗概"。① 此后,他还阅读了刘师培1903—1908年除《芜湖白话报》之外的所有其他文章。1905年年底,钱玄同东渡日本。翌年,加入同盟会,投身民主革命。在诸多宣传种族革命的刊物中,《国粹学报》是他最喜欢阅读的刊物。他在1906年4月2日读毕一期《国粹学报》后,在日记中写道:"保存国粹,输入新思想,光大国学,诚极大之伟业也,数年以来,余扮了几种新党,今皆厌倦矣,计犹不如于此中寻绎有味也。"② 此后,一直到1916年他都"专以保存国粹为职志"③,并提出了"师古、复古、存古,但不泥古"的保存国粹主张。④

再说无政府主义。1907年7月刘师培创办了中国无政府主义的第一份报纸《天义报》。钱玄同在7月11日就购得了《天义》第1期,读后,觉其思想"精美绝伦"。⑤ 9月8日,又得到刘师培的妻子何震所赠第5期。钱玄同看到《天义》把明代思想家李卓吾的思想说成是中国的无政府主义,是中国的巴枯宁,感慨道:"吾国竟有若是通人乎?"⑥

8月31日,刘师培和张继等创办社会主义讲习会。钱玄同是讲习会的积极

---

① 钱玄同:《刘申叔先生遗书序》,《刘申叔遗书》,江苏古籍出版社1997年版,第30—31页。
② 《钱玄同日记》(未刊稿,下同),1906年4月2日。
③ 《钱玄同日记》,1917年9月12日。
④ 关于钱玄同的保存国粹思想,参见拙文《论辛亥革命时期钱玄同的保存国粹思想》,《辛亥革命与二十世纪的中国》(下),中央文献出版社2002年版。
⑤ 《钱玄同日记》,1907年7月11日。
⑥ 《钱玄同日记》,1907年9月8日。

参加者。在《刘申叔遗书》中,存有三封刘师培给钱玄同的信,其中两封是对钱玄同询问社会主义讲习会和世界语学习的答复。据《钱玄同日记》的不完全记载,当年的 9 月 15 日、10 月 6 日、翌年 1 月 12 日、1 月 26 日、2 月 16 日、2 月 23 日、3 月 8 日、3 月 22 日的讲习会活动钱玄同都参加了。关于讲习会和刘师培等人在会中的讲演,钱玄同在日记中多有记载。如钱玄同第一次参加讲习会后在日记中记道:"会议首由刘光汉演说中国民生问题,述农民之失业及前途之隐忧,次请堺利彦演说,张继翻译,略言社会自有政府、富豪而后贵贱日分,贫富日区,今欲平此阶级,宜实行无政府主义至共产主义云云,后由刘申叔又痛陈立宪之害,言欧、米物质上较我为文明,而政体一切尚以更比我野蛮者,末乃归重无政府。"①1908 年 1 月 12 日日记记载了当日的讲演内容:"日人山川均演说代议政体卜革命,言代议政治之最不堪。"②3 月 8 日日记记载了刘申叔述"无中心互助之学说",汪公权"演述托尔斯德《致中国人书》,书甚长,大致言支那人不可弃其农业立国之美德而学欧人之立宪、警察、陆军之邪说。"2 月 23 日日记记载了讲习会:"首由申叔述现今上海社会皆以立宪为薮,因前顽固者,今见立宪之手段温和而趋之,前革命者,今以立宪名目之好听,□□(原稿空缺——引者)之容易,亦退而就之。功利主义之《天演论》几为家弦户诵之教科书,凡编教科书者皆以富强功利等说为主干,故吾侪宜亟以无政府主义之书药其毒云"。"次由汪公权讲非军备主义"。3 月 22 日日记,钱玄同记道,"宫崎民藏到会演说农业与平民的关系,宫崎氏在日本创土地复权同志会,彼系主张共产主义者,后又演述运动农民之方法。申叔演述法律之害人。太炎言人之恶起于有知识,诚欲尽善,非使人野蛮不可。"③等等。

在刘师培等人的影响下,钱玄同接受了无政府主义的主张,他在致友人的信中写道:"世界大势所趋,已至无政府。"④他在与人辩论时说:"本国政府与外国政府其欺平民同,故即有国而富强,而平民终陷苦境,吾侪今日当为多数平民之革命,不宜为少数人之革命。"⑤1907 年 9 月 5 日,钱玄同在日记中写道:"日法、

---

① 《钱玄同日记》,1907 年 9 月 15 日。
② 《钱玄同日记》,1908 年 1 月 12 日。
③ 《钱玄同日记》,1908 年 3 月 22 日。
④ 《钱玄同日记》,1908 年 3 月 5 日。
⑤ 《钱玄同日记》,1908 年 2 月 22 日。

日露、英露诸条约成后,今将实行保护支那矣。不禁为之气结。唉,吾侪之国,自此亡定矣。虽然,吾谓自此以后,宜交结各国无政府党,专以破坏政府为事。"①

当时,中国无政府主义有《天义报》和《新世纪》两派。钱玄同对在巴黎的中国无政府主义者主办的《新世纪》也极为关注。1907年钱玄同阅读了《新世纪》三、四两号,认为其主张"打破阶级社会,破坏一切,固亦大有识见"。② 10月3日,钱玄同又阅读了《新世纪》五至八号,"觉其所言破坏一切,颇具卓识","于现今黑暗世界中不得谓非一线之光明也"。③ 但比较而言,钱玄同更倾向于《天义》一派。主要原因是,钱玄同与刘师培同主张保存国粹,而《新世纪》对中国文化则持激烈批判态度。钱玄同在阅读到《新世纪》三、四两号时,认为其主张"打破阶级,破坏一切,固亦大有见识,惟作者于中文太浅,历史不知,每有不轨于理之言"。④ 后来他一再表达这一思想。他在阅读了《新世纪》五至八号后,在日记中又写道:"所言破坏一切,颇具卓识,惟终以学识太浅,而东方之学尤未所悉,故总有不衷于事实之处,较之《天义》,瞠乎其后矣(此由《天义》中之 Liu kuang han(刘光汉——引者注)君诸人中国学问深邃之故)!"⑤对于吴稚晖和刘师培,钱玄同扬刘而贬吴,"(申叔)不废旧学,贤于吴朓诸人远矣!"⑥

这一时期,钱、刘二人可以说是思想上的同调。不过,仔细分析,二人思想也有一定的不同。就如何对待中国传统文化而言,钱、刘二人都是保存国粹主义者,他们都想通过弘扬国粹,反满革命,振兴中国学术、文化,应对西方文化挑战,但二人在对待国粹的核心——儒学的认识则有所不同。钱玄同在早年就接受了今文经学,而刘师培则倾向古文经学。"今文"、"古文"是儒家经典的不同统绪,其最初的差别是经的文字、来源和篇数的不同,后来因学术政治的原因,今古之争逐渐涉及经书的解释、经书中核心人物孔子的解释以至于治经的宗旨等等问题,并形成今文和古文学派。今古文之争,从西汉末年到东汉末年几达二百余年之久。清代,汉学复兴,先是古文兴盛,后是今文复兴。钱玄同不赞成刘师培的论经著作。他在晚年写道:"余对于刘君论经之文,如《中古文考》(《外集》卷一)、

---

① 《钱玄同日记》,1907年9月5日。
② 《钱玄同日记》,1907年9月18日。
③ 《钱玄同日记》,1907年10月3日。
④ 《钱玄同日记》,1907年9月18日。
⑤ 《钱玄同日记》,1907年10月3日。
⑥ 《钱玄同日记》,1908年7月1日。

《中庸说》《中庸问答》(卷二)、《春秋原名》(卷三)、《汉代古文辨诬》(卷四)、《论孔子无改制之事》(卷五)等,及《国学发微》《汉宋学术异同论》《经学教科书》中斥宋元明儒(案,原缺四字)者,皆不谓然。"①

经学观点的不同,在一定程度上影响了刘师培和钱玄同二人后来的思想走向。近代今文学的兴起在思想史和学术史上都是具有重大意义的一件大事。钱玄同曾对近代今文学运动评价道:"我认为一百年来的'今文学运动'是咱们近代学术史上一件极光荣的事,它的成绩有两方面:一是思想的解放,一是伪经和伪史料的推翻。"②梁启超在《清代学术概论》中也用大量篇幅论述今文学的兴起的思想解放意义。对于今文学在近代历史上起的积极作用,周予同先生的论述较为系统,他认为在近代中国的新、旧两种历史观与今、古文学有直接的联系:

> 一种以为中国古代的文化在尧、舜或尧、舜以前已经十分灿烂,以后不仅无进步,而且从春秋、战国以来,每下愈况。这派姑名为旧派,他们以"黄金时代"在古代已经实现过,所以略带有悲观的、复古的色彩。一种以为中国古代文化的灿烂期,不在孔子所叙述的尧、舜,而在诸子争鸣的春秋、战国时候,以后虽受专制政体的影响而没有长足进步,但今后努力奋振,不见得没有相当的希望。这派姑名为新派,他们相信人类社会都是逐渐发展,中国也不能例外,所以比较的带有乐观的、革新的色彩。我敢武断的说一句,这两派观念的不同,实在受经学上今古文的影响。前一派——旧派——一如古文家,相信孔子所描绘的尧舜时期的文明是真的,相信《周礼》是周公治天下已实行或计划的制度。而后一派——新派——则采取今文家的态度,以为古籍上尧舜时期文化的描写完全是孔子"托古改制"的宣传手段,和老、庄之托于太古,许行之托于神农,墨翟之托于夏禹,是一样的把戏,至于《周礼》至早也是战国时候的理想的作品,决不是什么周公的著作。他们更由此进一步而推翻古代一切的传说。③

这一段话,对于理解经学对近代思想家和学人的思想变迁,具有启发意义。

---

① 钱玄同:《刘申叔先生遗书序》,《刘申叔遗书》,第31页。在钱玄同当年的日记中,也保留大量他不满意刘的古文经学思想的观点。
② 钱玄同:《〈左氏春秋〉考证书后》,《钱玄同文集》第4卷,第297页。
③ 周予同:《经今古文学》,朱维铮编:《周予同经学史论著作选集》,上海人民出版社1983年版,第24—25页。

可以说，刘师培和钱玄同在经学思想上的不同，在一定程度上影响了二人后来思想学术发展的方向。①

就无政府主义而言，钱、刘二人也有不同，刘师培接受无政府主义时，从左的方面批判民主主义，完全抛弃了民主革命思想，绝望于民主革命，并反对孙中山的革命理论，是造成1907年后同盟会分裂的重要思想原因。②当事实证明无政府主义不能实现时，刘师培的思想再一次变化，退回到了他革命前的原点。既然绝望于民主革命，而无政府主义的美妙理想又难以实现，只好走回头路了。刘师培在社会主义讲习会上的一次演讲中曾表示，"若于政府尚存之日，则维新不如守旧，立宪不如专制"。③当1908年日本的无政府主义主义运动衰落，《衡报》被禁，讲习会全面结束时，刘师培的政治理想破灭，投降端方，也就顺理成章了。而钱玄同则不同，他信仰无政府主义，但却没有放弃对民主政治的追求，他主张反满民族主义者的联合。当章太炎与刘师培发生冲突时，钱玄同感慨道："立宪党与革命党应该冲突者也，而谈排满者与谈无政府者乃或起冲突，而其故又极小，不过为银钱事，使外人闻而解体，可叹！可叹！"④当日本的无政府主义陷入低潮后，钱玄同并没有放弃无政府主义，⑤只是他的思想重点逐渐转移到保存国粹上了。不过，他虽主张保存国粹，但坚决反对帝制；虽反对欧化，但却一直认为共和是天经地义。⑥因此，当袁世凯复辟帝制，破坏共和，他才会深受刺激，并最终放弃保存国粹的思想，一变而成为新文化运动的闯将。

从总体看，这一阶段，刘师培在政治上和思想上对钱玄同的影响都是巨大的。钱玄同晚年在致同门郑友渔的一封信中写道："弟与申叔亦谊兼师友，以年

---

① 关于这一时期钱玄同的经学思想，参见拙作《论钱玄同早年经学思想》，《中国社会科学院研究生院学报》2002年6期。

② 参见杨天石：《同盟会的分裂与光复会的重建》，《寻求历史的谜底》，首都师范大学出版社1993年版。

③ 杨天石辑：《社会主义讲习会资料》，《中国哲学》第1辑，三联书店1979年版，第376页。

④ 《钱玄同日记》，1908年4月24日。

⑤ 钱玄同后来所回忆道："七年秋—八年春，因张溥泉、刘申叔在东京讲演Anarchismo（无政府主义——引者注），而吴稚晖、李石曾诸君往Parizo（巴黎——引者注），La Novaj Tempoj（新世纪——引者注）亦提倡此主义，余为所感动，颇信仰此主义。八年春夏之交，溥泉往Parizo，申叔归国，降于端方。其时东京留学生之在同盟会者大都诋毁Anarchismo，咸以申叔为口实，余亦渐渐不谈（惟心中实未尝以为非）。"《钱玄同日记》1917年9月12日。

⑥ 钱玄同：《三十年来我对于满清的态度底变迁》，《钱玄同文集》第2卷，第114页。

而论,则为友(彼长于我三岁),以学为论,则实堪为我师也"。①

二、分道扬镳

1910年,钱玄同从日本回国,在浙江中学任教。辛亥革命后,他在浙江省教育司做科员。1913年,随兄钱念劬北上,任国立北京高等师范学校及附属中学校国文教员。旋兼国立北京师范大学教授。辛亥革命后,钱玄同在实践中意识到保存国粹之不可行,逐渐放弃旧有的文化主张。1915年,袁世凯以复古为先导,帝制自为,促使他最终放弃保存国粹思想。他述说自己思想变化的轨迹时说:

> 若玄同者,于新学问、新智识,一点也没有。自从十二岁起到二十九岁,东撞西摸,以盘为日,以康瓠为周鼎,以瓦釜为黄钟,发昏做梦者整整十八年。自洪宪纪元,始如一个响霹雳震醒迷梦,始知国粹之万不可保存,粪之万不可不排泻,愿我可爱可敬的支那青年作二十世纪的文明人,做中华民国的新国民。②

此后,张勋又拥宣统复辟,钱玄同更感慨社会前进步伐的缓慢,继而倡导激烈的思想变革。他说:

> 一年以来见社会上沉滞不进之状态,乃无异于两年前也,乃无异于七八年前也,乃无异于十七八年前也,乃无异于二十年前也。质而言之,今日犹是戊戌以前之状态而已。故比来忧心如焚,不敢不本吾良知,倡言道德文章之当改革。③

可见,钱玄同经过辛亥洗礼、洪宪教训,思想发生变化。在政治上,其民主共和思想持之益坚;在文化上,则由辛亥时期的国粹主义者,一变而为激烈的反传统者。1917年,钱玄同参加了《新青年》的编辑工作,成为新文化运动阵营中重要的一员。

---

① 钱玄同:《致郑裕孚》,1934年4月18日,《钱玄同文集》第6卷,第193页。
② 钱玄同:《保护眼珠与换回人眼》,《钱玄同文集》第1卷,中国人民大学出版社1999年版,第280页。
③ 钱玄同:《论应用文之亟宜改良》,《钱玄同文集》第1卷,第32页。

刘师培于 1908 年回国后，脱离革命阵营，投到湖广总督端方幕下，并且献计破坏革命。1911 年，辛亥革命发生，端方在入川途中被杀，刘师培逃往成都。被谢无量聘为国学院讲师。1914 年刘师培应聘入山西为阎锡山高等顾问，旋被阎氏推荐给袁世凯。1915 年，袁世凯复辟，刘师培列身筹安会，"昌君政复古之说"，其政治思想"则与前期绝异矣"。① 在学术思想上，刘师培亦有相当大的转变，如钱玄同所言，"前期以实事求是为鹄，近于戴学，后期以笃信古义为鹄，近于惠学，又前期趋于革新，后期趋于循旧"②。帝制失败后，刘师培避居天津，1917 年，经陈独秀介绍，进入北大工作，任中国文学门教授。这样，刘师培与钱玄同，此时因蔡元培"兼容并包"的办学方针，而相会于北大。此时，刘师培体弱多病，已脱离政治活动，而成为一纯粹的学者了。不过，任何人难以脱离他的时代而存在，新文化运动再一次把他拖入新旧之争的旋涡。1919 年 1 月，北大学生傅斯年、罗家伦等在陈独秀、胡适等新派教授支持下，编辑出版《新潮》，一个旨在唤起中国"文艺复兴"的刊物。同月，便有《国故》出来与之对抗。这份提倡国粹的刊物主办者是黄侃的弟子，但拥戴刘师培为首。虽然当时的刘师培已无意关心思想界的斗争，守旧的阵营却把他推到了与新文化阵营对垒的前沿。故当时的社会舆论把他当作新文化的对立面而加以批评，新文化阵营中的一些人士也作如是观。鲁迅在致钱玄同的信中，就痛斥其为"侦心探龙"、"昏虫"，"还想吃人"。③ 1919 年 11 月 20 日，刘师培病逝于北京，终年 36 岁。钱玄同与刘师培共事时间并不长，也没有直接的交锋，但在思想和学术上，二人却分道扬镳了。除二人在政治道路上的选择不同外，这一时期，钱玄同与刘师培学术上和思想上的区别主要体现在以下两个方面：

一、关于文学。新文化运动的核心之一是文学革命。由胡适倡导，陈独秀、钱玄同响应，而逐渐成为时代潮流的文学革命，其重要内容之一是用白话文代替文言文。为倡导白话文，使其成为文学的正宗，陈独秀将明代以来的十八子列入批判目标，而钱玄同则把当时在文坛尚有重大影响的桐城和文选二派直接锁定为文学革命的对象。他认为：

  一文之中，有骈有散，悉由自然。凡作一文，欲其句句相对，与欲其句句

---

① 钱玄同：《刘申叔先生遗书序》，《刘申叔遗书》，第 29 页。
② 同上书，第 28 页。
③ 鲁迅：《致钱玄同》，《鲁迅全集》第 11 卷，人民文学出版社 1981 年版，第 351 页。

不相对者,皆妄也。桐城派人鄙夷六朝骈偶,谓韩愈作散文,为古文正宗。然观《原道》一篇,起首为仁义二句,与道德二句相对,下文云"仁与义为定名,道与德为虚位",又云"故道有君子小人,而德有凶有吉"。皆骈偶之句也。阮元以孔子文言为骈文之祖,因谓文必骈俪。(近人仪征某君即笃信其说,行文必取骈俪。尝见其所撰经解,乃似墓志。又某君之文,专务改去常用之字,以同训诂之隐僻字代之,大有"夜梦不祥,开门大吉"改为"宵梦匪祯,辟札洪庥"之风。此又与用僻典同病。)则当诘之曰,然则《春秋》一万八千字之经文,亦孔子所作,何缘不作骈俪,岂文才既竭,有所谢短乎。弟以为今后文学,律诗可废,以其中四句必须对偶,且须调平仄也。若骈散之事,当一任自然。①

钱玄同在当时是以态度激进而著名,在这篇文章后,他一再的批评、指斥文选和桐城二派,并以"妖孽"、"谬种"呼之。但上一段论述却可谓态度持平。钱玄同批文选派,必然会涉及刘师培,上文中的"近人仪征某君"指的就是刘师培。刘师培是阮元的信仰者,继承发扬了阮元的文学思想,他认为,"骈文一体,实为文体正宗,"而"明代以降,士学空疏,以六朝前为骈体,以昌黎诸辈为古文,文之体例莫复辩,而文之制作亦不复睹矣。近代文学之士,谓天下文章,莫大乎桐城,于方、姚之文,奉为文章正轨。由斯而上,则以经为文,以子史为文,由斯以降,则枵腹蔑古之徒,亦得以文章自耀,而文章之源失矣。"②从《国粹学报》创刊起,刘师培就不断刊载这类论述。在理论上,刘师培养从未跳出阮元的文笔辨的巢臼,倘说有贡献的话,那就是他不断从历史实例和文字音韵两个侧面,论证有韵为文、无韵为笔之主张的合理性。另外,就是除"俗文"外,刘师培的论著大都散发着浓烈的骈文气息,用实践来表达他对阮元的钦佩。

应该指出,钱玄同对桐城和文选派的批判采取了激烈的甚至是全盘否定的态度,从学术批评的角度看,并不完全准确,缺乏对中国传统文派的具体分析和科学总结。不过,从思想史的意义上分析,这种激进的态度对于唤醒国人,引起人们的注意,推进改革有其意义。如钱玄同致胡适的信中说的那样,"现在我们着手改革的初期,应该尽量用白话去做才是。倘使稍怀顾忌,对于'文'的一部分

---

① 钱玄同:《反对用典及其它》,《钱玄同文集》第1卷,第6—7页。
② 刘师培:《文章原始》,《刘申叔遗书》,第1646页。

不能完全舍去,那么便不免存留旧污,于进行方面,很有阻碍"。①这显然是一种改革心态。同样应该指出的是,钱玄同虽将桐城和文选派视为"谬种"和"妖孽",但他看也到"所谓'说理精粹行文平易者,固未尝不在周秦两汉六朝唐宋文中也"。② 从实践上看,钱玄同的平白豁达的散文也很难说完全脱离了中国传统文脉。

二、关于文字学。关于刘师培的后期文字学思想,钱玄同在《刘申叔先生遗书序》中作了这样的描述:

  一、对于《说文》,主张墨守,毋稍违畔,《外集》卷十六《答四川国学学校诸生问说文书》中述说此义,与前期所见相反。(前期所作之《正名隅论序》云以心得为主,虽或与旧说相戾,然剿说雷同之失庶几免矣。又他文中亦有驳《说文》之语。)二、对于同音通用之字主张于《说文》中寻本字,《外集》卷七《古本字考》及卷十六《答四川国学学校诸生问说文书》中皆言此意,而反对前期音近义通之说,且目同音通用之字为"讹迹"。三、对于新增事物,主张于《说文》取义训相当之古字名之,而反对添造新字新词,《外集》卷十六《答江炎书》言之。此与前期主张亦相反。至于改用拼音字之说,则前期之末作《论中土文字有益于世界》一文时已表示反对矣,卷十七《中国文字问题序》中又申言之。③

可以看出,刘师培晚年的文字观念陷入了保守、拒绝变革的状态之中。与刘师培相反,作为一个文字学家,钱玄同在五四时期因思想激变,放弃了在辛亥时期的文字复古主张,主张拼音字、简化字,大量使用外国名词,以至废除汉字,集中体现这一思想的是他的长文《汉字革命》、《中国今后的文字问题》、《汉文改革之讨论》、《减省汉字笔画的提议》、《为什么要提倡国语罗马字》等。关于《说文》,钱玄同认为其"假字、误体,不知凡几",反对用《说文》来"求造字之通例,说字之通例"④,主张把《说文》只是作为"文字变迁史上的一段信实的史料"⑤。对于自

---

① 钱玄同:《致胡适》,1917年10月31日,《胡适遗稿及秘藏书信》第40册,黄山书社1994年版,第252页。
② 钱玄同:《论应用文之亟宜改良》,《钱玄同文集》第1卷,第31页。
③ 钱玄同:《刘申叔先生遗书序》,《刘申叔遗书》,第29页。
④ 钱玄同:《论〈说文〉及壁中古文书》,《钱玄同文集》第4卷,中国人民大学出版社1999年版,第268页。
⑤ 同上书,第271页。

己和刘师培在学术思想上的不同,钱玄同说:"自申叔戊申冬回国以后直至乙未冬作古,此十余年中,弟对于申叔之学,说老实话,多半不同意,非因其晚节有亏也。实因其思想守旧,其对于国学之见解与方法,均非弟所佩服也。"①钱玄同用发展的观点看待文字问题,积极主张对中国文字进行改革,应予肯定,但应该指出,钱玄同主张的废汉字,实行拼音字的主张,忽视了文字自身的发展规律;忽视了文化发展的连续性;忽视了文字的民族性;忽视了汉字自身的长处。其主张存着偏颇、极端、甚至错误的地方。

不过,我们不能简单地理解历史,只看到二人的不同。实际上,五四时期,钱玄同倡导的白话文、拼音字、简化字都是刘师培在辛亥前就已提倡的。② 钱玄同反传统的激进态度,实际上也是辛亥时期无政府主义播下的种子,在五四时期的开花结果。历史就是这样:后人总是在前人停滞的地方前进,在继承与否定中前进;历史是前进的,但从来不是也不可能是直线的,历史总是在激进与稳健、正确与谬误的斗争中,在各种力量的合力中曲折地,有时甚至是倒退地前进。

三、共同话语

钱玄同晚年所做的一件重要文化活动是编辑刘师培的遗书,他的名字也因此又一次同昔日的朋友联系在一起。因钱玄同的编辑,刘师培的那些具有强烈民族主义色彩和对中国传统文化深入研究的著作得以集中再现于人们面前,而钱玄同则通过编辑,表达了他晚年民族主义思想和情感。可以这样说,是民族主义这一共同的思想和情愫把他们又一次联系到了一起。

民族主义是中国近代思想发展演进过程中最有影响力的因素。无论在政治上信奉何种主义的人,都逃不脱它的影响和制约。如前所述,钱玄同和刘师培在

---

① 钱玄同:《致郑裕孚》,1938年3月1日。《钱玄同文集》第6卷,中国人民大学出版社2000年版,第299页。

② 钱玄同曾指出这一点。他说"刘君以为宜简省汉字点画,宜添造新字,宜改易不适用之旧训(说见《攈书·正名篇》及外集卷六《中国文字流弊论》),宜提倡白话文(说见《论文杂记》及外集卷六《中国文字流弊论》),宜改用拼音字,宜统一国语(说见读书随笔《音韵反切近于字母》一条)。凡此数端,甚为切要,近二十年来均次第着手进行,刘君于三十年前已能见到,可谓先知先觉矣。"钱玄同:《刘申叔先生遗书序》,《刘申叔遗书》,第29页。

辛亥时期都是强烈的民族主义者。五四时期,钱玄同跳出国粹派,对中国文化作了强烈的,甚至是极端的批判。但与其他五四先驱一样,他虽主西化,甚至有世界大同的思想,但对自己的祖国和人民也一直抱以深深的热爱,如他在1918年讨论新文学问题时答任鸿隽所说的那样,"我爱支那人的热度,自谓较今之所谓爱国诸公,尚略过之,惟其爱他,所以要替他想法,要铲除这种混乱的历史、文字、思想,不使复存于将来子孙的心脑中,要不长进的民族变成了长进的民族,在二十世纪的时代,算得一个文明人"。① 在其后的五卅反帝高潮中,他又发表了《关于反对帝国主义》一文,指出"不爱中华民国,国必亡!甘愿托庇于洋大人之胯下,国必亡!守住已死的鸟国粹,国必亡!拒绝现代的文化,国必亡!"②,他倡导爱国与批判传统文化中的糟粕并举,反对当时存在的盲目的民族自大和狂热。应该说,这是一种理性的、健全的爱国主义和民族主义。

20世纪30年代后,伴随民族危机的加深,他的民族主义情感日益强烈。"一·二八"事变,国民政府采取妥协政策,北平爱国人士"为沪事将电政府,责以不可因保全实力而不战而和",钱玄同列名其中。③ 1933年日本进一步扩大侵略。铁蹄进入华北,钱玄同本人也经历了几致家破人亡、妻、子南逃的苦痛④,他感到"国难如此严重,瞻念前途,忧心如捣,无论为国为家为身,一念忆及,便觉精神不安。"⑤为此,他一度谢绝饮宴。他认为"此时的北平,恐怕已是崇祯十七年之正月,将我二十年前排满心理又勾上来了"。⑥ 钱玄同坚决反对日本帝国主义的侵略。他对长城抗战中牺牲的将士极为钦佩,与胡适合作,书写大青山抗日纪念碑。大敌当前,他疾呼"国难深矣!"痛感自己"无执干戈以卫社稷之能力",他"想来想去,还以从事国语为最宜。遵刘氏之教,努力于国语之三要义,这是我分内应做之事,而在民众教育方面,力行注音符号之普及,亦国语中之一义,在今日实为治标中唯一切要之事"。⑦ 他把简体字收集和整理工作也视为"关系民族复

---

① 钱玄同:《答朱经·任鸿隽》,《钱玄同文集》第1卷,第197—198页。
② 钱玄同:《关于反抗帝国主义》,《钱玄同文集》第2卷,第182页。
③ 《钱玄同日记》,1932年3月3日。
④ 《钱玄同日记》,1933年9月10日。
⑤ 钱玄同:《与黎锦熙论"古无舌上、轻唇声纽"问题书》,《钱玄同文集》第4卷,第76页。
⑥ 《钱玄同日记》,1933年1月8日。
⑦ 钱玄同:《以公历一六四八年岁在戊子为国语纪元议》,《钱玄同文集》第3卷,中国人民大学出版社1999年版,第455页。

兴前途者甚巨"的事业。①

在课堂教学上，钱玄同将反日思想融入其中。1932年秋，钱玄同为学生开设《说文》研究课，由讲夏字涉及华夏、中华，而讲到华北、华南、华东、华西四个词汇，认为是帝国主义为瓜分中国而制造出来，不赞成使用。② 1935年9月17日，钱玄同为师大出版的《教育与文化》之"九·一八"号题郑所南诗（《心史·中兴集》"二砺"之一）。诗云："愁里高歌梁父吟，尤如金玉戛商音。十年勾践亡吴计，七日包胥哭楚心。秋送新鸿哀破国，昼行饥虎啮空林。胸中有誓深于海，肯使神州竟陆沉。"③爱国之心、忧国之情溢于言表。

钱玄同晚年身体多病，从1929年起，他就患高血压、血管硬化、神经衰弱等症。受日本侵华的刺激，"以悼心失国，宿疴加剧"。④ 1935年，日本又发动华北事变，钱玄同因"时势阽危，心绪不宁"。⑤ 他认为"所谓华北自治防共委员会""乃变相之独立"。⑥ 12月26日，钱三强参加抗议冀察政务委员会成立的游行活动，钱玄同表示赞许。⑦ 1936年钱玄同与北平文化界人士七十人发表宣言，对国民党政府提出七条抗日救国要求。⑧

1933年后，钱玄同格外注重历史上反映异族侵略，民族革命的文献。这种认识，在他的日记中多有体现。1935年11月28日，钱玄同在日记中写道："购二卷、三卷、四卷之《浙江图书馆馆刊》，未甚全，此刊办得较北平为好，四卷以来尤佳，尤其是对于吾省文献，注意明清间之忠义，有价值也。"29日，钱玄同阅读该刊第四卷、第五卷所载《万季野与范笔山书》，"亡国遗民，心事昭然"，令他"且读且泣"。⑨ 1936年11月2日，钱玄同得到《越风》三册，"阅之颇有趣，多记吾浙文献，与《逸经》性质相类，当订购之（注重异族侵略，民族革命之文献，如宋明之

---

① 钱玄同：《致郑裕孚》，1935年6月15日，《钱玄同文集》第6卷，第223页。
② 参见张清常：《钱玄同反帝爱国的〈说文〉研究课》，《新文学史料》1995年第5期。
③ 《钱玄同日记》，1935年9月17日。
④ 《制言》半月刊，第16期。
⑤ 《钱玄同日记》，1935年11月11日。在钱玄同日记中多有这方面记载。如1935年11月25日，钱玄同"阅《晨报》知殷汝耕昨夜叛，平东、平西皆陷。师大送来签名，遂签之，看《晚报》悉天津今晨便衣队动，心绪不宁，不能做事。"11月28日，钱玄同在日记中写道："谈国事，令我惨然不乐。"
⑥ 《钱玄同日记》，1935年11月18日。
⑦ 秉雄、三强：《钱玄同年谱跋》，曹述敬：《钱玄同年谱》，齐鲁书社1986年版，第269页。
⑧ 参见简斋：《袈裟与手枪》，载《吴承仕文录》，引自曹述敬：《钱玄同年谱》，第136页。
⑨ 《钱玄同日记》，1935年11月29日。

亡及辛亥之革命),且特不张幽默以惑众,更可敬。"①

可见,钱玄同晚年的思想文化观念和关怀的重点发生了重大变化,他由注重对民族文化弊端的批判,转变为注重对民族文化优点的阐扬。值得注意的是,钱玄同对古代文化的态度与20世纪30年代的文化复古者所鼓吹的本位文化主张截然不同。钱玄同对于国民党在思想文化方面的倒退行为极为不满,他在1935年9月15日的日记中写道:"民国初年之开倒车,尚远不及今日之烈也"。钱玄同曾嘲笑邓实"先革后遗,可笑",但却认为"彼时(辛亥革命时期——引者注)虽极端排满论者亦不至于今之富于保守性。(邹实受梁任公影响,特进一步欲推倒满清政府耳。)即《国粹学报》之邓、黄诸子,亦尚有新见,虽喜言国魂、国光、国粹,然尚贤于今之言民族精神诸公也。"②

《刘申叔遗书》的编辑,就是在这一历史背景下开展的。在民族危难之际,钱玄同愿把那些被尘封已久的、散发强烈民族主义气息的学术著作,集中地呈现在人民面前。他在1934年翻检《国粹学报》时写下了一则日记:

> 此番检阅动机有二,(一)劭谓南桂馨将出资刊刘遗著,由立达书局出版,我将检《国粹》刘文,(二)近觉明末忠臣义士,实堪敬佩,有尚友之意(……今则亲日亲俄皆卖国贼,我们的处境,真类明季也)。③

钱玄同要通过编辑刘的遗著,表彰刘的学术,来表彰明末的爱国者。他在给郑裕孚的信也反映了这一意思,"窃谓吾侪此时刊行申叔遗书,首在表彰其学术,次则为革命史上一段史料"。④

在编辑过程中,钱玄同处处注意体现能表达刘师培民族主义思想的地方。比如《攘书》这一在当时就被誉为精辟阐发国人"类族辨物"和"春秋内夏外夷"的伟著和"国民欲饮革命之源泉"者不可不读书,⑤有人主张不宜收入《遗书》。对此,钱玄同坚决反对。他说:

> 弟以为《攘书》仍以刊行为宜。最大之理由,即此书内容甚精,对于古代学术及历史发明甚多,是一部极有价值的著作。叔雅兄主张不刊,弟窃谓太

---

① 《钱玄同日记》,1936年11月2日。
② 《钱玄同日记》,1937年6月24日。
③ 《钱玄同日记》,1934年2月11日。
④ 钱玄同:《致郑裕孚》,1934年4月18日,《钱玄同文集》第6卷,第193页。
⑤ 《警钟日报》,1904年4月4日(广告)。

过虑也。申叔早年以文字学术鼓吹革命,此事不当讳,且亦不能讳。……且《攘书》之名,虽取意于攘夷,然全书中明示排满者不及十分之一,其它则专言学术者其半,发挥攘夷之义者居半。而发挥攘夷之义者,亦非如今之标语宣传之浅薄文字,类皆原本学术,根柢遥深,皆粹然学者之言也。夫泛言攘夷,此在任何时代,皆不失其价值,即以今日而论,抗日非攘夷乎,打倒帝国主义非攘夷乎。……申叔此类议论,岂独《攘书》有之,即《国粹学报》两三年前之作品,亦处处涉及此义,攘夷之义本不当讳言,且欲讳言而但不刊《攘书》,则所讳者十之一,而不讳者十之九,殊无意义也。①

再如,刘作署名问题。刘师培在不同时期,曾用不同的名字,反映了他不同时期的思想变化。钱玄同认为"各种署名,或用光汉、或用师培,全是时代关系","大抵署名光汉之作,常有攘夷之论"。②"初名师培,前九年癸卯,至上海与章太炎、蔡子民诸先生相识,主张攘除清廷,光复汉族,遂更名光汉。用光汉之时期约有五年。"钱玄同认为,虽然在早年和晚年刘师培都用师培一名,但他不赞成把刘的74种遗书皆改署师培,"因刘君之更名光汉,实有重大之意义,在用此名之时期,刘君识见新颖与夫思想之超卓,不独为其个人之历史中最宜表彰之事,即在民国纪元以前二十余年间,有新思想之国学诸彦中,亦有至高之地位。故凡原属光汉之著作,皆当一循其旧,不可改署师培也"。但在这一时期,刘师培因避祸日本,1907年开始,《国粹学报》上的文章署名"师培",国学教科书因需要清政府学部审定,也署名师培。对此钱玄同认为,此一时期《国粹学报》的文章是《〈荀子〉词例举要》、《〈古书疑义举例〉补》、《〈尔雅〉虫名今释》等八种,"于思想上无甚关系,署名师培亦无不可,惟国学教科书,甚多新义,若改署光汉,或更妥适"。③由此可见,钱玄同对这一充满民族主义色彩名字的偏爱。

在《遗书》编辑即将完成之时,钱玄同抱病撰写序言。在序言中,钱玄同把刘申叔视为近代中国救亡启蒙运动中的重要一员而加以表彰:

最近五十余年来,为中国学术思想之革新时代。其中对于国故研究之新运动,进步最速,贡献最多,影响于社会政治思想文化者亦最巨。此新运动当分两期:第一期始于民元前二十八年甲申(公元一八八四),第二期始于

---

① 钱玄同:《致郑裕孚》,1934年4月18日,《钱玄同文集》第6卷,第191—192页。
② 钱玄同:《致郑裕孚》,1934年6月25日,《钱玄同文集》第6卷,第212—213页。
③ 钱玄同:《刘申叔先生遗书总目》,《刘申叔遗书》,第5页。

> 民国六年丁巳(一九一七)。……第一期之开始,值清政不纲,丧师蹙地,而标榜闽洛理学之伪儒,矜夸宋元椠刻之横通,方且高踞学界,风靡一世,所谓"天地闭,贤人隐"之时也。于是好学深思之硕彦,慷慨倜傥之奇材,疾政治之腐败,痛学术之将沦,皆思出其邃密之旧学与夫深沉之新知,以启牖颛蒙,拯救危亡。在此黎明运动中最为卓特者,以余所论,得十二人,略以其言论著作发表之先后次之,为南海康君长素(有为),平阳宋君平子(衡),浏阳谭君壮飞(嗣同),新会梁君任公(启超),闽侯严君几道(复),杭县夏君穗卿(曾佑),先师余杭章公太炎(炳麟),瑞安孙君籀廎(诒让),绍兴蔡君子民(元培),仪征刘君申叔(光汉),海宁王君静安(国维),先师吴兴崔公觯甫(适)。此十二人者,或穷究历史社会之演变,或探索语言文字之本源,或论述前哲思想之异同,或阐演先秦道术之微言,或表彰南北戏曲之文章,或考辨上古文献之真赝,或抽绎商卜周彝之史值,或表彰节士义民之景行,或发舒经世致用之精义,或阐扬类族辨物之微旨,虽趋向有殊,持论多异,有一志于学术研究者,亦有怀抱经世之志愿而从事政治之活动者,皆能发抒心得,故创获极多。此黎明运动在当时之学术界,如雷雨作而百果草木皆甲坼,方面广博,波澜壮阔,沾溉来学,实无穷极。①

钱玄同把刘师培列为近代救亡启蒙运动中杰出历史人物之一,全面地评价了刘的政治和学术思想。

1937年7月7日,日本发动卢沟桥事变,大举侵华。7月29日,北平沦陷。北师大西迁,钱玄同因病未能随校西行。在日本侵略的淫威下,钱玄同以春秋笔法,表达他对日本侵华的愤怒。他在9月1日的日记中写道:"又是四十来天没有写日记了,这四十日之中,应与《春秋》桓四、桓七不书秋冬同例也(以后也还是如此)。"②钱玄同自幼喜好今文,按今文家之解释,桓四桓七不书秋冬,以含贬义。③ 留平期间,钱玄同闭门读书,拒绝伪聘。他常间接寄语挚友黎锦熙表示,"钱玄同决不汙伪命(他的常谈,凡去伪满和冀东伪组织找的事情或受聘教课的

---

① 钱玄同:《刘申叔先生遗书序》,《刘申叔遗书》,第28页。
② 《钱玄同日记》,1937年9月1日。
③ 《春秋》中,桓公四年、七年皆无秋冬二时,定公十四年无冬时,三《传》皆无说。今文家何休认为桓四年"天子不能诛桓公,反下聘之,桓七年春'焚咸丘'以火攻人君,故各贬去二时。定十四年孔子去,故去冬贬之"。

都叫'汗伪命')"①。1937年11月7日,钱玄同恢复旧名钱夏。②钱夏是钱玄同在辛亥革命时期以明种姓为己任所用之名,此时恢复"表示是'夏'而非'夷',不做顺民的意思"。③ 1939年1月17日,钱玄同突患脑溢血,在敌寇统治下的北平去世。其时,《刘申叔先生遗书》的序还未最后写定。

[**作者简介**:刘贵福,辽宁师范大学政治与行政学院、历史文化学院教授,博士生导师。]

---

① 黎锦熙:《钱玄同先生传》,曹述敬:《钱玄同年谱》,第167页。
② 《钱玄同日记》,1937年11月7日。
③ 黎锦熙:《钱玄同先生传》,曹述敬:《钱玄同年谱》,第167页。

梁启超与湖南时务学堂再研究

马 勇

在甲午战败刺激下,维新思潮在京沪等中心城市迅速发展,并逐步影响内地,湖南及一些内陆省份在开明官僚主持下,不仅迅速回应京沪等中心城市的维新思潮,而且在自己主管的辖地内进行了维新变法的局部试验。

湖南是中国内陆地区最有特色的一个省份,在近代中国的历史上,湖南向以保守而著称,但湖南深深介入了这场具有历史转折意义的甲午战争,因此战争的结果深刻地刺激了湖南人,所以在后来的变法维新运动中,湖南就总是走在时代前列。

湖南时务学堂的创办

自从曾国藩创建湘军平定太平天国,湖南在中国政治舞台上一直居于重要位置。到了曾国藩去世,李鸿章的势力随着淮军的兴起而崛起,皖籍军人与政客一度在中央政权中取代湘籍军人与政客成为主导力量。从这个意义上说,中国在甲午战争前期的失败,并不是整个中国军队的失败,实际上只是淮系军阀与淮系政客的失败。所以在淮系军队一败朝鲜,再败辽东后,清政府并没有彻底失望,而是企图重温"中兴名臣名将"的旧梦,选派湘军将领领命出征,挽回败局。而时任湖南巡抚的吴大澂也有意重振湘军昔日辉煌,故主动请缨。清政府遂令湘军将领魏光焘、陈湜、李光久、余虎恩等招集兵勇,开赴前线,并令吴大澂募集湘勇北上。

有了清政府的命令,吴大澂在省内开设"求贤馆"延揽人才,而湖南士人也群情激昂,以为重振湘军昔日辉煌、打败日本犹如探囊取物。然而,湘军的辉煌毕竟是昔日的余晖,今日的日本也不是昔日的太平天国,吴大澂苦心经营的新湘军实际上只是一群未经训练的乌合之众,他们在训练有素的日本军队面前,毫无招架之力,一败牛庄,再败营口,三败田庄台。湘军的连连败绩震动了国人,更震动了一直处于虚骄状态的湘人,"湖南人始转侧豁寤,其虚骄不可向迩之气亦馁矣。"①

湘军的失败是湖南人的奇耻大辱,但湖南人并没有在这次失败之后一蹶不振,而是很快形成一种寻求变革、追求进步的新风气,并与京沪等中心城市的维新思潮遥相呼应。1895年10月,陈宝箴就任湖南巡抚,由于他的开明引导与鼓励,湖南维新运动较其他内陆省份更早发生。

陈宝箴向来推崇曾国藩、左宗棠、曾纪泽、郭嵩焘等湖南先贤的思想与事功,就任之初即以开化湖南为己任,锐意进取,致力革新。他以为湖南地处内陆,向以守旧闻名,拒斥西方新思想与新文化,所以湖南要想成为中国改革先锋,就必须在思想观念上进行彻底更新。他到任后,迭与湖南官绅反复磋商,寻求振兴湖南的根本办法。在经济上,陈宝箴主张彻底放开,以为只要是有利于湖南经济发展,有利于国计民生的新举措,都应该给予支持和扶植。为了开发湖南的矿产资源,以资源带动当地经济发展,湖南行政当局根据中央政府相关政策,大胆创新,成立有矿务总局,主持省内矿产资源的开发;又倡导修建湘粤铁路,希望以此给湖南吹进一股清新的风,推动湖南社会风气的根本改变。

在开发经济的同时,陈宝箴更注意文化观念的转变和教育制度的更新。他和1894年出任湖南学政的江标一起,提倡经世之学,以改变士风,开创新的社会文化风气为己任,着力整顿旧式书院,购置不少天文地理、物理化学等方面的书籍和实验仪器,设立舆地、算学、方言等学会,试图将旧式书院改造成培养新式人才的基地。陈宝箴、江标的思想认识和这些做法深深影响了湖南知识界,从而使湖南知识界很快形成一批具有维新思想、变革精神的新知识人群体,为后来湖南新政的顺利推行准备了有用人才。

与湖南官方倡导变革几乎同步而行的,是湖南民间势力的自发维新运动。1895年7月,在外漫游多年、具有维新思想的湖南青年谭嗣同致函其师欧阳中鹄,提出在湖南进行变法维新的系统主张,以为中国的变法必须先从改变中国知

---

① 《浏阳兴算记》,《谭嗣同全集》,中华书局1981年版,第174页。

识人始,只有知识人的知识构成发生了大的变化,才能带动中国社会大变化;而要改变中国知识人的知识构成,又必须先从改变传统科举制度始,"从士始,则必先变科举,使人人自占一门,争自奋于实学"。① 基于这种认识,谭嗣同建议欧阳中鹄及湖南学政江标先从一县进行改革试验,造就有用的人才。

根据谭嗣同的建议,欧阳中鹄在湖南积极筹备,准备将浏阳县原有书院改为习格致诸学,并以算学为入手,计划将南台书院直接改为算学馆,但遭到了反对。谭嗣同得知这些情况后,迅即邀请具有维新思想并在湖南学界略有影响的唐才常、刘善涵等人联名禀请湖南学政江标②,希望转饬浏阳知县同意将南台书院改为算学馆。这一建议合乎江标的主张,江标遂于1895年9月批准了这一方案,决定在当年的乡试中"搜取试卷中之言时务者拔为前列,以为之招"。③ 但浏阳知县仍借故拖延拒不执行,南台书院改为算学馆的计划似乎并没有成为现实。

有了江标的支持,欧阳中鹄、唐才常等开始自行筹款,于浏阳文奎阁创办算学社,聘请新化晏孝儒为教习,开始讲授算学。最初入学者仅十六人。人数虽少,但这是湖南境内开始学习西方近代科学技术的最初起点。"省会人士始自惭奋,向学风气由是大开。"1896年,浏阳算学社的规模继续扩大,欧阳中鹄等人遂将算学社改名为算学馆,制定章程规定公推七人主持馆务,馆中设山长一人,监院一人,负责管理学生的学习和生活。规定入学生员除学习规定的算学外,"余时温习经史,阅看外国史事、古今政事、中外交涉、算学、格致诸书及各新闻纸。其有心得及疑义,与夫应抄录以备遗忘者,即随时分类录入杂记。每日杂记,无论行楷,总需过百字。有分数可相比较者,列为图表。有变通可须发挥者,即作论说、杂著"。④

谭嗣同、欧阳中鹄等人创办算学馆、改革旧式书院的想法与做法既合乎当时的思想潮流,也合乎清政府的政策。从思想潮流方面说,在甲午战争之后,包括

---

① 《上欧阳中鹄书》,《谭嗣同全集》,第159页。
② 谭嗣同认为,"算学者,器象之权舆;学校者,人才之根本……考西国学校课程,童子就傅,先授以几何、凭三角术,以后由浅入深,循序精进,皆有一定不易之等级。故上自王公大臣,下逮兵农工贾,未有不通算者,即未有通算而不出自学堂者。盖西国兴盛之本,虽在议院、公会之互相联络,互相贯通,而其格致、制造、测地、行海诸学,固无一不自测算而得。故无诸学无以致富强,无算学则诸学又靡所附丽"。见谭嗣同:《上江标学院》,《谭嗣同全集》,第181页。
③ 《浏阳兴算记》,《谭嗣同全集》,第184页。
④ 同上书,第178页。

康有为、梁启超、谭嗣同在内的所有进步思想家在反省中国失败原因时,差不多都追因于中国旧式教育体制已远远不能满足时代需要,中国旧有传统书院体制已全面变质,当时现存的书院至19世纪80年代就已有人指出,有名无实者十居八九。① 即便那些依然进行正常教学活动的书院,其所传授的内容已严重过时,"或空谈讲学,或溺志词章,既皆无俾时用,其下者专摹帖括,注意膏奖,志趣卑陋,安望有所成就?"②所以梁启超在《论变法不知本原之害》中敏锐指出,"吾今一言以蔽之,曰变法之本,在育人才;人才之兴,在开学校;学校之立,在变科举"。③ 这就将改变科举制度、兴办新式学校的重要性提到了一个前所未有的高度。

在清政府高层中,也有一些人比较早意识到中国旧有教育制度必须改变,西方新式教育体制应有计划地引进。1896年6月12日,刑部左侍郎李端棻上《请推广学校折》,向清政府建议令各省、府、州、县设立学堂,在京师设立大学堂。7月,山西巡抚胡聘之等奏请变通书院章程,主张书院教授天文、算学、格致等具有实用价值的新学科。8月11日,清政府批准李端棻的建议,命各省推广学校,致力实学。8月21日,孙家鼐议复开办京师大学堂办法六条。10月,礼部议复整顿各省书院折。1897年3月,安徽巡抚邓华熙奏请各省在省会另行设立格致等学堂。清政府同意了邓的建议,此后各省兴办新式学堂蔚然成风。这就是湖南时务学堂成立的大背景。

至于湖南时务学堂成立的具体背景和直接原因,还是湖南乡绅王先谦等人所从事的实业活动所促成的。陈宝箴就任湖南巡抚之后,对于湖南省的实业开发采取鼓励和支持态度。1896年,王先谦联络黄自元等人,集股创办官督商办性质的宝善成机器制造公司。宝善成公司成立之初,购买有各种机器,且有小锅炉马力一具,铇床、车床各一台,计划制造电气灯、东洋车等,1897年在长沙创设了湖南第一家发电厂,从此湖南省城开始有了电灯照明。

宝善成公司在经营实业的同时,也注意在文化教育事业上的投资,1896年冬,王先谦、张雨珊、蒋德钧、熊希龄等公司负责人为了扩大公司业务规模,向陈

---

① 参见潘衍桐:《奏请开艺学科折》,舒新城编:《中国近代教育史资料》上,人民教育出版社1981年版,第30页。
② 胡聘之:《请变通书院章程折》,《中国近代教育史资料》上,第70页。
③ 《变法通义》,《饮冰室合集》文集之一,中华书局1989年版,第10页。

宝箴申请三万两资助，陈在申请报告上批道："公极则私存，义极则利存"。这两句带有多重含义的批语使王先谦等人极不高兴，以为未办事而先受申饬，遂改为少用公款而多用民间资本。嗣后不久，参与其事的蒋德钧更觉得宝善成公司"迹近谋利"，不太合乎他们原先创办该公司的宗旨，于是提议在机器制造公司之下也即宝善成公司之下设立时务学堂，推广工艺。① 这大概是创办湖南时务学堂的最早动议。

蒋德钧提议创办时务学堂归属于机器制造公司即宝善成公司，这个学堂的创建目的似乎也只是为了推广工艺，计划招收二三十名学生，常住局中学习制造，计划聘请一位通重学、汽机等相关学科的老师主其事，"俾日与诸生讲解制造之理，并随时入厂，观匠人制造"。② 似乎带有为宝善成机器制造公司培训人才的意味。

机器制造公司创办学堂的计划，由公司负责人王先谦等领衔上报湖南巡抚陈宝箴。这一计划与陈宝箴的思路不谋而合，陈宝箴于1896年底将这个计划批准立案，并命名为"时务学堂"。时务学堂的性质似乎也由此而变，因为陈宝箴在批准创办时务学堂的同时，还同意每年从湖南省矿务赢利中划拨三千两作为学堂常年经费，并经清廷批准，援天津、湖北武备学堂先例，每年于正款项下划拨一万二千两，酌充时务学堂和湖南武备学堂常年经费。③ 这样一来，时务学堂虽由王先谦等人动议创办于宝善成机器制造公司之下，但现在实际上成为湖南省政府下的一个机构，享有与官办武备学堂同等的待遇。

办学方针的确立与改变

时务学堂收归政府主办后，在名分上仍是机器制造公司的下属机构，"开局之初，刊发关防，本以机器制造公司时务学堂为名，欲令教授学徒，俾通制造"。当时，除王先谦外，还有熊希龄、蒋德钧、张雨珊、陈程初一同受命负责，熊希龄因有他事，在最初阶段并没有到任，蒋德钧、陈程初参与过二三次会议，唯王先谦、

---

① 参见熊希龄：《为时务学堂事上陈宝箴书》，《熊希龄集》上，湖南人民出版社1985年版，第53页。
② 《邹代钧致汪康年函》(42)，《汪康年师友书札》，上海古籍出版社1986年版，第2695页。
③ 参见《湖南巡抚陈宝箴折》，《戊戌变法档案史料》，中华书局1958年版，第243页。

张雨珊在一起主持其事约年余。在最初阶段,他们因商股难以招集,建议两江总督刘坤一将湖南的盐税略加提高,以此作为机器制造公司及时务学堂常年经费。他们的报告已写好,适蒋德钧有事前往上海,就决定由蒋自带面商于刘坤一。不料,熊希龄擅自"改窜禀词,专以时务学堂为言"。所以,待刘坤一批准这一方案后,机器制造公司的各位主管就此发生了分裂。蒋德钧飘然入都,不再回湘。①而熊希龄则以避免责成不专、互相推诿之敝为由,建议将制造公司中的轮船、制造、学堂三事分开,由熊希龄独自主持时务学堂。

熊希龄接手时务学堂的管理责任后,遂邀请谭嗣同、黄遵宪等人参与其事。黄遵宪为新任湖南按察使,他在刚到长沙时得知时务学堂的创办,即向巡抚陈宝箴、学政江标竭力推荐《时务报》主笔梁启超任时务学堂中文总教习、《时务报》翻译李维格任西文总教习。1897年9月9日,黄遵宪致函《时务报》总理汪康年,称"学堂人师为天下楷模,关系尤重",劝汪氏从维新事业大局考虑,同意梁启超、李维格二人来湘主持时务学堂,培养维新人才。②

与此同时,与梁启超、汪康年等人有着各种各样关系的湖南知识人谭嗣同、熊希龄、邹代钧等也纷纷"劝驾",甚至声言如果汪康年不同意放梁启超、李维格到长沙主持时务学堂,他们不惜"蛮拉硬作"。在这些友人的反复动员下,汪康年同意梁启超、李维格赴湖南兼任时务学堂中西文总教习。

对于湖南方面的邀请,梁启超很有兴趣。其实早在北京强学会遭到封闭之后,他就有赴湖南开一片新天地的想法。他于1896年4月2日致信汪康年,称湖南居天下之中,士气最盛,极具改革思想的陈宝箴出任湖南巡抚,或许在陈的主持下湖南能够有一番作为,"或者天犹未绝中国乎"?他计划如果汪康年不能将《时务报》顺利创刊,他就只好转赴湖南,投奔陈宝箴,他恳请汪康年利用与湖南方面的密切关系,"望一为先容",设法介绍点关系。③

汪康年或许按照梁启超的请求为之介绍湖南方面的关系,于是梁启超对湖南的政情动态更为关注。7月11日,梁启超再次致信汪康年,对于湖南在中国未来政治中可能发生的作用有一很好的估计。他认为,在"十八行省中,湖南人气最为可用,惟其守旧之坚,亦过于他省,若能幡然变之,则天下立变矣"。对于

---

① 参见王先谦:《与陈佩蘅》,《葵园四种》,岳麓书社1986年版,第929页。
② 参见《黄遵宪致汪康年函》(34),《汪康年师友书札》,第2360页。
③ 参见《梁启超致汪康年函》(5),《汪康年师友书札》,第1831—1832页。

汪康年的朋友江标督学湘省，梁启超亦寄予厚望，称"此君尚能通达中外"，建议汪氏利用这层关系致信江标，鼓励他着手改革湖南省内的考试制度，"令其于按试时，非曾考经古者，不补弟子员，不取优等。而于经古一场，专取新学，其题目皆按时事。以此为重心，则禄利之路，三年内湖南可以丕变矣。此事关系大局非浅，望酌行之"。① 对陈宝箴主导的湖南新政寄予无限希望。

正因为有这样的思想基础，再加上自1897年初以来他就与汪康年在《时务报》内部的一系列问题上发生了分歧，关系略有紧张，所以当梁启超收到湖南方面的邀请后，便义无反顾地离开上海，出任时务学堂总教习。

在梁启超抵达长沙时，时务学堂在陈宝箴、熊希龄、黄遵宪等人的筹办下已经成立，常年经费也已落实，办学所需图书仪器或已购置，或正在置办，筹办工作已大体完成。在这种情况下，遂由陈宝箴出面发布《招考新设时务学堂学生示》，介绍时务学堂设立的原委，鼓励青年学子勇于报考。根据他在这篇文章中的说法，时务学堂计划招收120人，均由各府厅州县学官绅士查报汇册考试。惟早一日开学，即早收一日之效，而建造学舍尚需要时间，所以第一年议定暂租衡清试馆开办，延聘中西学教习，择期开学，一面拓地建筑校舍，拟先行招收60人入学，其余60个名额俟校舍建筑略有头绪时再由各府厅州县录取选送。

在谈到学堂教学内容及学生未来出路时，陈宝箴强调，鉴于西方近代科学文化均有精微，而取彼之长，补我之短，必以中学为根本。惟所贵者不在务博贪多，而在修身致用。诸生入学三四年后，中学既明，西文既熟，即由省府负责选择数十名优等生，由政府提供经费，或送往京师大学堂继续深造，考取文凭；或公费送往国外，就水师、武备、化学、农商、矿学、商学、制造等专业进行深造。待这些学生学成归来，省府再按照每人的情况加以提拔使用。至于那些依然愿意由正途出身者，陈宝箴许诺他们可以作为同等学力，一体乡试，获取功名。② 这一举措在科举制度仅仅开始松动而并没有真正废除的条件下，应该说对于那些青年学子极具吸引力。

陈宝箴的《招考示》发布后，在湖南省境内各府厅州县获得了广泛反响，至9月24日正式考试时，诸生投考者至4000余人。③ 经过较为严格的考试，最后录

---

① 《梁启超致汪康年函》(8)，《汪康年师友书札》，第1834页。
② 参见陈宝箴：《招考新设时务学堂学生示》，《中国近代教育史资料》上，第147页。
③ 参见《时事杂志》，《知新报》第38册，光绪廿三年十一月初一日。

取了 40 名,陈宝箴原计划第一批录取 60 名并没有实现,似乎坚持了宁缺毋滥的原则。

当湖南时务学堂的招生正在紧张进行时,梁启超还没有离开上海,但他与熊希龄等人之间书信往还,就学堂设置、教学内容、教学方法及人员配置等问题进行了反复磋商,他根据自己追随康有为在万木草堂的经验及所知广雅书院、两湖书院的教训,坚持分教习必须由学堂总教习自主聘任,否则总教习与分教习发生分歧,或观念差别太大,势必影响学堂的教学质量。熊希龄等人接受了梁启超的建议,同意梁启超以总教习的身份聘任其同门好友韩文举、叶觉迈、欧榘甲三人为中文分教习。在教学方法上,梁启超认为新办的时务学堂应该兼容旧式书院和新式学堂二者的优点,兼学西文者为内课,用新式学堂的教学方法进行讲授;专学中学不学西文者为外课,用旧式书院的教学办法进行传授。他觉得既然准备在时务学堂花费一两年的日力心力,那么就应该尽量多培养出一些有用之才,所以在招生规模上,他主张尽量多地扩大招生规模,以为教授四五十人与教授一二百人所花费的日力心力相去不远,所以在招生数量上不必太保守,而应该多多益善。① 梁启超的这些建议在后来的实践中逐步成为时务学堂的主导思想。

1897 年 11 月 14 日,梁启超偕韩文举、叶觉迈、欧榘甲及西文总教习李维格从上海抵达长沙,稍事准备,即于 11 月 29 日正式开学。

在梁启超尚未到长沙时,他就在上海参照康有为在长兴里和万木草堂的办学经验为时务学堂拟定了章程,到了长沙后,他又对这些章程进行了修改,正式公布《湖南时务学堂学约》共十章②,以此作为时务学堂的办学原则。这十章内容分别是立志、养心、治身、读书、穷理、学文、乐群、摄生、经世、传教。从形式上看,这个章程更多继承了传统儒家尤其是宋明儒学的讲学遗风,强调个人修养的"内圣"功夫,然后再以"内圣"开出"外王",培养出合乎时代需要的人才。但在实际上,这个章程在继承儒家思想精华的同时,更多地强调了向西方学习,即便是在"经世"的层面,也强调学生在深通儒家六经制作之精意的同时,证以西人公理公法之书,以求治天下之理。显然,在梁启超的心目中,实际上是期望时务学堂能够成为即将到来的变法维新运动的人才基地。

---

① 参见梁启超致陈三立、熊希龄函,《戊戌变法》(2),上海人民出版社 1957 年版,第 592 页。
② 《湖南时务学堂学约》,《饮冰室合集》文集之二,第 29 页。

对于时务学堂的功课,梁启超也有比较独特的设计。他将这些功课大体分为两类,一类是所有学生入学后半年必须修的博通学,也就是后来所说的通识教育,其中包括儒家经学、诸子学、公理学、中外历史地理以及比较浅显的自然科学基础等。这门课所用的教材主要有《孟子》、《春秋公羊传》、《礼记》、《论语》、《荀子》、《管子》等儒家经典和先秦诸子。其教授方法,主要是指导学生反复研读这些经典,仔细体会其中的"微言大义"如《孟子》中的民权思想,然后指导学生用中外政治法律进行比较参证,使学生充分理解变法维新的历史必然性。经过大约六个月的所谓博通学的训练之后,学生将按照各自的志趣和特长选择不同的专门学,从而使之学有专长。专门学主要有公法学、掌故学、格致学及算学等。只是在学习专门学时,学生仍应就博通学中一些书目进行学习。

在要求学生所读书目中,由于种类太多,梁启超又将之分为"专精之书"和"涉猎之书"。专精之书由总教习或分教习负责全部讲授,循序渐进,仔细体会,认真研读,此类书约占每天学习时间的十分之六;涉猎之书,则由教习指导略加浏览,约占全部学习时间的十分之四。不论是专精之书还是涉猎之书,梁启超都要求学生随时札记,每日将所读之书,按照书名、篇名等详细注明,或写出自己的阅读心得,或抄录书中的内容。这些札记每隔五天上交一次,由总教习和各位分教习批阅评定。

梁启超刚到长沙时,受到湖南各界各方面的一致欢迎,到达当天,湖南巡抚陈宝箴的公子陈三立、湖南学政江标、湖南按察使黄遵宪、时务学堂代总教习皮锡瑞以及湖南官绅、社会名流邹代钧、熊希龄、唐才常等前往迎接,学堂全体师生更是齐集学堂门前燃放鞭炮予以欢迎。第二天,又在北门内左文襄公祠堂设宴为梁启超一行洗尘。在此后几天,梁启超的住处每天都是宾客盈门。湖南文坛大佬、乡绅领袖王先谦在梁启超刚到时,也是发自内心感到高兴,对梁尊礼有加,曾专门张宴唱戏,以示欢迎。① 换言之,在梁启超初到湖南时,包括后来所谓旧派人物在内的湖南各界真诚欢迎,"诸人倾服,自是实事"。② 然而没过很久,情况却发生了很大的变化。

---

① 参见熊希龄:《为时务学堂事上陈宝箴书》,《熊希龄集》上,第52页。
② 皮锡瑞:《师伏堂未刊日记》,《湖南历史资料》1958年第4期。

异端与正统的冲突

在《时务报》主持笔政时,梁启超就有意于宣传乃师康有为的孔子改制说和新学伪经说,只是受制于张之洞一系的压力以及与《时务报》创建诸人的约定,梁启超在宣传乃师主张上,还显得比较谨慎和克制。然而到了时务学堂,他觉得这些约束已不复存在,故而敢于放言高论,无所顾忌。他在重印康有为的《长兴学记》时,有意鼓吹康有为创立新孔教的意义,提出"推孔教以仁万国"。[①] 在其所撰写的《读西学书法》中,梁启超认同康有为新学伪经的说法,强调学生应该知道孔子之为教主,应该知道儒家六经皆由孔子改定制度以治百世之书,应该知道东汉以来所畅行的所谓古文经学并不是儒家正宗,而是刘歆的伪造,应该知道东汉以来以训诂名物为基本特征而至乾嘉时代鼎盛一时的所谓汉学也非儒学正统,而是儒学的变异与无聊,应该知道三代以后中国君权日尊,民权日衰,是中国积贫积弱之根源,而导致这一恶果最有影响的人物则是秦始皇、元太祖、明太祖。凡此种种激烈言论,势必与正统学说发生冲突,开启所谓新旧势力之间的争论。

为了指导学生阅读《春秋公羊传》和《孟子》,梁启超在繁忙的教学之余著有《读春秋界说》和《读孟子界说》两篇文章,前者借用乃师康有为的观点,强调《春秋》为孔子托古改制而制作以教万世的著作,《春秋》为明义之书,非记事之书。《春秋》立三世之义,其目的就是为了以明古往今来天地万物递进的道理。后者将孟子视为儒学正统,以为孟子所传的大同之义,都属于儒家思想最有价值也最有现实意义的内容。至于《孟子》中的民权思想,梁启超也作了极致发挥,以为与西方近代以来的民权思想具有相似或相近的地方。这显然也是康有为大同学说的翻版。

梁启超在湖南时务学堂更激烈的言论并不在自己写作的文章中,而是体现在他所批阅的学生读书札记中。梁启超借鉴过去书院培养学生的经验,格外强调学生自学及写作札记,鼓励学生独立思考,大胆思考。

---

① 《重印长兴学记志》,《长兴学记》,中华书局1988年版,第24页。

在梁启超的指导下,这些学生读过不少西方近代以来的政治、法律方面的书籍,受到过新思想新文化最基本的启蒙教育,培育了接受思想异端的基础,所以当他们再听到梁启超那些振聋发聩大胆言辞和那些充满激情的启发式演讲,阅读梁启超那些具有异端倾向的文章之后,其思想中的共鸣、认同是显而易见的。这些学生在他们的读书札记中充分挥洒他们的思想火花,批判旧制度旧思想和旧文化,鼓吹新思想新文化。

学生们的异端表达还可以幼稚、不成熟作掩饰,而梁启超在学生札记中的批语却赤裸裸地借题发挥,发表许多在内地人看来不可思议不可接受的思想异端。比如在谈到民权问题时,梁启超在批语中强调西方的民权在中国具有深厚的土壤和实现的基础,因为儒家经典中的大同学说,其实就是东方的民权观念,与西方的民权思想具有相同意义。梁启超认为,中国古人的民权思想非常丰富,如果将六经中关于民权的文字汇集起来,肯定是洋洋大观,不输于西方。这显然与正统见解有很大差别。

有学生在札记中提及当时中国政治中还比较忌讳的议院制度和议会主张,梁启超也就此多有发挥,积极提倡。他认为,和民权思想一样,议院制度虽然创制于西方,但在中国古代思想传统中也多有类似或相近的意思,只是中国的君主专制时间太长,议院制度在中国就没有从思想转化为制度,转化为实践。这是非常可惜的,但这也表明中国社会有接受议会政治、议院制度的潜质与可能。

还有学生在札记中提及中国礼仪制度的改革,建议废除不合乎时代的跪拜礼。梁启超对此深表赞同,甚至强调中国如欲变法维新,就应该从天子降尊始,这样如果不先废除跪拜礼仪,上下仍习虚文,就不仅为外国人所嘲笑,也无法建构合理的政治体制。这在跪拜仍是中国君臣之间交往的主要礼仪形式的时候,其异端的色彩显然比较浓厚,因而也就受到非常激烈的批评。

政治改革在当时的知识人中已经有人进行讨论,但政治改革的方向、范围,似乎并没有什么定论,改革后的大清王朝究竟是一种什么样子,其实谁也不清楚。于是有学生在札记中讨论这个问题时,借用中国古人的智慧,提出改正朔、易服色。改正朔、易服色在古代中国具有改朝换代的象征意义,这可是现实政治中的大忌,而梁启超在批语中并不回避,而是大笔一挥,直抒己见,不但将改正朔、易服色与即将到来的维新变法运动联系起来,声称"衣服虽末事,然切于人身最近,故变法未有不先变衣服者。此能变,无不可变矣"。由此引申,梁启超毫无顾忌声讨清兵入关后残杀汉人的野蛮行径,称读《扬州十日记》,"尤令人发指眦裂"。① 这显然已不是帮助清政府"自改革",而蕴含有推翻清廷、改朝换代的意味了。

梁启超的这些极端言论均在时务学堂内部发表,而由于时务学堂的学生全部住校,这些极端言论所发挥的作用也只在学堂的内部,学堂内部的空气日日激变,而学堂的外面并无人知晓。所以,在时务学堂开学后最初几个月里,湖南各界对时务学堂很恭维,比较一致认同梁启超对时务学堂的改革与改造,相信时务学堂在梁启超的操持下总算走上了正轨,教员比较卖力,学生也知道用功,官府和学生家长都比较满意。

然而到了春节放假时,来自全省各地的学生返回家乡过年,就在这个短短年假,这些学生将他们在时务学堂学到的这些异端思想用最快的速度传播出去了,家长震动,官府震惊,"全湘大哗"②,"引起很大的反动"③,甚至为后来康梁流亡、六君子被戮埋下了伏笔,留下了契机,提供了口实。

1898年3月3日,梁启超因故暂时离开长沙。随着梁启超的离开,攻击时务学堂的流言飞语开始在长沙知识界散布,或谓陈宝箴对梁启超已经有了意见,或谓陈宝箴将调王先谦取代熊希龄出任时务学堂总理,由叶德辉出任总教习④,或指责熊希龄不该聘请粤人出任分教习,更不该同意梁启超让学生读《春秋公羊传》,散布康有为的异端邪说,"议论纷纷,是非莫辨"。⑤ 流言飞语对时务学堂构成了相当大的负面影响,再加上梁启超已不在长沙,学堂分教习韩文举、欧榘甲、叶觉迈三人对谣言的传布极为愤怒,相率辞职,后在唐才常再三挽留下,勉强留了下来,但心中的不满并没有平息。⑥

一波未平,另一波又起。6月30日,岳麓书院学生宾凤阳、杨宣霖、黄兆枚、刘翙忠、彭祖尧等上书山长王先谦,以维护纲常名教、忠孝节义为名,肆意攻击黄遵宪、徐仁铸,主要目标对着时务学堂和梁启超。宾凤阳等人强调,湖南民风素

---

① 苏舆编:《翼教丛编》卷五,上海书店出版社2002年版,第146—147页。
② 梁启超:《清代学术概论》,《梁启超论清学史二种》,复旦大学出版社1985年版,第69页。
③ 梁启超:《蔡松坡遗事》,丁文江、赵丰田编:《梁启超年谱长编》,上海人民出版社1983年版,第84页。
④ 《唐才常致欧阳中鹄函》,《唐才常集》,中华书局1980年版,第237页。
⑤ 熊希龄:《为时务学堂事上陈宝箴书》,《熊希龄集》上,第51页。
⑥ 参见《唐才常集》,第237页。

来淳朴,本为一安宁的世外桃源,不料黄遵宪到湖南后,提倡什么民权之说,民风为之稍变;而自徐仁铸来后,肆意传播康有为的异端邪说,湖南风气为之大变;自熊希龄力邀梁启超主持时务学堂后,梁启超大畅师说,鼓吹什么孔子改制,什么新学伪经,深刻影响湖南学子,改变了湘湖文化原本纯正的学风。

宾凤阳等人在这封具名的检举信中还指出,梁启超等人所用以蛊惑人心的,不外乎什么民权、平等这些似是而非的口号,而中国及湖南目前所需要的并不是这些东西,"试问:权既下移,国谁与治?民可自主,君亦何为?是率天下而乱也。平等之说,蔑弃人伦,不能自行,而顾以立教,真悖谬之尤者!"他们还搜集梁启超在时务学堂读书札记上所作的批语,专门挑选那些具有异端倾向的文字提供给王先谦,请求王先谦利用自己在湖南知识界的影响力,出面要求湖南行政当局对时务学堂严加整顿,辞退梁启超等教习,另聘品学兼优者。①

因为南学会等方面的原因,王先谦已经对梁启超等人肆意传播康有为的异端邪说有所不满,所以当他收到宾凤阳等人的检举信后,大为震惊。他强调,清政府鼓励开办新式学堂的目的是为了采纳西学,但并不是让中国人去信奉西教。西教的流行,在中国已有不可阻挡之势,但真正的西教也有其合理的地方。而康有为、梁启超等人今日所以惑人,自为一教,并非真的西教。其言平等,则西方国家也并没有完全做到平等;言民权,则西方国家或有君主,或有总统,也并不是将国家权力交给人民。王先谦说:"康、梁谬托西教,以行其邪说,真中国之巨蠹,不意光天化日中,有此鬼蜮!今若谓趋重西学,则其势必至有康梁之学,似觉远于事情。且康梁之说,无异叛逆,此岂可党者乎?彼附和之者,今日学堂败露,尚敢自号为新党乎?"②在王先谦看来,梁启超在湖南放肆鼓吹康有为的异端邪说,就不仅仅是思想学术论争,而是严肃的政治问题,关系到大清王朝的政治合法性和社会稳定等大问题。

基于这样的认识,王先谦联络湘籍士绅叶德辉、张祖同、孔宪教、刘凤苞、蔡枚功、汪概、黄自元、郑祖焕、严家鬯等人,于6月10日向湖南巡抚陈宝箴呈递了一封联名信,并附上宾凤阳等人写给王先谦的检举信,控告梁启超借充任时务学堂总教习之机"承其师康有为之学,倡平等、民权之说","学子胸无主宰,不知其阴行邪

---

① 参见宾凤阳等上王先谦书,《葵园四种》,第875页。
② 《复吴生学兢》,《葵园四种》,第864页。

说,反以为时务使然,丧其本真,争相趋附,语言悖乱,有如中狂。始自会城,浸及旁郡。虽以谨厚如皮锡瑞者,亦被煽惑,形之论说,重遭诟病。而住堂年幼生徒,亲承提命,朝夕濡染,受害更不待言。是聚无数聪颖子弟,迫使斫其天性,效彼狂谈,他日年长学成,不复知忠孝节义为何事。此湘人之不幸,抑非特湘省之不幸矣!"这封信除了控告梁启超,还涉及中文分教习韩文举、叶觉迈以及谭嗣同、唐才常、樊锥等,他们请求陈宝箴对时务学堂严加整顿,斥退主张异学诸人。①

王先谦等人的检举义正词严,似乎应该能够获得陈宝箴的同情和支持。无奈在这封检举信送达前,陈宝箴已获悉在长沙街头到处流传着署名宾凤阳等人的揭帖,此揭帖的内容除了王先谦等人检举信及所附宾凤阳的信件外,还有不少对时务学堂的污蔑不实之词,如称"学堂教席争风,择堂中子弟文秀者,身染花露,肆性鸡奸"等②,这就有点捕风捉影、不负责任了。结果,待王先谦等人的信件送达时,陈宝箴大为光火,觉得此揭帖"丑诋污蔑,直是市井下流声口,乃犹自托于维持学教之名,以图报复私忿。此等伎俩,阅者无不共见其肺肝。若出于读书士子之手,无论不足污人,适自处于下流败类,为众论多不齿耳"。陈宝箴在批示中指出,此等下流污蔑之语,对于被诽谤的学堂和学堂教席毫无所损,但其根本用意是为了解散时务学堂,阻挠新政推行,既违背了朝廷兴学育才之至意,又大为人心风俗之害。陈宝箴指示总理学堂事务布政司立即查明此事,彻底根究。③

陈宝箴不仅没有同意王先谦等人辞退梁启超等人的要求,反而借此机会要求追究宾凤阳等人造谣惑众的事情。王先谦闻讯后极为恐慌,立即致函陈宝箴进行辩解,声称遍询诸人,均未见长沙城中有此揭帖,他认为此揭帖可能是那些不怀好意的"痞徒"乘机播弄是非,有意向宾凤阳及岳麓书院栽赃。他还向陈宝箴保证,宾凤阳是岳麓书院"品学俱端"的学生,决不会有此"造言恶习"。他甚至流露出自己的委屈,有意辞去岳麓书院山长的职务。

收到王先谦的这封辩解信后,陈宝箴心中的愤怒依然没有缓解,他在回复王先谦的信中指出,此揭帖中的下流污蔑之语虽不能遽然断定为宾凤阳等人所为,但也不能不令人怀疑。以理度之,如果为人假托,宾凤阳等如果品学皆端,见此等市井下流之词,俨然指为己出,必且面赤背汗,于心不安,即使不顾及受到诽谤

---

① 参见王先谦等上陈宝箴书,《葵园四种》,第876页。
② 《附时务学堂禀词》,《葵园四种》,第872页。
③ 参见陈宝箴在时务学堂禀词上的批示,《葵园四种》,第873页。

的人与之为难,亦当考虑用什么办法进行辩白,有以自处,而宾凤阳等人却选择了持续沉默,这就不能不令人怀疑了。他劝王先谦相信事实总会调查清楚,既不要过于偏袒自己的学生,更不必因此而辞职。① 收到陈宝箴的复信后,王先谦第四次致函陈宝箴进行辩解,而陈宝箴也再复书坚持自己的看法。② 不过,陈宝箴还是给王先谦留足了面子,此事后来也就不了了之。

时务学堂的终结

陈宝箴为王先谦留足了面子,但王先谦等人并没有就此停止对梁启超等人的攻击。他以岳麓书院山长的身份联络城南、求忠两书院,以三书院学生的名义邀请全省士绅出面订立所谓《湘省学约》,进一步攻击时务学堂和梁启超等人,声称湖南开办时务学堂,本为当务之急,凡属士民,无不闻风而起,但学堂用人不当,竟然聘请广东举人梁启超出任中文总教习、广东人韩文举、叶觉迈等为分教习,他们自命西学通人,实皆"康门谬种",他们大张其师康有为之邪说,蛊惑湘人,无知之徒,翕然从之,其始在随声附和,意在趋时;其后迷惑既深,心肠顿改。考其为说,或推尊摩西,主张民权;或效耶稣纪年,言素王改制;更为严重的言论如谓何种以保种,中国非中国;且有臣民平权,君统太长等语。似此异端言论,背叛君父,诬及经传,光天化日之下,魑魅横行,是湖南之不幸,学界之大患。他们企图通过《学约》中所标明的正心术、核名实、尊圣教、辟异端、务实学、辨文体、端士习等内容以纠正康梁学说对湖南知识界的影响。

康梁学说在湖南确实已有相当大的影响力,已经形成一股不容忽视的势力,这个势力面对反对者的挑战也决不会不战而退,而是进行了顽强抵抗。当王先谦等人《湘绅公呈》送达陈宝箴之后的第三天即1898年7月13日,时务学堂总理熊希龄联合湘籍户部主事黄膺、翰林院庶吉士戴展诚、前广西知县吴獬、候选训导戴德诚等,向湖南巡抚陈宝箴呈递"整顿通省书院"的请求,针对全省书院的积弊,提出从七个方面进行整顿,即一、定教法,聘请纯正博学、兼通中西的著名

---

① 参见《陈宝箴复王先谦函》,《葵园四种》,第877页。
② 参见王先谦:《四致陈中丞》及附陈宝箴复书,《葵园四种》,第879页。

学者编定教法章程；二、端师范，书院不再由庸陋之绅士占据山长位置，而是聘请明正通达之士担任；三、裁干修，即将那些挂名的山长或出工不出力的山长，或不称职的山长，统统裁撤，至少要废除他们所领取的干薪；四、定期限，规定书院山长不能任意决定到院时间，凡山长住院每年以十个月为度，不得视书院为传舍，想来就来，想走就走，致负朝廷殷殷教育之至意；五、勤功课，厘定各书院课程，规定书院课程虽不能照新式学堂那样中西并学，亦须令学生每日必呈札记一条，由山长亲自评阅，不能再托人点窜；六、严监院，改革书院内部管理制度，废除由学生选斋长的办法，改为任命本地教官为监院，或以绅士充当，限令住院，申明条规，免滋流弊；七、速变通，从前山长多半守旧、不通时务之人，若听其主持书院，则不能适应时代发展需要，应仿江苏另延山长的办法，将本年束脩全行致送，另筹款项，邀请博学者主讲，以免旷时驰业，致误学生前程。① 这些建议不仅切中湖南各书院的弊端，而且其预设的攻击目标就是岳麓书院，而岳麓书院的院长就是王先谦。

  熊希龄等人的绝地反击固然有助于湖南知识界新思想新文化的传播和新势力的增长，但湖南巡抚陈宝箴出于息事宁人、平衡大局的考虑，不仅对王先谦欲辞去岳麓书院山长的职务加以挽留，而且在事态基本平息后，竟然下令免除熊希龄时务学堂总理的职务，稍后又免去韩文举、叶觉迈、欧榘甲等人的分教习职务。这显然是为了慰抚王先谦等士绅。

  时务学堂的人事调整，大致平息了因梁启超的异端言论而引发的所谓湖南新旧冲突，湖南知识界大致恢复到时务学堂创办前的均衡。湖南的维新势力特别是康有为、梁启超的影响力因此受到严重打击，据从维新阵营中分化出来的邹代钧致汪康年信说："鄙人为时务学堂事，竟与谭、熊为深仇，谭虽得保而去，熊则仍居此间，动辄以流血成河为言，且行同无赖，似难以计较。学堂事渠虽交出，费尽许多心血，实一言难罄。右丈委汪颂年与鄙人接办，而熊怒未息，其无状竟及于义宁乔梓矣。湘中万难相容，势必走附康门，求一出身也。公以恬退责我，我不受也。苟不恬退，谭、熊必以洋枪中我矣。此二人者，鄙人向引为同志，本有才，从前作事尚为公，一旦陷入康门，遂悍然不顾。吁！康徒遍天下，可畏也。"②

---

① 参见熊希龄：《为整顿通省书院与黄膺等上陈宝箴书》，《熊希龄集》上，第47—49页。
② 《邹代钧致汪康年函》(69)，《汪康年师友书札》(3)，第2757页。

邹代钧与梁启超、汪康年、谭嗣同、熊希龄等人原本都是很好的朋友和维新的同志，一个湖南时务学堂的成立与解散，却使他们变成路人，变成仇人。这是非常令人惋惜的。

时务学堂因梁启超的离去、熊希龄的去职而基本结束了它在维新时代早期的使命，但其在维新运动史上的历史功绩和经验教训还是值得人们记忆的。

湖南时务学堂的开办，极大地刺激了湖南省内各府县开明士绅改革旧式书院、创办新式学堂的热情。在此之后不久，岳州府巴陵、平江、临湘、华容等县士绅郭鹏、姜炳坤、方傅鸾等仿照湘省校经书院章程，改岳阳书院课程为经学、史学、时务、舆地、算学、词章六门。宝庆府武冈士绅陆孝达、王佐龙等将鳌山、观澜、峡江三书院，一律改课实学，课程分为经义、史事、时务、舆地、兵法、算学、方言、格致八门。浏阳士绅也计划将该县六个书院合并为一所规模较大的致用书院，后因县内守旧势力的阻挠没有成功，只能将南台书院辟为讲舍，进行新式教育。郴州士绅在新式教育影响下，也集资创办了经济学堂，致力于培养通达时务的新式人才。所以这些，都应该说是在时务学堂的影响下所发生的。

即便从时务学堂自身的办学成果看，也为湖南乃至全国培养了一批对西方近代以来的新思想、新学说有相当体会的新型知识人，为湖南和全国正在开展的维新变法运动输送了一大批人才。首批四十名学生在此后十余年间大半死于国事，在戊戌变法、自立军起义、辛亥革命以及后来的反袁斗争中都可以看到他们的身影，他们为这些政治变革立下了不朽功勋，有的人甚至为此献出了生命，如自立军起义时牺牲的林圭、秦力山，在反袁运动中的领袖人物蔡锷等。

就其经验教训而言，时务学堂在梁启超的主持下，改变了创办之初的宗旨，成为其宣传个人政治主张的阵地，激起了湖南正统学者的激烈反对，并引发了所谓新旧思想的冲突。梁启超等人的这些做法对于开通内陆省份湖南的社会风气，无疑具有很重要的作用，然而一百多年之后重新评估梁启超等人的这些言行，是否有可检讨之处呢？孔子两千多年就说过，欲速则不达。近代中国启蒙者真诚可爱，他们不能容忍社会的不完美，他们总是期待中国在一夜之间换了人间，然而最后的结果却总是走向主观愿望的反面，甚者青山不在，柴火也就无处可寻了。

[作者简介：马勇，中国社会科学院近代史研究所研究员。]

世界语与中国的无政府主义*

〔德〕顾德琳

世界语在中国的历史经过了漫长的阶段,并且与无政府主义紧密联系在一起。本文探讨20世纪30年代之前二者的联系,并试图展示有哪些团体宣传世界语,他们的理由是什么,希望能为厘清中国政治和语言之间的复杂关系,尤其是在20世纪上半叶的关系带来一线曙光。

20世纪早期,世界语在中国的历史曾经和无政府主义紧密联系在一起,虽然这种联系不是独占性的。本文探讨中国的世界语运动在东京和巴黎的起源和早期发展,还研究支持或者反对世界语的团体以及他们各自的论调,以期证明世界语和无政府主义在中国的密切关系,以及在整个东亚的影响。在西方,尽管二者不能说毫无关联,但是与东方相比,西方的无政府主义者对语言不甚感兴趣,因此二者的关联不甚紧密。这种对比表明,东西方在文化敏感点方面存在重要差异。对这个问题的认识,必须结合无政府主义传入中国的背景及其原因。下面首先对世界语作为一种语言和一场政治运动的基本情况作一简单介绍。

世界语是犹太眼科医生柴门霍夫(L. L. Zamenhof)于19世纪晚期创制的一种普救性语言,目的是作为国际辅助语。柴门霍夫出生在俄国统治下的波兰,并且身处在犹太人、信奉天主教的波兰人、信奉东正教的俄国人和信奉新教的德国人之间,亲身经历了语言、种族、国家和信仰各方面的对立。他认为交流问题是发生冲突的主要原因,并且发明了世界语作为解决方法。1887年,他公开出版了自己的研究成果。因为本身是一名医生,所以他用了"希望大夫"(Doktoro

---

* 本文定稿的完成要感谢大量读者提出的宝贵建议,还要感谢艾德·克雷布斯(Ed Krebs)为我们提供的材料、建议和鼓励。

Esperanto)作为笔名。逐渐这个名字就成了"世界语"的代称。①

在1905年出版的《世界语基础》(*Fundamento de Esperanto*)一书中,柴门霍夫创建了世界语的体系。世界语要最大限度地实现简单化,只有16条语法规则,读写一致,名词不分阴阳性,动词都是规则的而且没有人称和数的变化,词汇基本上来自拉丁语、英语、德语、法语和俄语。② 柴门霍夫还通过翻译《旧约》和莎士比亚、莫里哀、歌德的戏剧测试并完善了这门语言。

在19世纪晚期,世界语运动展开了。今天,成立于1908年的国际世界语协会已经有来自110多个国家的会员,代表了10万多名世界语爱好者,每年都派出代表参加国际世界语大会。目前已经有100多种世界语期刊和3万多本世界语书籍出版。

随着影响在深度和广度上的加深,世界语运动的内部矛盾也尖锐起来。柴门霍夫试图赋予世界语准宗教性内涵。其他人则把这种语言当作一种交流的中立性的工具。表面上,世界语提倡者们搁置差异,一致赞成为人类的互相理解与世界和平搭建一个平台,但是运动中的紧张元素仍然存在。③

社会主义者和无政府主义者视世界语为通向国际主义和世界解放的完美媒介。同时,世界语也赢得了思想国际化的中国人的大力支持。世界语由外国人引入中国,开始影响甚微。然而,身处国外的中国激进主义者们,主要是留法和留日的无政府主义者们,满怀激情地提倡世界语,并且尽最大的努力在中国和外国完善它。

在随后的几年中,世界语也得到了中国共产党人的支持。十月革命之后,20世纪20年代,苏联的世界语组织创建了一个工人出版社。④ 1921年,在该出版

---

① 参见 Peter Forster:*The Esperanto Movement*,The Hague:Mouton,1982,Ch. 2。
② 关于世界语语言学请参见 *Sprachwandel bei einer Plansprache am Beispiel des Esperanto* (Benoît Philippe,Konstanz:Hartung-Gorre,1991)和 *Internationale Plansprachen. Eine Einführung* (Detlev Blanke,Berlin:Akademie-Verlag,1985)。
③ 关于世界语运动请参见 *The Esperanto Movement* (Peter Forster,The Hague:Mouton,1982),*Esperanto:Language, Literature, and Community* (Pierre Janton,Albany:State University of New York Press, 1993) 和 *La dangera lingvo:Studo pri la persekutoj kontraŭ Esperanto* (Ulrich Lins,Moscow:Progreso,1990)。
④ 1920年,共产国际第二次代表大会代表、西班牙无政府主义者 Angel Pestaña(1888—1937)提议大会的翻译语言用世界语。这个提议被提交给委员会。(John Riddell,*Workers of the World and Oppressed Peoples Unite*! *Proceedings and Documents of the Second Congress*,1920, 2 vols. New York:Pathfinder, ed. 1991)

社的开幕仪式上,一个为共产党人所支持的超政党组织"国际无国家协会"强调了世界语在阶级斗争中的作用,并且谴责了国际世界语协会的中立性。1931年,无产者世界语国际(IPE)成立,目的就是排挤"国际无国家协会",只拥护共产国际的路线。除苏联之外,无产者世界语国际的主要支持者来自德国,在中国也有蓬勃发展的分支。① 由于支持者们在后来的"大清洗"运动中遭到清洗,世界语在苏维埃的尝试于1937年以悲剧告终,但是后来又有所复兴。② "大清洗"运动不仅仅是一场政治运动,在清洗世界语主义者的背后,还隐藏着保持"俄罗斯性"的用意。

留日中国无政府主义社团

自1907年春开始,留日和留法的中国无政府主义者开始出版各自的刊物。留日无政府主义社团发端于刘师培领导的社会主义讲习会。刘师培在东京出版的刊物是《天义》,随后改出《衡报》,和《天义》稍有不同。刘师培和他的妻子何震一起,倡导社会革命和女界革命。与倡导西方思想观念的留法社团不同,刘师培与何震极力推崇中国文化,并且相信植根于中国国粹的无政府主义原则能够促进中国这方面的转变。③

留日无政府主义者赞同寻找国际交流的方法,并且认为为了最广泛地争取群众,有必要尽量简单地表述自己的观点。1907年,在第二国际斯图加特代表大会和阿姆斯特丹无政府主义者代表大会上,代表们提出了世界语的议案,第二国际认为该问题并不急迫,但是却得到了无政府主义者代表大会的热烈响应。④

在日本,无政府主义者大杉荣(Ōsugi Sakae)学习了世界语,并且向别人传授,其中包括《天义》的临时撰稿人、同为无政府主义者的景梅九。世界语第一次

---

① 关于世界语在中国的历史参见侯志平:《世界语运动在中国》,中国世界语出版社1985年版。
② 关于这个过程参见 Ulrich Lins, *La dangêra lingvo*: *Studo pri la persekutoj kontraŭ Esperanto*, Moscow: Progreso, 1990。
③ Krebs, Edward S., *Shifu, Soul of Chinese Anarchism*, Lanham, Md: Rowan and Littlefield, 1998, pp. 29—31.
④ Nomad, Max, "The anarchist tradition", In: *The Revolutionary Internationals*, 1864—1943, Stanford: stanford U. P., 1966, pp. 57—92, Citation: p. 86.

出现在《天义》上,是在法国无政府主义者埃利兹·雷克白(Elisée Reclus)照片的标题中。①《天义》第16—19合册刊登了一张柴门霍夫的照片,一首柴门霍夫的赞美诗,以及一篇刘师培的关于世界语的文章。② 在这篇文章中,刘师培认为只有人造的语言才能真正实现国际化,只有所有的商品被普遍拥有,并且出现一种世界语言时,世界联盟才会出现。③ 尽管刘师培的外语知识可能只限于一点浅易的日语,却为世界语着迷了。世界语不是能解决方言各异的中国存在的交流问题吗?根据刘师培的说法,世界语与汉语有很多共同之处,因此学起来不难。(他也曾经用过同样的论点来证明无政府主义不会导致文化疏离(cultural alienation);相反,中国会在世界上起到先锋作用。)刘师培估计世界语能在三个月内被掌握,如果人人都学习的话,全世界的革命文学就能被各地的人们接触到了。

对刘师培来说,世界语应该被当作唯一的外语,而非英语或其他语言。他也认为汉语难以废止,爱好中国传统的刘师培,很可能也从没想过这样做。④ 1908年,在《国粹学报》发表的一篇文章中,他强调了汉语应该作为一座独特的文化丰碑(cultural monument)被保留下来。因为"古老",汉语能够提供人类社会进化的信息。与日语拉丁化相反,中国古代的字典《说文》应该被翻译成世界语,并且附上发音指南,以便使全世界都能接受汉语。⑤

1908年,刊登了《共产党宣言》之后,《天义》被日本当局关闭,随后又出版了《衡报》。《衡报》致力于宣扬无政府共产主义、反军国主义、总罢工,报道人民的苦难,同国际解放劳工联盟保持联系。《衡报》经常刊登英语和世界语材料,还为大杉荣的世界语课程招揽学生。《衡报》的世界语版称,和大多数只懂自己语言的留日外国革命者一样,留日的中国无政府主义者也饱受语言隔阂之苦,翻译又费时费力。而这次中国语言运动的推动者大杉荣,则保证在半年到一年的时间内,世界语就能被掌握。⑥

---

① 参见《天义》重印本,东京大安株式会社1966年版,第337页。
② 同上,第499页。
③ 参见《Esperanto词例通释总序》,《天义》第16—19合册,第655页。
④ 参见《天义》第16—19合册,第655—664页。
⑤ 参见《论中土文字有益于世界》,《刘申叔先生遗书》,第5套,第46篇。
⑥ 参见《劝同志肆学世界新语ESPERANTO》,《衡报》第1号,第2页。

巴黎中国无政府主义社团

巴黎的中国无政府主义社团由吴稚晖、李石曾、张静江、褚民谊领导,他们都受到了法国无政府主义者的影响。1907 年,创办了《新世纪》周刊。他们信仰"世界公民",它将超越传统的国家和文化边界,世界性语言也将因此成为必须。当时,世界语在欧洲,特别是在中国无政府主义者经常出入的国际主义者圈子里正流行,巴黎又是它的大本营。《新世纪》诞生伊始,就有一个世界语名字:La Novaj Tempoj(新世纪)。由于世界语结构简单,学习容易,《新世纪》的出版者就把它当作实用的媒介和消除语言等级、推广国际主义的途径。

对世界语的推广使《新世纪》派与激进观点的接触增多了。① 世界语对旅欧的中国人尤其有吸引力,因为他们每天都不得不接触不同的语言。他们感到,汉语,尤其是汉字,非常难以被西方接受。刘师培对世界语的兴趣基本出于实际的考虑;而《新世纪》派则认为汉语是中国传统文化的载体和卫道士,把世界语当作反对汉语的工具。

《新世纪》第一篇关于世界语的文章,就讲述了作者同只会讲自己语言的来自不同国家的欧洲人住在一起时感受到的语言孤立,唯独对其中一个讲世界语的人表示欣赏。他热情洋溢地写了在日内瓦召开的第二届国际世界语大会,还写到在 2000 名代表中有 20 位中国人。② 另一篇文章则报道了在剑桥召开的第三届国际世界语大会,在这次大会上柴门霍夫把世界语形容为实现和平共处的桥梁,还计划在小学中强制推广。③

不久,《新世纪》开始把世界语与汉语作比较。李石曾和褚民谊分别发表文章,认为汉字是交流的障碍,只有少数精英才能掌握,而普通人由于缺少时间和金钱学习,很难驾驭。结果就导致了文盲众多,知识闭塞。推行拼音文字需要消

---

① 当时巴黎有一份世界语杂志 Internacia Socia Revuo。1907 年,无政府世界语者为阿姆斯特丹世界语大会出版了一本小册子。

② 此说无法查证。

③ 参见星(疑为华南圭笔名):《万国新语》,《新世纪》第 6 号;星:《记万国新语会》,《新世纪》第 10 号。

除方言差异,所以更好的办法也许是用一种世界性语言,例如世界语,来取代汉字。①

《新世纪》总结了世界语有以下优点:

第一,在很多语言中,书面语同口语有出入,但是世界语例外;

第二,重音始终在倒数第二个音节;

第三,在句子中,能准确地辨认出每个词的词性;

第四,不会出现歧义,所以解释也成为多余;

第五,在字典中查阅生词简单。②

《新世纪》的一位撰稿人建议在中国普遍推广世界语。他认为,推广世界语不代表不爱国,可能恰恰相反:由于中国已经文化衰退,所以需要一些极端的方法。字母在数学这样的自然科学中非常有用,与汉字不同,字母迎合了现代的需求。难道汉字没有阻碍新知识的获得吗?难道汉语中的同音字不令人困惑吗?难道方言的隔阂不令汉语大为失色吗?打开一本汉语字典,就能明白汉字有多么不合时宜。尽管日本人发明了假名,较之汉字已经有所"进步",但是与字母文字相比,日文字典还是复杂得多。而在一本字母词典中查阅单词又是如此简单。如果中国不想改宗英语或者其他自然语言,那就应该选择在任何方面都优于自然语言的世界语。"未开化"的汉字体系应该被彻底废止。③

这篇文章引来了很多非议。一位读者(可能是蔡元培)认为,世界语不可能彻底取代汉语,汉语必须首先进行改革。一些助动词可以用于汉语,汉字也可以进行简化。吴稚晖在这篇文章的评论中写道,中国最好效法日本,限制汉字的数量,汉字的简化也应该根据手写简体来进行。每一个世界语单词都应该有一个对应的汉字,书面语应该从左到右水平书写,改变从右至左竖写的方式。汉语句子的结构也应该学习西方,因为欧洲语言的句型逻辑清晰,所以欧洲人思维清晰;而汉语句型杂乱无章,所以使中国人思维散乱。如果汉语照此改革,中国人则能够在3个月内学会世界语。④

---

① 参见民:《续〈好古之成见〉》,《新世纪》第30号。关于语言问题,参见黎锦熙:《国语运动史纲》,1934年版。

② 参见星:《续〈万国新语之进步〉》,《新世纪》第35号。

③ 参见星:《续〈万国新语之进步〉》,《新世纪》第36号。

④ 参见前行:《编造万国新语凡例》,《新世纪》第40号。

这篇文章一经发表,支持用世界语解决汉字问题的信件马上像洪水一般涌来。一名读者甚至认为改革汉字纯属多余,建议每个人应该学习世界语代替汉语,并且广泛传授。① 吴稚晖建议设立一个世界语协会,在欧洲参加世界语课程,同时在中国的小学里推介世界语(尽管他也预料到此举会招致爱国者反对)。他认为,在汉语已经弊端尽显,不适合获取新知的时候,禁止在中国的学校里面教授外语(正如当时所提议的那样)是荒唐的。为什么要引进日本新词?又为什么要用日语来代替外来词?毕竟,连日本人都已经追捧英语摒弃汉语了。最好是直接转而学习世界语这门最完美的语言。政府的禁令和妄自尊大的爱国者的非议都可以不管——30岁以上的人观念很难改变了,但是年轻人还有希望,他们应该成为推广世界语的目标人群。②

《新世纪》对世界语的大力鼓吹引起了身在东京的《民报》主编章炳麟的反对。章炳麟甚至反对规范东亚各国汉字的用法,遑论接受改用世界语了。③ 尽管刘师培也曾经表示过对世界语的欣赏,但却从未号召废止汉字,所以章炳麟没有与他争辩。④ 章炳麟认为,《新世纪》危害了中国的民族独立,在《民报》和《国粹学报》上与它展开了论战。在他看来,世界语并不具有国际性,因为它的词汇来源于西方。它只是一种"白人的语言"。失去了汉语和汉字,中国将丧失它的文化独立性乃至未来。中国已经蒙受了政治上的屈辱,如今又要遭受"语言帝国主义"的侵略。《新世纪》应该为倡导世界语感到惭愧。

章炳麟认为,关于汉语的抱怨是毫无根据的。能否掌握汉字关键是教育问题。难道俄国的文盲比中国少吗?日本人不是也同样能够掌握汉字吗?认为字母文字就能决定文化优越性的观点是荒唐的——蒙古人用的文字不就是字母文字吗?汉字的优势在于,与发音没有直接的联系,不受地域和时间的影响。因此,在释读古代文献方面,汉语具有无可比拟的优势。方言对汉语来说也不是问题,因为同源,所以具备统一发音的基本条件。语言的产生是自然过程,应该让它自然发展。语言与情感密不可分,因此不应该对它进行实用性或功能性的解

---

① 参见燃(吴稚晖):《新语问题之杂答》,《新世纪》第44号。
② 参见燃:《新语问题之杂答》,《新世纪》第45号。
③ 参见章炳麟:《汉字统一会之荒陋》,《民报》第17号,1957年台北重印本,第2789—2794页。
④ 章炳麟与刘师培关系密切却也时有摩擦(参见 Gotelind Müller, *China, Kropotkin und der Anarchismus*: *Eine Kulturbewegung im China des frühen 20. Jahrhunderts unter dem Einfluss des Westens und japanisher Vorbilder*, Wiesbaden: Harrassowitz, 2001)。

剖。这也是翻译诗歌比较困难的原因所在。章炳麟相信大众不会像《新世纪》鼓吹的那样,试图操控语言。

章炳麟指出了废除汉字和将世界语引入中国存在的两个根本性的错误。这样的计划也许会在欧洲奏效,因为欧洲的语言与世界语联系紧密,但是中国的情形就大不相同了。不仅如此,世界语的语音结构也容易造成混淆。

虽然如此,章炳麟还是利用古文为汉语语音改革作出了贡献,在唐代古音的基础上创造出独特的注音体系。这套方案作为注音符号的雏形,至今仍在台湾使用。有趣的是,今天这套注音符号,被公认为是吴稚晖发明的。(这也算是历史中一个小小的反讽吧,因为注音符号尽管是吴稚晖最终完善的,基本框架却是章炳麟构建的。)

尽管章炳麟也意识到了为汉语创造标准读音存在问题,但是仍然坚持认为《新世纪》提出的改革建议没有必要,例如在语法上通过标明复数等手段使汉语贴近欧洲语言等等。既然小学生已经能够理解汉代的文章,为什么要切断他们与传统的联系呢?章炳麟相信《新世纪》所坚持的"中国落后说"是错误的,还嘲笑它的出版者们不清楚自己文明的高度。①

吴稚晖并没有接受章炳麟的指责。他认为,语言只是一种交流的手段。语言的混乱是有害的,而世界语正是解决这一问题的方法。虽然如此,吴稚晖还是明显受到了那位提倡"新汉语"的读者(可能是蔡元培)的影响。他提出了一个"三步走"方案:首先,效法日本以东京方言为基础规范日语发音的做法,为汉语规定标准音;然后,同样效法日本,硬性规定进入高等学校须学习一门西方语言;进入大学须掌握两门外语;最后,一旦充足的世界语师资具备,就以世界语来取代西方语言。

吴稚晖指责章炳麟妄想改良陈腐的汉语,阻止民众接受新知识和西方的先进事物。让中国对世界文化的贡献不为西方所知,或者寄希望于西方人学习汉语,都是自私的表现,因为知识是全世界的财富。汉语翻译的难度如此之大,说明它已经不适应新时代的要求了。如果翻译就意味着背叛,那么一种世界性语

---

① 参见章炳麟《驳中国用万国新语说》(《民报》第21号,重印本第3341—3364页,署名"太炎")及两个续篇(分别登于《国粹学报》第41、42号,台湾重印本第20卷,第5403—5411页和第5543—5560页,1974年)。

言将使"翻译"变得没有必要。①

渐渐地,《新世纪》对世界语的热情也减退了。关于国际世界语大会的报道以及号召中国创办世界语科学刊物的文章还不时出现,但是看上去世界语跟无政府主义一样,已经成为一个遥远的目标了。因此,当一位在长达 20 年的时间里呼吁废除汉语的苏格兰读者要求《新世纪》坚定立场的时候,得到的答复却是他们赞同他的观点,但是废除汉语的目标只能在一段比较长的时间内实现。《新世纪》的编者用为传教作准备来比喻废除汉语,二者都需要一个过程。但是无论如何都无须担心,因为进化论已经证明了"适者生存"的道理。当前第一步是汉语改革。② 因此,推行世界语也就变得不那么急迫了。这个转变体现在了《新世纪》的报头上——第 81 期把原来的世界语副标题 *La Novaj Tempoj* 换成了法语 *Le siècle nouveau*。

到《新世纪》后期,关于语言的辩论又重新激烈起来,起因是章炳麟在《民报》撰文攻击《新世纪》关于语言改革的观点,并且对《新世纪》之前针对他提出的异议进行了辩驳。章炳麟谴责巴黎无政府主义者成了白人的奴隶并且试图掩饰忽视中国文化的事实。如果真的需要共通语的话,亚洲人可以自己发明一种(比如用于邮政服务)。如果说世界语是完美的,那么在某些领域,例如亲族关系的表达上,世界语不如汉语。因为在所有的欧洲语言中,一个人称名词可以指代不同的人,世界语也不例外。正如《新世纪》自己承认的那样,只有在一个无政府的社会建成之后,世界语才能被广泛接受。然后,家族制度将会被废除,到那时亲族关系的名词将不再重要。在那样的环境下,世界语也许会成为国际性语言。

目前,汉语必须被保留。除了它有实用的功能,汉字也同样具有美感。汉语是传承下来的,因此是"自然的"。每种语言都是在社会经验的基础上发展起来的,并且具有文化的独特性。引进其他的语言,例如俄国人在波兰推行俄语,就等同于语言帝国主义。《新世纪》的言论表明了对祖国命运的漠不关心。它只允许白人保留自己的"国粹"。但是中国与西方有不同的根,应该区别对待。《新世纪》所呼吁的科学性跟世界语的实用性并不是一回事,因为科学寻求的是真理,

---

① 参见燃:《书〈驳中国用万国新语说〉后》,《新世纪》第 57 号。
② 参见苏格兰君:《废除汉文字》,《新世纪》第 69 号、第 71 号。

而不是实用的东西。①

章炳麟的文章发表在《民报》第 24 号上,而这一期被日本查禁了。因此,《新世纪》的编辑们在章炳麟回到上海并且致信《新世纪》之后,才看到这篇迟来的文章。在信中,章炳麟哀叹世界语在上海的风行。② 他不停地指责世界语让世界缩小到只有欧洲,而且跟只用 3000 常用字就能组合出无数词汇的汉语相比,世界语缺少创造性。世界语,就像是西方语言的翻译;而汉语则独立而自决的。

章炳麟谴责旅欧的中国留学生傲慢自大,看不起留日学生,盲目崇拜西方。事实上,世界上唯一独立的文化只有中国、印度和希腊——其他的文化都是简单的模仿。

《新世纪》回应了章炳麟的批评。它认为章炳麟过于迷恋中国和中文,失去了向前看的能力。但是,进化的法则是无法违背的,有意义和实用的东西将会保留下来。浪费宝贵的时间去学习如此复杂的汉字是人们无法承受的。章炳麟所批判的世界语在上海的风靡不也提供了一个反证吗?如果章炳麟仅仅因为世界语来源于欧洲语言就排斥它,那就说明他的眼界只局限在种族上。在大同世界中,谁会注意你是白种人还是黄种人呢?欧洲语言被选择作为世界语的来源,主要因为它是字母文字,而东方语言则是图画文字。此外,汉语有声调,这也是不实用的。③

仅仅根据亲族名词断定世界语不好是没有道理的。亲族名词是对社会现实的表达,现实中的不平等也被反映出来。症结不在于语言,而在于家族制度。同时,"新世纪"派对章炳麟本人的外语能力也提出质疑(章的外语能力有限也许是事实,因为他连日语都讲不好)。任何一个熟悉西方语言的人都知道,掌握英语至少需要五年,而法语更是长达七年;而世界语在一年之内就可以学会。而汉字则属于有钱有闲的精英群体,不属于普罗大众。④

《新世纪》不久就停刊了,但是最后一期探讨的还是世界语。它援引了托尔斯泰的观点为佐证。托尔斯泰相信,推广世界语能让人类离天堂更近。《新世

---

① 参见太炎:《规〈新世纪〉》,《民报》第 24 号(重印本第 3787—3811 页)。
② 参见侯志平:《世界语运动在中国》。上海世界语学会创办于 1908 年(参见《1908 年创始上海世界语学会附设世界语函授学校规程》后记,Shanhaja Esperanto-Asocio 1933 年版)。
③ 参见上海沐君:《辟谬》,《新世纪》第 118 号。
④ 参见上海沐君:《续〈辟谬〉》,《新世纪》第 119 号。

纪》据此推论：废除汉字会让全人类获益；每个中国人都应该自觉学习世界语，不要等其他国家先行一步；废除汉字改用世界语，中国就能赢得世界的尊重；外国人也会帮助在中国传播世界语；在中国废除汉字会给其他东亚国家带来影响，进而更加接近"大同世界"。① 因此，尽管《新世纪》把目标的实现放在了更远的将来，却自始至终都坚信自己的观点。

总的来讲，在论战中，《新世纪》和吴稚晖还提到了现实可能性。用进化论观点来看，世界语是人类能力发展的最高点，弥补了自然语言的所有缺点。章炳麟则站在语言具有历史性并与民族自我认同感紧密相关的立场上，反驳了吴的功能主义观点。他认为，这些关于语言的争论背后还隐藏了其他东西。章炳麟的语言观是有机的，而吴稚晖的语言观是机械的。

这些论战，特别是关于汉语的论战，都没有明确地区分书面语和口语。通常论战的焦点是汉字，但是语言结构（包括声调）和方言问题也被提及，跟后来的文言文与白话文之争一样。至于是否用世界语取代英语作为共通语，或者像在印度使用英语一样在中国使用世界语，并不清楚。也许没有人想过让中国人完全用世界语，但是由于事实不清，读者也许会如此联想。

这些论战表明，语言问题最终体现的还是意识形态的分歧。章炳麟对世界语（或者任何西方语言）近乎一无所知，所以对《新世纪》的诘难难以招架。另一方面，究竟"新世纪"派多大程度上掌握了世界语也是未知数。不过，正如章炳麟信中抱怨的那样，世界语主义者们已经在中国活跃起来了，远在巴黎的《新世纪》和东京的《天义》和《衡报》也有了战友。中国本土的世界语运动发端于上海，后来又发展到广州和北京。②

《新世纪》的文章表明巴黎已经有了中国的世界语主义者。1911年中国留学生们纷纷回国之后，世界语在中国的传播便有了很大的发展，几位中国无政府主义者也加入了这场运动。不过，早期在《新世纪》、《天义》和《衡报》倡导世界语的人们都与中国的这场运动没有直接的关系。

---

① 参见木君（可能与"上海沐君"为同一人）：《陶斯道君致景教士书》，《新世纪》第121号。
② 一个在中国任领事的英国人是1889年柴门霍夫列出的首批1000个世界语者之一，但是他是否曾向中国人传授世界语就不清楚了（柴门霍夫：《世界语者通讯录》第1册，第1至1000号，华沙，1889年）。侯志平在《世界语运动在中国》一书中称陆式楷为中国世界语第一人。他在上海跟一个俄国人学习了世界语，并建立了中国第一个世界语会。

江亢虎和师复

江亢虎是一位曾经留学日本和欧洲的江西籍知识分子,1911年在中国创建了中国社会党。他和孙中山一样,倡导国家社会主义。① 他也支持世界语,并且将之列为他在北京创办的学校的课程。② 1913年,由于江亢虎对袁世凯抱有幻想,没有反对袁,许多追随者都离开了他。他们和原来社会党里面主张无政府主义的人凑到了一起。

离开的人里面,有社会党机关报《人道周报》的编辑许安镇,当时他已经与无政府主义者师复靠拢了。该报仍然延续江亢虎把世界语和社会主义联系起来的路线,也是在中国第一个开辟世界语专栏的报刊。这份带有世界语标题 Ĥina Socialism 的报纸就在当时的世界语大本营上海出版了。③

师复是中国最著名、影响最大的无政府主义者。1884年生于广东,后来留学日本并且成为一个革命者。1912年,受《新世纪》影响,他转向无政府主义,并且在广州组织了无政府主义团体"心社"。心社规定成员不食肉、不饮酒、不吸烟、不用仆役、不坐轿及人力车、不婚姻、不称族姓、不做官吏、不做议员、不入政党、不做海陆军以及不奉宗教。④ 1914年,师复移居上海,并成立了无政府共产主义社。

在《新世纪》影响下,师复的社团成为世界语的坚定支持者。1912年,他和他的朋友参加了留法归来的许论博在广州开办的世界语夏季班,⑤然后自己又开班授课。从此,世界语和中国的无政府主义就结下了不解之缘。⑥

很多后来有影响的无政府主义者都参加过这个课程,包括黄尊生、区声白和

---

① Krebs, Edward S., *Shifu, Soul of Chinese Anarchism*, pp. 77—85.
② 参见《中国无政府主义和中国社会党》档案材料,江苏,1981年,第191—196页。周恩来的妻子邓颖超据说曾在这所学校学过世界语(参见侯志平:《世界语运动在中国》)。
③ 关于《人道周报》第12号和第14—15号的摘录均来自葛懋春、蒋俊、李兴芝编:《无政府主义思想资料选》,北京大学出版社1991年版。
④ Krebs, Edward S., *Shifu, Soul of Chinese Anarchism*, p. 8.
⑤ 参见黄尊生:《许论博先生》,《1932年世界语年刊》,广州,1932年版,第26页。
⑥ 参见黄尊生:《回忆师复》,未出版,第47页。

梁冰弦。师复和许论博成立了广州世界语学会,并加入了国际世界语协会。广州从此成为继上海之后中国第二个世界语中心。上海的世界语主义者同江亢虎的社会党联系紧密,而广州则主要与无政府主义紧密相关。①

1913 年,师复建立了一个公社,最后失败,但是师复仍然实践着自己的无政府主义。后来,他们成立了自己的出版社,发行社刊《晦鸣录》,副题《平民之声》,并有世界语副标题 La Voĉo de l'Popolo(后改为 La Voĉo de la Popolo)。后来《晦鸣录》更名为《民声》,办刊宗旨是宣扬"心社"的把劳工与知识分子联合起来的主张。②

1913 年 8 月,正当袁世凯开始打压迫害"二次革命"支持者的时候,《晦鸣录》创刊号出版了,它的宗旨是以无政府主义推进社会革命并传播世界语。《晦鸣录》附刊世界语专页,向世界各地的世界语和无政府主义同志传递中国的消息。与《新世纪》以及刘师培、何震创办的刊物相比,师复更进一步,与外国的同志交流观点和消息。

《晦鸣录》的八项基本纲要分别是:共产主义,反对军国主义,工团主义,反对宗教主义,反对家族主义,素食主义,语言统一,万国大同。通过出版双语刊物,师复希望能够敦促中国平民加入支持革命这一"神圣事业"的世界大联盟。③ 师复翻译了一封来自哈瓦那的关于拉丁美洲政治社会现状的来信,证明同国外交流的重要性。他还介绍了一些国际性世界语组织和世界语刊物 Universala Unuiĝo(《世界联盟》,师复译为《大同》)。

《晦鸣录》的世界语专页一方面翻译中文来稿,另一方面也有专为外国同志撰写的介绍性文章,甚至连孔老夫子"苛政猛于虎"的名言都被搬出来为自己佐证。④ 后来世界语专页就不仅面向外国同志,也面向中国的世界语学习者,把西方作者的文章和信件翻译为世界语刊登出来。

在袁世凯迫害反对派期间,师复和他的社团暂时移往澳门,继续出版《民声》(移往澳门后,《平民之声》更名为《民声》)。《民声》主要出版翻译文章,介绍世界无政府主义运动情况和无政府共产主义。师复仍然坚持翻译外国同志的来信,

---

① 上海世界语领袖陆式楷和盛国城都是党员(黄尊生:《回忆师复》,第 68 页)。
② 参见莫纪彭:《回忆师复》,未出版,39b。
③ 参见《编辑绪言》,《晦鸣录》第 1 号。
④ 参见 W. H.,"Malhumana regado pli kruela ol tigro",《晦鸣录》第 1 号。

——列举他收到的杂志和来信来说明自己交游广阔,联系的主要媒介就是世界语。环球世界语禁酒会就是他建立联系的国际团体之一。①

1914年2月,袁世凯施加的压力已经深入澳门,师复的社团需要寻找一个新的避难所。他们选择了上海,在那里租界为他们提供庇护,而且世界语运动已经颇具规模。由于江亢虎的活动,上海其时成为社会主义者和无政府主义者的大本营。抵达上海后,师复仅仅过了一年就去世了。他主编的最后一期《民声》出版于1914年8月。在生命的最后几个月,他的无政府主义事业达到了顶点。上海的社团组织基本跟广州一样,只不过郑彼岸去了加拿大,黄尊生在日本,许安镇在澳门时就加入了师复的团体。

师复之所以提倡世界语,还是为了实践无政府主义。在西方,世界语也不乏无政府主义者拥趸,但是没有像中国这样稳固的基础。(无政府主义者协会主要用的语言是法语、英语和德语。②)师复个人对语言学的兴趣是世界语在东亚的无政府主义中占据重要地位的原因之一。《民声》的大多数国外来往信件是用世界语写的。③ 在一篇译自英国无政府主义杂志《自由》的关于世界语与无政府主义的文章后面,师复加了按语,反驳对世界语的非议和无政府主义者对世界语的利用。作为一种语言,世界语是中立的,然而师复也赞同柴门霍夫的"人类一员主义"(homaranismo)。柴门霍夫的理想—— 世界和平,同样也是无政府主义的目标,然而这并不影响无政府主义者在必要时采取暴力行动。把世界语和无政府主义对立起来,认为前者代表和平,而后者代表暴力,这种观点是错误的。④

《民声》紧跟国际世界语运动的发展。它的世界语专页由盛国城主编。他是一个优秀的世界语主义者,曾经追随江亢虎,在《人道周报》做相同的工作。除了把杂志上的汉语文章翻译成世界语,盛国城也自己用世界语撰文。由于实行世界语主义政策,《民声》与日本无政府主义者的联系更加密切了。大杉荣与师复有书信往来,并且请他信任的朋友,无政府主义者和世界语者山鹿泰治在《民声》

---

① 参见《寰球世界语禁酒会之成立》,《民声》第3号。
② 参见涓声译:《无政府党万国大会之先声》,《民声》第17号。
③ 郑佩刚在回忆录中也提到有英语和法语来信(葛懋春、蒋俊、李兴芝编:《无政府主义思想资料选》,北京大学出版社1984年版,第945页)。
④ 参见如晦译:《世界语与无政府党》,《民声》第6号。

的全盛期(1914年)帮助师复办杂志。① 山鹿泰治曾多次来过中国并且会一些汉语。他在大连当过拉丁语排字工,然后加入《民声》并作出了贡献。他的到来正值中外无政府主义者进行早期实际合作期间。作为一名世界语主义者和熟练技术工人,鹿山的贡献是无法估量的。1914年秋金融危机爆发时,他离开了《民声》。当时,大杉荣的新刊物《平民新闻》②需要他。不过,他仍然是中日无政府主义者的联络者。

1916年11月,《民声》停刊,直到1921年才复刊。郑佩刚把师复最重要的文章都复印成了册子,③为传播他的思想作了很大贡献。1916年,郑佩刚和盛国城创办了自己的世界语杂志《华星》(La Ĥina Brileto)。不久,广东无政府主义者和世界语主义者区声白加入。1911年11月,盛国城已经出版了中国第一份世界语杂志《世界》(La Mondo),但这只是一次语言学方面的尝试,并且出版了一期就停刊了,这一期刊登的文章是关于语言和战争的。《华星》是中国第一份持续出版的世界语杂志。几乎是同时,区声白在广州也出版了世界语杂志《世界月报》(Internacia Popolo),利用世界语传播无政府主义。

《新青年》

1915年前后,思想发生改变的中国知识分子想把自己重新定位为儒教的批判者和包括科学和民主在内的新观念的拥护者。新文化运动冲击了中国的写作方式和文言文,呼吁文学革命和推行白话文。关于新文化运动的论战和尝试使无政府主义在中国更容易被人接受了,并加速了它的传播和多样化。1919年,"五四"使新文化运动达到顶峰。

---

① 参见〔日〕宫本正男:《大杉荣与世界语运动》,东京:《黑色战线》,1988年;关于日本的世界语主义,参见〔日〕初芝武美:《日本世界语运动》,东京:日本世界语学会1998年版。关于日本"叛逆"的世界语,参见〔日〕大岛义夫、宫本正男:《反体制世界语运动史》,东京:三省堂1974年版。山鹿泰治后来写了一本自传:《黄昏日记》,参见〔日〕向井孝:《山鹿泰治:其人其事》,东京:青蛾房,1974年;另见〔日〕向井孝:《世界语与无政府主义者:以山鹿泰治为重点》,《现在的眼光》,1973年7月,第226—235页。关于山鹿泰治与中国无政府主义者的关系,参见〔日〕坂井洋史:《山鹿泰治与中国:从《黄昏日记》看中日无政府主义者的关系》,《猫头鹰》2,第30—49页。

② 向井孝:《山鹿泰治:其人其事》,东京:青蛾房,1974年版。

③ 参见郑佩刚回忆录(葛懋春、蒋俊、李兴芝编:《无政府主义思想资料选》)。

当时，中国无政府主义运动中几乎所有有影响的人物都和师复有联系。由于他们的宣传，中国新一代无政府主义者成长起来了。师复认为，无政府共产主义应该是与世界语和工人运动相联系的，这也正是师复的追随者们所致力推进的。无论是世界语还是工人运动都不完全是无政府主义的，但是二者又构成了无政府主义运动。

1916年，《民声》停刊以后，只是偶尔发布纪事与外界交流。① 部分成员后来当了工人，另一部分出版了世界语著作。② 从1916年11月开始，一系列关于读者来信和评论文章在《新青年》上引发了关于世界语优势和劣势的长期争论。一位署名"T. M. Cheng"的读者在信中提出了学习世界语是否值得的问题，并列举了正反两方面的论据。《新青年》的主编陈独秀有保留地给予了肯定的答复。不过，当这位读者再次写信询问学习法语是否意义不更大时（陈独秀曾经称赞过法语对文明的贡献），陈却又说学世界语并不是一件要紧的事。③

《新青年》的编辑和主要撰稿人都在北京大学工作，当时曾经留法的蔡元培是校长。在《新世纪》时期，蔡元培当时也支持过世界语，并且尝试学过。在汉语现代化的大背景下，很可能蔡元培是第一个讨论世界语的人。民国初期，身为教育部长的蔡元培把世界语作为大学选修课。他认为世界语是在国际商务活动中的辅助语言，并且是学习其他西方语言理想的媒介。④ 他的措施促进了世界语在中国的流行。1913年，《东方杂志》请也许是中国第一个世界语主义者，同时也是中国世界语会的创办者之一陆式楷来详细评价蔡元培的观点。⑤

身为北京大学的校长，蔡元培再次采取措施推广世界语，延请中国世界语运动的元老孙国璋来教授世界语。⑥ 在上海的时候，孙国璋就了解世界语与社会

---

① 第一份纪事（注明日期为1917年4月1日）收在《〈民声〉：民声社纪事录》（狭间直树编，京都，1992年）。
② 参见葛懋春、蒋俊、李兴芝编：《无政府主义思想资料选》，第1072—1073页。
③ 参见《通信》，《新青年》第2卷第3号。
④ Das Esperanto, ein Kulturfaktor, vol. 3, Festschrift zum 8. Deutschen Esperanto-Kongreß, Stuttgart, 1913, p. 95. 参见《蔡孑民在世界语学会之演说》，《东方杂志》第9卷第5号。
⑤ 参见陆式蕙：《世界语之世界观》，《东方杂志》第9卷第7号。
⑥ 参见侯志平：《世界语运动在中国》，第121—124页。或参考世界语著作 Cai Yuanpei Kaj Esperanto（《蔡元培与世界语》），*El Popola Ĉinio*，1982年7月版，第10—11页。

主义、无政府主义的关系,但他属于"中立"派。①

随着在北大落脚,世界语成为《新青年》和其他杂志语言论战的对象。论战中一个主要人物就是语言学家钱玄同,他在一封读者来信中提出了世界语问题。② 钱玄同是清末留日学生,也是章炳麟的学生,学过世界语。他又把老师和吴稚晖论战的那段公案提出来,③认为《新世纪》用世界语取代汉语的主张为时过早,但与章炳麟不同的是,他主张在学校中开设世界语作为第二语言。另一个与章炳麟不同的地方在于,他更加侧重语言的实用性而不是艺术性。尽管如此,他相信在未来的大同世界,世界语将会取代各国不同的语言。④

钱玄同的信也引来了非议。社会主义者陶孟和抨击世界语是一种异化的形式。他跟章炳麟的观点一样,强调语言和民族性的关系。世界语就像对原来语言的固定翻译。西方人愿意放弃自己的语言吗? 如果他们不放弃,为什么中国人要放弃? 未来的世界一定是"不同之统一",而非"相同之统一"。在陶看来,世界语就像《新青年》极力摒弃的孔教一样是独裁的,此外,它不具备任何亚洲的元素。

这封信寄给了陈独秀。陈独秀曾经有保留地支持过世界语,但是现在他认为世界语已经被过度强调了,陶的观点是一次有益的修正。但是他批评陶拒绝正视世界语在未来大同世界中的地位,认为这是民族主义的观点。尽管陶并没有对"大同"的目标提出异议,但是他认为不需要一种统一的语言。而在陈独秀看来,这却是世界语的主要价值和魅力所在,它是一种超越民族性限制的交流方式。陶眼中的世界语不如自然语言成熟,而这正是陈独秀眼中的优点:因为是人造的,所以没有包袱。⑤

1918年1月加入《新青年》的钱玄同,将他与陶孟和的论战推向更加深入。语言仅仅是符号,一种人造的共通语怎么会具有独裁性? 钱认为,在"Esperanto"这个词翻译成汉语的过程中产生了误解。"世界语"这个译法是从日语借用

---

① 参考孙国璋自1917年11月起在《北京大学日刊》上发表的文章。1918年2月20日《日刊》出版了一期世界语副册。
② 参见《通信》,《新青年》第3卷第4号。
③ 参见钱玄同为一位无政府世界语者收集的"著名世界语作品"作的序。关于周作人对钱玄同的看法,参见周作人:《钱玄同的复古与反复古》(《文史资料选辑》,1984年,第94卷,第98—117页)。
④ 参见《通信》,《新青年》第3卷第4号。
⑤ 陶的来信及陈独秀的答复登在《新青年》第3卷第6号。

过来的,带有取代或吸收所有其他语言的含义。陶所呼吁的是中国元素;而钱则认为,汉字和汉语与生俱来的模糊性,不能起到整合的作用。由于钱倾向拉丁化,他认为除了书写问题之外,汉语也缺乏现代生活所必需的抽象概念的表达,所以汉语拉丁化并不是真正的解决方法。无论情愿与否,西方的术语都必须被整合成汉语,但是用哪一种西方语言呢?很明显,世界语是最好的选择。只有在古典领域世界语需要从中国文化中汲取营养——在把中国古代文献翻译成世界语的过程中自然就会体现出来。"世界语"这个译法只是共通语的意思。钱还否定了其他"Esperanto"的中文译法(例如"万国新语"),以及其他的音译(例如"爱斯不难读")。①

钱玄同倒向世界语是出于对汉语的不满,他希望能够在一段比较长的时期内废除汉语。他并不担心失去中国的文化遗产,因为99%的遗产都包括在僵化的儒教和装神弄鬼的道教中,这正是《新青年》所要极力廓清的。不过在钱看来,世界语主义者在上海用"国际通信"来推广世界语的做法,是狭隘和缺乏想象力的。②

钱玄同的观点引起了孙国璋的响应。在《北京大学日刊》上,他强调了世界语的中立性和实用性,并且反对陶孟和"自然语言不是人造的"之观点。他还回应了钱玄同对世界语主义者宣传方式的异议。孙并无意取代汉语,他只是想把世界语当作国际共通语。他批评上海的世界语主义者意识形态色彩过浓,在世界语教学上也做得不够。对孙而言,作为一个"中立"的世界语主义者,不应该超出语言学的范畴,更不应该扩展到文化或社会政治领域去论战。因此,在这一点上,孙国璋与无政府世界语主义者立场不同。③

中国的世界语主义者没有就是否废除汉语的问题真正表明观点,而这正是钱的目标。这也许是钱玄同后来放弃世界语的原因之一。作为一个语言学家,他没有回应孙国璋对世界语政治化的看法,尽管他本人也与无政府主义者区声白有接触。相反,他批评世界语主义者没有搞清楚世界语能够引进多少新知识。另一方面,陶孟和反驳孙国璋,认为世界语在西方已经过时了。中国人仍在对世

---

① 对陶孟和的答复登在《新青年》第4卷第2号。
② 见钱玄同致陈独秀的信,《新青年》第4卷第4号。
③ 参见《北京大学日刊》,1918年3月11日,第5—6页和1918年3月12日,第5—6页;孙国璋:《论 ESPERANTO》,《新青年》第4卷第4号。

界语津津乐道只能说明中国落伍了。①

在《新青年》的论战和孙国璋的观点也引起了上海世界语主义者的关注。中国世界语运动的发起人陆式楷探讨了"Esperanto"的中文译法问题。他侧重意译，提出了"爱世语"的译法。他指出，世界语不仅是一种语言，更是一种世界观。孙对陆的提法不感兴趣，并且就有无必要保留"世界语"这个译法提出疑问，准确的译法应该是"希望者"。② 另一方面，孙国璋认为世界语意识形态色彩过浓的观点也遭到无政府世界语主义者的抨击。梁冰弦认为，世界语是实现大同和无政府共产主义社会的手段，就像《新世纪》曾经倡导的。他批评孙试图独尊世界语，没有给多样化留出空间。③

这种论战基本上存在于世界语运动内部。《新青年》好像对此已经厌倦了。本身就对世界语持怀疑态度的胡适，认为这个问题讨论得已经够多了。陈独秀立场还不分明，虽然仍呼吁确立一种统一的共通语，但却没亲密地站在支持世界语的一方，而且似乎越来越中立。④ 不过，钱玄同却把这个话题又拉回到公众视野。

起初，《新青年》中的怀疑派几乎占了上风，⑤但是，世界语的支持者们开始纷纷来信，因此，这个原来只在读者来信版面讨论的话题登上了《新青年》的主要版面。早年在《新世纪》鼓吹世界语并且醉心于改革汉语的吴稚晖，尽管比原来有所保留，仍然继续支持世界语。他把世界语视为一个遥远的目标，并且建议在学校课程中同时加入其他主要西方语言。经过完善或扩展的世界语迟早会作为世界性语言被广泛接受。⑥

跟无政府主义元老们相比，年轻的无政府主义者们更加坚决。区声白质疑汉语是否有改革的可能，身为一个广东人，他还强调把北方官话定为标准是不公平的，最好立即推广世界语。⑦ 黄凌霜提出哪种语言应该被采纳作为世界语言

---

① 《通信》，《新青年》第 4 卷第 4 号。
② 参见陆式楷：《爱世语释名》，《北京大学日刊》，1918 年 10 月 31 日；孙国璋：《Esperanto 释名》，《北京大学日刊》，1918 年 11 月 11 日。
③ 参见冰弦：《论 Esperanto》，《劳动》第 3 号。
④ 参见《新青年》第 5 卷第 2 号。
⑤ 参见《一个失望的世界语学生的来信》，《新青年》第 5 卷第 4 号，信中他把世界语形容为已经死亡的语言。
⑥ 参见吴敬恒：《补救中国文字之方法若何》，《新青年》第 5 卷第 5 号。
⑦ 参见区的信，《新青年》第 6 卷第 1 号。

的问题,这让对手感到困窘;并且指责世界语的批评者们仅仅对世界语有一些最模糊的了解,另外受民族主义观念影响太深,认为汉语与世界语完全无关。黄通过对世界语、沃拉普克语(Volapük)和成型中立语(Idiom Neutral)进行比较,把论战又拉回到语言学的层面上来。① 在西方,沃拉普克语已经被淘汰了,成型中立语也停滞不前,只有世界语脱颖而出,拥有最多的使用者。②

在后来的一封信中,黄凌霜提出世界语与"新思潮"运动的关系问题。批评者们认为世界语文学太少,因此不值得学习。但是胡适等人所提倡的白话文也同样如此。为了证明世界语的价值,黄翻译了英国人伯纳德·朗(Bernard Long)在日本发表的一篇文章,文中称赞世界语为英语国家和日本架起了一座理想的桥梁。世界语还会为战后联合世界的建立带来新的希望。黄指出了这些观点与中国新文化运动之间的平行关系。他还开出了医治中国顽疾的药方:文学上借鉴托尔斯泰,戏剧上借鉴易卜生,科学上借鉴克鲁泡特金的互助论,社会上借鉴俄国革命。③ 在他看来,世界语应该在现代趋势的最前沿。

《新青年》关于世界语的论战结束于1919年2月,巴黎和会上的情况使中国国际主义者的热情冷却了下来,五四运动也使政治革命的呼声越来越高。关于汉语的讨论都改向政治和哲学讨论。在新文化运动早期和中国现代化论战中,语言问题占据了重要位置。④ 然而,由于论战中主要的讨论者们不是把世界语作为附属语言,而是主张废除汉语和改用世界语,因此当1919年其他问题凸显的时候,世界语被抛在脑后也不意外了。

对世界语仍有热情的就局限在有组织的世界语主义者和无政府主义者身上了,他们把世界语当作社会革新的内在部分,希望能够实现。从东京和巴黎输入中国以来,世界语就在1910年代晚期以语言改革和国际主义为重要内容的新文化运动的论战中充当了主要催化剂。此后从20年代开始,与早期运动主要局限在零散的无政府主义者中不同,在中国世界语已经深入到文化和政治基础。

---

① 沃拉普克语是1879年由德国神父Johann M. Schleyer发明的一种人造国际语言,主要来源于欧洲语言。成型中立语是W. Rosenberg在沃拉普克语的基础上发明的,第一次出版于1903年。
② 参见凌霜:《世界语问题》,《新青年》第6卷第2号。
③ 《通信》,《新青年》第6卷第2号。
④ Morosoli, Boris P. "Chinesische Sprachre form: Provokation und Initiation. Die Kernpunkte der Esperanto-Debatte von 1916—1919". *Language Problems and Language Planning*, 1998, Vol. 22, No. 2, pp. 182—183.

《学汇》和爱罗先珂

1919年以后,中国出现了大批无政府社团,最活跃的城市是北京、上海和广州。① 其中比较重要的人物是早期的天义派成员景梅九,他是联系前后期无政府组织的灵魂人物。1922年秋开始,景梅九在北京创办了《学汇》杂志,作为《国风日报》的专刊,更加广泛地传播无政府主义思想。《学汇》并不完全是无政府主义的,但是它刊登了大量无政府主义者的文章和译作。② 所以《学汇》更多地是一个媒介,它收录的文章作者有克鲁泡特金、大杉荣、托尔斯泰。它还出版了爱露斯的《无政府主义大纲》。尽管大部分译文都不是太新,但涉及的范围有所扩大。《学汇》关注的是中国的无政府主义传统,这是一个包括老子和庄子在内的宽泛的概念。③ 一些作者认为无政府主义非常适合中国,郑太朴和景梅九特别主张把无政府主义中国化。1910年代晚期,日本有一些人开始在农村进行共产主义实验,中国的无政府主义者和部分人主张借鉴日本的"新村主义"。他们认为,和民粹派一样与乡村群众结合,从基层建立组织构成了重要的中国特色。④ 这些观点在一些地方的确被实施了。⑤ 另一部分人主张实行更加激进的政策,呼吁读者把士兵当作无政府主义的宣传对象,因为只有通过斗争统治阶级才会让出权力。⑥ 他们还呼吁吸纳妇女。⑦

《学汇》还讨论了世界语的地位。景梅九曾经在日本跟大杉荣学过一些世界语,对语言问题也非常感兴趣。到1922年,景梅九一直在上海,后来又到了北

---

① 参见路哲:《中国无政府主义史稿》,福建人民出版社1990年版,第250—261页;徐善广、柳剑平:《中国无政府主义史》,湖北人民出版社1989年版,第142—153页。

② 出现了500多次。参见 Li-Pei-Kan, "La mallonga historio de la anarkiista movado en Ĉinio"(《中国无政府运动简史》), *La Libera Laboristo*(*The free worker*) 2/2, 1926.8, pp. 24—26.

③ 参见悟虚:《中国古代无政府主义潮之一瞥》,《学汇》第138—139号(1923年3月14日和15日)。

④ 参见玄天:《往乡村去》,《学汇》第74—75号(1922年12月25日和26日),有部分内容收录在葛懋春等编《无政府主义思想资料选》一书中。

⑤ 参见《陕北农村的过去和现在》,《学汇》第413—424号。

⑥ 参见三泊:《我的社会革命的意见》,《学汇》第62—63号(1922年12月13日和14日);参见葛懋春等编:《无政府主义思想资料选》第2册,第637—641页。

⑦ 剑波:《怎样宣传主义》,《学汇》第194号(1923年5月13日)。

京。在这两地,世界语传播非常迅速。在这之前,北大校长蔡元培曾经请中国世界语运动的元老孙国璋在北大授课。① 虽然关于世界语的第一次论战(以《新青年》为战场)在1919年慢慢平息下来,孙国璋仍在北大授课,吸引了大批学生。② 孙一向强调世界语在实用性方面的优点。蔡元培邀请盲诗人华希里·爱罗先珂(Vasilij Erošenko)到北大讲学之后,世界语又得到了推动。

来自苏联乌克兰的爱罗先珂和东亚以及国际社会主义运动都有联系。③ 他生于1890年,四岁失明,是一个天才的语言学家和音乐家。他学习了世界语,1912年通过其他世界语爱好者的帮助被伦敦一所盲校录取学习音乐。在英国期间,他学习了英语,接触了克鲁泡特金的思想和英国无政府主义者。后来,他因为"行为不端"被学校开除。1914年,听说在日本盲人可以通过学习成为医生后,爱罗先珂第二次离开了家乡乌克兰,赴日本学医。在世界语爱好者的联系下,他被日本一所学院录取,并结识了大杉荣和其他激进的知识分子,包括"无产阶级"剧作家和世界语主义者秋田雨雀。爱罗先珂开始写作和发表文章。1916年到1919年期间,他在南亚和东南亚游历;后来他被英国殖民当局当作"危险的俄国人"驱逐。回到日本后,爱罗先珂遭到警察监视。

1921年6月,日本政府以"布尔什维克主义"嫌疑驱逐了爱罗先珂。然而,因为无法证明自己是布尔什维克,苏联当局也拒绝他入境。于是,1921年10月,爱罗先珂只好来到了中国。

在上海,鲁迅已经开始由日文翻译出版爱罗先珂的作品。④ 颇具影响的《东方杂志》的主编胡愈之同样是一个世界语主义者,也写了关于爱罗先珂的文章。《觉悟》杂志、国民党党报《民国日报》副刊(景梅九在该报)已经介绍了他在日本的活动和遭遇。⑤ 到上海后,关于他的报道和译作大大增加。自1922年2月被聘请到北大教世界语以来,他的影响达到最高点。在此期间,他住在鲁迅及其弟周作人家中。

---

① 参见侯志平:《世界语运动在中国》。
② 《北京大学日刊》经常报道与世界语有关的活动。
③ 〔日〕藤井省三《爱罗先珂的都市物语》(东京:みすず书房1989年版)一书中,记录了爱罗先珂在东京、上海和北京的活动。
④ 参见《新青年》第9卷第4号,1921年8月;鲁迅的译作收录在《鲁迅译文集》(10卷本,人民文学出版社1958年版)中,见第2卷。
⑤ 参见〔日〕藤井省三:《爱罗先珂的都市物语》,第70—72页。

爱罗先珂到北大后,世界语得到了很大推动。爱罗先珂经常在课堂上用英语告诉学生,世界语有自己的文学作品,有很多内涵,不应该被打上任何意识形态的标签。世界语主义者原则上是人道主义者和和平主义者。① 他畅谈自己的理想,批评布尔什维克的错误,但是他承认布尔什维克的出发点是对人民的热爱,并相信他们能最终取得胜利。他肯定19世纪俄国的民粹派,并且认为中国青年应以他们为榜样。除了批评日本帝国主义(这种观点得到了学生的欢迎),他还批评某些中国知识分子只会躲在后面,让别人去牺牲。② 于是,很多人又开始抵制他的课。支持布尔什维克的学生不满他对苏联的批评,无政府主义者不满他反对使用暴力的论调。作为一个世界语主义者,他赞同柴门霍夫创建的人道主义体系。爱罗先珂始终在一定程度上倾向无政府主义和无政府主义者,但是他从未明确加入任何一个无政府组织。他只是广义上的社会主义者,不提倡教条,单纯渴望建立一个纯净的、和平的世界。

　　爱罗先珂在北大受挫之后,在吴稚晖、李石曾、蔡元培和其他《新世纪》时期老派无政府主义者的帮助以及在鲁迅和周作人的支持下,准备在北京开一所世界语学校。1922年夏,爱罗先珂作为中国世界语学会的代表参加了在赫尔辛基举行的国际世界语大会。这次,苏联允许他过境,日本也允许他从满洲经过。在途中,爱罗先珂见到了帮助自己获得与会资格(世界语主义者内部因为政治原因发生分裂,爱罗先珂的立场起初遭到了怀疑)的日本社会主义运动领袖片山潜。

　　回中国途中,爱罗先珂得以看到苏联的具体情况。这次经历并没有给他留下太多好感,但是他并没有进行批评。也许因为在北京找不到家的感觉,他已经意识到迟早会回到乌克兰。也许他在中国也不想再树敌了。③ 1923年春,爱罗先珂离开了中国。在苏联,他当了一段时间俄语教师,又在莫斯科东方劳动者共产主义大学担任翻译,但于1927年以"意识形态不可靠"为由被开除。后来他致力于盲人教育,1952年在家乡去世。④

　　在北京,新的世界语学校也在筹备中。1922年年底,当时爱罗先珂还在中

---

① 爱罗先珂离开后,他的讲义被集结成书:《过去的幽灵及其他》(上海民智书局,1923年)。
② 参见《知识阶级的使命》,《晨报副镌》,1922年3月7日。
③ 从爱罗先珂1923年3月最后一次讲课"现代戏剧艺术在中国的价值"中可以看出他的不满(参见《过去的幽灵及其他》)。
④ 参见 V. Rogov, "V. Erošenko", *El Popola Ĉinio*(《中国报道》), June 1958, pp. 195—197, at p. 197.

国,世界语学会召开集会纪念柴门霍夫诞辰。几位名人都表示支持。蔡元培认为世界语能让中国以更好的形象展示给西方。他还请顾维钧用世界语给会议写信。①

　　这次会议让世界语成为1922年底媒体关注的焦点。由鲁迅、周作人、胡愈之翻译的爱罗先珂的作品起到很大作用。《东方杂志》主编胡愈之也大力推广世界语,甚至为它开辟专栏。② 他认为国际性语言并不是民族语言的替代品,而是一种交流方式。就语言本身而言,都是中立的。尽管如此,国际语言推动了国际主义,并且将会终结民族主义和种族主义。由于缺少沟通会引发冲突,国际语言将会在全世界带来和平和社会进步。哪一种语言最能胜任这个任务呢?从使用者数量来看,汉语明显是首选,但是对外国人来说学习难度太大。而且,民族语言与民族联系密切,将会降低其作为国际主义推广媒介的效力。最佳选择应该是一种结构规则的人造语言,方便学习。因为在语言上具有优越性,意识形态上具有中立性,世界语在这类语言中是影响最大的。柴门霍夫的人道主义不应该被当作一种强制的哲学。它仅仅得到了部分世界语主义者的支持,表达的只是一种普世之爱。因此,胡愈之认为世界语是解决国际交流和中国孤立问题的良方。③

　　对专栏作出贡献的另外两个人是曾经一起留学里昂并在"法—中学会"(Institut Franco-Chinois,主要由留法的中国无政府主义者举办)开办过世界语课程的区声白和黄尊生。1921年,国际联盟曾在会议上提出在学校采用世界语的提案。1922年4月,在日内瓦举行了一次会议,讨论国联会议的提案,区声白和黄尊生也参加了这次会议。会议采纳了黄尊生设立翻译委员会的建议,那样每个国家就能把最新最重要的发现翻译成世界语,被其他国家学习借鉴。④

　　1926年之前,黄尊生一直在法国,代表中国出席了欧洲几个世界语会议,包括1923年代表北京总商会、天津总商会赴威尼斯出席的世界语商业会议。1924年,他和蔡元培参加了在维也纳举行的国际世界语大会。1925年,他代表中国

---

　　① 《北京大学日刊》,1922年12月22日,第2—3页;《晨报副镌》,1922年12月22日。
　　② 弗亢:《世界语的国际地位观》,《东方杂志》第9卷第9号(1922年5月10日)。
　　③ 《国际语的理想与现实》,《东方杂志》第19卷第15号(1922年)。相似的观点参见胡愈之1921年1月在上海世界语学会会刊《中国世界语》(Ĥina Esperantisto)第一期上发表的文章。
　　④ 区声白、黄涓生:《国际世界语大会在日内瓦开会之经过》,《东方杂志》第19卷第15号。

教育部出席了国际世界语科学会议,并再次赴日内瓦参加了国际世界语大会。1924年,他被选为世界语会和世界语中央委员会的委员,先后参加了在西班牙、保加利亚、罗马尼亚和南斯拉夫举行的国际世界语大会,①成为第一个在国际世界语运动中扮演重要角色的中国人。

在中国,周作人回到了《东方杂志》这块战场,加入了1910年代成为知识分子关注焦点的世界语和汉语改革的论战。和钱玄同一样,周作人和鲁迅都曾经是早期强烈反对无政府主义者对世界语的热衷的章炳麟的学生。在北大期间,周作人曾经关注过《新青年》关于世界语的讨论。作为一个翻译家和作家,他曾经对不同国家的语言之争和白话文之争很感兴趣。他与爱罗先珂非常亲密,也是世界语学校的赞助人之一。无论如何,他对世界语还是保持了一定的热心。他曾经在《东方杂志》上说,应该给这场论战做个了断了。用世界语来取代汉语的极端要求,不但是幻想,也是不应该的。世界语可以做第二语言,但是改良汉语也是有必要的。周作人只对胡适的提议表示了有限的支持。胡适认为,新的汉语应该吸纳以白话为基础的明清小说的优点,因为他们缺乏中国需要的缜密的逻辑;另一方面,完全排斥传统的东西和排斥白话一样都是错误的。新的汉语必须借鉴西方词汇来表达现代概念,并且应该纳入西方语法体系。强制西化并不是他的目的,但是他认为——毕竟他不是语言学家——语法可以进行人为调整,至少是有限度的调整。新的国语需要一套词汇和语法规则在学校和出版界强制推行。

周作人的主要标准是实际的,他仍然信仰大同世界,进而相信世界语,但不是以放弃本国语言为代价的。另一方面,国语的规范也不应该以放弃白话为代价。正如白话不会影响每个人学一种新的高级语言一样,他们也能学会一门外语或者世界语。总之,周作人倾向的是有差异的统一。②

通过让世界语脱离政治,走下独断的地位,周作人使它得到了更广泛的接受。然而,无政府主义者仍然强调世界语属于他们。新的北京世界语学校成为无政府主义者们开会的据点和在国外的中国无政府主义者出版著作的中转站。

---

① Hoŭ Giping, 1987, "Wong Kenn, pioniro de la ĉina Esperanto-movado"(《黄尊生:中国世界语运动的先驱》),*El Popola Ĉinio*(《中国报道》)348:15—17. 黄尊生曾经用根据广东话读音起"Wong Kenn"为拉丁化名字,很多广东籍留学生也效法。

② 周作人:《国语改造的意见》,《东方杂志》第19卷第17号。

一开始,景梅九并没有直接加入,但是他在《学汇》上刊登了关于这所学校的报道。景梅九和这所学校里年轻的无政府主义者们联系密切。1922年末,师复曾经的合作者、日本无政府主义者山鹿泰治代表大杉荣访问了北京,同爱罗先珂进行了会面。爱罗先珂通过一个韩国无政府主义者和世界语主义者把山鹿泰治介绍给了景梅九。景梅九在日本时就知道大杉荣,同孙中山也保持着密切联系,尽管他信仰无政府主义。山鹿泰治注意到景梅九发展了一套具有个人风格的无政府主义理论。他政治立场混乱,私生活也是自由散漫,还吸食鸦片。早已习惯师复那种刻板风格的山鹿泰治,对此感到非常惊讶。不过,由于个性富有影响力和《学汇》这个平台,景梅九仍然是北京无政府主义运动的核心人物。大多数年轻的无政府主义者都按照他的标准去做,同时也学习世界语。

北大学生冯省三是一个年轻的无政府主义者,曾经当过爱罗先珂的助手。他曾经编写了一本《世界语读本》,周作人作序。冯省三在"讲义风潮"中被北大开除后,鲁迅给他提供了帮助。1924年冯省三去世后,钱玄同为他写了讣闻。尽管这三位大师都不是无政府主义者,但他们都对无政府主义持同情态度,也因此对信仰布尔什维克的学生们保持距离。1924年,景梅九被任命为北京世界语专门学校的主管,出版了《国风日报》的世界语专刊(可能是《学汇》副刊的延续)。一些俄国人(例如爱罗先珂这样的非布尔什维克)也在该校任教。所以那段时间世界语仍然被作为无政府主义的或者是中立的语言在学校讲授,但不是布尔什维克的。

20世纪20年代晚期的无政府主义和世界语

中国的共产主义与无政府共产主义有些渊源,但是20世纪20年代中期,两种思潮发生了分裂,他们不再认为彼此有渊源,也有了各自的议程。沙培德(Peter Zarrow)说,这种分裂是"深刻而痛苦"的。在中国和其他国家一样,这种差异关系到对国家和苏联的态度。起初中国的无政府主义者对布尔什维克抱持同情态度,到20年代中期,他们认为苏联政体压制太严重。同时,他们也反对中共以国家集权为目标,宣传"无产阶级专政"和"铁的纪律"。

1925—1927年革命期间,中共遵照共产国际的指示与国民党合作。当时国民党虽然表面上代表民意,但是实际上维护的是大资产阶级和大地主的利益。合作的形式要求共产党服从国民党的领导,放弃自己的组织。

就是否加入统一战线的问题,中国无政府主义者内部发生了分裂。吴稚晖主张加入,但是其他人却主张发展自己的支持者,独立于共产党和国民党。1925—1926年,在共产党领导的工运(工人运动中有不同的派别,但是当时共产党占了主导)和国民党发动的北伐中,无政府主义者只充当了消极的观望者。1927年,当蒋介石开始残酷迫害自己的共党"盟友"时,无政府主义者也面临着挑战。一些人反对蒋,另一些人则出于对共产党的敌意支持蒋,还有一些人坚持第三条道路。一些元老都支持国民党,如吴稚晖、李石曾、蔡元培、张静江等。几乎在共产党遭受迫害的同时,它的支持者们创办了《革命周报》、工人大学和自由书店。①

一度《革命周报》的主要内容是与反共观点论战和抽象的理论问题。不过随后,它转向了无政府主义,像革命和道德的关系之类的主题占据了主要版面。世界语也作为无政府主义和共产主义之外的"第三种革命"卷土重来:无政府主义是政治革命,共产主义是经济革命,而世界语主义则是"精神"革命。世界语主义的目的被总结为十四点:为了无政府—共产主义社会,为了博爱基础上的文化和科学,为了博爱基础上的教育,为了人类解放,为了永远的和平,为了在博爱而不是在法律基础上建立的道德,为了人民自由集会,为了个人自由,为了美丽的人生,为了自由恋爱,反对国家主义和军国主义,改变为生存而奋斗的现状,反对各种形式的独裁,反对阶级独裁。②

20世纪30年代中国的无政府主义和世界语

1927年无政府主义阵营的内部紧张影响了无政府主义运动。1928年后,国民党对无政府主义者更加变本加厉。那些曾经希望与国民党联合的无政府主义

---

① 参见 Müller, Gotelind, *China, Kropotkin und der Anarchismus: Eine Kulturbewegung im China des frühen 20. Jahrhunderts unter dem Einfluss des Westens und japanischer Vorbilder*. Wiesbaden: Harrassowitz, 2001, Pt. 2, Ch. 11.

② 参见献民:《世界语主义的原理》,《革命周报》第14号(1927年7月31日)。

者,现在已经不抱希望了。工人大学和《革命周报》被迫关闭,那些曾经乐见共产党领导的工运遭受镇压的无政府主义者,现在也受到了同样的对待,只能退而搞一些"无害"的文学和教育活动。即便如此,还是会受到当局的干涉。①

在上海,以卢剑波为中心的无政府主义左派和他的中国青年无政府主义者联盟和无政府—共产主义者都面临着撤退的压力。通过宣传世界语和"无产阶级文化",卢试图为无政府主义保留一块阵地,但是他的努力在重重阻力下没有成功。他反对武装斗争,认为这就像"外国小说中的英雄"行径;他认为无政府主义者应该扮演好谦逊耐心的公仆角色。②

巴金的小说让外国的革命英雄在中国流行起来,也许其中就有这些"外国式的英雄"的影子。巴金的"浪漫主义"受到了批评家和无政府主义者的批判。1927年巴金和卢剑波意见发生不合,但是不久又和解了。③ 后来已经成名的巴金加入了卢剑波创办的《惊蛰》杂志,发表了一篇关于西班牙无政府主义者布维那文图拉·杜鲁提的文章,并且呼吁社会主义者、共产主义者、无政府主义者和反法西斯主义者联合起来。④

卢剑波致力于声势迅速衰退的中国无政府主义运动,巴金则代表了这场运动的文化影响,这种影响一直延续到30年代。巴金仍然代表无政府主义者,但是不再进行宣传;不过,他仍然支持世界语。留法回国后,特别是住在上海世界语学会期间,巴金为之编辑《绿光》(*La Verda Lumo*)杂志,还编辑了爱罗先珂的童话集。但是1932年1月日本人攻打上海时,世界语学会遭到了破坏,巴金被迫搬离。自此,巴金只有很少的世界语译作问世了。⑤

巴金第一次发表关于世界语的文章是1921年在成都的《半月》杂志上,当时他引用《新青年》的观点,认为世界语是传播无政府主义的一种方法。⑥ 1924年,

---

① Müller,Gotelind, *China, Kropotkin und der Anarchismus: Eine Kulturbewegung im china des frühen 20. Jahrhunderts unter dem Einfluss des Westens und japanischer Vorbilder*, p.600.
② 参见大吉(卢剑波):《工作的态度》,《惊蛰》第3卷第1号(葛懋春等编:《无政府主义思想资料选》,第884—889页)。
③ 参见唐金海、张晓云著《巴金年谱》,四川文艺出版社1989年版,第1163页。
④ 参见葛懋春等编:《无政府主义思想资料选》,第1021页。
⑤ Müller Gotelind, *China, Kropotkin und der Anarchismus: Eine Kulturbewegung im China des frühen 20. Jahrhunderts unter dem Einfluss des Westens und japanischer Vorbilder*, Wiesbaden: Harrassowitz,2001, Pt 2, Ch. 13.
⑥ 这篇文章收录在许善述《巴金与世界语》一书中。

巴金试图加入从无国家国际协会（World society of the stateless）分离出来的无政府组织"世界语主义者无国家国际联盟"（World league of the Esperantist stateless）。① 1933年，巴金在《绿光》上发表了最后一篇文章。② 也许是因为在法国期间与著名世界语主义者胡愈之的密切接触，巴金对世界语的兴趣又再次增强了。③

1932年之后，巴金逐渐远离了世界语运动；世界语运动与无政府主义之间的联系也开始变得紧张。在此之前，世界语在中国总是同无政府主义联系在一起。如今，世界语第一次引起了中国共产主义者的关注。④ 世界语在苏联的发展促使中国建立了亲共的中国无产阶级世界语者联盟。⑤ 包括胡愈之在内的上海世界语领袖都从无政府主义转向了中共。⑥ 在"为中国的解放而用世界语"（With Esperanto for the liberation of China）的口号下，很多世界语者都改变了中立立场，加入了中共的抗日斗争；只有卢剑波仍然明确坚持无政府主义路线。

20世纪30年代，中国世界语者在大众语言方面，特别是拉丁化运动中更加活跃，并得到了苏联世界语者的支持。中国的世界语者建议采用苏联制定的拉丁化新文字方案，为50年代汉语拼音方案的推广奠定了基础。⑦

由于世界语具有国际主义特性，所以中国亲共的世界语者们希望出版世界语文章，争取国际上对中国抗日斗争的支持。不仅仅是出于政治原因，还出于考虑语言政策的角度，国民党反对这种做法。

---

① 参见 Forster, Peter, *The Esperanto-Movement*. The Hague, 1982, p. 195.
② 参见 Bakin（巴金），"Mia Frateto"（My little brother），*La Verda Lumo* 1 (June 1933) 6—7；此文收录在许善述《巴金与世界语》一书中。
③ 参见〔日〕岛田恭子："巴金の返信の中から"，《唖哑》，No. 16 (Sep., 1983), pp. 3—14。
④ 一些共产党人已经学习了世界语，包括1931年中国托派的创始人之一郑超麟。参见 Benton, Gregor, ed., *An Oppositionist for Life: Memoirs of the Revolutionary Zheng Chaolin*. New Jersey: Humanities Press, 1997.
⑤ 原注为"中国普罗世界语者联盟"。——译者注
⑥ 关于"中国无产阶级世界语者联盟"，参见 Ĉen, Ĉ., "Rememoroj pri Ĉina Proleta Esperantista Unio"（《回忆中国无产阶级世界语者联盟》），*El Popola Ĉinio*（《中国报道》），235 (April), 1978, pp. 14—16.
⑦ 参见 Riedlinger, S. H. *Likbez. Alphabetisierung bei den sowjetischen Dunganen seit 1927 und ihr Zusammenhang mit den Latinisierungsbestrebungen in China*. Bochum: Brockmeyer, 1989; Martin, Helmut. *Chinesische Sprachplanung*. Bochum: Brockmeyer, 1982; DeFrancis, John. *Nationalism and Language Reform in China*. Princeton: Princeton U. P., 1950；叶籁士：《回忆三十年代抗日战争前的拉丁化新文字运动》，《语文现代化》1983年第6期。

日本女作家长谷川照子(1912—1947)是外国世界语者支持中国抗日斗争最突出的例子。她于1937年随中国丈夫来到中国。在日本的时候,长谷川就加入了以柴门霍夫妻子克拉勒·柴门霍夫和德国女共产主义者克拉勒·蔡特金命名的"克拉勒圈"(Klara Circle)。这是一个致力于在妇女中宣传无产阶级世界语文学的组织。来到中国后,她用Verda Majo(绿色的五月——译者注)的世界语笔名发出两封公开信,一封号召日本世界语者支持中国的抗日斗争,另一封号召国际世界语者抵制日本。①

结语

克雷布斯在师复研究中写道:"无政府主义安排了19世纪初(中国)关于新文化对话的日程表。"新文化运动关注的主题——世界语、妇女平等、劳工尊严、科学的重要性、国际主义、中国在世界革命中的角色——都曾经是无政府主义宣传的内容,通常也是他们首倡的。支持世界语表现了他们对"国际主义一贯的提倡"。因为他们把世界革命看作摧毁全球帝国主义体系的唯一途径,所以他们的国际主义是爱国主义的一种形式。②

1949年之前中国关于世界语的论战以吴稚晖乌托邦式的想象为起点,以30年代世界语主义者转移到拉丁化运动为终点。这场论战以跟社会和政治联系较少为标志。通过分享在意识形态方面的主张,世界语运动在中国影响了很多地区。自1949年中华人民共和国成立以来到20世纪80年代末,中国世界语会是

---

① Müller, Gotelind, "Hasegawa Teru alias Verda Majo (1912—1947): Eine japanische Esperantistin im chinesischen anti-japanischen Widerstand." In Denise Gimpel and Melanie Hanz, eds. Cheng: All in Sincerity. Festschrift in Honour of Monika Übelhör. Hamburger Sinologische Schriften 2. Hamburg: Hamburger Sinologische Gesellschaft, 2001, pp. 259—274. 长谷川照子的自传,参见〔日〕长谷川照子:《Verda Majo作品集》,中国世界语出版社1982年版。关于她的传记,参见〔日〕利根光一:《长谷川照子生涯》,东京:要文社1980年版。关于无产阶级世界语文学运动,参见〔日〕大岛义夫、宫本正男:《反体制世界语运动史》,东京:三省堂1974年版,第6—7章。关于日本世界语运动概况,参见〔日〕初芝武美:《日本世界语运动》,东京:日本世界语学会1998年版。关于致日本世界语者的公开信,参见《中国的胜利是全亚洲明天的关键》(《暴风雨中的细语》,重庆,1941年)。关于致全世界世界语者的公开信,参见《致全世界世界语者》(写于1938年12月15日,柴门霍夫诞辰)。以上两封公开信均收录在《Verda Majo作品集》一书中。

② Kreb, Edward S, *Shifu, Soul of Chinese Anarchism*, pp. 161—164.

国际世界语协会的重要组成部分,世界语也再度复兴。中国的书店都陈列有世界语书籍,孩子们也能很容易地读到世界语连环画。然而,这种高潮很大程度上是由于政府的支持,代价是接受政治的控制。无论世界语主义者情愿与否,中国世界语主义的境遇总是与政治因素联系在一起(不意外的是,在国民党统治时期的台湾,世界语就失去了发展空间)。

中国的世界语主义者希望得到什么呢?对大多数世界语主义者来说,世界语是国际主义的标志;对一部分世界语主义者来说,它是一把通向西方的万能钥匙,通过它中国就不需要分别了解每一种西方文化和语言。然而,第一次世界大战向五四时期激进的中国人表明了,中国与西方不一样,离所谓的"大同世界"就差得更远了。此外,世界语没有在世界范围内争取到自己梦想和可以依赖的支持者。

很多中国的世界语者都强调世界语的国际性和中立性。一种共通语需要可以对话者,所以中国世界语运动的希望就寄托于世界语在其他国家的命运。世界语具有无国界的优点,但是无国界也有缺点,因为这使世界语远离了一个嘈杂的场合和与国家权力有关的物质资源。世界语就像一个充满不停变化的美好理想的真空空间——但是这进一步阻碍了它的进步,因为它很快就被打上了宗派主义和不切实际的标签。

新中国成立之后,世界语者曾经在语言改革中扮演的角色被重新认识和重视起来。胡愈之和叶籁士被任命为文字改革委员会副主任。不过,此时的"改革"就仅指汉字的简化了。20世纪50年代初,由于效仿苏联,世界语在中国曾一度被压制;但是60年代末又重新繁荣起来。"文化大革命"期间,和其他有海外关系的人一样,有的中国的世界语者也遭到歧视和迫害,但是官方与国际世界语主义运动的联系仍被保持,有关的书籍和杂志也在出版(虽然内容都被限制为官方宣传)。

共产主义在苏联和东欧的垮台使世界语突然失去了主要政治资源和财政支持,20世纪90年代中国的变化更加剧了世界语的困境。随着英语前所未有的盛行,吴稚晖等人曾经强调的世界语的实用性更加没有说服力了。[①] 世界语又

---

① 在中国,曾经尝试过将世界语用于学术著作和学术会议。参见 Shen Chengru,"Pordo por Ĉinio al scienc-teknika interŝanĝo kaj evoluo"(《中国科技交流和发展之门》), *Esperanto*, 80/7, 1987, pp. 143—144.

回到了起点,只依靠个别人的理想主义勉强存在着。似乎排外主义、反美主义、语言纯粹主义和一切其他的意识形态仍然有可能把矛头指向英语,[1]世界语会在中国被重新卷入论战。这种可能性不应该被忽略,尤其是在电脑时代,人造语言又被赋予了新的意义。(郭娜 译)

[作者简介:顾德琳(Gotelind Müller-Saini),德国海德堡大学汉学系教授。]

---

[1] 这种观点在中华全国世界语协会秘书长张企程一篇题为《关于英语和语言霸权主义》的文章中得到了进一步阐述。文中他指出,即使在一些曾经被英国殖民侵略的国家,英语也被当成共通语,这也许会再次引起政治争端(参见张企程:《关于英语和语言霸权主义》,《中国报道》1983 年 7 月)。

钱玄同和汉字简化
——另一个简体字[*]

〔日〕村田雄二郎

前言

  今天,在中国语圈使用的汉字,可分为两大类。一是在中国大陆和马来西亚、新加坡等一部分国家使用的简体字(simplified Chinese character),二是通用于台湾地区、香港地区及海外华人社会的繁体字(traditional Chinese character)。前者是1956年《汉字简化方案》所制定的文字。如其名所示,简体字是把复杂难记的汉字简化为正字(标准字)。当然,这并不是说多达数万的汉字全部简化,而许多繁体的旧正字仍旧保留通用。另外,1980年代以来,随着回归于传统的潮流,在商品广告、招牌和名片等方面,繁体字的使用有所增加。最近,来自天津的某全国政协委员在2009年两会上提出恢复使用繁体字的提案,引起了汉字繁简统一的热烈讨论。据这位政协委员说,恢复繁体字有三个理由:(1)1950年代简化汉字太粗糙,违背了汉字的艺术性和科学性;(2)以前说繁体字太难学、太难写,但是现今电脑普及,不存在这个问题了;(3)恢复繁体字有利于两岸统一。虽然如此,到目前为止,在传媒和公共标识上仍然严格使用简体字,中央政府也对繁体字的过度泛滥屡屡发出警告,尽力控制繁体字的使用。

  在台湾地区,情况完全不同。简体字曾被视为对中国文化的破坏而受到非难。尤其在1950至60年代,国民党政府继续使用繁体字,自认是中国文化的正

---

[*] 崔学松先生对本文草稿提出了宝贵的意见,谨此致谢。

统继承者。这种对立关系，在电脑领域中也反映为两个文字系统，即有繁体字 BIG5 和简体字 GB 并存的标准汉字体系上，现在又添加了 Unicode，汉字电码系统就变得更加复杂了。

然而，以上所述的汉字繁简的对立关系并不是固定不变的。毋庸赘言，不管是汉语还是其他语言，我们日常使用的字体和字形，几乎都是由国家权力认知和规范化而非自然形成的。所以，首先应该指出，近代汉字改革中最大遗产的简体字，始终和政治权力密切相关，走过艰难曲折的道路。再说，回顾近代东亚文字改革的历史，文字政策、汉字讨论和现实政治均非无缘，所以可以指出，字形、文字电码等汉字标准统一问题直接关联于东亚国家和地区的国际关系，甚至涉及"东亚文化共同体"的将来。

本文就是为了反思汉字简化的曲折道路，从被忘却的历史中探寻中华民国政府在 1930 年代制定、施行简体字的尝试。

一、钱玄同的汉字改革论

在 3000 多年的汉字历史中，各种字形的变迁、沿革由来已久，但与语言（国语）统一运动并行的文字改革，直到 20 世纪初才出现。亦即随着清末民初教育的普及，提倡整理字体、削减笔画的呼声越来越大，不久就出现了各种简体字的草案。这些步骤在 1917 年的文学革命（俗语革命）以后进一步加快。其中，对简化汉字贡献最大的就是钱玄同。

钱玄同（1887—1938），浙江吴兴人，晚清民国时期的著名学者，以文字音韵之学见长，长期执教于北京高等师范学校（后北京师范大学）。他是五四文化革命的旗手之一。当时他主张采用世界语，代表着否定传统的五四思潮，产生了很大的影响。他提出削减汉字笔画的建议，见于 1922 年 8 月发行的《国语月刊·汉字改革号》上。

着意于汉语全面表音化问题的这个特集，收在国语统一筹备会第四次大会上提出的两个方案中。一是黎锦熙废止汉字、采用表音文字的建议，二是钱玄同的《减省现行汉字的笔画案》。后者则是对刊载于《新青年》第 7 卷第 3 号（1920 年 2 月）的《减省汉字笔画的提议》加以若干字句的修正而成立的。在《国语月刊》刊载时,除了"提议人:钱玄同"外,还增加了"联署人:陆基、黎锦熙、杨树达"的名单。

钱玄同向国语统一筹备会提出这两个建议时,分别以"治本"(根本的解决)和"治标"(过渡的措施)说明对于汉字改革的根本思想。也就是说,在将来汉字全面废弃、由罗马字的表音文字来取代之前,将现行的汉字简化使用。在他看来,文字是从篆书到隶书、楷书、行书到"破体、俗体、小写"变化而发展的,因此汉字简化也是理所当然的历史趋势。他说:"数千年来,汉字字体时时刻刻都在走向简略化。"

在同一期《国语月刊》卷首,也刊出了钱玄同的名篇《汉字革命!》。在这篇文章里,钱玄同充分发挥了废止汉字、改用罗马字等根本改革国语的思想。作为五四文化激进主义的表现,钱玄同的这一主张当时在赞否两方面都激起了很大反响。在讨论汉字废存的"根本改革"风潮中,字体变革问题,相对来说是一种边缘性的问题。钱玄同也在上述建议中称削减笔画为"治标",采用"新汉字"即"拼音"(表音文字)才是"治本"。

但是钱玄同并不认为汉字是一朝一夕就可废除的。要达到"根本改革"的目的,不能不解决字母的选择、单词的联结、同音字的置换、词典的编纂等等难题。在此之前,以简化字体为"目前最必要的方法",从某种意义上说是必不可少的。

钱玄同的汉字改革论似乎在国语筹备会的内部得到了很大的赞同。钱玄同提出《减省现行汉字的笔画案》同时,国语统一筹备会中还设立了"汉字省体委员会",除钱玄同之外,委员还有胡适、沈兼士、黎锦熙、周作人等15名文化名人。而且,当时作为文化界重镇的两大出版社的编辑如张元济、高梦旦(商务印书馆)、陆费逵(中华书局)等人也对这一提议表示支持和赞同。尤其是陆费逵本人对文字改革持有积极态度,并在1921年发表了《汉字整理意见》,起到了对"汉字革命"推波助澜的作用。

然而,由于其后的军阀战争造成的政治混乱,国语统一筹备会提出的汉字简化建议并没有取得应有的成果,不久就烟消云散了。

二、教育部与《简体字表》

1932年教育部公布《国音常用字汇》,确定了现代中国国语标准音系。《国音常用字汇》的刊行重新提高了人们对国语统一的关心,也促进了汉字改革的趋势。随着国语统一运动进入新的阶段,教育界又重新出现了几种汉字简化方案。另外,《国音常用字汇》还收录了部分"破体"、"小字"等宋元以来"通俗的简体字",这无异是对制定、普及简体字的舆论给予一定的支持。

与此同时,出版界发表了上海200名文化人《推行手头字缘起》的呼吁。所谓"手头字",是指流行于民间的俗字、略字。这个呼吁揭橥于许多报刊,引起了人们对制定、公布简体字的兴趣。[①] 可以说,汉字改革的时机在各方面都已逐渐成熟。

这时担起推进汉字改革重任的仍是钱玄同。

1935年1月,国语统一筹备会第29次常务委员会召开,通过了《搜采固有而较适用的"简体字"案》。如案名所示,它不是为新文字定策,而是提出将已在流通的简体字加以整理,以作为标准字。所谓"固有的比较实用的简体字"即为:

一、现行的俗体字;二、宋元以后小说中的俗字;三、章草(汉魏时代的草书);四、行书和草书;五、《说文解字》中的笔画少的异体字;六、碑碣上的别字;等等。[②]

教育部接到这一提议,就委托国语统一筹备会开始进行选择、制作字体的工作。作为核心人物,钱玄同忍着眼疾和高血压的苦痛,独力起草《简体字表》,1935年6月完成,共1300余字。[③]

这个《简体字表》随即送达教育部,在部内审议,并最后完成了《推行简体字办法》。其内容大致如下。

一、公布简体字。二、公布之后扩充、整理简体字。三、简体字的使用范围限于初等教育的教科书。

《推行简体字办法》规定了选定字体时"述而不作(仅使用已通行的字体)"、"首先使用已在社会上通用的字体"、"笔画单纯的原字不简化"的原则。这个原则完全符合钱玄同在《简体表》完成之际提出的方针[④]。

之后,《推行简体字办法》立即上报行政院,在行政院第215次会议上通过。

---

① 周有光:《汉字改革概论(修订本)》,澳门·尔雅出版社1978年版,第324—325页。
② 黎锦熙:《国语运动史纲》,商务印书馆1934年版,第281—282页。
③ 曹述敬:《钱玄同年谱》,齐鲁书社1986年版,第128页。
④ 钱玄同:《与黎锦熙、汪怡论采选简体字书》,载《国语周刊》第176期,1935年2月9日。

又在 1935 年 6 月 5 日召开的中国国民党中央执行委员会第 460 次政治会议汇报,被"准予备案"。

教育部接到党中央的通知后,于 6 月中旬开始了制定草案的具体工作。参加工作的有黎锦熙、汪怡、赵元任、潘尊行、张炯、钟灵秀、吴研因、顾良节等国语统一准备委员会的成员。钱玄同此时在北京,没有参加在首都南京召开的工作会议,但他与黎锦熙等成员频繁通信,以便互通信息,交换意见。上述成员对于钱玄同制订的《简体字表》逐字审议,在 6 月 20 日到 22 日的三天中,最终选定 2400 余字的简体字(第一次草案)。第二次草案从钱玄同版《简体字表》中精选出 1200 余字,经部内各方面的详细审议,决定了《一次简体字表》。①

在 1935 年 8 月 21 日,教育部终于以部令 11400 号公布《简体字表(第一批)》,规定"在社会上比较通行的简体字"324 字在小学教科书和初等教育中一齐使用。《简体字表(第一批)》大量采用"宋元至今习用的俗体",可以说沿袭了钱玄同等汉字改革的初衷。

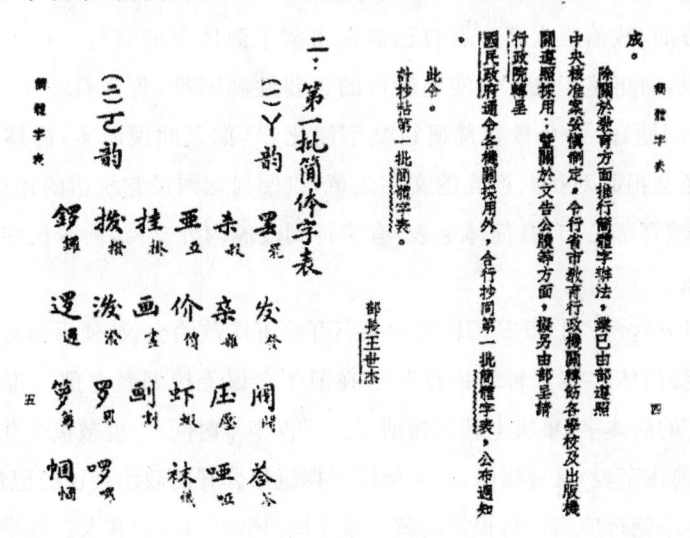

---

① 可参考教育部《简体字表 第一批(中华民国二十四年八月)》《台湾国史馆藏国民政府档案《简体字推行法令案》中的"四:选编经过"。《国语周刊》第 211—212 期(1935 年 10 月 12—19 日)也刊载全文。

三、《简体字表》的挫折和戴季陶

教育部制定、公布《简体字表(第一批)》后,1935年10月3日由国民政府训令744号决定,"除经过教育行政机关,依据各学校、出版机关所定的方法和时间采用外,各种公牍、布告及公私收据也使用今次公布的简体字。"教育部进一步决定,以1936年7月为限,不使用简体字的小学、民众学校教科书不审查,各学校也不能采用。

经此,国民政府迅速认可并推行了《简体字表》,其背景源自出版界和文化界对字体简化要求的高涨与支持。那时上海文艺界正好围绕"大众语"定义和内容进行着广泛的论战。简化文字的社会要求,辅之以语言改革的进行,推进了简体字的实施。另外,国语统一筹备会随机应变的工作方式,也是其能继承钱玄同五四以来的汉语"根本改革"思想,顺利地付诸实际的重要原因。

另一方面,政治强人蒋介石自己似也寄望于简体字的实行。据当时教育部长王世杰说,前年鉴于在苏区实施教育的重要性和困难,蒋介石就注意到了《简字》的施行问题,并命令教育部研讨文字简化。[①] 如果此说属实,简体字在文化和教育上还会担起对抗共产党的文字改革,以使强化国民党统治的作用。

总之,教育部公布的《简体字表》有幸得到政府内外支持,向着汉字简化的大海就要出航了。

然而,1936年1月15日国民党中央召开第五次政治会议,使得形势一转。这次会议决定《简体字表》"暂缓推行"。[②] 在前年会议上接到教育部呈报后本视为"刻不容缓"的简体字,事实上就被撤消了。仅仅半年时间,一度被接受并公布了实施日期的《简体字表》又被撤消,究系何因?据近年公开的政治会议的记录,我们得知提出简体字施行应当缓行提案的就是戴季陶(1890—1949)其人。戴季陶是蒋介石的好友、幕僚,又是身兼国民党中央委员和考试院长的国民党要员。戴季陶的建

[①] 参见王世杰:《推行简体字案》,1935年6月4日,见于台湾国史馆藏国民政府档案《简体字推行法令案》。

[②] 《中国国民党中央执行委员会政治会议第五次会议记录》,1936年1月15日,中国国民党中央委员会党史委员会藏。

议,对《简体字表》的推行来说,无疑起了很大作用。① 实际上,前一年国民党中央政治会议通过公布《简体字表》的时候,他因去四川成都视察,顺便参拜父祖墓,而没有出席会议。半年后,他便乘机多次发表了全面否定汉字简化的意见。

戴季陶反对简体字的理由,在国民党会议记录中没有明载。然而,他在1935年9月29日和10月3日两次致函教育部长王世杰,彻底反对《简体字表》。②

从平素主张应以四书五经作为国语教科书教材这点来推断,他确实有某种文化保守主义的坚定信念。戴季陶认为强化国家民族意识就必须拥护传统文化,汉字简化会弱化对传统的国民认同,对于民族团结和国家统一有害无利。早在发生《简体字表》风波之前,他曾以党内实权派的身份,主张改编自己认为不利于一致抗日的国定教科书,并且对教育部施加政治压力。这就是1929年发生的围绕教科书审查引起的一次争执。③

在商务印书馆发行的《中学用本国史教科书》中,古代的三皇五帝降为神话传说而非真实的存在,由此引发了政治化的事件。保守派的国会议员抨击它为"非圣无法",要求政府禁止发行。此时,对出版社施加压力的正是戴季陶(当时为国立中山大学校长)。据教科书执笔者顾颉刚回忆说,戴季陶主张对出版社应严加处罚是基于以下的理由:

> 中国人所以能团结为一体,全由于人民公信自己为出于一个祖先:如今说没有三皇五帝,就是把全国人民为一体的要求解散了,这还了得!
>
> 民族问题是一个大问题,学者们随意讨论是许可的,至于书店出版教科书,大量发行,那就是犯罪,应该严办。

鉴于戴季陶的强大政治影响力,在国务会议上有人建议:即对《中学用本国史教科书》每册罚一元,按照发行量160万册,科以160万元罚款。为此,发行教科书的商务印书馆非常紧张,最后总算靠着党国元老吴稚晖的斡旋,才有惊无险地渡过了这一关。

---

① 前引《钱玄同年谱》(第129页)除了作为反对派急先锋的戴季陶外,还举出了何键(湖南省主席)之名,但就当时政治发言力的大小来看,影响事态发展的几乎就是戴一人。
② 戴季陶:《致朱、王部长书》(1935年9月29日)、《致教育部王部长书》(1935年10月3日),陈天锡编:《戴季陶先生文存》,台北:中国国民党中央委员会党史资料委员会1959年版,第573—574页。
③ 关于时间的经纬,可参考顾颉刚:《我是怎么样编写〈古史辨〉的?》,《中国哲学》第6辑,三联书店1981年版,第391页。另外,关于这一事件的意义,从 Tze-ki Hon, "Ethnic and Cultural Pluralism: Gu Jiegang's Vision of a New China in His Studies of Ancient History"(*Modren China*, July 1996)受到教益。

四、两个国族主义和汉字改革

1928年国民政府成立以来经过抗日战争长期担任考试院长的戴季陶,每每感叹于高等文官录用考试(高等考试)成绩的低下。对他来说,人才不足是和国家民族衰弱直接关联的大问题。他把教育不振的原因归咎于教育部提倡的取消小学教科书中的文言文、废止旧汉字和采用简体字、汉字罗马字化等国民政府的国语政策。①

然而,就爱国而言,通过详细考据,否定三皇五帝真实性的顾颉刚并不逊于戴季陶。由学术的"辨伪""抹杀"古代诸神的顾颉刚,同时对民族文化抱有深沉的爱,在采集民谣、研究民间传统等领域都有许多杰出的成就。尤其是作为历史地理学家,他对中国边疆和民族问题非常关切,不仅在日本对中国大规模侵略后常常走访西北地区,而且在战时极端困难的条件下,以通俗文学从事抗日宣传活动。用他自己的话说:

> 不久,九一八变起,北平密迩松辽,唇揭则齿寒,知祸之不旋踵。又目睹日、韩浪人横行市中,毒及于乡里[苏州],为之切齿腐心,故编印通俗读物,广为抗日宣传。及热河失而北平陷大包围中,亟思识边塞之事,是以频年游于平绥线上,且越阴山而达百灵庙,饮酪卧毡,与蒙古之主张自治者谈,因晓然于边疆问题之严重性。②

问题在于此时中国近代国族主义(modern Chinese nationalism)之间有很大的不同和互相冲突。戴季陶的"爱国"和顾颉刚的"爱国",简单地说来,可算分别代表着上层(官方)和下层(民间)两个不同性质的国族主义。在此,戴季陶无疑是作为党主导的国族主义的代表来自觉行动的。对他来说,这个时期中国的所有文化资源都是应当为了动员以国民党为核心的举国抗战而充分利用的。

对此,支持《简体字表》的学术界、新闻界和教育界等知识分子,已经觉察到抗战期间大众启蒙和文化普及的重要性,因此认为文字改革是一个刻不容缓的

---

① 参见陈天锡:《戴季陶先生的生平》,台湾商务印书馆1968年版,第100、353页。
② 顾颉刚:《西北考察日记·自序》,1949年版。

政治课题。而且这种认识不仅在社会舆论上,还在政界与官界上得到了相当多的共鸣和赞同。《简体字表》方案虽然最后遭到了挫折,但它是对以一个民族、一个国家、一种语言为目标的清末以后近代国语运动的一个总结,也是将来更大规模语言改革的一个大前提。如果当时没有取得社会各方的广泛支持,国民政府行政院就根本不会认可教育部制定的《简体字表》。

之后,汉字简化的重点转到了共产党解放区,最后于1950年代结出了《汉字简化方案》和《异体字整理表》的果实。而战败迁台的国民党政府,如本文开头所述,则开始提倡"中国文化复兴",坚持只有繁体字才是中国文化精髓的立场,至今仍不乏人认为大陆的语言政策是对中国文化的野蛮破坏。正因为如此,无论是台湾所写的教育史还是大陆所出的近代文字改革史,几乎都遗忘了1930年代国民政府教育部发出的《简体字表》。

但自1980年代以来,随着大陆的改革开放政策和台湾政治民主化的进展,过去因汉字简化而国共对抗的构图出现了微妙的但不容忽略的变化。这就可以说是政治经济对语言文字的影响。其中最大的变化是大陆方面繁体字的兴盛。比如近年我所收到的名片上,繁体字完全占多数,问这些名片主人(多为大学的研究人员和政府机关的干部),坚持使用简体字的寥寥无几。

海峡两岸关系的解冻,如果在语言文化上有踏实的进步,当然是无可非议,值得庆贺。但简体字被逐渐风化,反而导致对历史的忽视,进而会淡化近代中国先知先觉以汉字改革寄托新社会的构想和事迹。今天,随着东亚经济的起飞和成长,一个世纪以来的汉字落后的污名,完全得到昭雪。那么,今天更要思考汉字简化的历史过程和其与建立近代国家的意识形态——尤其是与国族主义的关系。

结 语

根据以上所述,我想最后提出今后我们需要思考的两个问题。

第一,应该重新探讨中国近代国族主义和文字改革的内在关系,以及不同时期各个政治党派对文字问题的思想和态度。如上指出,"国民党自认为传统的文字的保护者,而共产党则坚决反对传统文化并一贯主张汉字简化"的简单二分法不能成立。至少总体来说,19世纪20年代到30年代中期国民政府的文字语言政策继承着五四新思潮的路子,继续推进汉字简化,基本上倾向于反传统。在共产党方面,则在1950年代所提到的文字拼音化的方向,目前似乎无形之中取消了,以至今日几乎无人想起晚清以后文字改革和切音运动的艰难曲折的道路。

第二,需要进行东亚"汉字文化圈"中各个国家和地区接受并使用汉字情况的比较研究。例如,日本也有汉字简化的历程,从明治维新以来,朝野均有各种各样的文字改革方案,围绕汉字在国语中的位置与汉字和假名的关系等问题,开展过几次热烈的讨论。越南、琉球、朝鲜以及中国历代的非汉政权也有接受、消化或拒绝、放弃汉字的多元历史过程。① 在近代的某些时期,个别的知识分子(如章太炎《论汉字统一会》)也讨论过东亚汉字统一的问题,在我们反思汉字命运的时候,提供了很有价值的思想资源。正如有些人在提倡,我们要成立"东亚文化共同体",就不可回避面对所谓汉字问题,共同思考汉字这一跨越性的文化财富,并且应该对文字与语言、国语与近代国家的内在关系以及具体的历史经验进行新的探索。

[作者简介:村田雄二郎,日本东京大学研究生院综合文化研究科教授。]

---

① 参见村田雄二郎、柯理思(Chiristine Lamarre)主编:《汉字圈的近代:语言和国家》,东京:东京大学出版会2004年版,第1—13页。

历史真实与艺术真实统一问题略说

史革新

中华民族是一个具有悠久历史的民族,有着珍视历史的优良传统。中国的史学及前人留下的各种类型繁多的历史记载数不胜数,举世无匹,成为从事艺术创作极为丰富的宝库。在历史题材的艺术作品创作中,历史真实与艺术真实的统一问题,是一个异常重要而又见仁见智的大问题。本文拟就这一问题谈一些不成熟的看法,以就教于学界同仁。

一

早在先秦时期,我们的先人就创造出史官制度,中央王朝及诸侯国设置史官,以记载国中的大事、要事。秦汉以后,我国史官制度日臻成熟,从两汉三国的太史令、著作郎,到唐代设的史馆,体现了史官制度的不断完善。明清时期,中国传统史官制度发展到相当成熟的程度。清代以翰林院掌国史、图籍管理和侍读等职,以国史馆、实录馆掌纂修之事,以起居注官掌起居之事,其修史制度之完备,远迈汉唐,涌现出层出不穷的史家和浩如烟海的史籍。清代乾隆年间编纂的《四库全书》史部分为正史、编年、纪事本末、别史、杂史、诏令奏议、传记、史钞、载记、时令、地理、职官、政书、目录、史评15大类。古代史籍除正史之外,还有野史、传奇、散传、类传、专传、家谱、族谱、县志、村史等,其数量之多毫不逊色于官方之正史与档案。

浩如烟海的史书记载着社会变迁的沧海桑田、惊心动魄的王朝兴替、文明创造的辉煌灿烂、各色人物的成败浮沉,成为中国文艺创作取之不尽、用之不竭的题材源泉,从而展现出历史学特有的无穷魅力。通俗化的历史剧及其他以历史题材为内容的文艺作品,以其内容深沉、曲折生动、富有感染力的艺术效果而为广大民众喜闻乐见。因此,在中国传统艺术园地,历史题材的艺术作品在数量上占了相当大的比重,始终是文艺创作中的重头戏。元杂剧现存剧目162种,可算作历史题材的剧目就有109种,占总数量的67%。① 如《说鲋诸伍员吹箫》、《关大王独赴单刀会》、《山神庙裴度还带》、《尉迟恭三夺槊》等剧目的故事来源,无一不取自于正史记载。② 据庄一拂《古典戏曲存目汇考》统计,在收录的4750余种剧目中,历史故事剧占了一半以上。曾白融主编的《京剧剧目辞典》所收的5000多个剧目中,历史故事剧所占比重为十分之九。③

历史剧在我国尽管渊源深远,但是"历史剧"、"历史题材"等概念的出现与使用却是近代以来的事。

1840年鸦片战争以后,由于列强侵凌,中国出现了前所未有的民族危机。为了挽救民族与国家的危亡,近代的仁人志士,喋血饮恨,奋起挽救,掀起了一浪高过一浪的爱国救亡运动。中日甲午战后兴起的"诗界革命"、"小说界革命"、"新文体革命"、"戏剧改良",展现出新文艺变革的生动一幕。风行一时的"戏剧改良"就是戊戌维新思潮直接催生的结果。梁启超、陈去病、柳亚子、陈独秀等新派精英,高度重视戏剧的社会作用,把戏剧视为传播新思潮、推动社会变革的有力武器。在此背景下,一些具有维新思想的进步艺人投入"戏剧改良"的实践,上演了一批具有进步思想倾向的"新剧"、"文明戏"。民国初年的五四新文化运动促进了戏剧改革的发展。新文化运动的提倡者非常关注戏剧改革问题,一方面译介西方的戏剧理论与作品,另一方面发起关于戏剧改革的思想讨论,批判旧戏中的糟粕,给戏剧界带来了生气。

在清末民初的戏剧改革大潮中,历史题材受到艺人及观众的高度关注。然而,在历史题材的文艺作品大量涌现的情况下,"历史剧"这一概念则迟迟未予登场,出现了概念使用滞后于事实发展的情况,多少有点名实不符。当时人们谈论戏曲分类时,一般沿用清末时的说法,以"新剧"、"旧剧"、"文明戏"、"时装戏"、"古剧"的名称来区分。王国维《宋元戏曲考》曾经使用"古剧"、"今日流传之古

---

① 参见高益荣:《元杂剧的文化精神阐释》,中国社会科学出版社2005年版,第220页。
② 《说鲋诸伍员吹箫》源于《史记》,《关大王独赴单刀会》源于《三国志》,《山神庙裴度还带》源于《旧唐书》,《尉迟恭三夺槊》源于《新唐书》。
③ 参见刘丽文:《历史题材剧研究》,北京广播学院出版社2004年版,第22页。

剧"、"后代之戏剧"、"杂剧"、"真戏剧"等概念。他给"古剧"下的定义为:

  宋金以前杂剧院本,今无一存。又自其目观之,其结构与后世戏剧迥异,故谓之古剧。古剧者,非尽纯正之剧,而兼有竞技游戏在其中。①

王国维在谈到宋金时期的戏曲分类时说:

  宋金之所谓杂剧院本者,其中有滑稽者,有正杂剧,有艳段,有杂班,又有种种技艺游戏。②

周作人曾使用过"新剧"、"旧剧"、"改良旧剧"、"古剧"、"民众剧"等概念,称:

  我于戏剧别无研究,只就个人思索的结果,认定中国旧剧(一)是古剧,(二)是民众剧。③

五四新文化运动时期,有人则借用西方戏剧理论界的观点,以"歌剧"、"非歌剧"作研究类别的划分。宋春舫在1918年写的一篇文章中就介绍过西方的戏剧分类说,其云:

  欧洲戏剧分二大类:一曰歌剧(opera),一曰非歌剧(drama)。歌剧又可分为二:一曰纯粹歌剧,即 opera,是纯用歌曲不用说白者;二曰滑稽歌剧(operette),有说白而兼小曲,纯具滑稽性质者也。……非歌剧亦分为二:一曰诗剧(poetic drama),二曰白话剧(prose drama)。以予个人之观察,歌剧今日在欧美之势力,似反驾非歌剧而上之。④

他用西方戏剧分类的观点分析中国戏剧,认为中国的昆曲、京剧应该属于歌剧类,说:

  吾国昆曲、京剧均非白话体裁。昆曲类诗剧,而有曲谱,则是歌剧耳。京剧性质纯是欧洲歌剧体裁,英语所谓 operatic 是也。京剧如《李陵碑》、《空城计》、《二进宫》等,可名之谓纯粹歌剧(opera),如《黑风帕》、《梅龙镇》,则类 comic opera(即纯粹歌剧而具滑稽性质者);《小上坟》、《小放牛》等,则颇类滑稽歌剧(operette)。⑤

以上各家所说的"古剧"、"杂剧"、"旧剧"、"改良旧剧"、"歌剧",尽管都包含

---

① 王国维著,马美信疏证:《宋元戏曲史疏证》,复旦大学出版社2004年版,第108页。
② 王国维著,马美信疏证:《宋元戏曲史疏证》,第122页。
③ 周作人:《中国戏剧的三条路》,《东方杂志》第21卷第2号,1924年1月。
④ 宋春舫:《戏剧改良平议》,《宋春舫论剧》第1集,中华书局1923年版。
⑤ 同上。

着大量历史题材的剧目,但多是从时间意义或表现形式的角度下定义,并不能反映严格意义上的历史剧的特定内涵。

国人使用历史剧这一概念大致是在20世纪20年代以后。新派剧作家郭沫若在20年代初创作出几部历史剧,如《棠棣之花》、《孤竹君之二子》、《卓文君》、《王昭君》、《聂嫈》等,使用了与"历史剧"这一术语相近的"古事剧"、"史剧"等概念。1922年,郭沫若在《孤竹君之二子·幕前序话》中说:

> 我觉得做古事剧好像有两种倾向。一种是把自己去替古人说话,譬如莎士比亚的史剧之类。还有一种是借古人来说自己的话,譬如歌德的《浮士德》之类。①

1926年,郭沫若在《三个叛逆的女性·附录》中多次使用"史剧"的概念:

> 在中国的现在,表演新剧(尤其是新的史剧)的时机尚未十分成熟。……(旧式的道德家)看见我爱作史剧竟有目我为复古派、东方文化派者,那真不知道是何所见而云然。②

他所说的"古事剧"、"史剧",完全着眼于作品题材的性质,与"历史剧"这一概念在词语含义上已经无甚差别。可以说,郭沫若使用的"古事剧"、"史剧"等概念,是现代国人表述戏剧分类从清末民初的"文明戏"、"古剧"过渡到"历史剧"的一个中间环节。至此,"历史剧"一词已经是呼之欲出了。

顾仲彝是较早使用"历史剧"概念的戏剧理论家。1928年4月,他在发表《今后的历史剧》一文中,探讨了如何编写历史剧的问题,说道:

> 历史剧的最大使命是使历史上的伟大人物,能栩然重生于今日。③

此后,"历史剧"一词为更多的学者所使用,成为通行于文坛、学坛的学术术语。这样的事例不胜枚举。如郑伯奇在文章中提到"历史剧"的概念时说:

> 我记得有句俗话,把旧剧的内容十足地说破了:"不是相公招姑娘,便是奸臣害忠良。"前者,用现在的术语翻译过来,便是家庭剧、恋爱剧,后者便是历史剧、时代剧。可是这二种剧都十足地表现着"封建的意德沃罗基"。历

---

① 原载《创造季刊》第1卷第4期,引自《郭沫若剧作全集》第1卷,中国戏剧出版社1982年版,第78页。

② 原载《三个叛逆的女性》,光华书局1926年版,引自《郭沫若剧作全集》第1卷,中国戏剧出版社1982年版,第194、203页。

③ 顾仲彝:《今后的历史剧》,《新月》杂志第1卷第2号,1928年4月。

史剧方面已经不待讲了。①

洪深也是较早使用"历史剧"一词的学者,如谓:

> 这类历史剧或幻想剧,当然不能不求剧中所引用的习惯、风俗、行动、语调、思想、情感等等,与假定时代中所晓得所承认的情形相符合。……《圣约翰》虽是描写十五世纪的历史剧,但并不属于约翰贞德的时代,而明明是属于肖伯纳时代的戏剧了。②

毛泽东在20世纪40年代力倡新民主主义文化,高度评价郭沫若的历史剧创作成就,使用了"史剧"、"历史话剧"等术语。他说:

> 你的史论、史剧有大益于中国人民,只嫌其少,不嫌其多,精神决不会白费的。③

> 历史是人民创造的……郭沫若在历史话剧方面作了很好的工作,你们则在旧剧方面作了此种工作。④

大致到20世纪30年代以后,"历史剧"一词已经成为不少专家学者信手拈来、使用频率颇高的一个学术用语。尤其在抗战期间,为了鼓舞国人的抗战救国的意志,不少剧作家大力挖掘历史题材的艺术资源,创作了大量历史剧。著名者如:

郭沫若的《屈原》、《虎符》、《高渐离》、《孔雀胆》、《南冠草》;

欧阳予倩的《桃花扇》、《梁红玉》、《木兰从军》;

田汉的《岳飞》、《史可法》、《南明双忠记》、《江汉渔歌》;

阳翰笙的《天国春秋》;

延安文艺工作者编演的《逼上梁山》、《三打祝家庄》。

陈白尘在1946年发表的《奔向现实主义的道路》一文,曾对抗战期间大后方戏剧创作情况作过统计。结果显示,在"描写抗战"、"历史剧"、"描写后方"、"与抗战无关"等四类题材的作品中,创作的历史剧数量呈上升趋势,体现出历史题材艺术作品的魅力。具体情况见以下图表⑤:

---

① 郑伯奇:《中国戏剧运动的进路》,《艺术月刊》第1卷第1期,1930年3月。
② 洪深:《属于一个时代的戏剧》,《洪深戏曲集》,上海现代书局1933年6月版。
③ 毛泽东:《给郭沫若的信》,《毛泽东文集》第3卷,人民出版社1999年版,第227页。
④ 毛泽东:《给杨绍萱、齐燕铭的信》,《毛泽东文集》第3卷,人民出版社1999年版,第88页。
⑤ 陈白尘:《奔向现实主义的道路》,《新闻报》1946年11月11日。

题材类别	抗战前期 (1937年7月至1941年春)		抗战后期 (1941年春至1945年8月)		增减幅度
	剧目数量	百分比	剧目数量	百分比	
描写抗战	28种	67%	18种	22%	减少2/3
历史剧	6种	14%	28种	34%	增加约2.5倍
描写后方	5种	12%	23种	28%	增加2倍又1/3
与抗战无关	3种	7%	14种	17%	增加约2.5倍

由上可见,抗战前期的历史剧创作只有6种,而到后期则激增到28种,占同期创作剧目总量的34%,在数量和所占百分比上都居于第一位,可见历史题材的艺术作品在民众中受到欢迎的程度。社会舆论对于历史剧的发展也更为关注,不断发表有关文章,探讨诸如历史剧的社会作用、历史剧的改革、历史真实与艺术真实的关系等问题。

二

历史真实与艺术真实统一的问题是历史题材文艺作品创作中带有根本性意义的问题。这个问题解决得好坏,直接关系到历史题材艺术作品的质量优劣和命运兴衰,因而它也备受古今中外专家学者高度重视。无论是中国的贤哲硕彦,还是外国的博学鸿儒,都对这个问题作过重要的阐发,给后人留下富有启发意义的思考。

中国的戏剧文化源远流长,博大精深,不仅拥有数量繁多、千姿百态的剧种剧目,而且涌现出许多才华横溢、各具特色的剧论家,留下大量包括论述历史剧在内的精彩的剧论、曲论。他们尤其看重历史剧特有的以史鉴垂戒于后人的社会教化意义,称其警世作用不在《春秋》之下。明代学者冯梦龙说:

> 传奇之衮钺,何减《春秋》笔哉!世人勿但以故事阅传奇,直把作一具青铜,朝夕照自家面孔可矣。①

冯氏此语道出历史剧对世人的警戒意义。著名史剧《桃花扇》作者孔尚任把

---

① 冯梦龙:《〈酒家佣〉叙》,《酒家佣》,明末墨憨斋刊本。

史剧视为挽救世道人心的重要手段,说:

> 传奇虽小道,凡诗、赋、词、曲、四六、小说家,无体不备。至于摹写须眉,点染景物,乃兼画苑矣。其旨趣实本于三百篇,而义则《春秋》,用笔行文,又《左》、《国》、太史公也。于以警世易俗,赞圣道而辅王化,最近且切。今之乐犹古之乐,岂不信哉?①

在孔尚任看来,史剧不仅综合了诗、赋、词、曲、四六、小说家等多种艺术形式,集各家之长,而且一本圣人创作《诗经》、《春秋》的深奥旨趣,比一般正经正史的说教更具感染力,可在"警世易俗"方面发挥更大的作用。"赞圣道而辅王化",是他对史剧社会教化功能的高度概括。近人陈独秀更是对戏曲的教化作用津津乐道,甚至形象地喻称戏园为实施教化的"大学堂",演员为教育天下人的"大教师"。他说:

> 戏曲者,普天下人类所最乐睹、最乐闻者也,易入人之脑蒂,易触人之感情。故不入戏园则已而,苟其入之,则人之思想权未有不握于演戏曲者之手矣。使人观之,不能自主,忽而乐,忽而哀,忽而喜,忽而悲,忽而手舞足蹈,忽而涕泗滂沱,虽些少之时间,而其思想之千变万化,有不可思议者也。故观《长坂坡》、《恶虎村》,即生英雄之气概;观《烧骨计》、《红梅阁》,即动哀怨之心肠;观《文昭关》、《武十回》,即起报仇之观念;观《卖胭脂》、《荡湖船》,即长淫欲之邪思;其它神仙鬼怪、富贵荣华之剧,皆足以移人之性情。由是观之,戏园者,实普天下人之大学堂也;优伶者,实普天下人之大教师也。②

历史剧既然如此重要,那么历史剧的创作自然是一件非常严肃而有意义的事情,而一部好的历史剧首先取决于是否具有较高艺术质量的剧本。因为剧本是戏剧艺术创作的基础,如果这个基础不牢固,那么建立在此基础之上的戏剧艺术殿堂必然会有坍塌之虞。历史剧不同于一般戏剧,是专门表现历史题材的艺术品种。历史剧既以描写历史画卷为其特长,自然离不开人们对于历史及历史规律的把握,不可避免地要受到历史真实的制约。然而,历史剧毕竟属于艺术的范围,不是历史真实简单的、直观的反映,要受艺术规律、艺术创作法则的支配,必须体现艺术的真实性。一部好的历史剧应该是历史真实与艺术真实的有机统

---

① 孔尚任:《桃花扇小引》,《桃花扇》,康熙四十七年刻本。
② 三爱(陈独秀):《论戏曲》,《安徽俗话报》第11期,1904年9月10日。

一,这也是鉴别所有历史剧优劣成败的准绳。那么,如何才能做到历史真实与艺术真实的有机统一,则是古往今来所有从事史剧创作的作家所关心的问题,也是至今为止艺术界、学术界悬而未决,亟待继续深入探索的重要课题。

关于"历史真实与艺术真实的统一"问题,我国古代戏剧理论家早就作过探讨,留下许多名篇佳构,诸如汤显祖的《临川四梦》与《玉茗堂集》、冯梦龙的《太霞曲语》、吕天成《曲品》、王骥德的《曲律》、张琦的《衡曲尘谈》、凌蒙初的《谭曲杂札》、李渔的《闲情偶寄》、孔尚任的《桃花扇》、李调元的《雨村曲话》、焦循的《花部农谭》等,都是探索戏剧艺术发展规律的经典之作,其中不乏大量关于直面历史题材创作方面的论述。

王骥德、孔尚任、焦循等人主张历史剧创作应该遵守符合史实的原则,偏重于强调历史的真实性。明代学者王骥德认为,戏剧之道应以"贵实"为出发点,正确把握"实"与"虚"的关系是其难点。他说:

> 剧戏之道,出之贵实,而用之贵虚。《明珠》、《浣纱》、《红拂》、《玉合》,以实而用实者也;《还魂》、"二梦",以虚而用实者也。以实而用实也易,以虚而用实也难。①

清初戏曲家、《桃花扇》作者孔尚任认为历史剧之所以能够发挥强烈的社会教化功能,完全在于其生动而真实地展现了历史上那些惊心动魄的"人"和事"。他说:

> 场上歌舞,局外指点,知三百年之基业,堕于何人?败于何事?消于何年?歇于何地?不犹令观者感慨涕零,亦可惩创人心,为末世之一救矣。②

他认为传奇不仅要重"奇",还要讲"实",即历史真实。他创作的《桃花扇》一本追求历史真实之宗旨,"朝政得失,文人聚散,皆确考时地,全无假借。至于儿女钟情,宾客解嘲,虽稍有点染,亦非乌有子虚之比。"③用今天的话说就是基本史实不违真实,具体细节虚构渲染。《桃花扇》成功的一个重要原因就在于很好地体现了历史剧必须讲求历史真实的创作原则,这也是它受到时人青睐的点睛之笔。清人刘中柱赞叹说:《桃花扇》"一部传奇,描写五十年前遗事,君臣将相,儿女友

---

① 王骥德:《曲律·杂论第三十九上》,引自秦学人、侯作卿编著:《中国古典编剧理论资料汇辑》,中国戏剧出版社1984年版,第162页。
② 孔尚任:《桃花扇小引》,《桃花扇》,康熙四十七年刻本。
③ 孔尚任:《桃花扇凡例》,引自秦学人、侯作卿编著:《中国古典编剧理论资料汇集》,第312页。

朋,无不人人活现,遂成天地间最有关系文章"①。

与王骥德、孔尚任等人的看法相反,洪九畴、谢肇淛、徐复祚等人则认为杂剧、小说应该是"虚实相半",不能"事事考实",因为"戏"不等于"史"。洪九畴认为历史剧可以"随意上下,任笔挥洒",不必受史实的限制;而写现实题材却应注重纪实。他说:

> 金[元]以旋,多称引往事,托寓昔人,借他酒杯,浇我垒块,自可随意上下,任笔挥洒,以故剧曲勘诸史传,往往不合。若今时用当世手笔谱当前情事,正如布帛菽粟,随人辨识,稍一语非是,一毫非真,便与其人其事相远,群起而攻其伪其诳,宜矣。故传近事与昔人,其难易相去正不啻十倍也。……所谓以当世手笔写当前情事,正复与其人其事不甚相远,洵足以信今而传后矣。②

谢肇淛批评了那种要求戏剧"事事考之正史"的观点,主张写戏应遵循"虚实相半"的原则,只要是出于剧情的需要,"不必问其有无也"。他说:

> 凡为小说及杂剧、戏文,须是虚实相半,方为游戏三昧之笔。亦要情景造极而止,不必问其有无也。古今小说家,如《西京杂记》、《飞燕外传》、《天宝遗事》诸书,《虬髯》、《红线》、《隐娘》、《白猿》诸传,杂剧家如《琵琶》、《西厢》、《荆钗》、《蒙正》等词,岂必真有是事哉?近来作小说,稍涉怪诞,人便笑其不经,而新出杂剧,若《浣沙》、《青衫》、《义乳》、《孤儿》等作,必事事考之正史,年月不合,姓字不同,不敢作也。如此则看史传足矣,何名为"戏"?③

徐复祚认为,传奇不过是"寓言"而已,观众欣赏的是剧中曲词的优美动人,而非情节人事真实与否,剧作者不必刻意追求剧中人与事的真实性。他说:

> 要之,传奇皆是寓言,未有无所为者,正不必求其人与事以实之也。即今《琵琶》之传,岂传其事与人哉?传其词耳。④

大致而言,在我国戏曲史上,围绕着历史真实与艺术真实关系的问题形成两种不同的看法,一种注重历史真实,另一种则突出艺术真实,各持一端。其实,这

---

① 料错道人(刘中柱):《桃花扇跋语》,《桃花扇》,康熙四十七年刻本。
② 洪九畴:《三社记题辞》,吴毓华编著:《中国古代戏曲序跋集》,中国戏剧出版社1990年版,第265页。
③ 谢肇淛:《五杂俎》卷15《事部三》。
④ 徐复祚:《曲论》,秦学人、侯作卿编著:《中国古典编剧理论资料汇辑》,第116页。

两种看法并不截然对立,完全相互排斥,一些提倡者也很注意从对方的思考中吸取有益的成分,修正己见的偏颇。

自鸦片战争以来,中国社会发生了翻天覆地的变化,随着近代新文化的形成,中国戏剧界及戏剧理论也几经沧桑,出现了前所未有的更新。尽管如此,人们对于历史真实与艺术真实关系问题的探索与讨论依然兴致未减,不同时期的讨论、争论层出不穷,高潮迭起,构成中国近现代文化发展长卷中一道引人注目的风景线。如果从五四新文化运动算起,中国文艺界关于史剧创作问题展开的影响较大的争论主要有三次,即20世纪40年代初期的争论、60年代初的争论、80年代改革开放以后的反思与争论。

1. 20世纪40年代初期的争论

20世纪40年代初期,正值中华民族全力抵抗日本帝国主义野蛮侵略的峥嵘岁月。为了鼓舞国民的爱国士气,郭沫若创作了《屈原》、《虎符》、《南冠草》等历史剧,上演后产生了轰动性的效应,也引发了一场关于历史剧创作问题的争论。一些报刊媒体纷纷发表参与讨论的文章。其中讨论的一个重要问题就是历史真实与艺术真实的关系问题。1942年10月,《戏剧春秋》杂志社举办了"历史剧问题座谈会",把这次讨论推向了高潮。随着讨论的深入开展,在当时的报纸杂志上集中发表了一批成果。① 这些文章发表在全民族抗战的政治背景下,紧密结合现实斗争的形势要求,对于发展历史剧的一系列重要问题,诸如如何把握正确的历史观、如何把握历史真实性、史剧与史学的区别、历史真实与艺术真实的统一等问题,展开了热烈的讨论,新见迭出,见仁见智。有人认为既是历史剧就应该忠于历史事实,不能任意虚构,如蔡楚生、邵荃麟等强调历史真实的重要性。邵荃麟主张"写历史剧就老老实实指写历史"②。有人认为写历史剧无非借

---

① 40年代初,参与和反映当时讨论的代表性文章有(以发表时间先后为序):欧阳凡海:《论历史剧》,《新华日报》(重庆)1941年12月7日;章罂:《从〈棠棣之花〉谈到评历史剧》,《新华日报》(重庆)1941年12月7日;郭沫若:《我怎样写〈棠棣之花〉》,《新华日报》(重庆)1941年12月14日;郭沫若:《我怎样写五幕史剧〈屈原〉》,《屈原》附录,写于1942年1月;朱肇洛:《论史剧》,《中国文艺》第7卷第5期,1942年1月;郭沫若:《〈虎符〉后话》,《虎符》附录,写于1942年2月;柳亚子:《杂谈历史剧》,《戏剧春秋》第2卷第4期,1942年10月;田汉、蔡楚生、胡风、茅盾等《历史剧问题座谈》,《戏剧春秋》第2卷第4期,1942年10月;周钢鸣:《关于历史剧的创作问题》,《戏剧春秋》第2卷第4期,1942年10月;郭沫若:《历史·史剧·现实》,《戏剧月报》第1卷第4期,1943年4月;刘念渠:《论历史剧》,《戏剧月报》第1卷第4期,1943年4月。

② 田汉、蔡楚生、胡风、茅盾等:《历史剧问题座谈》。

历史事实来隐射现在,因而对史剧剧本可以作不必要的穿凿。茅盾和柳亚子都主张历史剧可以虚构。茅盾说:"我们不必完全依照史实,但将历史加倍发挥也是可能的。"①柳亚子认为历史剧有两种创作方法,一是"为了历史而写戏剧的",一是"为了戏剧而剪裁历史的",②强调了艺术虚构的作用。还有人根本否认有所谓历史剧,以为作家取材历史仅为表现自己的思想感情的一种方式,因而作家对于史料可以任意取舍,不必顾及历史真实。郭沫若在《新华日报》《戏剧月刊》等报刊上发表多篇文章阐述己见,称剧作家的任务是在"把握历史的精神而不必为历史的事实所束缚"③,认为史剧与史学的区别在于"历史研究是'实事求是',史剧创作是'失事求似';史学家是发掘历史的精神,史剧家是发展历史的精神"。④郭沫若的艺术成就及其史剧创作观点产生了深远的影响。

2. 20世纪50、60年代的深入研讨

新中国成立以后,文学艺术发展的大环境发生了根本性的变化,然而,在文艺界一部分人当中,存在着"革命热情有余,科学态度不足"的偏颇。这种偏颇直接影响到历史剧的编创质量,使一些作品带有反历史主义的偏差,在文艺界引起了不同看法的讨论。1951年,有人改编了《新大名府》、《新天河配》、《新白兔记》等剧本,为配合政治宣传而采取了简单化的创作手段,让古人喊出现代人的口号,结果损害了作品的艺术效果。另外,在上海、福州、北京等地的一些剧团根据郭沫若的《虎符》改编上演越剧、闽剧《信陵公子》和京剧《窃符救赵》,出现了把信陵君抗秦救赵,不伦不类地类比抗美援朝的问题。针对这些偏颇,部分文艺界人士提出异议,批评历史剧改编中的问题。郭沫若在《福建日报》撰文指出:信陵君"窃符救赵"是一种爱国行为,值得称颂,但是,"秦始皇的统一了中国是他对于历史有贡献的地方",对他"应该有一个公平合理的批判的看法","不可全面来否定"。秦攻赵与美国发动侵朝战争是完全不同的两回事,把信陵君抗秦救赵比拟为今天的抗美援朝,"是不伦不类,是反历史主义的做法"。⑤艾青批评《新天河配》的剧本里"老黄牛竟唱了鲁迅的诗'横眉冷对千夫指,俯首甘为孺子牛'……

---

① 田汉、蔡楚生、胡风、茅盾等:《历史剧问题座谈》。
② 亚子:《杂谈历史剧》,《戏剧春秋》第2卷第4期,1942年10月。
③ 郭沫若:《我怎样写〈棠棣之花〉》。
④ 郭沫若:《历史·史剧·现实》。
⑤ 郭沫若:《由〈虎符〉说到悲剧精神》,《福建日报》1951年8月4日,又载《戏剧报》第5卷第2期。

剧情里,也贯穿了和平鸽和鸱枭之争,用以影射目前的国际关系。"①郭沫若、艾青等人主张尊重艺术创作规律、反对用简单化、公式化和反历史主义的做法进行史剧创作的意见,得到多数人的赞成。这些中肯的批评,为周扬在第一届全国戏曲观摩演出大会所作的总结报告中所肯定。

20 世纪 60 年代初,文艺界、学术界围绕着关于历史剧创作问题掀起热烈讨论。先是郭沫若编写了为曹操翻案的历史剧《蔡文姬》,引起了人们对于历史剧创作问题的关注。1960 年 12 月,吴晗发表《谈历史剧》,阐述了自己关于编写历史剧的一些观点,引发了不同意见的讨论。支持吴晗观点的有朱寨、吴白陶、沈起炜等人,而李希凡、王子野、高端洛、乌强等则持反对意见。在不长的时间里,论辩双方在《文汇报》、《戏剧报》、《文学评论》、《光明日报》、《中国青年报》等报刊接连发表了大量参与讨论的文章,一些出版社还出版了有关这一问题的论文集和学术专著。②茅盾在 1961 年撰写了《关于历史和历史剧》一书,系统地阐明了作者关于历史剧创作问题的主张,不仅深化了对这个问题的探讨,而且也展示了作者在新中国成立后在文艺理论批评方面取得的新成果。

在讨论中,争论比较激烈的问题是"历史剧是艺术,还是历史?"围绕这一问题形成了两种不同的观点。一种观点以吴晗为代表,认为"历史剧是艺术,也是历史";另一种观点以李希凡为代表,认为"历史剧是艺术,不是历史"。

吴晗在《谈历史剧》等文章中以史学家的眼光,对何为历史剧作了明确的说明,认为历史剧必须有历史根据,人物、事实都要受史实的约束,历史剧与历史既有联系又有区别;历史剧作家必须在不违反时代真实性的原则下进行创作,"在

---

① 艾青:《谈"牛郎织女"》,《人民日报》1951 年 8 月 31 日。
② 60 年代初,参与和反映当时讨论的主要论文有(以发表时间先后为序):吴晗:《谈历史剧》,《文汇报》1960 年 12 月 25 日;吴晗:《论历史剧》,《文学评论》1961 年第 3 期;张玺:《关于历史剧的真实性问题》,《解放日报》1961 年 4 月 1 日;吴晗:《再谈历史剧》,《文汇报》1961 年 5 月 3 日;吴白陶:《谈历史剧的正名问题》,《江海学刊》1961 年第 5 期;吴晗:《怎样看历史剧》,《中国青年报》1961 年 9 月 6 日;李希凡:《"史实"和"虚构"——漫谈历史剧创作中的历史真实和艺术真实的统一》,《戏剧报》1962 年第 2 期;李希凡:《答吴晗同志——〈说争论〉读后》,《光明日报》1962 年 4 月 7 日;吴晗《并非争论的"争论"》,《光明日报》1962 年 4 月 28 日;王子野:《历史剧是艺术,不是历史》,《光明日报》1962 年 5 月 8 日;吴晗:《历史剧是艺术,也是历史》,《戏剧报》1962 年第 6 期;李希凡:《"历史知识"及其它——再致吴晗同志》,《戏剧报》1962 年第 6 期;高端洛:《历史剧和传统剧的区别》,《上海戏剧》1961 年第 6 期;朱寨:《关于历史剧问题的争论》,《文学评论》1962 年第 5 期,1962 年 9 月;乌强:《关于历史剧的创作方法》,《戏剧报》1962 年第 9 期;鲁煤:《关于历史剧问题的争鸣》,《历史剧论集》第 1 集,1962 年 11 月;李希凡:《历史剧问题的再商榷——答朱寨同志》,《文学评论》1963 年第 1 期等。

这个原则下,剧作家有充分的虚构的自由,创造故事,加以渲染,夸张,突出,集中,使之达到艺术上完整的要求"。① 针对反驳者所说"历史剧是艺术,不是历史"的观点,他针锋相对地提出"历史剧是艺术,也是历史"的观点,指出:"要问一个问题:历史剧是艺术,不错;但不是历史,又是什么? 既然不是历史,那又为什么要叫历史剧呢?"他认为把中国通史中的重大事件写成历史剧,"观众看了,知识就增加了,等于学了一部中国通史"。②

李希凡等人本着艺术家的理念,认为吴晗"历史剧是艺术,也是历史"的观点混淆了科学与艺术的界限;历史剧固然可以传播一些历史知识,但其无论如何不能代替历史,因为它们是属于两个完全不同的文化领域。他认为吴晗关于历史剧与故事剧的划分、说明并不科学,应该从题材意义上解释"历史剧"一词。历史剧的特征是:"它的题材是和重大的历史斗争、历史运动密切相关的","必须符合这个特定历史时期的历史生活、历史精神的本质真实"。他强调艺术虚构,认为:"可以在历史真实的基础上,以虚构的人物和故事为情节线索","取材于真人真事的历史剧,应当尽量地符合基本的史实,但也必须允许虚构"。③ "艺术的虚构,在任何品种的艺术里,都是它区别其他科学意识形态的特征,可以说没有虚构也就没有艺术,这个特征也决不能由于历史剧而废除。"④ 与吴晗的说法相较,李希凡等人对历史剧的界定比较宽泛,把那些认为只要是"忠实于历史生活、历史精神的本质真实"⑤的古代戏剧,诸如《杨门女将》一类"人物没有根据,事实没有根据"的古装戏都划为历史剧的范畴。在关于历史真实和艺术真实关系的问题上,吴、李两种意见表面看来没有分歧,都承认历史真实和艺术真实必须有机统一的原则,但在如何统一的问题上存有不同,是"实多虚少",还是"虚多实少",依然是各唱各调。

这次争论的双方都本着"百家争鸣"的精神,摆事实,讲道理,就一些重要问题进行了讨论、研究,深化了人们对于历史剧创作的重要意义及其规律性的认识,取得了一定的收获,然而,这次讨论还是留下一些问题值得人们深思,其中就包括"历史真实与艺术真实统一"的问题。

---

① 吴晗:《谈历史剧》。
② 吴晗:《历史剧是艺术,也是历史》。
③ 李希凡:《历史剧问题的再商榷——答朱寨同志》。
④ 李希凡:《"史实"和"虚构"——漫谈历史剧创作中的历史真实与艺术真实的统一》。
⑤ 同上。

3. 20 世纪 80 年代以后的新探索

党的十一届三中全会以后,我国进入全面进行社会主义现代化建设的新时期。由于贯彻了党的"双百"方针,文艺园地一派繁荣,各种题材的艺术作品犹如涛翻浪涌,涌现出大量历史小说、历史戏剧和历史题材影视作品。历史小说如凌力《暮鼓晨钟》、《星星草》,二月河《落霞三部曲》——《康熙大帝》、《雍正皇帝》、《乾隆皇帝》,唐浩明《曾国藩》、《张之洞》等。历史戏剧如郭宏启《司马迁》(京剧),颜海平《秦王李世民》(话剧)、戴英禄、梁波《贞观盛世》(京剧)、《廉吏于成龙》、陈亚先《曹操与杨修》(京剧)等。历史题材电影如《火烧圆明园》、《垂帘听政》、《鸦片战争》、《西楚霸王》等;电视剧如《努尔哈赤》、《康熙王朝》、《雍正王朝》、《孝庄秘史》、《康熙微服私访记》、《皇太子秘史》、《铁齿铜牙纪晓岚》、《李卫当官》、《宰相刘罗锅》、《还珠格格》、《太平天国》等,不一而足。大量优秀革命历史题材的影视作品更是令人目不暇接,如《孙中山》、《开天辟地》、《周恩来》、《长征》、《西安事变》、《陈毅出山》、《血战台儿庄》、《辽沈战役》、《淮海战役》、《平津战役》等,都受到广大观众的好评。在新时期丰富多彩的艺术实践的基础上,20 世纪 80 年代以来对于历史题材艺术创作的反思首先体现在对其时艺术创作经验的总结方面。参与讨论的学者人数众多,发表的文章难以计数①,其规模和影响超过以往。讨论中,既有人继续深入阐发以往吴晗、李希凡等人的观点,也有人另辟蹊径,大胆提出新见。如北淮主张把历史剧分为"历史化的历史剧"和"非历史化的历史剧"两类②,试图在把握历史剧基本概念的问题上有所更新。"历史

---

① 20 世纪 80 年代以来,参与历史剧创作问题讨论的较有代表性的文章如:余秋雨:《历史剧简论》,《文艺研究》1980 年第 6 期;北淮:《历史剧的历史化和非历史化》,《戏剧艺术》1981 年第 1 期;曾立平:《评历史剧创造中的反历史主义倾向》,《戏剧艺术》1981 年第 1 期;鲁丹:《新编历史剧的历史与艺术真实》,《新闻与写作》1994 年第 10、11 期;胡应明:《撮谈历史真实与艺术真实》,《剧本》1995 年第 8 期;石一宁:《历史还是艺术》,《文艺报》1999 年 3 月 25 日;肖桂林:《史实与虚构——浅议历史电视剧》,《中国电视》2000 年第 1 期;樊力平:《历史剧可以不尊重历史吗?》,《当代电视》(北京)2002 年第 4 期;沈渭滨:《关于历史和历史剧的思考》,《南京师范大学学报》2002 年第 1 期;蔡建梅《历史的权威在历史题材电视剧中的丧失》,《电视研究》2002 年第 11 期;王一川:《皇风帝雨吹野史——我看中国电视剧的后历史现象》,《电影艺术》2003 年第 1 期;王昕:《历史剧的再现、表现与戏说》,《文艺报》2003 年 6 月 12 日;温朝霞《当代历史题材影视剧的文化批判》,《暨南大学学报》2004 年第 3 期;卫厚生:《历史剧创作要坚持唯物史观指导》,《中国广播电视学刊》(北京)2004 年第 8 期;刘雨霞:《在真实与虚构之间——试探历史剧如何对待历史真实》,《和田师范专科学校学报》2005 年第 1 期;范志忠:《历史题材影视剧创作的审美悖论》,《当代电影》(北京)2005 年第 2 期;李春青:《谈谈关于历史题材作品的评价标准问题》,《人文杂志》2005 年第 5 期等。

② 北淮:《历史剧的历史化和非历史化》。

真实与艺术真实相统一"依然是讨论的热门话题,论者各叙己见,歧见迭出。余秋雨在20世纪80年代初曾就历史剧创作问题作过阐述,并就如何遵循"历史真实"原则提出过7条建议,内容为:

> 一、著名历史事件的大纲节目一般不能虚构;二、历史上实际存在的重要人物的基本面貌一般不能虚构,当他们成为剧中主角时更应慎重;三、历史的顺序不能颠倒,特定的时代面目、历史气氛、社会环境须力求真实;四、剧中纯属虚构部分的内容,即所谓"假人假事",要符合充分的历史可能性;五、"真人假事",其事除了要符合历史的可能性外,还应符合"真人"的性格发展逻辑;六、"假人真事",即虚构一个人物来承担历史上真有过的事件,必须让这个"假人"的性格与这件事具有内在的统一性;七、对于剧中非虚构的部分,即"真人真事"的处所,不要对其中有历史价值的关节任意改动。①

他的主张具有较强的可操作性,因而得到不少人的赞同。

90年代以后,随着港台古装电视剧《戏说乾隆》的播放,"戏说"史剧之风行一时。在此风影响下,历史剧创作在观念上、方法上都发生了重要的变化,出现了一些趣味低俗、粗制滥造的历史题材的影视作品,再度引发了关于历史剧创作问题的争论。一方面,人们对"现在的多数历史剧中,充斥着英雄史观、权谋文化"②的状况忧心忡忡,对历史剧创作中的"前现代"现象提出质疑③;另一方面,舆论对历史剧创作问题展开深入的讨论、争论与反思,涉及的话题诸如应该树立怎样的文化观念、如何坚持正确的历史观、权谋文化观念对历史剧的渗透与对观众心理的危害、史剧创作如何处理历史真实与艺术真实的辩证关系、历史人物形象如何塑造等。这些讨论、争论强烈地反映出时下历史剧创作的现状与社会需求之间的明显差距和人们向往真正体现真、善、美的好作品的诉求。

三

通过以上考察,关于历史题材影视剧创作中如何处理"历史真实与艺术真实

---

① 余秋雨:《历史剧简论》。
② 王春瑜:《历史剧:历史的无奈》,《光明日报》2003年11月19日。
③ 王蒙:《〈三国演义〉里的"前现代"》,《读书》1995年第2辑。

统一"的问题,可以得出以下几点结论:

其一、用唯物辩证法的观点看待历史题材艺术作品创作中的历史真实与艺术真实的关系问题。

在历史题材艺术作品中,历史剧比较具有代表性。历史剧是一门特殊的艺术形式,说其"特殊"主要指创作题材方面的特殊,即以历史生活为其创作题材。这是它与其他艺术形式所不同的地方。然而,历史剧在本质上属于艺术的范畴,又不能与历史及历史学混为一谈。因此,对于历史剧艺术质量的一个基本要求就是必须做到历史真实与艺术真实的有机统一。所谓历史真实是指作品所描写对象的时代背景、历史脉络、主要人物的性格逻辑等基本问题不能违背历史实际,即主要历史人物、事件,均于史有据,真实可信。然而,历史剧从其本质上来说是艺术而非历史教科书,要求其作品在追求历史真实的同时,还要达到艺术真实的标准。艺术真实来源于客观存在的现实生活,是经过作家以分析、选择、提炼、概括等手段加工所达到的一种更高级的艺术境界。毛泽东说:"作为观念形态的文艺作品,都是一定的社会生活在人类头脑中的反映的产物。"[①]马克思主义经典作家一贯重视文艺要真实地反映社会生活,强调离开社会生活的源泉,就不可能有文学艺术的生命力。在历史的与现实的社会生活中存在着储存文学艺术原料的矿藏,但这仅仅是粗糙的、处于自然状态般的生活原始素材。文艺反映社会生活,绝不是对这些自然形态的素材进行消极的摹写、摄制,而是进行积极能动的创造性的加工,才能达到艺术真实的境界。只有体现了艺术真实的文艺作品才能反映比普通的实际生活更高级、更集中、更典型的艺术内容。

鲁迅认为:"艺术的真实非即历史上的事实,我们是听到过的,因为后者须有其事,而创作则可以缀合,抒写,只要逼真,不必实有其事也。然而他所据以缀合,抒写者,何一非社会上的存在,从这些目前的人,的事,加以推断,使之发展下去。"[②]鲁迅不仅看到"艺术的真实"与"历史上的事实"不同,强调文艺创作要尊重生活真实,而且还主张对生活真实进行"缀合"、"抒写",做到"逼真"即艺术真实。

焦菊隐用"既要有生活,又要提炼"来概括艺术真实与生活真实的关系,认

---

① 毛泽东:《在延安文艺座谈会上的讲话》,《毛泽东选集》第3卷,人民出版社1991年版,第860页。
② 鲁迅:《致徐懋庸》,《鲁迅全集》第12卷,人民文学出版社2005年版,第526页。

为:"现实生活是真的,而艺术需要选择。选择得越好,经过提炼和加工,就能更充分地反映生活的面貌,所以,既要有生活,又要提炼。……应该说生活是真的;而艺术是一种特殊形式的真……为了表现出真实,既要提炼,又要夸张。"①

英国戏剧理论家威廉·阿契尔指出,艺术家不能把生活中的事件原封不动地搬到艺术舞台上,而应该做到"合情理性"即艺术真实。他说:"剧作家绝对不能把事件按照它实际发生的样子搬上舞台。赤裸裸的事实可能是历史的事实,但是,问题并不在于赤裸裸的事实。剧作家不可能把事实重新放回到它原来在错综复杂的因果关系中所应有的位置上去,而这种错综复杂的因果关系正是现实生活的本质及意义所在。他只能解释事实,人们不可能去计算他的解释的真假的可能性。……剧作者所必须追求的目标是"合情理性",这种"合情理性"不是抽象的或具体的可信性,更不是对记录的事实的刻板的忠实。……一个艺术家如果对于自己忠实于自然不抱任何偏见,就必须尊重他在其中写作的那个现实生活环境。"②

前人留下的许多优秀历史剧目都印证了以上论点。诸如《赵氏孤儿》、《将相和》、《哭秦庭》、《孙庞斗智》、《窃符救赵》、《鸿门宴》、《桃花扇》等流传已久的优秀历史剧,无一不是既源于历史记载,而又富有艺术魅力的上乘佳作。元杂剧《赵氏孤儿》(以下简称为《赵》剧)就是历史真实与艺术真实有机结合的一个典范。

《赵》剧的故事原型在《史记》、《左传》、《新序》、《说苑》等古籍中均有记载。这些记载尽管部分情节有所不同,但基本内容大体相近。《赵》剧的框架和主要情节依据于《史记》,个别情节吸收了《左传》的记载。历史记载正是全剧主要情节展开的基础,"历史真实"在剧中得到充分的尊重。然而,《赵》剧作者并未完全拘泥于史书记载,作了不少细节方面的改动与虚构。如略去《史记》中关于赵穿"弑君"的情节,开脱了赵盾应负的责任,突出了赵家的正面形象和全剧忠奸斗争的主题。《史记》载,程婴与公孙杵臼交出的婴儿是他二人"谋取他人婴儿"替代者,而《赵》剧则改为程婴献出自己的儿子,凸现了程婴与公孙杵臼舍己赴义的崇

---

① 焦菊隐:《和青年导演的谈话》,《焦菊隐戏剧论文集》,上海文艺出版社 1979 年版,第 198—200 页。

② 〔英〕威廉·阿契尔著,吴钧燮、聂文杞译:《剧作法》,中国戏剧出版社 1983 年版,第 224—225 页。

高形象。《史记》载,韩厥在赵家灭门后"称疾不出",[①]《赵》剧改为韩氏放走携带婴儿的程婴后自刎而死,增添了作品的壮烈色彩。该剧还虚构了屠岸贾下令尽杀全国与赵婴年龄相仿婴儿的情节,渲染了屠岸贾的凶残刻毒。这些改动和虚构皆出于深化主题与塑造人物的需要,使《赵》剧故事背景和作品人物性格更具典型意义,提高了艺术真实的境界,大大增强了作品的艺术感染力。作为一部主题深刻、人物性格鲜明,且贯穿着舍生取义浩然精神的优秀剧目,《赵》剧的确是体现历史真实与艺术真实有机统一的一部艺术典范,不仅受到中国人民的喜爱,成为代代流传,经久不衰的传统剧目,而且在海外备受推崇,成为在国际上体现中国古典戏剧艺术成就的代表作品之一。《赵》剧是较早被介绍到国外的中国史剧。最早翻译该剧的是法国耶稣会传教士约瑟夫·普雷马雷(Joseph Premare, 1666—1735,汉名马若瑟),他曾于1698年来华。他翻译的《赵氏孤儿》法文片断,最先发表在法国巴黎出版的《水星杂志》(1734年2月号)上;次年,收入出版于巴黎的《中华帝国全志》一书;单行本于1755年由巴黎阿·帕京出版社出版。[②] 法国著名作家伏尔泰根据《赵氏孤儿》的译本改编成《中国孤儿》一剧,并在1755年于巴黎上演,轰动一时。正如论者所说:《赵》剧在海外引起轰动的根本原因"是它内容的震撼人心的力量,正义之士在黑暗和残暴面前毫不退缩、前仆后继、视死如归的精神,使剧作产生一种悲壮林立的崇高美"。[③]

再如传统戏剧《失街亭》,演绎的是西蜀诸葛亮北伐曹魏时的一次战争。晋陈寿在《三国志》中对此役有明确记载:"诸葛亮出祁山。加郃位特进,遣督诸军,拒亮将马谡于街亭。谡依阻南山,不下据城。郃绝其汲道,击,大破之。南安、天水、安定郡反应亮,郃皆破平之。诏曰:'贼亮以巴蜀之众,当虓虎之师。将军被坚执锐,所向克定,朕甚嘉之。益邑千户,并前四千三百户。'"[④]可见,历史真实是曹魏派出抵御诸葛亮进犯的统帅是张郃而非司马懿。张郃在街亭大败诸葛亮的大将马谡,并平定了南安、天水和安定三郡的反叛,受到魏明帝的嘉奖。但是《失街亭》则对此作了艺术虚构,将曹魏军主将改换成司马懿,由他主持街亭之

---

① 《史记》卷四十三《赵世家第十三》。
② 参见王尔敏编《中国文献西译书目》(台湾商务印书馆1975年版),王丽娜、杜维沫《〈赵氏孤儿〉在欧洲》,《戏曲研究》第11辑,文化艺术出版社1984年版)等论著。
③ 刘丽文:《历史题材剧研究》,北京广播学院出版社2004年版,第172页。
④ 《三国志·魏书·张郃传》。

战,派申耽、申仪两军切断蜀军汲水之道,并亲率领大军把驻扎在山上的马谡围定。而张郃被写成次要人物,仅为司马懿的部属,奉令执行阻挡蜀将王平前来援马的任务,把战街亭、败马谡的功劳全记在司马懿的名下。这种虚构既塑造了司马懿老谋深算、善于用兵的军事家形象,又不违背蜀魏交兵的历史大背景,使剧情内容更富于戏剧性、曲折性。可见,在讨论历史真实与艺术真实关系的问题上,必须坚持唯物辩证法的观点,既要承认历史真实、艺术真实是两个不同领域的范畴,存在着矛盾与差别,又必须承认两者之间存在的关联性和一致性,把它们有机地结合起来而不可偏废。历史题材的艺术作品里始终存在着"历史真实"与"艺术真实"的矛盾。"历史真实"尽管有艺术上的缺憾,但却为历史剧的演绎规定了大背景与总趋势。"艺术真实"不可避免地包含对历史的虚构成分,但其虚构之鸟则不应飞出由"历史真实"之手所编制的雀笼。离开历史真实,历史剧就会失去其特有的历史逻辑、历史风格而不成其为历史剧,成为不伦不类的"另类"作品。然而,如果离开"艺术真实"而单纯地表现"历史真实",那么创作出的历史剧必然是趣味索然的历史"教科书"。因为离开了艺术虚构,历史剧在艺术上将无从发展,甚至无从生存。在历史剧中,正是"艺术真实"保证了"历史真实"实现自身的戏剧化。纵观那些能够经得住时间检验的优秀历史题材艺术作品成功之道,无不体现了历史真实与艺术真实相统一的原则。这些作品的作者在正确历史观的指导下,以严肃的创作态度研读历史,理解历史,准确把握历史脉搏,为创作打下坚实的基础。

其二、正确区分历史题材艺术作品的分类,把握好"实"与"虚"的宽严尺度。

历史题材艺术作品情况复杂,品种繁多,不同类型的作品对于"虚"、"实"要求的尺度亦不相同,需要就作品的实际情况作具体分析。

早在近代以前,一些文人学者就戏剧创作中的"虚"和"实"问题进行过探讨,多有宏论。如上文提到的王骥德、孔尚任、李渔、焦循、洪九畴、谢肇淛、徐复祚等人的论述就颇具代表性。他们围绕着历史真实与艺术真实关系的问题形成两种不同的倾向,一种注重历史真实,较多地强调"实";另一种则突出艺术真实,较多地关注于"虚",歧见未能统一。而问题的实质还不在崇"实"崇"虚"的孰是孰非,而在于"虚"、"实"运用是否得当。王骥德说"用事"的关键在于"用得恰好",即是此意。他说:

  曲之佳处,不在用事,亦不在不用事。好用事,失之堆积;无事可用,失之枯寂。要在多读书,多识故实,引得的确,用得恰好,明事暗使,隐事显使,务使唱去人人都晓,不须解说。①

从某种意义上说,"虚""实"的运用取决于作品的类型,不同类型的作品体现着对"虚""实"的不同要求。这就使得如何界定历史题材艺术作品的类型是艺术创作中的一个极其重要的问题。

早在20世纪40年代,周钢鸣提出历史题材艺术作品分为历史剧、历史故事传奇剧和古代神话三类的观点。他认为:"所谓历史剧,既是科学地批判地表现出人类历史社会生活的发展和斗争的艺术。它是属于新的历史观的思想范畴的艺术,所以我们称它为历史剧。"因为"历史剧绝不是传奇和古代神话,而是人类历史生活真实的记录",要求表现"历史册中所记载的实在人物,实在的史实"。历史剧追求的是历史真实性、科学性,"对于现实有影响,有鼓励教育的战斗意义"。但这仅是他对新编历史剧的看法而言。至于旧剧,他认为都算不上历史剧,"它只是历史的故事传说奇剧"。旧剧尽管依据史书记载编写,但"它表现的内容,也是旧的封建观念,毫无批判地,而且是有意宣扬旧封建观念的艺术,因而它不能传达出历史的真实,所以我们不能叫它做历史剧"。②

郭沫若关于历史剧的界定比较宽泛,按照剧中人事距离现在生活的时间远近为标准来区分。他说:"凡是把过去的事迹作为题材的戏剧,我们称之为历史剧。""过去"的时限定为"离开目前二十年左右"。只要是反映"过去"的事迹,"即是不属于真正的史实,如古代的神话,或民间传说之类,把它们拿来作题材,似乎都可以成为历史剧。假使这样广泛地来规定,凡是旧时代的戏剧,无论中国的或外国的,可以说都是历史剧"。③ 郭沫若不甚强调戏剧人物与事迹历史根据的充分性,是与他持"失事求似"的浪漫主义历史剧创作观念有内在的联系。

李希凡的看法与郭氏近似,亦主张较为宽泛的概念界定,认为"所谓历史剧,就是反映历史生活的戏"④,既包括取材于"真人真事"的,也包括取材于"真人假事"的,还包括"完全不取材于真人真事的",甚至"像某些杨家将戏,只要符合那

---

① 王骥德:《曲律·论用事第二十一》,《中国古典戏曲论著集成》(四),秦学人、侯作卿编著:《中国古典编剧理论资料汇辑》,第153页。
② 周钢鸣:《关于历史剧的创作问题》。
③ 郭沫若:《关于历史剧》,《风下》1946年第127期。
④ 李希凡:《"历史知识"及其它》。

个时代的历史生活的真实性,符合那个历史人物的性格真实,就是历史剧"。①

张德祥把历史题材影视剧分为两类,即"正剧"与"戏说",前者"重史",后者"重戏"。他说:

> 总体来看,这些历史题材影视剧可分为两种类型:一类是"正剧"风格,严肃庄重,不苟说笑,甚至充满震撼人心的悲剧性,展现的也多是关乎天下兴亡、治国安邦的朝政大事,给人以"正史"、"正传"的"真实性",以"正"服人;另一类是"戏说"风格,以历史上的某位大人物为演绎对象,铺陈人伦世象,编织传奇故事,不乏滑稽谐趣,给人以子虚乌有的"野史"、"外传"之趣,以"奇"夺人。②

王昕则把历史题材电视剧作了分类:

> 我们把广义上的历史题材电视剧分为电视历史剧、电视历史故事剧、电视神话神魔剧三个大类。其中,电视历史剧又可按照时间纬度分为古代题材电视历史剧(即一般意义上的电视历史剧)、革命历史题材电视历史剧。

就主要人物和主要事件历史根据的充分性来说,电视历史剧属于"真人真事,真是追求"的审美类型,求"实"的成分多一些。电视历史故事剧中的人物、事迹真假并存,"可能是具有艺术真实性追求的再现文本或表现文本,也可能是以娱乐游戏宗旨、以戏仿为文本策略的大众文化文本,具有后现代文化倾向"。具有浓厚民间文化底色的电视神话神魔剧的创作,"其共同点在于以尊重原作、忠实再现民间传说的故事原型为原则"。③ 后二者的创作,虚构的空间相对大一些。

高益荣对历史剧的界定是:"历史剧,顾名思义是写历史题材的剧目。"研究其关键的问题是"如何把握其'史实'与'剧作家的合力在创造'"④,即对"实"与"虚"的问题。主张根据题材情况和主题的需要,作者对"实"与"虚"把握的分寸亦有不同。

吴晗提出的作品分类主张具有一定的代表性。他把历史题材的文艺作品分为三类,即历史剧、故事剧、神话剧,主张根据不同的情况区别对待。他认为历史剧必须有历史根据,人物、事实都要以实为主,不能任意虚构,他说:

---

① 李希凡:《"史实"与"虚构"》。
② 张德祥:《历史题材影视剧令人堪忧的权谋文化观》,《深圳特区报》2003年6月9日。
③ 王昕:《中国历史题材电视剧的类型与美学精神》,《当代电影》2005年第2期。
④ 高益荣:《元杂剧的文化精神阐释》,中国社会科学出版社2005年版,第229页。

>历史剧必须有历史根据,人物、事实都要有根据。历史剧的任务是反映历史的实际情况,吸取其中某些有益经验,对广大人民进行历史主义爱国主义教育。人物、事实都是虚构的,绝对不能算历史剧。人物确有其人,但事实没有或不可能发生的,也不能算历史剧。在这一点上说,历史剧必须受历史的约束,两者是有联系的。

他认为故事剧虽然与历史挂钩,但其内容情节不受历史约束,虚构的空间较大,他说:

>故事剧也大多表演过去时代的事情,从小说、传说取材,或者出于戏剧家的创造,剧中人物可以和历史挂上钩,例如杨家祖孙或包拯,也可以完全出于创造。至于故事情节,可以不受历史约束,剧作家有充分虚构的自由,只要合情合理便行。我曾经翻阅过有的单位编的历史剧目,仔细看来,其中大约百分之九十五以上是属于故事剧范畴的。

他认为,历史剧、故事剧、神话剧各有其作用,人们不应该扬此抑彼,因为对于观众来说"只问这个戏好不好,并不考虑是历史剧还是故事剧。但是勉强把故事剧算成历史剧,那就会在观众中造成混乱,把故事当成真实的历史去理解,这就不好了"。[①] 吴晗的主张是属于狭义概念上的历史剧观念,得到当时和现在大部分学者的认可,成为一种约定俗成的历史剧观念。

综上所述,历史题材艺术创作中的历史真实与艺术真实、"虚"与"实"的问题,不能抽象地议论,必须结合艺术作品的具体情况而论;不同类型的艺术作品,对"虚"、"实"的要求是不相同的。因此在讨论这个问题时,笔者认为有必要对历史题材艺术作品作一个类型的区分,大致可分为两类,即历史剧类和非历史剧类。凡是以历史上确有的真人真事为题材、有充分的历史根据的作品都可称为历史剧。作为历史剧应该具备两个最起码的条件:一是它的主要人物必须是真实存在过的历史人物,二是故事要有历史的真实性,其背景、框架应该有史实依据。历史剧所强调的"真人真事"必须有充分的历史根据,见诸于正史的记载,且被纳入史学范畴。正如论者所说:

>作为一部历史剧,仅仅史有其人是不够的,还需有其事;事有真伪,此尚不足为据,要看其是否出于史籍;史有正史、稗史等,此亦不足为据,关键在

[①] 吴晗:《谈历史剧》。

于其人其事是否已被传统史学纳入自己的范畴,即看其是否进入了历史系统。如果不是,即便其事属实,也不能当作历史剧。①

可见,历史剧既不同于历史学,又不同于一般的艺术品种,具有自己的特殊品格。诸如《秦始皇》、《大风歌》、《汉武大帝》、《司马迁》、《三国演义》、《诸葛亮》、《秦王李世民》、《文成公主》、《武则天》、《大明宫词》、《唐明皇》、《成吉思汗》、《海瑞》、《努尔哈赤》、《康熙王朝》、《雍正王朝》、《天下粮仓》、《廉吏于成龙》、《鸦片战争》、《林则徐》、《太平天国》、《甲午风云》、《北洋水师》、《末代皇帝》、《杨乃武与小白菜》等影视剧,以及表现革命历史题材的《孙中山》、《日出东方》、《长征》、《延安颂》、《中国命运的决战》、《西安事变》、《周恩来》等,即为历史剧中的佼佼者。与一般艺术品种相比,它专以历史上的真人真事为创作题材,自然要比作家取材于现实、随意创作的作品多一层限制,即要求"历史真实"的限制。作者只能在尊重历史真实的前提下进行艺术的想象、虚构和创造,而不能只借用古人的名字任意演义今天的故事。在历史剧创作中,历史真实是创作的前提和基础,艺术真实只有在尊重历史真实的基础上才有意义。从这个角度看,历史剧艺术天平的砝码无疑是偏向于"历史真实"与"实"的一方。正如论者所言:

  历史剧应当是:主要历史人物、事件,均于史有据,真实可信。在此基础上,进行艺术创作,虚构的部分只能是细微末节,或可能在历史上发生的情节。②

所谓非历史剧类虽然也是以表现过去时代的人和事为题材,但其取材多源于历史上的小说、传奇及民间故事等非正史典籍的记载,或"真人假事",或"假人真事",或"假人假事",不受历史真实性的限制,但求故事本身合情合理。吴晗所说的"故事剧"、"神话剧"以及时下论者老生常谈的"电视历史故事剧"、"电视神话神魔剧"、"古装戏"、"戏说戏"等,都属于这一类。这类作品的数量远比历史剧类多得多,在传统剧目和新编剧目中都占有极大的数量上的优势。属于"真人假事"或"假人真事"类者有:《杨家将》、《杨门女将》、《包青天》、《少年包青天》、《水浒传》、《大脚马皇后》、《孝庄秘史》、《康熙微服私访记》、《戏说乾隆》、《宰相刘罗锅》、《铁齿铜牙纪晓岚》、《东方商人》、《晋昌源票号》、《大清药王》、《神医喜来乐》

---

① 李雁:《对历史剧的界定及其在元杂剧中的鉴别和统计》,《山东社会科学》2003年第4期。
② 王春瑜:《历史剧:历史的无奈》。

等；属于"假人假事"类者有：《红楼梦》、《还珠格格》、《新梁山伯与祝英台》、《皇嫂田桂花》、《天龙八部》、《射雕英雄传》、《笑傲江湖》、《白眉大侠》、《梦断秦淮》、《武林外传》等。大量神话剧亦属此类，如《封神演义》、《西游记》、《天仙配》、《聊斋》、《新白娘子传奇》、《春光灿烂猪八戒》、《八仙过海》等。非历史剧类不必取材于历史上的真人真事，故事情节不完全受历史真实性的约束，带有浪漫主义和荒诞现实主义的风格，具有与追求"历史真实"审美风格的历史剧迥然不同的艺术特征，给作家创作实践提供了比较大的自由度。想象、夸张、虚构、荒诞等艺术手段在这类作品中可以得到充分的运用。然而，这并不意味着历史题材范畴中的非历史剧类作品就可以任意编造、戏说，只讲求"艺术真实"和虚构而不受"历史真实和艺术真实相统一"的创作规律所制约。这里至少有两点需要强调：其一，无论是取材于历史小说、传奇，还是取材于民间故事，都要采取尊重原作的态度，在忠实地再现故事原型基本面貌的前提下进行艺术虚构和加工。其二，虚构的人物与事件要符合充分的历史可能性，如历史的顺序不能颠倒，特定的时代背景、历史氛围、社会环境须力求真实。非历史剧类作品不仅不排斥"历史真实"，而且在某些方面对"历史真实"的要求亦很严格，如在服饰、礼节、社会环境等细节方面的讲究并不比历史剧有丝毫逊色。

其三、真与美是追求"历史真实与艺术真实有机统一"的最高境界。

对于"历史真实与艺术真实有机统一"，不能简单地理解为直观地模仿历史与现实生活中的真实情景，或者照搬真实生活的情节，哪怕这些情节完全是以艺术真实的标准展现的。正如黑格尔所说："我们理应要求艺术家们对于过去时代和外国人民的精神能体验入微，因为这种有实体性的东西如果是真实的，就会对于一切时代都是容易了解的。但是如果想要把古代灰烬中的纯然外在现象的个别定性都很详尽而精确地模仿过来，那就只能算是一种稚气的学究勾当，为着一种本身纯然外在的目的。"[1]今天充斥于影视荧屏、受到人们百般批评的那些历史题材作品又何尝缺少"真实"？君不见那些耗费大量资金制作的所谓"大片"、"巨片"，不是都在"真实"地演示封建等级，展现权谋诡计，表现血腥暴力，施展床上功夫吗？无怪人们不断发出质疑，对泛滥于影视荧屏的劣质文化现象深表担忧。有识之士批评说："近年来流行的历史影视剧中大多缺乏悲剧精神，缺乏人

---

[1] 〔德〕黑格尔著、朱光潜译：《美学》第一卷，商务印书馆1981年版，第353页。

道主义,甚至缺乏怜悯、同情、恻隐之心,观众从中经常看到的是'推出斩首'。在残酷的权力争夺中帝王将相们连基本的人性都丧失了。"①可见,要创作出高水平的历史题材艺术作品,仅有"真实"是不够的,还必须有对于艺术美的执著追求,实现"真"与"美"相结合的艺术境界。黑格尔说:

> 从一切方面看,美与真是一回事。这就是说,美本身必须是真的。
> 艺术作品的表现愈优美,它的内容和思想也就具有愈深刻的内在真实。
> 艺术家之所以为艺术家,全在于他认识到真实,而且把真实放到正确的形式里,供我们观照,打动我们的感情。②

黑格尔不仅看到"美"离不开"真",而且还强调"美"与"真"的一致性,对于艺术作品所要达到的高标准来说,"美与真是一回事",艺术的真实只有通过美的形式才能正确地得到展现。黑格尔的话对于我们今天的艺术实践来说,依然具有重要的参考价值。对于"真"与"美"的追求,同样是中国传统艺术的风格与境界。明代戏曲理论家吕天成论述过衡量传奇之"十要",即中国传统艺术追求"真"与"美"的具体体现。他说:

> 传奇定品,颇费筹量,不无褒贬。盖总出一人之手,时有工拙;统观一帙之中,间有长短。故律以一法,则吐弃者多;收以歧途,则阑入者杂。其难其慎,此道亦然。我舅祖孙司马公谓予曰:"凡南剧,第一要事佳,第二要关目好,第三要搬出来好,第四要按宫调、协音律,第五要使人易晓,第六要词采,第七要善敷衍——淡处做得浓,闲处做得热闹,第八要各角色派得匀妥,第九要脱套,第十要合世情、关风化。持此十要以衡传奇,靡不当矣。"③

吕天成是结合艺术创作的具体实践来谈的,所说"十要"均为追求"真"与"美"的问题,与黑格尔的上述观点有着异曲同工之妙。

艺术美学告诉我们,艺术是艺术家创造性劳动的产物,是艺术家借助于一定的手段和方法对现实生活的概括反映。艺术美是艺术的核心,它来源于现实美,又高于现实美,是对于现实美的凝炼化、集中化。现实生活是产生美的沃土,艺术美则是表现现实生活、表现现实美的最佳途径。艺术美比现实美更精粹、更生

---

① 张德祥:《令人堪忧的权谋文化观》。
② 〔德〕黑格尔著,朱光潜译:《美学》第一卷,第94—352页。
③ 吕天成:《曲品》卷下,《中国古典戏曲论著集成》(六),秦学人、侯作卿编:《中国古典编剧理论资料汇辑》,第146页。

动、更具典型性。艺术美对于人们具有非常强烈的熏陶作用。艺术作品的感染力通常是由艺术美来决定的。它的熏陶作用具体体现在提高人们的审美能力、培养人们高雅的审美情趣和高尚完善的人格、净化心灵、激发人的审美想象力和创造力等方面,也就是梁启超所归纳的"熏"、"浸"、"刺"、"提"①四种"神力"。王国维在《人间词话》论述了他的美学理论"境界"说,实际是提出了艺术美的标准问题,对于今天人们理解何为艺术美的问题依然有现实性。

历史题材艺术作品,无论是历史剧,还是古装戏,都是从不同的艺术角度、以不同的艺术形式,表现我国历史上各种人物的生活,展现着古代先民所特有的思想、道德、情操与审美情趣,传承着中华民族的历史传统和民族精神。在全球化浪潮席卷世界,中华民族崛起、复兴的今天,我国需要创作更多的展现中华民族美好道德和理想、体现中华民族民族精神的历史题材艺术作品,以便世界各国人民通过中国的历史、艺术,深入地认识中国、理解中国。这就要求人们必须以"求真唯美"的艺术标准去进行艺术创作,为社会贡献真正的艺术精品。纵观那些能够经得住时间检验的优秀历史题材艺术作品成功之道,无不体现了历史真实与艺术真实相统一的原则,体现了对于真与美的追求。这些作品的作者在正确历史观的指导下,以严肃的创作态度研读历史,理解历史,深入探索历史规律,准确把握历史脉搏,为创作打下坚实的基础。正如论者所说:"我们常常把教科书中的历史当作历史真实的全部。实际上历史教科书往往从本学科的角度对历史加以取舍。而文学艺术还必须就自己的美学、人学角度,从原有历史材料中寻找、发现更具艺术价值的东西。"②"更具艺术价值的东西"即是对艺术美的追求。

郭沫若创作的历史剧之所以具有震撼力,其原因就在于作者不仅取材于历史上事关国家民族危亡之大事,写誓挽狂澜于既倒之英雄,还在于他能够高屋建瓴地从历史和哲学的高度发掘历史的精神,努力塑造体现艺术美的人物形象。有人评论说:"在塑造形象上,他总是倾力选出那些足以表现他审美理想、政治倾向和足以藉此抨击黑暗势力现实的历史人物,作为自己作品中的主人公,如屈原、高渐离、如姬、夏完淳等;同时,他总是把这些人物写得伟岸崇高,悲壮动人,

---

① 梁启超:《论小说与群治之关系》,《饮冰室合集》文集之十,第7页。
② 周长赋:《直挂云帆济沧海》,《湄州日报》1998年4月10日,引自何玉人:《新时期中国戏曲创作概论》,文化艺术出版社2005年版,第173页。

赋予他们以理想的光辉。"①

轰动海内外的电视连续剧《三国演义》创作摄制之所以取得成功,重要的原因在于编创人员对于历史本质与时代精神的正确把握,在编创中坚持求真求美的高标准。编创人员对"三国文化精神"的正确概括足以体现他们在这方面的深入思考。其云:

> 这种三国文化精神,主要表现为:第一,建功立业,奋发有为,以天下为己任的积极进取思想;第二,勇敢机智,文韬武略,不畏危难,不怕牺牲的尚勇崇智精神;第三,彪炳忠义,惩恶扬善的道德价值取向;第四,举贤任能,知人善用,注意协调人际关系的人才观。②

从美学角度看,这些概括集中体现了历史英雄人物的阳刚之美。《三国演义》电视剧在改编、拍摄过程中就贯穿了"三国文化精神",较好地体现了历史剧特有的美感,以凝重的历史感和深邃的哲理,给人们再现了那个风云变幻的历史时代,塑造了诸葛亮、曹操、刘备、孙权、周瑜等一系列栩栩如生的艺术形象。

此外,历史题材艺术作品的艺术之美还应该体现在作品内容格调高尚、是非分明、具有奖善斥恶、净化道德的社会教化作用。否则,一部戏中,所演人事,是非不分,黑白颠倒,追求艺术之美从何谈起?诚如台湾一位学者所说:

> 历史剧虽然是"演义"的"演义",不必与正史完全相符,但其内涵,必须是奖励善民,贬抑奸邪,发扬人性光明的一面,强调是非及因果报应责任,以收潜移默化,净化社会人心之效。……我们无可否认的是:社会道德败坏,奢侈淫诈,无微不入,究其原因,电影制作盲目营利,应负绝大责任;目前电影一片打杀之风,既无主题,更无内容,无武无侠,无忠无奸,无黑无白,除此而外,则黄色下流充斥,人欲横流,纵目四顾,几乎置身于歌舞声色之中。③

[作者简介:史革新,原北京师范大学历史学院教授、博士生导师。]

---

① 《〈郭沫若剧作全集第 3 卷〉》编后记》,中国戏剧出版社 1983 年版,第 540—541 页。
② 谭洛非:《论三国与三国热(代跋)》,电视剧《三国演义》编剧组:《电视连续剧〈三国演义〉》,四川人民出版社 1994 年版,第 1718 页。
③ 东方亮:《〈历史剧本事考评〉读后》,董鼎铭:《历史剧本事考评》,台湾商务印书馆 1987 年版,第 297—298 页。

百年来清代汉学成因研究述评

黄爱平

汉学,又称朴学、考据学、乾嘉汉学或乾嘉学派,是有清一代最具代表性的学术流派,占据清代,特别是清前期学术的主导地位。作为继宋明理学之后产生的一代学术流派,清代汉学之所以称之为"汉学",是指其经学研究与宋学相对而言,主张回溯和尊崇汉代的经说。而又称之为"朴学",则是指其学术风格而言,由于汉学以文字音韵、章句训诂、典章制度为主要研究对象,以朴实的经史考证为研究方法,学风朴实谨严,故人们多以朴学概括之。当然,也有就其研究方法而言,称之为考据学,或以其极盛时代而言,称之为乾嘉汉学或乾嘉学派的。

在对清代汉学的研究中,有关汉学成因亦即汉学产生、形成原因的探讨,始终是学者关注的问题。自清末民初至今,可谓众说纷纭,看法不一。概括而言,大体可归纳为"外在因素说"和"内在因素说"以及在此基础上出现的"综合因素说"三个方面。其中,外在因素主要指政治、经济等外在原因对学术的影响,内在因素指学术内部自身的发展变化,综合因素则强调多元的视角和综合性的考察。各种看法的先后出现以及不同意见的争论,大体反映了百年来学界研究发展、学者认识深化的历程。本文试图在前贤时哲考察论析的基础上[①],立足于学术史的视角,系统梳理有关汉学成因研究的发展脉络,进而思考其长短得失,以期有裨于清代学术研究的深入开展。

---

① 本文所据资料论著,除文中注释各篇(部)外,还参考了相关论文,如赵永春:《近十年来乾嘉学派讨论综述》,《中国史研究动态》1989年8期;胡凡:《二十年来乾嘉学派形成原因与学术分野研究综述》,《中国史研究动态》2003年第2期;雷平:《近十年来大陆乾嘉考据学研究综述》,《史学月刊》2004年第1期,特此说明。

一、外在因素说

此种说法侧重于从政治、经济的影响，即外在的因素来解释清代汉学产生的原因。

清末民初，章太炎、刘师培、梁启超等学者在研究清代学术，探讨汉学产生的原因时，十分强调政治对学术的影响，将汉学的成因归咎于清廷推行的文化高压政策，即禁书和文字狱。

章太炎说："清世理学之言，竭而无余华；多忌，故歌诗文史楛；愚民，故经世先王之志衰。家有智慧，大凑于说经，亦以纾死，而其术近工眇踔善矣！"①又说："当是时，知中夏黤黯不可为，为之无鱼子蚘虱之势足以藉手，士皆思偷褐禄仕久矣，则惧夫谐媚为疏附，窃仁义于侯之门者。故教之古学，绝其恢诡异谋，使废则中权，出则朝隐。如是足也！"②

刘师培在比较明学与清学的差异时有言："明儒之学用以应事，清儒之学用以保身。"而之所以如此，盖因"才智之士，惮于文网，迫于饥寒，全身畏害之不暇，而用世之念汩于无形。……然亦幸其不求用世，而求是之学渐兴"③。

梁启超则谓："文字狱频兴，学者渐惴惴不自保，凡学术之触时讳者，不敢相讲习。然英拔之士，其聪明才力，终不能无所用也，诠释故训，究索名物，真所谓'于世无患，与人无争'，学者可以自藏焉。"④又说："凡当主权者喜欢干涉人民思想的时代，学者的聪明才力，只有全部用去注释古典，欧洲罗马教皇权力最盛时，就是这种现象。我国雍、乾间也是一个例证。"⑤

钱穆也认为："康雍以来，清廷益以高压锄反侧，文字之狱屡兴。学者乃以论

---

① 章太炎：《检论》卷四，《清儒》，刘梦溪主编：《中国现代学术经典·章太炎卷》，河北教育出版社1996年版，第255页。
② 章太炎：《检论》卷四，《学隐》，刘梦溪主编：《中国现代学术经典·章太炎卷》，第263页。
③ 刘师培：《左庵外集》卷九，《清儒得失论》，第1页，钱玄同编：《刘申叔先生遗书》，民国二十五年宁武南氏校印本；江苏古籍出版社1997年影印本（改题为《刘申叔遗书》）。
④ 梁启超：《清代学术概论》九，《饮冰室合集》，第8册，中华书局1989年影印本，第22页。
⑤ 梁启超：《中国近三百年学术史》三，《清代学术变迁与政治的影响（中）》，《饮冰室合集》，第10册，中华书局1989年影印本，第21页。

政为大戒,钳口不敢吐一辞。重足叠迹,群趋于乡愿之一途。"①

自章太炎、梁启超等学者主要从清廷的文化专制政策来说明清代汉学产生的原因之后,学者大多沿而袭之,认为清统治者大兴文字狱,实行民族高压政策,许多知识分子为逃避政治迫害,不得不钻进故纸堆,从事远离政治、脱离现实的训诂考据。或称之"避世学隐",或谓之"全身远祸",众口一词,几成定论,"高压政策"说也因此成为学术界长期以来最为流行的诠释。

但是,就在"高压政策"说风靡学界之时,也出现了不同的声音。1935年,陈寅恪为陈垣《元西域人华化考》一书作序,在论及清代经学兴盛而史学不振的原因时明确指出:"有清一代经学号称极盛,而史学则远不逮宋人。论者辄谓爱新觉罗氏以外族入主中国,屡起文字之狱,株连惨酷,学者有所畏避,因而不敢致力于史,是固然矣。然清室所最忌讳者,不过东北一隅之地,晚明初清数十年间之载记耳。其他历代数千岁之史事,即有所忌讳,亦非甚违碍者。何以三百年间,史学之不振如是?是必别有其故,未可以为悉由当世人主摧毁压抑之所致也。"②然而,由于种种原因,陈寅恪的看法并未引起学术界的重视,"高压政策"说仍然是多数学者认同的观点。

引人注目的变化发生在20世纪70年代末80年代初。随着意识形态领域的拨乱反正,诸多学术界长期流行的成说开始受到学者的反思和质疑。"高压政策"说也不例外。1982年,王俊义率先发表《关于乾嘉学派的成因及其评价》一文,认为:"统治阶级的政策,只能在一定条件下,促进或遏制学术思想的发展,却不能根本决定其产生和消灭。事实上,文字狱与考据之间并无必然联系,明代也曾盛行文字狱,但明代并未产生与乾嘉学派相类似的考据学。可见,把文字狱政策说成是乾嘉学派盛行的主要原因,缺乏应有的说服力。"③1983年,周维衍发表《乾嘉学派的产生与文字狱并无因果关系》一文,从乾嘉学派的治学内容、研究方法、师承关系入手,否定"高压政策"的影响,认为"'狱案'与学派产生无因果关系","没有'文字狱',乾嘉学派也必然会产生"。④

伴随对"高压政策"说质疑的出现,学者转而从社会经济方面去寻找清代汉

---

① 钱穆:《中国近三百年学术史》,中华书局1986年重印本,第18页。
② 陈寅恪:《陈垣元西域人华化考序》,《金明馆丛稿二编》,上海古籍出版社1980年版,第238页。
③ 王俊义:《关于乾嘉学派的成因及其评价》,《人民日报》1982年10月25日。
④ 周维衍:《乾嘉学派的产生与文字狱并无因果关系》,《学术月刊》1983年2期。

学产生的原因,强调经济因素及其影响。事实上,着眼于经济方面的因素来分析清代学术思想产生的背景和原因,早在20世纪中叶就有学者作过尝试。侯外庐从马克思主义的基本理论出发分析18世纪的中国社会,认为:"从整个形势来看,这时清朝封建统治势力占有相对稳定的统治地位。从发展上看,这时资本主义的幼芽、市民的力量、农民的反抗活动则是在不可阻遏地生长着。这种历史形势反映在当时的思想界,就是一方面有专门汉学之统治地位的形成,另一方面则有戴震、汪中、章学诚、焦循等人的哲学思想的出现。"当然,侯外庐在着重分析18世纪中国社会的生产关系和经济形势,特别是具有资本主义萌芽性质的工商业状况的同时,也并未忽视统治者文化政策的影响,认为:"到了十八世纪,所谓汉学成为风靡一时的专门之学。这和清封建统治势力之进入相对稳定时期有密切关系,特别是和康熙以来的反动文化政策有密切关系。"[①]80年代初,当学术界努力突破长期以来"高压政策"的成说,试图从更广阔的视野探寻清代汉学产生的原因之时,一些学者将乾嘉学派的产生和兴盛与康乾盛世联系起来考察,认为清代汉学是康乾盛世的产物。王俊义先后发表《关于乾嘉学派的成因及其评价》、《康乾盛世与乾嘉学派》等文,在否定文字狱与考据学之间联系的同时,明确提出:"意识形态受物质经济条件的支配制约,这是历史唯物主义的基本原理。欲探索乾嘉学派产生兴盛的原因,归根结底应从物质经济基础中去寻找。"具体言之,"康乾时期政治上的稳定统一,社会经济的发展繁荣,统治者大力倡导封建学术",是清代汉学,亦即乾嘉学派产生的直接原因[②]。

"康乾盛世"说的出现,打破了学术界长期以来"高压政策"说一统天下的垄断现象,自此而后,对清代汉学成因的探讨出现了各抒己见、相互争鸣的热烈景象,从而大大推进了对这一问题的研究。

二、内在因素说

此种说法侧重于从学术自身的发展变化,即内在的因素来解释清代汉学产

[①] 侯外庐:《中国早期启蒙思想史》,人民出版社1956年版,第403、410页。
[②] 王俊义:《康乾盛世与乾嘉学派》,《清史研究集》第四辑,四川人民出版社1986年版,第344页。

生的原因,也称为"内在理路"说。

在"高压政策"说长期占据学术界主导地位的同时,也有一些学者试图从学术的角度来观察清代考据学兴起的原因。早在20世纪30年代,陈寅恪在对"高压政策"说提出异议之时,就意欲着眼于史学自身来探讨清代史学不振的原因。在他看来,"清代之经学与史学,俱为考据之学,故治其学者,亦并号为朴学之徒"。但二者却一盛一衰,情形迥然不同。之所以如此,陈寅恪认为,其原因一在于史学本身之难治,"史学之材料大都完整而较备具,其解释亦有所限制,非可人执一说,无从判决其当否也",而经学则"因其材料残阙寡少及解释无定之故,转可利用一二细微疑似之单证,以附会其广泛难征之结论";二则在于史学地位之低下,"虽有研治史学之人,大抵于宦成以后休退之时,始以余力肆及,殆视为文儒老病销愁送日之具",非如研治经学者"声誉既易致,而利禄亦随之","此清代经学发展过甚,所以转致史学之不振也"①。至60年代中期,杜维运在论述乾嘉考据学特别是考据史学的兴起时,曾明确提出,其因一在于史学自身的发展,二在于当时学术工作的开展。就前者而言,清儒生值前代史学流弊积重难返之后,"一反其虚妄,为之纠谬发覆,为之征实考信,以扫清两千年史学之阴霾,此史学家应有之觉悟,亦史学演化之自然过程也"。再从后者来看,康雍乾时期官方或私人主持开展的各种编书、校书、刻书、编书目等学术工作,"形成了一种纯学术研究的风气。大批的学人,有工作做,生活问题获得解决;有安定而恬静的环境,可以专心致志的研究;四周围都是书,校书、刻书、编书,与书结了不解之缘;左右都是知书的人,随时随地都会谈到书的问题。考据学是书本子的学问,在这种有书有人有研究环境的情形下,考据学的发展到极盛,自然是顺理成章的事。所以说清康雍乾三代的学术工作是促成考据学发展至极盛的最密切最直接的原因"②。前后两位学者所论,皆针对清代考据史学而言,虽然对考据史学的看法和评价迥异,但都试图从学术的角度来探讨学术自身的变化发展,颇有独到之处。然而,或许正是因为二者讨论的对象主要是清代考据史学,所以未能在学术界引起太多关注。

真正突破外在因素的成说,转而重视学术自身的发展变化,明确提出"内在

---

① 陈寅恪:《陈垣元西域人华化考序》,《金明馆丛稿二编》,第238—239页。
② 杜维运:《清乾嘉时代之历史考据学》、《清盛世的学术工作与考据学的发展》,《大陆杂志史学丛书》第二辑第六册、《史学及外国史研究论集》,大陆杂志社1967年版。

理路"说的学者,当推海外学者余英时。70年代中叶,余英时撰成《论戴震与章学诚》,其书主旨在于"分析戴东原和章实斋两人的思想交涉,以及他们和乾、嘉考证学风之间的一般关系",但作者"同时也想藉此展示儒学传统在清代的新动向",即试图从学术思想史的"内在理路"阐明理学转入考证学的过程。该书《自序》有言:"通观考证学从清初到中叶的发展时,我们可以很肯定地说,其整个过程显然表现出一个确定的思想史的方向。如果我们仔细地排列清儒研治古代典籍的谱系,我们将不难发现其先后轻重之间确是有思想史上的内在理路可寻的。"[①]其后,余英时在《清代思想史的一个新解释》一文中,又进一步推阐了这一观点。作者认为,无论是始自章炳麟着眼于政治因素的"反满说"即"高压政策"说,抑或是侯外庐强调经济因素的"市民阶级说","都是从外缘来解释学术思想的演变";而思想史本身是"有生命的,有传统的,这个生命、这个传统的成长并不是完全仰赖于外在刺激的,因此单纯地用外缘来解释思想史是行不通的。同样的外在条件、同样的政治压迫、同样的经济背景,在不同的思想史传统中可以产生不同的后果,得到不同的反应"。因此,作者特别提出对"清代思想史的一个新解释",即"在外缘之外,我们还特别要讲到思想史的内在发展。我称之为内在的理路"。作者申明,"自己提出的'内在理路'的新解释,并不能代替外缘论,而是对它们的一种补充、一种修正罢了。学术思想的发展决不可能不受种种外在环境的刺激,然而只讲外缘,忽略了'内在理路',则学术思想史终无法讲到家、无法讲得细致入微"。[②]

尽管余英时在提出"内在理路"说的同时,并未完全否定"外缘"亦即外在因素的影响,但由于其说对长期以来强调外在因素特别是高压政策的大陆学术界而言,不啻起到了振聋发聩的作用,因此,不仅余英时本人成为"内在理路"说的代表,而且其说日益受到学者的重视,并在此基础上作了进一步的探讨。

换言之,如何理解"内在理路",即学术自身发展的逻辑规律,学者有不同的看法。归纳起来,大体有如下几种。

[①] 余英时:《论戴震与章学诚·自序》,香港龙门书店1976年版,第2页。(按:该书又有北京三联书店2000年新版。)

[②] 余英时:《清代思想史的一个新解释》,《历史与思想》,台湾联经出版事业公司1976年版,第124、155页。(按:该文并见《中国思想传统的现代诠释》,台湾联经出版事业公司1987年版;江苏人民出版社1995年版。又收入《论戴震与章学诚·外篇》,北京三联书店2000年新版。)

1. 清代汉学源于宋明理学

关于清学源于宋学的看法,清代学者即已提出。章学诚认为,清代汉学的开山顾炎武、阎若璩是朱熹的第五代传人,而汉学集大成者戴震的学术,"实自朱子道问学而得之"①。此后,龚自珍、陈澧、朱一新等学者,都不同程度地肯定宋儒在训诂考证上的贡献。20世纪30年代,钱穆在研治清代学术史时,也特别重视从宋学到汉学之间先后相承的联系,认为:"言汉学渊源者,必溯诸晚明诸遗老。然其时如夏峰、梨洲、二曲、船山、桴亭、亭林、蒿庵、习斋,一世魁儒耆硕,靡不寝馈于宋学。继此而降,如恕谷、望溪、穆堂、谢山,乃至慎修诸人,皆于宋学有甚深契诣,而于时已及乾隆,汉学之名,始稍稍起。而汉学诸家之高下浅深,亦往往视其所得于宋学之高下浅深以为判。"②并强调:"不知宋学,则亦不能知汉学,更无以平汉宋之是非。"③受钱穆之影响,余英时于70年代先后发表《从宋明儒学的发展论清代思想史》、《论戴震与章学诚》、《清代思想史的一个新解释》等论著,强调"宋学在清代的延续性",认为此说"自较为近情理",因为从学术思想演变的一般过程来看,"不仅前一时代的思想不可能在后一时代突然消失无踪,而且后一时代的新思潮也必然可以在前一时代中找到它的萌芽。事实上,清儒的博雅考订之学也有其宋明渊源可寻"④。据此,作者明确提出并阐发了清代学术源于宋明理学这一看法,认为"贯穿于理学与清学之间有一个内在的生命,我们现在便要找出宋明理学和清代的学术的共同生命何在"。⑤通过溯源宋明理学内在的"尊德性"与"道问学"的争论,作者提出:"从思想史的观点看,我们不能把明、清之际考证学的兴起解释为一种孤立的方法论的运动,他实与儒学之由'尊德性'转入'道问学',有着内在的相应性。"⑥在作者看来,"清代经学考证直承宋明理学的内部争辩而起"⑦,也就是说,"清学正是在'尊德性'与'道问学'两派争执不

---

① 章学诚:《文史通义》卷三,《内篇三·朱陆》篇附录《书朱陆篇后》,叶瑛校注本,中华书局1985年版,第276页。
② 钱穆:《中国近三百年学术史》,第1页。
③ 钱穆:《中国近三百年学术史·自序》,第1页。
④ 余英时:《从宋明儒学的发展论清代思想史》,原载台湾《中国学人》第2期,1970年版;收入《中国思想传统的现代诠释》,江苏人民出版社1995年版,第171页。
⑤ 余英时:《清代思想史的一个新解释》,《历史与思想》,第126页。
⑥ 余英时:《从宋明儒学的发展论清代思想史》,《中国思想传统的现代诠释》,第194页。
⑦ 余英时:《清代思想史的一个新解释》,《历史与思想》,第145页。

决的情形下,儒学发展的必然归趋,即义理的是非取决于经典。"①于是,由义理之争折入文献考证,"儒家智识主义"兴起,儒学的发展也由"尊德性"转向"道问学"。

就清代考据学与宋学的渊源关系而言,张舜徽也认为清代考据学亦即朴学渊源于宋代学术,但立说却与钱穆以及其后的余英时有所不同。后者的宋学,主要指宋明理学,而张舜徽所说的宋学,则是广义的宋代学术,包括经学、小学、史学、诸子学、目录学、校勘学、金石学等诸多门类,理学仅为其内容之一。他明确指出:"人们每一提到宋代学术,便毫无例外地以理学为中心,以为空谈心性,可以概宋代学术之全。这是由于十八世纪中叶,当清代乾隆年间朴学蔚兴之际,一般学者专心力于考据,自命为'汉学'。因之,同时又标立'宋学'名义来统括那些专言义理的读书人,而加以'空疏不学'四字的评语,并大肆攻击。壁垒既立,门户便成,两百年来,在学术上渐成为可分而不可合之势,人们由鄙弃'宋学',便很自然地连宋代学术之全,也看不见了。其实,宋代学者气象博大,学术途径至广,治学方法至密,举凡清代朴学家所矜为条理缜密,义据湛深的整理旧学的方式与方法,悉不能超越宋代学者治学的范围,并且每门学问的讲求,都已由宋代学者们创辟了途径,准备了条件。"②张舜徽还进而从经学、小学、史学、诸子学、目录学、校勘学、金石学等各个学术门类入手,具体分析了宋儒的开启之功,认为无论是治学规模,抑或研究方法,宋代学者都为清代考据学开启了先例,建立了范式。所谓"有清一代学术无不赖宋贤开其先,乾嘉诸师特承其遗绪而恢宏之耳"③。可见,张舜徽也重视清代考据学与宋学的渊源关系,但主张全面地看待宋代学术,并着重指出了宋代经学、小学、史学、诸子学、目录学、校勘学、金石学等各个学科门类对清代考据学的影响。

此外,还有学者在认同余英时"内在理路"的基础上,对其具体观点提出补充看法或修正意见。路新生《排拒佛释:乾嘉考据学风形成的一个新视角》,以理学的援佛入儒为楔入点,从"排拒佛释"的视角,观察乾嘉考据学风形成的原因,指

---

① 余英时:《从宋明儒学的发展论清代思想史》,《中国思想传统的现代诠释》,第186页。
② 张舜徽:《论宋代学者治学的广阔规模及替后世学术界所开辟的新途径》,《䜣庵学术讲论集》,岳麓书社1992年版,第245页。
③ 张舜徽:《广校雠略》卷五,《汉唐宋清学术论十八篇·两宋诸儒实为清代朴学之先驱》,华中师范大学出版社2004年版,第95页。

出:"余氏在考较清代考据学风的形成时,仅仅着力于宋学内部'道问学'与'尊德性'之争的影响,而对于援佛入儒和儒释之争这一制约清代考据学形成的思想史的'内在理路'问题却未置一词,这就使余氏的论据显得比较单薄。而钱氏《中国近三百年学术史》对这一问题似也忽略未论,这显然是不够全面的。"因此,作者溯源明代王阳明后学的援佛入儒及其反动,论述了从明末东林士子到清初学人普遍强调资治、排拒佛释的风气,认为:"在资治的大背景下,援佛入儒的理学'劫数难逃',其必将式微的历史命运是早已注定了的。乾嘉考据学风在资治——辟佛——围剿理学的历史氛围中形成,也就是应有之义了。"①张丽珠《清代义理学新貌》则对余英时的观点提出了修正意见。作者在论述"清代考据学为什么兴起"这一问题时,明确提出:"本文是持儒家内在理路发展的观点,认为理学和考据学,分别代表了我国理性思维领域和经验实证领域发展的两种学术,所以清代考据学之兴起,是儒学在充分开发了形上思辨领域后的转向开发形下气化经验领域。"在作者看来,自己的看法"对于余英时先前所提出的'内在理路'说有所修正",因为余英时着眼于思想史的观点,强调儒学从"尊德性"向"道问学"的发展,"故谓考据学之兴起,就是由于智识主义受到重视之故"。而作者则认为:"以内在理路解释考据学之兴起固是不错,但其理路发展应是智识主义中的'经验领域'获得开发、'客观知识'获得正视所致;而不能在排除了智识主义中的主观思辨知识以后,才狭义地、笼统地说考据学是儒学中知识一脉传统之获得开发。"②

2. 清代汉学源于明代考据学

早在清代中叶,官修《四库全书总目》在评论明人学术时,就曾肯定方以智等学者的考据对清代学术的影响,认为:"明之中叶,以博洽著者称杨慎,而陈耀文起而与争。然慎好伪说以售欺,耀文好蔓引以求胜。次则焦竑,亦喜考证,而习与李贽游,动辄牵缀佛书,伤于芜杂。惟以智崛起崇祯中,考据精核,迥出其上。风气既开,国初顾炎武、阎若璩、朱彝尊等沿波而起,始一扫悬揣之空谈。"③清末刘师培在论述清代学术之由来、变迁时,也十分重视清代考据学与宋明学术之间的历史延续性,认为:"宋元以降,士学空疏,其寻究古义者,宋有王伯厚,明有杨

---

① 路新生:《排拒佛释:乾嘉考据学风形成的一个新视角》,《天津社会科学》1996年第2期。
② 张丽珠:《清代义理学新貌》,台湾里仁书局1999年版,第96—97页。
③ 《四库全书总目》卷一一九,《通雅》提要,上册,中华书局1981年影印本,第1028页。

慎修、焦弱侯。伯厚博极群书,掇拾丛残,实为清学之鼻祖。"①而比较起来,刘师培更为强调明代学术对清代学术的影响,并从明代学者对《古文尚书》的考辨、对《诗经》的考证,乃至对朱熹学说的排斥等十个方面阐述了明代学术的可贵之处及其对清代学术的开启之功,断言:"近儒之学多赖明儒植其基,若转斥明学为空疏,夫亦忘本之甚矣。"②其后,章太炎也在一定程度上肯定明代学术对清学的开启之功,他说:"夫伪古文之符证,发于梅鷟;周秦古音之例,造端于陈第;惟小学,亦自黄氏(生)发之。孰谓明无人乎?顾独唱而寡和耳。"③胡适则在探讨清初学者费经虞与费密学术之时,言及"人皆知汉学盛于清代,而很少人知道这个尊崇汉儒的运动在明朝中叶已很兴盛"。④ 而朱希祖在为《清代通史》一书所作的序言中,更明确将"明代弘治嘉靖间前后七子文章之复古"以及所引发的文字、音韵之学的兴起,视之为清代"考据之学发达之正因"。⑤

受刘师培等学者之影响,台湾学者林庆彰于80年代著《明代考据学研究》,溯源明中叶出现的经学复兴运动,认为明代的考据学是清代考据学的渊源;讲清代考据学,不能不说到明人的贡献。作者在系统阐述明代学者杨慎、梅鷟、陈耀文、胡应麟、焦竑、陈第、周婴、方以智从事考据的学术方法与成就的基础上,明确提出:"明代考据学之意义,在于其为清学开创诸多路径,使清人得以由此一学术水平继续深究。故若非明人筚路褴褛之功,恐清人亦无此康庄大道也。明代考据既有启导清学之功,则凡欲究清学之发展演变者,首应先穷究明人之学,始可免忘本之讥。"⑥郭康松于2001年撰成《清代考据学研究》,在论述清代考据学的起源时,也认同这一看法,认为:"在明代中后期,考据学就已产生了,它与清代考据学无论是从时间的前后衔接,还是从学术思想、治学方法以及学术成果的继承和发扬上来说,都是一个不可分割的整体。"⑦

3. 清代汉学源于明末清初实学思潮

如果说,认为清代学术源于宋明理学或明代考据学的看法,是着眼于学术内

---

① 刘师培:《南北学派不同论·南北考证学不同论》,钱玄同编:《刘申叔先生遗书》,第12—13页。
② 刘师培:《国学发微》,钱玄同编:《刘申叔先生遗书》,第50页。
③ 章太炎:《说林》(下),刘梦溪主编:《中国现代学术经典·章太炎卷》,第565页。
④ 胡适:《费经虞与费密——清学的两个先驱者》,欧阳哲生编:《胡适文集》,第3册,北京大学出版社1998年版,第57页。
⑤ 朱希祖:《清代通史初版序》,萧一山:《清代通史》,第一册,中华书局1986年影印本,第941页。
⑥ 林庆彰:《明代考据学研究》,台湾学生书局1986年修订本,第590—591页。
⑦ 郭康松:《清代考据学研究》,崇文书局2001年版,第37页。

部较长时期的发展变化,溯源一代学术产生的原因;那么,认为清代学术源于明末清初实学思潮的看法,则试图更为直接、也更为切近地探讨一代学术产生的原因。但由于学者的关注点不同,其立说的侧重点也有所不同。

其一,强调对宋明理学的反动。早在20世纪初,章太炎在论述清代学术时,就曾言及"清世理学之言竭而无余华",认为理学在清代已无发展的空间。其后梁启超继之,在其名作《清代学术概论》中明确提出:"清学之出发点,在对于宋明理学一大反动。"①这一观点,成为梁启超研究和评价有清一代学术的出发点。胡适也认为,"当日'反玄学'的运动,在破坏的方面,有两个趋势。一是攻击那谈心说性的玄学;一是攻击那先天象数的玄学",而且"居然能转移风气,使人渐渐地瞧不起宋明的理学"。② 至20世纪80年代中期,陈祖武撰《从清初的反理学思潮看乾嘉学派的形成》一文,针对学术界长期以来偏重于从外在因素诠释清代汉学成因的做法,主张"从儒学自身发展的内在矛盾运动"着眼来探讨清代汉学即乾嘉学派的形成。作者认为,无论是传统的高压政策说,还是近年来提出的康乾盛世说,"都还只是停留于形成乾嘉学派的外在原因的探讨,却忽略了中国古代社会理论思维本身发展的内在逻辑的认识"。要解释乾嘉学派产生的原因,"与其局限于外在原因的探究而可否不一,倒不如从中国儒家学说自身发展的矛盾运动中去把握它的本质,或许更有助于问题的解决"。由此,作者从分析宋代以来理学的发展演变入手,认为明中叶王守仁心学的出现,既是对宋明理学的发展,同时也把整个宋明理学导向了瓦解。至明朝末年,"宋明理学作为一种哲学形态,它不仅在理论上已经走到了尽头,而且在实际上也丧失了生机"。因此,明清之际特别是清初反理学思潮的出现,为乾嘉学派的形成在理论思维上提供了内在的逻辑依据,成为乾嘉汉学的先导。其后,反理学思潮在清初经济的恢复发展过程中以及封建文化专制强化的情势下发生蜕变,"最终形成了中国封建社会晚期继宋明理学之后的又一个主要学术流派——清代汉学,即乾嘉学派"。③

其二,强调对传统经学的回归。梁启超在主张"反动"说的同时,曾提出清学的特征在于"以'复古'为其职志",就明末清初而言,"其时正值晚明王学极盛而

---

① 梁启超:《清代学术概论》三,《饮冰室合集》,第8册,第6页。
② 胡适:《戴东原的哲学》,原载《国学季刊》第2卷第1期,1925年;欧阳哲生编:《胡适文集》,第7册,北京大学出版社1998年版,第239、240页。
③ 陈祖武:《从清初的反理学思潮看乾嘉学派的形成》,《清史论丛》第六辑,中华书局1985年版。

敝之后,学者习于'束书不观,游谈无根',理学家不复能系社会之信仰。炎武等乃起而矫之,大倡'舍经学无理学'之说,教学者脱宋明儒羁勒,直接反求之于古经"。① 胡适也说,反玄学的运动在建设的方面也有两种趋势,"一面是注重实用,一面是注重经学。用实用来补救空疏,用经学来代替理学"②。自 20 世纪 80 年代中期学者循着学术自身发展的"内在理路",重新提出"反理学思潮"说以来,就明末清初学术如何向乾嘉汉学转变的问题,有学者作了进一步的研究和探讨。陈祖武在论述"反理学思潮的兴起及其历史特征"的同时,也提到"这一思潮还是一个以朴实考证经史为方法,试图以经学去取代理学的思潮"。③ 其后,在其专著《清初学术思辨录》中,又专辟章节论述"经学与考据学风的酝酿",认为清初知识界"在摒弃'性与天道'的论究之后,不约而同地趋向于以经学去取代理学的选择"。④ 黄爱平则撰《论明末清初学术向传统经学的回归》一文,专门就此作了阐发。作者认为,明末清初实学思潮主张崇实黜虚、提倡经世致用的宗旨,反映了当时学术界理论思维取向的变化,即"由空疏玄虚向素朴平实转化,由内在心性理道向外在经世实用转化,由唯心主义向朴素唯物主义转化"。而"伴随学术界理论思维取向的变化,学者的学术取向也发生了变化","许多思想家学者不约而同地选择了回归古学,复兴经学的道路"。并且,在研究方法上否定"六经注我",转而主张"以经解经",强调"读九经自考文始,考文自知音始";在研究内容上也唾弃理学的心性理道之说,而转向经史小学、典制舆地、金石碑刻等诸多领域,从而为后世学者开启了新的途径和新的天地。作者还特别探究了隐藏在这一变化之后深刻的历史和现实的原因,认为:"每当社会处在变革时期,民族面临生存危机,文化处于转折关头,学术思想界往往会出现'原始反终'、'反复其道'的现象。"明清之际就是这样一个特殊的历史时期,"在天崩地裂的社会大变动和血与火的严酷洗礼中,当时思想家学者切身感受到的,不仅是新旧王朝的兴替,而且还是民族文化的沦亡",因此,"回归传统,复兴经学就成为他们最好的也是唯一的选择"。而"这种不约而同的学术取向,不仅决定了明末清初实学思潮的归宿,

---

① 梁启超:《清代学术概论》二,《饮冰室合集》,第 8 册,第 3 页。
② 胡适:《戴东原的哲学》,欧阳哲生编:《胡适文集》,第 7 册,第 240 页。
③ 陈祖武:《从清初的反理学思潮看乾嘉学派的形成》。
④ 陈祖武:《清初学术思辨录》,中国社会科学出版社 1992 年版,第 292 页。

而且引发了清代中叶专门汉学的萌生,成为一代学术产生发展的直接导因"。①

值得注意的是,就明末清初学术与清代汉学的渊源关系而言,梁启超虽然在其论著中强调"对于宋明理学的一大反动",也曾提到清学"复古"的特征,但却是着眼于政治因素来加以阐发的。也正是因为如此,提出"内在理路"说的余英时,便将"反理学"之说摒弃于"内在理路"之外,认为此说与强调"反满"的政治解释密切相关,是"从政治解释派生下来",仍然是"从外缘来解释学术思想的变化"。并特别就此说明:"'反理学'之说虽然好像是从思想史发展的本身来着眼的,但事实上也是外缘论的一种伸延。因为追溯到最后,'反理学'的契机仍然是满洲人的征服中国激起了学者对空谈心性的深恶痛绝。"②而余英时自己提出的着眼于"内在理路"的"新解释",则是"强调宋明理学的传统在清代仍有其生命",认为清代学术实际上源于宋明理学。客观而论,余英时提出并强调的"内在理路",确实开拓了探讨清代汉学成因的新思路,并对学术界产生了重要影响。但只注重宋学在清代的延续性,强调清代汉学对宋明理学的承继关系,而将清学对宋明理学的反动即反理学摒弃于"内在理路"之外,却无论如何是不周全的。因为学术自身的发展变化,是一个生生不息的动态过程,其间既有肯定,也有否定;既有传承,也有创新;既有发展,也有变化,甚至还有超越,而明末清初学者对心学空疏学风乃至整个宋明理学的批评,显然正是源自学术自身的内在发展。就此而言,学者着眼于学术自身发展的矛盾运动来论述"反理学思潮",应该说是有道理的。当然,反理学思潮说主要强调了"破"的方面,即理学在明清之际的瓦解和批判理学思潮的兴起及其历史特征,因此有学者进一步就"立"的方面,即明末清初实学思潮在批判理学的同时而出现的以经学取代理学的趋向,亦即明末清初学术向传统经学的回归这一问题加以阐发,无疑是有裨于讨论的深入和认识的深化的。

4. 清代汉学源于家学以及地域性学派自身的学术渊源

陈居渊发表《乾嘉学派成因新论——从清代的家学与经学谈起》,通过对清代四十余家具有研究经学传统家庭的学术追溯,分析了经学何以在清代凸显并导致家学化,家学与清代地域性学派的形成,家学与乾嘉考据学派的成因等问

---

① 黄爱平:《论明末清初学术向传统经学的回归》,《中国文化》2004 年第 21 期。
② 余英时:《清代思想史的一个新解释》,《历史与思想》,第 155 页。

题。作者认为:"清代家学,在乾嘉时期达到了它的高峰。由于在时间和地域上的延伸,发展为众多的以研究汉代经学为主体的地域性学派,并由这些学派形成了一个颇具时代特征的学术文化,即为后世所称道的'乾嘉考据学派'。"就此而言,"作为纯汉学研究的乾嘉考据学,确切地说,导源于当时地域性学派自身的学术渊源"。针对余英时主张的清代考据学直承宋明理学的内部争辩而起的看法,作者明确提出:"作为乾嘉时期学术文化主流的乾嘉考据学派,并不是理学内部'尊德性'与'道问学'争辩的最终表现形态,而是在某一局部地区首先由家学发展成为地域性学派,随后才不断地向外传播和转移其它地域位置。这些不同的地域性学派的成员,在志同道合的气氛中酝酿新的课题或学术主张,并通过互相切磋,对课题或学术主张进行反复论证,特别是某种学术主张在一时未能得到社会认同的时候,仍被学派的成员作为共同的事业、理想和信念而坚持不懈。在'道不同不相为谋'的古老观念的支配下,一种新的学说,每每是得到学派内部的充分理解和支持之后,才逐渐拓展至整个社会的,乾嘉考据学派的形成也是如此。"①该文虽然在论述家学与经学二者之间的关系时有互为因果之嫌,但其观察视角仍不乏启发意义。

三、综合因素说

此说实际上是在外在、内在因素说的基础上,进而强调多元的视角和综合性的研究,以期更为全面、客观地解释清代汉学产生的原因。

20世纪80年代以后,学术界对清代汉学成因问题的研究,在着眼于某一方面深入探讨的同时,综合性的考察也日益成为学者关注的重点和研究发展的趋势。事实上,即便是强调某一方面原因的学者,也并未完全忽视其他因素的影响。诸如梁启超,在着重论述"清代学术变迁与政治的影响"的同时,也曾提出"清学之出发点,在对于宋明理学的一大反动"以及"复古"之说,甚至还注意到社会稳定和经济发展对学术的影响,认为"凡在社会秩序安宁物力丰盛的时候,学

---

① 陈居渊:《乾嘉学派成因新论——从清代的家学与经学谈起》,《华学》1998年第3辑。

问都从分析整理一路发展,乾嘉间考证学所以特别流行,也不外这种原则罢了"。① 但由于种种原因,学术界尤其是中国大陆学界普遍接受了其中有关政治因素方面的诠释,并进而加以推阐,以致造成仅仅强调某一因素的简单化、政治化倾向。因此,当"高压政策"说的坚冰被打破之后,学术界对清代汉学成因的探讨不仅出现了多种看法,而且在不同见解的争论中愈益趋于多元的探讨和客观的研究。

1983年,来新夏发表《清代考据学述论》一文,在溯源先秦以来考据方法产生、发展脉络的同时,明确提出:"清代考据学是在考据方法源远流长发展基础上,针对明季学风空疏的时弊而兴起。"作者将清代考据学分为四个阶段,其中,清初是发轫期,乾嘉则是鼎盛期。在论及"乾嘉考据学之大盛而被目为一派的原因"时,作者从三方面作了阐述:"一方面正如梁启超所分析那样:'因矫晚明不学之弊,乃读古书,愈读而愈求真解之不易,则先求诸训诂名物、典章制度,于是考证一派出。'另一方面则是现实政治方面的原因。自康、雍以来,许多学者怵于文网周密、大狱迭兴,便在文化专制主义的残酷压力下,以古音古训来追求古经籍的解释与说明,认为借此可与现实不甚关联而明哲保身。乾嘉时期统治者在意识形态统治方面既感到前此单纯高压并非最好良策,而在较长一段时间内可能已发现考据一道可从阴柔方面达到统治的目的,因此有意识地推波助澜,提倡这种学术,遂使考据学弥漫一时,在学术领域中居重要甚至优势的地位。而在社会生活方面的原因则是由于康、雍、乾以来较长期安定繁荣的温床,使这一批学者能够安然恬适地沉迷于故纸堆中,使之成为得以存身的政治避风港。"② 这一解释,虽仍强调统治者"文化专制主义的残酷压力",但已经关注到学术以及社会经济生活方面的因素,尝试从学术、政治、经济等方面来综合探讨乾嘉考据学兴盛的原因。

1984年,美国学者艾尔曼(Benjamin A. Elman)所著《从理学到朴学——中华帝国晚期思想与社会变化面面观》一书由哈佛大学出版社出版。该书详尽地研究了清代江南地区考据学者共同体的形成、发展和变化,探讨了清代学术共同体的总体特点和学术建树,尤为着力分析了清代学术形成的内在与外部的成因。

---

① 梁启超:《中国近三百年学术史》三,《清代学术变迁与政治的影响(中)》,《饮冰室合集》,第10册,第24页。
② 来新夏:《清代考据学述论》,《南开大学学报》1983年3期。

作者认为:"一种居主流地位的学术话语要为另一种所取代,取决于众多社会和学术因素的相互作用。"就宋明以来至清占据支配地位的学术话语由理学向汉学的变革而言,"这一过程包括学术本身的变革,以及规范性研究、著述赖以产生的社会环境的变化"。① 由此着眼,作者逐一分析了考据学话语"内在发生的思想突破",清廷的统治政策,江南地区的学术背景、社会根源和文化环境,特别是学者之间的相互交流等多方面的复杂因素,从而揭示出学术话语从理学到朴学这一变革过程的历史脉络。应该说,该书堪称海外学者研究清代中国传统学术的代表作,其中对清代考证学形成的内在与外部原因的探讨,视角独特,颇富新意,足资启迪。也正是因为如此,该书的中译本于1997年出版之后,很快即受到中国学界的广泛关注,并对中国学者的研究产生了重要影响。

1985年,于鹏翔发表《乾嘉学派成因论》一文,明确提出乾嘉学派的形成"是内因和外因共同作用的结果"。就外因而言,作者分析了"主要反映生产力发展水平的康乾盛世,对乾嘉学派量的影响",认为"雄厚的物质基础和条件,是学术流派成形的致动因和可能性,它主要决定着学派量的形成"。从内因来看,作者认为,"封建学术中矛盾的历史发展,就是乾嘉学派形成的本质",这一矛盾主要反映在"明人及其前人对史籍的妄改错传"、"宋明理学家的浮夸空谈"和"明人的主观臆造",因而乾嘉学派的产生,就是清代学者彻底否定明代学术弊端的结果。至于文字狱,"它在严厉镇压反抗现实的学术的同时,却网开一面,逼迫人们用考据的方法来研究脱离现实的古典学术"。作者由此得出结论:"稳定统一的政治环境,繁荣昌盛的经济盛世,残酷的文字狱政策和统治者的关心提倡,是乾嘉学派形成的外在条件。封建学术内在矛盾的历史发展则是乾嘉学派形成的内在根据。"② 其后,作者又发表《论乾嘉学派形成中的民族因素》,进一步论述了乾嘉学派与清廷统治者推行的方针政策的关系。认为清廷为巩固自己的民族统治,一方面利用"稽古右文"的方针来消除汉族士大夫的民族反抗,一方面实施文字狱等专制政策,迫使汉族士大夫只能在统治者允许的范围内治学。因此,乾嘉学派的形成既是清廷"稽古右文"方针下"达到加强民族统治目的的副产品",又是清廷实施民族专制统治政策的结果。作者进而总结说:"清代考据学研究的兴盛,

---

① 〔美〕艾尔曼著、赵刚译:《从理学到朴学——中华帝国晚期思想与社会变化面面观》,江苏人民出版社1997年版,第27、6页。

② 于鹏翔:《乾嘉学派成因论》,《松辽学刊》1985年"清史专号"。

除了封建学术内在矛盾运动和宋明理学的衰落以及康乾盛世等重要原因和条件外,就是清前期这个特定的历史环境造成的。而这个历史环境最明显的特征就是在民族矛盾形式下的专制主义的高度发展。离开民族因素来理解乾嘉学派的形成是不全面的。"①综观前后两文对汉学成因的研究,虽然对外在因素的论述有所牵强,在探讨学术内在矛盾的演进时对宋明学术否定太过,对乾嘉学派与统治者文化政策关系的分析也多可商榷,但作者主张内因与外因的统一,强调二者的辩证联系和相互作用,其研究思路颇具新意。同时,对"民族因素"问题的提出,也值得予以重视。

1991年,漆永祥发表《乾嘉学术成因新探》,提出"乾嘉学术的成因绝非一二因素能致,因此本文力图对这一问题从多方面进行综合性探讨"。作者认为:"乾嘉学术的发达是多种因素所致,是历史发展的必然;数千年来文献典籍讹谬相传,非校勘不可卒读;乾嘉学者以校理群籍、恢复传统文化为己任,以经世致用为目的,从而构成乾嘉学术的特殊价值和人才主体;同时,这一时期小学、目录、版本、校勘等学科的迅速发展以及乾嘉学者实事求是的学风、归纳推理的科学方法、深厚的家学师承渊源、清廷右文政策等,都是导致乾嘉学术全盛的重要原因。"至于文字狱,作者也"承认清廷文化政策的二重性,为了压制学林,震慑不从者,统治者焚毁书籍,并大兴文字之狱,对乾嘉学术的形成产生了一定的影响",但"并不是造成乾嘉学术全盛的主要原因,更不是唯一的原因"。②

同年,台湾学者黄克武、孙剑秋先后著文,梳理并论述清代汉学成因的有关问题。黄克武发表《清代考证学的渊源——民初以来研究成果之评介》,认为"民初以来学者多同意考证学的兴起涉及多方面的因素,但各学者因着重点不同"而看法各异,作者因此而条贯各家,归纳为六个方面的解释:"1.考证学源于明末前后七子的复古以及杨慎、陈第、方以智等人个人的经历与博学的雅好。2.考证学受到耶稣会士所传西学的影响。3.由于清廷的高压统治与笼络,士人参加政府的学术计划或自行从事与政治无关的考证工作;并有学者由此评估考证学者精神上的沦落。4.考证学与社会经济变化有关,社会中的许多成员如官员、商人的奖掖、出版印刷业的发达以及人口的成长都直接间接促成此运动的发展。5.考

---

① 于鹏翔:《论乾嘉学派形成中的民族因素》,《松辽学刊》1990年第3期。
② 漆永祥:《乾嘉学术成因新探》,《西北师大学报》1991年第2期。

证学源于思想性的因素或儒学内部的发展,例如认为考证的兴起涉及于对宋明理学'空谈心性'之反动,或认为受程朱陆王的辩论、气的一元论的提出或经世思想的出现等因素影响。6. 认为考证学的出现是内在因素与外在因素的交互影响,并强调上述第四项社会经济变化的重要性。"在对上述各类解释逐一进行分析之后,作者认为"还有几个相互有关的工作值得继续努力",如"可以对更多的明清考证学家作个案的研究以进一步检验上述观点的有效性",又如"明清之际社会变迁对考证(或实学)的影响还可再作深入探讨"等等。① 该文概括全面,分析也比较深入,但对各类观点的归纳只关注到其"性质上的不同",却忽略了其中历史的和逻辑的顺序,不免遗憾。

孙剑秋撰《清代汉学形成原因综论》指出,"一种学风的形成,必有其内因外缘的交互冲击,才能蔚为风气。因此在论述上,不能以偏概全地认为,某一因素便是直接促成汉学大盛的原因"。故而作者"综合各家,间或出以己意",将汉学形成的原因归纳为十二项:"1. 前辈大儒的示范;2. 崇古复古的倾向;3. 通经致用的转化;4. 儒学发展之必然;5. 明末王学之反动;6. 文字狱箝制思想;7. 统治者昌明学术;8. 政治上稳定统一;9. 经济上繁荣发展;10. 藏刻书风气大盛;11. 大型类书的编纂;12. 西方科学的导入。"② 并对每一项的情形予以了简要的论述。然而,该文罗列虽多,也未能关注到彼此之间的历史顺序和逻辑联系。

1992年,陈祖武在其专著《清初学术思辨录》中,从清初国情分析、学术溯源、文化政策批判等方面入手,论述了清初学术的基本特征和发展趋势,认为博大恢宏、经世致用、批判理学、倡导经学构成了清初学术的基本特征,而"客观历史条件的制约,学术演进内在逻辑的作用,两者相辅为用,从而规定了清初学术发展的基本趋势。这就是:以经世思潮为主干,从对明亡的沉痛反思入手,在广阔的学术领域去虚就实,尔后又逐渐向以经学济理学之穷的方向过渡,最终走向经学的复兴和对传统学术的全面总结和整理"③。

1993年12月,台湾"中央研究院"中国文哲研究所举办"清乾嘉学术研究之

---

① 黄克武:《清代考证学的渊源——民初以来研究成果之评介》,《近代中国史研究通讯》第11期,台湾"中央研究院"近代史研究所,1991年3月出版。
② 孙剑秋:《清代汉学形成原因综论》,台湾中山大学中国文学系编印:《第二届清代学术研讨会论文集——思想、文学、语文》,1991年。
③ 陈祖武:《清初学术思辨录》,第296页。

回顾"座谈会,就历年来乾嘉学术研究的有关问题,分别进行座谈讨论。在有关"乾嘉学术兴起原因之探讨"的专场讨论中,蒋秋华将此前学界的各种说法归纳为外在因素说(包括政治因素和经济因素)和内在因素说两个层面,并且提出:"无论是从外在或是内部的层面,来探讨乾嘉考据学的形成原因,都有相当的可信性,然而相对的,也各自具有不能全面照顾的缺憾。因为一种学术风潮的勃兴,并不是一蹴而成的,往往是多方面的、错综复杂的历史因素交互作用的结果,考据学自然也不能例外。"有鉴于此,"近来的研究趋势,已有改变,学者大都倾向于多元性的考虑,亦即广纳各种不同的说法,试着去调和其间的冲突与矛盾,以较为全面的眼光,来审视问题。这种开放的心态,对于乾嘉学术研究的进展,必然有很大的帮助,是值得我们注意的"。① 显然,这样的归纳和分析,比较客观地反映了学术界以往的研究状况和近年来的研究趋势。

1995年,陈其泰发表《乾嘉考证学风的形成及其文化意义》,在论述"朴学盛行的学术背景和社会条件"时,从学术文化发展的渊源着眼,分析了乾嘉时期考证学繁荣的"远因和近因",认为"中国典籍在长期流传过程中,大量存在着古义古音难懂、记载歧异、文字错讹等问题,需要一批学者认真进行整理考订,然后才能读懂。宋代王应麟《困学纪闻》、司马光《通鉴考异》、欧阳修、朱熹的辨伪之作等,即证明当时已开始出现考证的风气。这是乾嘉朴学兴起的远因。清初顾炎武等人的重视,则是朴学兴盛的近因"。在此基础上,作者进而论述了考证学得以发展繁荣的社会条件:"从好的方面说,康熙以后有较长时间社会稳定,经济发展,为学术工作提供了物质条件,从而相继成长出为数甚多的专门学者,竞相著述。乾隆时开四库馆,修《一统志》、纂修《续三通》、《清三通》、修《会典》这些大的文化举措,都集合了大批文人参与其事,对整理文献起到提倡作用。从坏的方面说,是专制主义淫威逼迫,文字狱迭兴,聪明才智之士被堵死了关心现实政治的道路,只好转向学术考证。"此外,还有明末以后士大夫重视自然科学知识的影响,"自然科学知识的渗透,有利于训练和讲求归纳、演绎、推理的逻辑方法。"②

同年,王俊义发表《关于乾嘉学派的成因及派别划分之商榷》一文,在对其"康乾盛世"说作进一步补充说明,并对持异议者进行答辩的同时,也特别强调:

---

① 《乾嘉学术兴起原因之探讨·蒋秋华引言》,童小铃:《"清乾嘉学术研究之回顾"座谈会纪要》,台湾《中国文哲研究通讯》第四卷第一期,1994年版。
② 陈其泰:《乾嘉考证学风的形成及其文化意义》,《文史知识》1995年第11期。

"历史上各种学术思潮的产生和勃兴,往往是多种错综复杂的历史因素相互作用的结果。在探讨乾嘉学派产生、形成及其走向兴盛的原因时,只有客观地、全面地将内、外的因素结合起来,并进行综合的分析考察,才会得出令人信服的结论。只强调内在或外在因素的某一方面,都难免有顾此失彼之嫌;从多元性的思维方式去考虑问题,看来是解决乾嘉学派成因问题的发展趋势。"①

1998 年,漆永祥在其专著《乾嘉考据学研究》一书中,专辟两章来讨论乾嘉考据学成因问题。作者首先着眼于乾嘉时期学术思潮与学术观念的变化,从考据学之溯源,宋明以来古籍错讹炽盛与学术文化日趋繁荣之间的矛盾,清初以来实事求是、学宗汉儒风气的形成,乾嘉学者心态及致用观念的变化,疑古辨伪之风与乾嘉考据学之关系,以及西学东渐之风与乾嘉考据学之关系等方面,力图围绕乾嘉考据学内部理路的发展论其成因。同时亦从乾嘉时期的社会面貌与文化政策的角度,着重分析了乾嘉时期统治者推行的"崇宋学之性道,而以汉儒经义实之"的文化政策对学术发展的影响,并通过对禁书与文字狱的考察,否定了其与乾嘉考据学之间直接的因果关系。较之作者此前的研究,一些观点已经有所变化,如对文字狱的看法,此前"承认清廷文字之狱在客观上对乾嘉学术有一定的作用",此则认为"乾嘉考据学的兴盛,与禁书和文字狱并无直接的因果关系"。但总体而言,本书对乾嘉考据学成因的探讨,堪称 80 年代以来最为全面、详尽的分析和研究,其中一些看法发人所未发,如论乾嘉学者并非是"在淫威或屠刀之下苟活残喘、无有灵魂的僵尸",而是"有血有肉、直面人生的学人"②;又如论疑古辨伪之风与乾嘉考据学的兴盛无必然因果联系,以及西学东渐之风与乾嘉考据学之间无直接影响等。虽然作者的一些看法尚可商榷,但这种综合性的分析以及新见的提出,无疑大大推进了对清代汉学成因问题的研究。

2000 年,李岚发表《乾嘉学派成因再探》,力图对乾嘉学派的形成原因"做一个全面、系统地考察"。③ 作者认为,以下几个因素促成了乾嘉学派的形成:1.康乾盛世经济上的繁荣,为乾嘉学派的形成奠定了雄厚的物质基础;2.相对安定的社会,为乾嘉学派的形成提供了宽松的治学环境;3.清统治者软硬兼施的文化政

---

① 王俊义:《关于乾嘉学派的成因及派别划分之商榷》,《中国社会科学院研究生院学报》1995 年第 3 期。
② 漆永祥:《乾嘉考据学研究》,中国社会科学出版社 1998 年版,第 6 页。
③ 李岚:《乾嘉学派成因再探》,《柳州师专学报》第 15 卷第 4 期,2000 年 12 月。

策,使乾嘉学派在钦定御纂的世界中逐渐形成;4.学术思想自身发展的历史传承性与开拓性;5.顾炎武、阎若璩、胡渭、惠栋、戴震等学者个人对乾嘉学派的形成起到了推动作用。

2003年,黄爱平在《朴学与清代社会》一书中,也着眼于中国传统学术自身发展的内在矛盾运动,结合明末清初的社会、政治、经济状况,探寻了明末清初实学思潮的内涵、特色、发展趋向等问题,尤为着力论述了统治者的两手文化政策对一代学术发展变化的影响,认为"当清初实学思潮沿着自身内在发展的逻辑向着朴实的重视实证、强调通经的途径缓慢发生变化之时,清统治者一方面实行禁书与文字狱的文化高压政策,试图彻底泯灭汉族知识分子的民族思想和反清意识,进一步扼杀实学思潮经世致用的内涵,另一方面也在确立其文化选择的同时,调整其政策导向,大力推行文教,倡导文治,采取各种措施从事文化建设,参与文化活动"①,从而促成了一代学术潮流的转换。由此说明清代汉学的产生,是明末清初学术基于自身内在矛盾运动的逻辑发展的同时,在社会政治、经济、文化等外在因素的作用下的综合的结果。

2006年,李海生撰写《中国学术思潮史》系列著作中的《朴学思潮》一书,其中亦专立两章,分别从内在原因和外在原因论述清代朴学思潮的兴起。作者认为,"明末清初社会批判思潮与否定理学末流的救世精神相呼应"、"经学发展的内在动力与清代学术的复古轨迹"、"东汉以降训诂考据学的积累为朴学后起奠定了基础"等三个方面是清代朴学思潮兴起的内在原因,而"怀柔与高压并行的文化政策胁迫学问转向考据之实",以及"康乾盛世为朴学全面发展提供了有利的社会环境和物质条件"②,则是清代朴学兴起的外部原因。

值得注意的是,一些学者在探讨汉学成因时,还明确将"兴起"(起源)与"兴盛"厘为不同的概念,分别加以研究。张丽珠《清代义理学新貌》在论述"清代考据学兴盛的原因"时,即分列"为什么兴起"和"为什么兴盛"两个问题,于前者主张"从'形上价值'到'经验价值'的'经验论兴起'说",于后者则分别从"客观的历史条件"和"学术发展之主观演进"两方面加以分析。③ 郭康松《清代考据学研

---

① 黄爱平:《朴学与清代社会》,河北人民出版社2003年版,第189—190页。
② 李海生:《中国学术思潮史·朴学思潮》,上海社会科学院出版社2006年版,第18、35、45、52、69页。
③ 张丽珠:《清代义理学新貌》,第99、120页。

究》也将"清代考据学的起源"与"清代考据学兴盛的原因"各立章节,认为清代考据学起源于明代中后期考据学,并在认同一些学者主张的诸如社会稳定、经济繁荣等基本原因的同时,将文化典籍的积累、藏书风气的盛行、政府相关政策的倡导等,视之为"与考据学的兴盛具有必然联系的或者说是考据学得以繁荣的重要条件"[1],而否定考据学与文字狱的因果关系。可以看到,在探讨考据学"兴起"(起源)问题时,两位学者均着眼于学术自身的发展变化亦即"内在理路";而在论述考据学"兴盛"的原因时,则更多地着眼于社会、政治、经济、文化等多方面的因素或者说"外缘"的条件。当然,各人具体的看法和分析多有不同。

在明确区分乾嘉考据学"形成"(或"兴起")及其"兴盛"不同阶段的基础上,有学者对乾嘉考据学成因问题作了深入的反思和进一步的探讨。2001年,敖光旭撰《20世纪的乾嘉考据学成因研究及存在的问题》一文,着重指出了研究中存在的四个问题。其一,"概念的混乱造成论题的歧义和转移"。作者认为,乾嘉考据学的概念有"广义"和"狭义"的不同,"广义的乾嘉考据学指整个清代268年的考据学,而狭义的乾嘉考据学则仅指乾隆、嘉庆两朝85年的考据学"。由此言之,"狭义和广义两种'乾嘉考据学'中所指的'形成'及其'成因'并非同一论题。广义所说的成因,实质是指在清初考据学何以兴起或形成,强调的是该学派的诞生和起始以及旧质事物演变成新质事物的质变过程;而狭义所说的成因,则是指在清中叶考据学何以兴盛或鼎盛,强调的是其演变过程的中间状态即新事物形成之后的量变过程"。但学者在研究中却多将广义与狭义混用和混同,造成"论题的歧义和转移"。其二,"由于对乾嘉考据学的形成和分期缺乏明确的描述和界定,导致了认知的时空错位和对其发展过程表述的矛盾"。此"即往往不是在乾嘉考据学形成之前和形成之中,而是在它形成之后的盛极阶段去找形成的原因,这也同时导致兴起与兴盛、形成与鼎盛两个自然段落相互重叠、合二为一的表述矛盾"。其三,"过于突出儒学发展的内部矛盾运动或'内在理路',忽略了因'夷夏鼎革'而空前高涨的民族意识对乾嘉考据学形成的关键和枢纽作用"。作者认为,"从儒学内部的矛盾性来解释其成因固然抓住了内缘,但由于没有将它根植于当时的社会生活和历史土壤之中,因而也无法说明早在南宋就已肇端的'理学之反动'何以只到清初才完成向朴学的质变"。其四,"从否断式论断到'堆

---

[1] 郭康松:《清代考据学研究》,第67页。

马铃薯'式的结论"。作者批评此前尤其是80年代以来学者对乾嘉考据学成因的研究,或多"否断式思维模式",如"康乾盛世"说之于"高压政策"说等等;或将"各种因素简单相加",得出的结论如同"堆马铃薯"云云。有鉴于此,该文在反思的同时,也对一些问题提出了个人的看法。在作者看来,"乾嘉考据学肇端于明末,形成于清初,鼎盛于乾嘉,式微于晚清"。基于这一界定,作者明确提出,"乾嘉考据学形成于17世纪晚期",其标志有六:1.由"理"到"气"的哲学转变基本完成,"理学之信仰,根本动摇";2.读书明经渐成学界主流,经学上升为"学术之中心";3.乾嘉考据学的学术宗旨和治学方法已经成为清学的主流宗旨和方法;4.考据之学已具规模,崇尚同一旨趣的学术共同体已经形成;5.由"经世之学"到经籍之学的转变大体完成;6."纯汉学"占有相当可观的比例。并且,"由于在乾嘉考据学形成时'文网极宽','康乾盛世'也只是对该学派形成之后的发展状态有明显影响,因而文字狱的高压和'康乾盛世'对乾嘉考据学形成的影响比我们估计的要微弱得多"。针对学界较多重视学术自身"内在理路"的情形,作者十分强调"因'夷夏鼎革'而空前高涨的民族意识对乾嘉考据学形成的关键和枢纽作用",认为"正是明末清初的'夷夏'鼎革,造成了神州大地尤其是江浙'人文渊薮之地'的民族主义和种族意识空前而持续的高潮,最终成为学风转变和新的学术流派——考据学——形成的枢纽和关键因素"。① 客观而论,该文提出的一些问题确实切中肯綮,分析也颇有深度,值得学术界认真思考,但个别观点未免否定太过,有简单化之嫌。并且,或许由于该文重在指出并分析学界研究存在的问题,故而作者自己提出的一些看法尚缺乏深入细致的论证。

2008年,雷平发表《从经学复兴到乾嘉考据学派的形成》,论述了乾嘉考据学派的历史基础、形成的历史过程和形成的原因。就乾嘉考据学派的成因而言,作者对学术界此前"文字狱高压说"、"康乾盛世说"、"内在理路说"三种有代表性的学说作了简要评析,认为"三说各失偏颇","各有缺陷",皆"不足以解释考据学兴起的原因"。在作者看来,"要回答乾嘉考据学形成的原因,首先应该区分两个问题:一是考据学何以兴起?二是考据学何以兴盛?关于'兴起'问题的探讨落脚点在学术,而关于'兴盛'问题的探讨重心却在社会环境。从学术发展的历史看,社会环境属于外部因素,只是为学术的发展提供了可能条件,却不能规定学术究竟以什么形式

---

① 敖光旭:《20世纪的乾嘉考据学成因研究及存在的问题》,《中山大学学报》2001年第1期。

出现。因而,探讨乾嘉考据学的成因,要害在于探讨乾嘉考据学何以兴起,而不是研究其何以兴盛。从这个意义上说,'乾嘉考据学'形成的原因主要在于学术自身的演进规律。"由此着眼,作者认为,"乾嘉考据学形成的原因主要有如下几大因素:自明朝后期出现的'以经学济理学之穷'的学术演进趋势使经学在理学的外壳下发展起来;明清之际兴起的经世学风致力于从经典文本中寻找到圣人的济世良方,但演变到后来,却逐渐失去了经世的内涵,对经典的研究本身成为目的;朝廷大力表彰的'理学'在心性思辨领域已经缺少可拓展的空间,因而理学在'尊德性'之外的另一面,即'道问学'在方法论上的指导意义就凸显出来。"①客观而论,该文在总结评析前人之说的基础上,明确将乾嘉考据学的"兴起"和"兴盛"加以区别,并着眼于"学术自身的演进规律"来探讨乾嘉学派"兴起"之因,其思考颇具新意和深度。但论述尚嫌粗疏,一些问题也未说清楚。

同年,姜广辉发表《乾嘉考据学成因诸问题再探讨》一文,对乾嘉考据学的成因、乾嘉时期的学派、明清考据学的发展阶段等问题作了进一步的探讨。就乾嘉考据学的成因而言,作者认为:"这个问题实际上暗含着以下两层意思:(1)考据学思潮发端的时间及其形成原因;(2)考据学何以在清中期(乾嘉时期)成为主流学术。以前的学者或在第一层意义上回答问题,或在第二层意义上回答问题,因而在对问题的理解上,学者之间有错位的现象。"有鉴于此,作者首先从广义上"把'乾嘉考据学'理解为一个时代主流学术的代名词",认为它"可以称之为'清代考据学';若往前再加上明中叶以后的考据学,也可以称之为'明清考据学'"。在将"乾嘉考据学"理解并界定为"明清考据学"的前提下,作者对乾嘉考据学的成因问题提出了自己的看法。其一,关于考据学思潮发端的时间及其形成原因。作者认同20世纪以来胡适等学者特别是林庆彰的看法,将明中叶的杨慎、梅鷟作为明清考据学的发端,并且认为:"当学者开始把明中叶的杨慎、梅鷟作为明清考据学思潮的发端之后,不仅其时代比顾炎武之时大为提前了,同时也使得所谓'考据学的成因'问题变得相对单纯了,即不再更多地考虑政治影响的因素,而着重去探讨学术文化发展演变的内在规律和外在条件。"由此着眼,作者明确提出:"考据学之所以在明中叶兴起,文化积累的知识真确性追求和需要是其内在原因,而当时社会商品经济发展所带动的刻书业和藏书业的发达是其外在条件。

---

① 雷平:《从经学复兴到乾嘉考据学派的形成》,《湖北大学学报》2008年第6期。

而清初考据学与乾嘉考据学不过是明代考据学的延续和发展。"在分析了考据学思潮发端的时间及其形成原因之后,作者对梁启超的"理学反动"说和余英时的"内在理路"说重新作了检讨。在作者看来,"理学反动"说实际上"意味先前的学术思潮已无发展的余地,已经开始走向它的反面",但这"只是一种现象的描述,并没有解释一种思潮是如何转变到它的反面的"。而"内在理路"说"较早摆脱就清代论清代和从'外缘'求成因的思想方法",其提出确实很有意义,"但其关于'内在理路'的具体说法则属于主观的构造",尚有许多可以商榷之处。其二,关于考据学何以在清中期(乾嘉时期)成为主流学术。作者强调指出:"虽然考据学有其内在发展的原因和动力,但能在乾嘉时期达到如日中天的地步,也要靠强大的外力帮助。"而"这个强大的外力","就是清廷(主要是康雍乾三朝)统治方略的铁腕主导",亦即高压和笼络交相为用的统治政策。在此,作者特别对此前学界有关乾嘉考据学成因的各种观点,如"文字狱高压政策"说、"康乾盛世为主"说、"清廷笼络"说等提出了异议,认为:"以这些观点解释考据学的形成原因有时代错位之嫌,因为如前所说,考据学思潮在明中叶就已经开始了。但如果以这些观点来解释考据学何以在乾嘉时期成为主流学术,则不失为有价值的见解。"而在作者看来,"所有类似的见解都可以归结为'清廷统治方略的铁腕主导'"。最后,作者将自己关于乾嘉考据学成因的论述总结为三条:"第一,在汉以后汉学(训诂之学)、宋学(义理之学)交替发展的内在规律制约下,明中叶以后的学术发展开始转回到汉学的老路上,逐步形成一种考据学思潮;第二,'文化积累的知识条理性和真确性的需求',构成考据学思潮的深层动因;第三,'清廷统治方略的铁腕主导'排除了学术文化多元发展的可能性,由此而有乾嘉时期考据学'一花独放'的局面。"[①]可以说,该文是近年来有关乾嘉考据学成因探讨的总结之作,既提出了个人的见解,又对以往的各种观点作了检讨和评判,持论平允,分析也颇为客观。当然,作者的观点也并非无可商榷之处。即以"乾嘉考据学"的概念而言,作者从广义上将其理解并界定为"清代考据学",甚至是"明清考据学",但实际上,三者的内涵和外延显然是不相同的,遑论其中"明清考据学"的概念还与"宋明理学"有部分的交叉重合。

综而观之,对清代汉学成因的探讨,自20世纪初以来,经历了一个否定之否

[①] 姜广辉:《乾嘉考据学成因诸问题再探讨》,《中国哲学》2008年第11期。

定,由一元性思维向多元化思考转变的过程。学者从否定长期以来流行的"高压政策"说入手,各自着眼于不同的视角,分别从内在的或外在的因素探寻清代汉学的成因。特别是其中关于内在因素即学术发展变化自身"内在理路"的探讨,有的重视文化脉络和人文精神的传承,认为清代汉学源于宋明理学,与理学一脉相承,理学的传统仍然在清代汉学中生息衍变。有的强调前代学术的影响,或认为清代汉学源于宋代的学术,宋代学者在经学、小学、史学、诸子学、目录学、校勘学、金石学等各个学术门类为清代考据学开启了先例,建立了范式;或认为清代汉学源于明代考据学,明代考据学为清代汉学开创了诸多路径,二者是一个不可分割的整体。有的则着眼于学术文化的变化和转型,认为清代汉学源于明末清初的实学思潮,一方面体现在对于宋明理学的反动,一方面反映在对于传统经学的回归。还有的则从清代家学与经学的关系入手,认为汉学导源于家学以及地域性学派自身的学术渊源。应该说,这些研究和探讨都有相当的合理性和可信性,并且均从某一方面深化和推进了该问题的研究。但总体来看,各家之说相对而言,都多少存在强调一点,不及其余,无法全面兼顾的缺憾。以"高压政策"说为例。为打破学术界长期以来的成说,一些学者断然否定"高压政策"对学术发展变化的影响,认为"乾嘉学派的产生与文字狱并无因果关系"。但实际上,清统治者实行的文化政策,无论是思想的禁锢,抑或是文治的倡导,都必然对一代学术的发展变化产生或多或少的影响,完全否定二者之间的关系,显然是不尽合理的。也正是因为如此,多元化的思考和综合性的研究,日益成为学者的共识,对清代汉学成因问题的探讨,也越来越趋于全面、客观。可以说,这是学术研究本身日趋健康发展的反映,也是目前学术发展不约而同的新趋向。当然,在已有基础上,汉学成因的研究仍然还有深入的必要和开拓的空间。一方面需要微观研究的具体探讨,即对内在的外在的各种因素进一步作细致的梳理和历史的逻辑的分析;另一方面则需要宏观研究的整体把握,即综合观照内在、外在的各种因素,特别是彼此之间的相互作用和辩证联系,考虑不同时段、不同学者、不同地域等情形之下各种因素所产生的作用和影响,区分直接原因和间接原因,主要原因和次要原因,乃至远因和近因,等等。内外贯通,多元探讨,综合考察,从而更为科学、合理地阐明一代学术的成因。

[**作者简介**:黄爱平,中国人民大学历史学院清史研究所教授、博士生导师。]

新时期30年的中国近代文化史研究

张昭军

中国近代文化史(1840—1949),既是中国文化通史的组成,又是中国近代史属下的专史。它内容宽广、宏富、驳杂,又富有变化。相当长的时间内,少有学者予以专门研究。1978年以后,以中国近代文化为对象的研究成果由微而著,渐积渐多。今天,无论中国大陆、台湾、香港地区,还是日本、美国等国,重要成果已不胜枚举。作为一门新兴学科,中国近代文化史历经几代学人的共同努力和精心培育,初步成熟。本文拟就中国大陆地区近30年的中国近代文化史研究作一简要回顾,不当之处,在所难免,敬请方家指教。①

一

作为一门专史,文化史在中国的历史并不太长。20世纪初期,伴随西方新史学的东来,文明史和文化史流入中国。二三十年代,从事文化史研究的学人已不罕见,梁启超、柳诒徵、陈登原等都是这一领域的著名专家。约在同期,文化史进入大中学校课堂,以文化史题名的著作、讲义陆续出版。30年代中期,商务印书馆出版的《中国文化史丛书》,收录各种专题文化史著作50种。粗略统计,1949年之前的30年,中国人出版的文化史、文化学方面的学术专著和译著不会少于200种。但在此后近30年间,中国大陆地区的文化史教学与研究,与文化学、社会学等学科一起,被强行中止。大陆地区没有一所大学开设文化史专业课

---

① 为便于表述,本文所说的文化史,从中国近代文化史研究的实际出发,参考梁启超、蔡尚思等人的观点,包括思想史、学术史、观念史等在内。蔡尚思:《论中国文化的几个重大问题》,《中国文化研究集刊》第1辑,复旦大学出版社1984年版。

程，没有一个单位设有专门的文化史研究机构。尽管与文化史相关的学科，诸如文学史、哲学史、宗教史、艺术史等，在不同程度上有所进展，并培养了一批学有所长的人才，但从根本上说，它们并不能取代文化史的地位。

1978年后，思想解放，中外文化交流增多，深刻认识中外文化的历史与现状成为社会发展的迫切需要，文化史研究再度兴起。1978年冬，复旦大学历史系成立中国思想文化史研究室。次年春，中国社会科学院近代史所设置文化史研究室。这两个机构的规模在当时很小，研究人员均不及10人，但却从组织上为专门研究文化史提供了方便。1979年，蔡尚思出版《中国文化史要论》一书，作为新时期第一本文化史著作，深得读者喜爱。中国文化史的重兴，直接带动了近代文化史研究。

新时期30年，中国近代文化史研究在学科建设、理论方法、学术范式、研究重心等方面，前后相较，有着较为明显的变化和进步。这些变化和进步，既是学科自我发展、自我调整的反映，又与中国社会的现实问题、文化思潮紧密联系在一起。大体说来，可分为四个阶段。

第一阶段，从20世纪70年代末到1983年，是中国近代文化史学科的培育期。

"文革"结束后的几年，中国共产党采取一系列拨乱反正的举措，明确放弃以阶级斗争为纲，把工作重心转到经济建设上来，倡导改革开放，解放思想，以实践为检验真理的唯一标准，有力地推动了历史研究和文化史研究。在此背景下，中国近代文化史研究引起重视。

1982年12月，上海召开"中国文化史研究学者座谈会"，集全国30多个单位的著名专家、学者，共商如何开展文化史研究，以填补"巨大空白点"。这是1949年以来第一次关于中国文化史研究的专题性学术座谈会。在这次会议上，有学者针对中国近代史研究的实际，以"把中国近代文化史的研究提到研究日程上来"为题，发表谈话，并再三强调，必须组织起来，通力合作，攻克难关。① 组织起来，把中国近代文化史的研究提到日程上来，无疑体现了学科建设的要求。1983年5月，长沙召开的全国历史学科"六五"规划会议，明确把中国文化史、中国近代文化史研究纳入议事日程，并议定分别编辑出版《中国文化史丛书》和《中

---

① 陈元晖：《把中国近代文化史的研究提到研究日程上来》，《中国文化研究集刊》第1辑。

国近代文化史丛书》。这次会议初步确立了中国近代文化史的学科地位,并对全国中国近代文化史的学科建设、学术研究和课程设置产生了深远影响。

从文化史研究的实践看,这一阶段,学界历经十年"文化革命"后,痛定思痛,主要是在反思中摸索前进。人们重提文化史研究的重要性和必要性,就文化的定义、文化史的研究对象与方法、中国文化的历史特点与地位等进行了讨论,但就总体而言,仍嫌宽泛。比如,学界对文化的解释,绝大多数论著都引用"一定的文化是一定社会的政治和经济在观念形态上的反映",而对文化的反作用、文化的相对独立性、文化视角的多样性等缺乏充分认识。有些文章在立意时虽主张不能仅从政治标准评判中国文化,但文中却仍旧以文化的阶级性、革命性为主要判断准则,阶级分析是运用最多的方法之一。从问题意识看,不少文章是为了"拨乱反正",思维模式留有旧的印迹。具体的研究对象也以前保持了某种程度的一致性。洪秀全、孙中山、胡适、五四新文化运动、反封建等,是主要论题。整体而言,1983 年之前的这段时间,中国文化史研究初兴,中国近代文化史研究融入其中,尚乏学科独立性。

第二阶段,从 1983 年到 1989 年,是中国近代文化史学科的快速成长期。

这一时期,中国近代文化史研究走上自觉,学科发展迅速,成为中国近代史和中国文化通史领域重要的学术增长点。当时,经济改革的深化,推动了全社会思想观念更新,"文化热"、"传统文化热"渐入高潮,学界围绕中国文化危机问题、传统文化的估价问题、传统文化与现代化问题,展开热烈讨论。简单地说,这些争论可归为一个问题,即中西古今问题。在此背景下,不可能避而不谈中国近代文化。

1984 年,中国近代文化史研究与教学全面铺开。北京市史学会编《中国近代文化史研究专辑》、中华书局版《中华近代文化史丛书》先后付梓。与近代文化史有关的专论、专栏在各大报刊和重要学术刊物,纷纷出现。11 月,《中华近代文化史丛书》编委会和河南省有关单位联合发起,在郑州召开了首次全国性的中国近代文化史学术讨论会。与会代表就中国近代文化史研究的意义、对象、范围,中国近代文化的特点、作用、历史地位以及有关文化问题,展开了热烈讨论,积极推动了中国近代文化史研究在全国的展开。同年,北京师范大学成立中国近代文化史研究室,这是全国高等院校成立的首家专门研究机构。北京师范大学等高校还把中国近代文化史列为大学必修课程,并招收以近代文化为方向的研究生。

1986年1月,首届国际中国文化学术讨论会在上海复旦大学举行,中国近代文化成为这次会议的核心议题之一。所提交的学术论文中,近代文化史的论文占据相当大比例。1987年,华中地区召开"中国走向近代化历程"学术讨论会。同年,《中华近代文化史丛书》编委会和湖南省有关单位联合发起,在长沙召开第二次中国近代文化史学术讨论会。这一系列会议的召开表明,中国近代文化史研究已越来越引起学界的重视。

就理论方法而言,这一时期,西方文化理论、现代化理论大量输入中国,活跃了学术气氛。不少学者主张不能仅从政治标准研究近代文化,还应当充分注意文化的特性。龚书铎的《近代中国文化结构的变化》(《历史研究》1985年第1期)、庞朴的《文化结构与近代中国》(《中国社会科学》1985年第5期)和《文化的民族性与时代性》(中国和平出版社1988年版)等,结合文化的结构、性质来研究近代历史,拓宽了研究路径,实质性地推进了近代文化史研究。运用现代化理论来研究近代文化的论著更是多见。章开沅主编的《中外近代化比较研究丛书》,收有《离异与回归——传统文化与近代化关系试析》、《国情、民性与近代化——以日中文化问题为中心》(湖南人民出版社1988年版)等多部与近代文化史相关的著作。针对海外学者的"冲击—反应"模式,有人发掘中国传统资源,重提以明清之际为中国文化近代化的开端,而不赞同以鸦片战争为起点。① 不少论者从近代化角度重新审视洋务运动,提出洋务思潮概念,肯定它对封建传统观念具有冲击作用,对学习西方有促进作用。② 备受争议的"西体中用"说也以现代化理论为基础,主张此说者认为,现代化就是"体"的变化,社会存在的本体和本体意识的现代化与中国实际相结合,应是近代中国文化的合理道路。③ 这些观点或有其不足,但对于解放思想、开阔视野,发挥了积极作用。

这一阶段,中国近代文化史研究取得了丰硕成果。据统计,国内公开发表相关论文600多篇,专著、论丛、文集有20多种。④ 一批高质量的学术专著相继杀

---

① 参见冯天瑜主编:《东方的黎明——中国文化走向近代化的历程》,巴蜀书社1988年版。
② 王劲、张克非:《洋务运动史第三次讨论会综述》,《历史研究》1985年第6期。
③ 《首届国际中国文化学术讨论会纪要》,《中国传统文化的再估计》,上海人民出版社1987年版,第18页。
④ 王燕军:《近年来中国近代文化史研究述评》,《华南师大学报》1990年第2期。

青或出版。如龚书铎著《中国近代文化探索》(北京师范大学出版社1988年版)、李侃著《近代传统与思想文化》(文化艺术出版社1990年版)、史全生主编《中华民国文化史》(吉林文史出版社1990年版)等,被认为是中国近代文化史学科的奠基性著作。研究范围空前广泛,几乎涉及近代文化的各个方面。政治思想、道德伦理、文学、艺术、史学、佛学、科技、教育等近代文化研究各领域,均有专史著作出版。论题已涵盖近代110年,从鸦片战争、洋务运动、戊戌维新、辛亥革命、五四运动到抗日战争、解放战争时期的文化,都有较深入的研究。文化心理结构、文化启蒙、改造国民性、中外文化交流等,成为广受研究者关注的兴趣点。

诸多专题研究中,思想史特别是政治思想史研究成果突出。1840—1919年的政治思想史著作,有邵德门的《中国近代政治思想史》(法律出版社1983年版),桑咸之与林翘翘合写的《中国近代政治思想史》(中国人民大学出版社1986年版)、熊月之的《中国近代民主思想史》(上海人民出版社1986年版)等十余部。1919—1949年的政治思想史著作,则有林茂生、王维礼、王桧林主编的《中国现代政治思想史》(黑龙江人民出版社1984年版),严怀儒、高军、刘家宾主编的《中国现代政治思想史简编》(北京出版社1985年版)、陈旭麓主编《五四以来政派及其思想》(上海人民出版社1987年版)等。这些著作,尽管在具体论断、体例、表述等方面,存有些许差异,但在观察问题角度、材料取舍以及思维方式等方面,则表现了共同的取向。他们引用马克思主义经典著作的说法,认为在中国文化战线或思想战线上,"五四"前与后,构成两个不同的历史时期。"五四"以前,属于近代思想史的研究对象和范围,重在揭示中国资产阶级政治思想的产生与演变,即资产阶级两大派别改良派与革命派及其改良思想与革命思想的相互斗争的过程与规律;"五四"以后,属于现代思想史的研究对象和范围,主要是研究马列主义在中国的传播和发展,直至指导民主革命取得胜利的问题。人民大众反帝反封建的文化思想和革命思想,是上述著作的既定主题和主线。革命思想居于核心地位,阶级分析是主要研究手段。应当肯定,这些著作不乏原创性,有的还下过扎实的整理史料功夫。他们所揭示的历史脉络和总体趋向,时至今日,仍不失其价值。但缺点也较为明显,其中不少著作对革命阶级的思想缺乏严肃的反思精神,对非革命阶级政治思想的合理性因素认识不足。

较为系统的思想史著作出现于1988年。是年,李华兴、张锡勤的同名著作《中国近代思想史》,分别由浙江人民出版社和黑龙江人民出版社出版。这两部著作,与同期的《中国近代政治思想史》有很多相同处,但又有大的突破。其一,积极评价西方资本主义文明的先进性,强调学习西方的积极意义。张著认为,从鸦片战争到五四运动,中国思想界的主流是学习西方、输入西方的资本主义文明。一部中国近代思想史,从某种意义上说,乃是"西学东渐史"。[①] 李著也认为,"向西方学习,成了近代中国思想界的一个重大课题。"[②] 其二,思想史的内涵更为丰富,注重从文化角度论述问题。这两部著作力图突破政治思想史的研究范围,多方面展示思想史的内容。张著明显加大了文化思想史的比重,重视著名人物哲学思想的研究,并涉及史学思想、文学思想、道德思想等。李著从文化角度考察中国人学习西方的思想进程,解剖中国传统文化的历史惰性,认为"对传统文化的保留态度与对西方文化的批判态度,就成了中国近代思想文化史上不小的一个特色"。[③] 他们在分析问题时,关注到民族素质、国民性、文化心理结构,以及文化因素与思想变化的关系等内容,表现了不同于政治思想史的特质。其三,学术观点与时俱进,努力吸收新的研究成果。与此前的一些著作相比,这两部著作对洋务思想、改良思想均有不同程度的肯定。张著把洋务思潮作为近代中国"寻路"的六大思潮之一,李著以资产阶级改良派的变法维新思想为先进思潮。这些都体现出中国近代思想史研究在不断寻求突破。

总体看来,由于这一时期的文化史研究寄托了太多的现实诉求和理想抱负,人们过于关心中国文化的当代价值,导致思想史选题偏多,有的论著激情胜过学理,稍显空疏。

第三阶段,从 1989 年到 1999 年,中国近代文化史研究大为深化、全面。

进入 90 年代后,商品经济和市场经济大潮拉近了文化与经济的距离,人们对意识形态的关注度有所下降,出现"国学热"、"儒学热"、"学术中立"等说法。有人称之为第二次"文化热"。也有人以"思想家淡出,学问家凸显"来表述学术思想界的变化。而中外学术交流的增多,特别是海外汉学成果的大规模引入,进一步开阔了国内学者的视野。这些因素,不同程度影响了中国近代文化史研究的趋向。

在整体方向上,90 年代的近代文化史研究有这样几个大的变化。

[①] 张锡勤:《中国近代思想史》,黑龙江人民出版社 1988 年版,第 5 页。
[②] 李华兴:《中国近代思想史》,浙江人民出版社 1988 年版,第 11 页。
[③] 同上书,第 16 页。

首先是史学研究取向、评判标准有所调整。确如有学者所说:"大致以1989年为分水岭,呈现出两种趋势。前一个阶段否定传统、呼唤西化比较多。后一个阶段肯定传统、再造传统比较多。"①不少学者对西方学者提出的"冲击—反应"等说法提出质疑,对中国固有文化传统认同的成分增多。与此相应,研究重心发生转移,与近代民族主义或保守主义相关的思潮、学派、人物引起众多研究者的兴趣。其中,表现最为突出的是现代新儒学研究。仅方克立、李锦全就合作主编有《现代新儒家学案》(3卷)、"现代新儒学辑要丛书"(15本)、"现代新儒学研究丛书"(近20种)等,规模之大,前所未有。还有些学者,甚至采取保守主义者的立场,认为近代以来的文化运动是由激进主义主导的,并予以否定。

其次是学术宗尚的变化。与80年代相比,这一时期学风趋于踏实,实证性研究增多,选题趋于专门、细化,学术史受到一些研究者的喜爱。关于近代著名的学者、思想家或文化大师,都有几种甚至十几种研究专著,一些过去不受重视的人物也有专门性论著发表。

再者,在理论方法上,注重吸收相关学科的研究方法,其中,社会史对近代文化史研究影响明显。在推进上层精英人物思想研究的同时,社会中下层的思想文化受到重视,社会思潮史和社会文化史研究出现高潮。这一方面,葛兆光所著两卷本《中国思想史》(复旦大学出版社1998年版)把"一般知识、思想与信仰的世界"作为思想史的重点考察对象,在写法上有其特色。他认为,过去的思想史是思想家的思想史或经典的思想史,而人们生活的实际的世界中,还有一种近乎平均值的知识、思想与信仰,作为底色或基石而存在,在真正地起着作用。一些学者还把社会思潮史与文化史结合起来,提出文化思潮史的概念。郑师渠《晚清国粹派文化思想研究》(北京师范大学出版社1992年版)从思潮与学派的关系切入,熊月之《西学东渐与晚清社会》(上海人民出版社1994年版)、桑兵《晚清学堂学生与社会变迁》(学林出版社1996年版)、罗志田《权势转移——近代中国的思想、社会与学术》(湖北人民出版社1999年版)也不限于精英人物的思想文化研究,而在文化史、社会史、学术史之间寻找契合点。

在具体学术领域,90年代的近代文化史学科明显呈现出发展壮大的态势,研究专门、深入。

---

① 肖海鹰:《庞朴的新文化论语》,《深圳商报》1994年4月24日。

一是思潮史研究出现前所未有的高潮。进入90年代后,以"社会思潮"命名的著作明显增多,诸如吴雁南等主编《清末社会思潮》(福建人民出版社1990年版)、冯契主编《中国近代社会思潮研究丛书》(上海人民出版社1991年起出版)、胡维革《中国近代社会思潮研究》(东北师范大学出版1994年版)、戚其章《中国近代社会思潮史》(山东教育出版社1994年版)、黎仁凯《近代中国社会思潮》(河北人民出版社1996年版)、高瑞泉主编《中国近代社会思潮》(华东师范大学出版社1996年版)等。这些著作在撰述方式、框架结构、具体观点等方面不乏特色,但在理论方法上则不同程度地受到社会史和现代化理论方法的影响。这里重点分析《中国近代社会思潮》(吴雁南等主编,湖南教育出版社1998年版)和《近代中国的思想历程》(彭明、程歗主编,中国人民大学出版社1999年版)两书。两书篇幅相差较大,但主要观点和理论方法则表现出不少共性。在内容选择上,两书均取1840年至1949年的社会思潮为研究对象,力图比较全面系统地展示近代中国百年思潮的发展演变,把握中国近代社会思潮的主流和方向。在理论方法上,两书明显受社会史的影响,重视社会心理意识研究。前者强调,社会思潮同社会史联系密切,"严格意义上的社会思潮,既具有理论形态,又具有心理形态,是理论形态和心理形态的统一"。① 后者认为,中国近代思潮,是指在中国近代社会历史条件下产生的,那些特定的阶级、阶层、集团的社会心理、人文观点及其理论意识形态的总和。吸纳社会史研究方法,把研究主轴从人物分析转向群体意识分析,是作者努力追求的目标之一。② 在治史理念上,都尝试在80年代思想史研究基础上,积极吸收现代化理论成果。前者明确宣布,把"是否有利于民主化,是否有利于中国近代化进程,是否有利于社会进步",作为评价中国近代社会思潮的重要标尺之一。③ 后者则把中国近代思潮的主题归结为争取民族独立、人民解放和国家的现代化,并把社会思潮与人的现代化结合在一起,提出:"一部中国近代社会思潮史,本质上是中国人自我发现、自我觉醒和自我选择民族生活方式的认识史。"④可以看出,两书力争摆脱过去简单化、教条化处理问题的方式,综合考虑中国近代思潮的外部和内部诸多复杂因素,运用多种理论方

---

① 吴雁南等主编:《中国近代社会思潮》,湖南教育出版社1998年版,第2页。
② 参见彭明、程歗主编:《近代中国的思想历程》,中国人民大学出版社1999年版,第4页。
③ 吴雁南等主编:《中国近代社会思潮》,第5页。
④ 彭明、程歗主编:《近代中国的思想历程》,第6页。

法,较客观地反映中国近代思潮的历史进程。

二是学术史研究进入主流。学术史研究的重新兴起,特别是对近代学术史加以专门研究,是值得深入思考的问题。有人认为这与"文化热"有关,是多年"文化热"后的反思而促成之。也有人认为这与世纪末的境遇有关,"辨章学术,考镜源流",对既往特别是20世纪的学术予以回顾与总结,是学术逻辑演化的必然。这些说法有其合理处,但还要看到,它在很大程度上反映了中国近代文化史研究的深化和中国学者的自觉。一方面,近代文化史上,诸如严复、梁启超、章太炎、胡适、郭沫若等关键性人物,都称得上学贯中西,随着中国近代文化史研究的深入,有必要对他们的学术思想加以系统清理和认真总结。另一方面,为摆脱依附于西学话语的尴尬,中国学者迫切需要建立一套适合于本民族历史文化的话语系统,这也为具有本土色彩的"学术史"兴起提供了可能。这方面的成果,有朱维铮《求索真文明——晚清学术史论》(上海古籍出版社1996年版)、陈其泰《清代公羊学》(东方出版社1997年版)、杨向奎主编的《清儒学案新编》(齐鲁书社1985—1994年,其中不少是晚清人物)等。在学人研究方面,百花洲文艺出版社推出的"国学大师"丛书,收录"近现代有学问的大宗师"达30位之多。总序《重写诸子春秋》明确表示,该丛书以学术为立传标准,所谓"国学",特指近代中学与西学接触之后的中国学术。尽管此前也有专书对其中的一些人物进行个案或专题研究,但如此集中地进行考察,尤其是把他们作为一代学术宗师群体进行系统研究,则是首次。河北教育出版社则推出由刘梦溪主编的大型丛书《中国现代学术经典》,专门整理和收录康有为、梁启超、严复、章太炎、胡适、张君劢等众多著名学者的学术文集。

三是社会文化史兴起。受社会史影响,一些学者开始重视大众文化、生活方式和社会风尚研究。1992年,由中国社会科学院近代史研究所文化室和《社会学研究》编辑部共同发起召开"社会文化史研讨会",就社会文化史的基本内涵、研究对象与方法等问题进行了初步讨论。研究者认为,社会文化史的研究对象和内容也可以有广狭之分。广义来说,可以视为是一个学科领域的划分,即凡属社会、文化交织领域如风俗习尚、教育、宗教、文化传播、生活方式、大众文化、民众观念等,以及它们之间的相互关系都属此范围。狭义来说,强调其社会与文化相结合的研究视角,即社会生活、大众文化与观念的联系,及大众文化和精英文化的互动关系。与此对应,社会文化史也有广、狭两义。广义而言,主要指其研究范围,即社会文化史是研究以往社会发展过程中各种社会文化交织现象的历史。狭义而言,主要指其研究视角或研究方法,即社会文化史是研究以往社会发展过程中社会生活与思想观念的相互关系的历史,是用社会史的方法来研究历史上的文化问题,或用文化的视角来研究历史上的社会问题的历史研究视角。[①] 这方面的成果,主要有刘志琴主编、李长莉等执笔的三卷本《近代中国社会文化变迁录》(浙江人民出版社 1998 年版)。该书以大量报刊、笔记等资料为基础,运用编年方式,对 1840—1921 年 80 年间的世态民情、风俗习尚、社会热点、生活方式、文化观念的演变,进行了史料整理和简要评述。社会文化史研究的兴起,拓宽了近代文化史的研究方向,展示了文化史与社会史等相关学科结合的发展潜力。

学科建设也有所进展。龚书铎主编的《中国近代文化概论》(中华书局 1997 年版)为历史学专业的学生学习近代文化史提供了范本,被教育部指定为研究生教学用书。以中国近代文化史为研究方向的博士生相继毕业,专业队伍得到壮大,形成较为合理的学术梯队。不过,与各具体领域的成果相比,这一时期的学科建设远远滞后。十年中,不仅没有召开全国性学科规划会议,而且连全国性的近代文化学术会议也付之阙如。学界富有影响力的《中华近代文化史丛书》也在这一时期停止出版。

第四阶段,进入 21 世纪后,中国近代文化史研究呈现出百花争妍的景象。

新世纪新风貌,进入 21 世纪后,学科组织建设明显增强。随着中国高等教育的发展,中国近代文化史专业人才队伍得到快速发展。在高等院校和科研机构,改革开放后成长起来的学者已成为骨干力量。老一辈学者仍然健在,而经过专业训练的博士毕业生每年达数十名,源源不断地补充到学术队伍当中,增添了生机与活力。就专业人才的数量和学历而言,都是以前任何一个历史时期所不可比拟的。

学科规划、学术交流受到重视,学术团队建设得到加强。2004 年,北京师范大学成立中国近代文化研究中心,并邀请在京近代文化史专家学者五十余人,举行"中国近代文化的研究回顾与前瞻"学术座谈会,积极谋划今后文化史学科的发展问题。中国社会科学院近代史所联合有关单位,发起成立中国近代思想史

[①] 参见李长莉:《社会文化史的兴起》,《天津师范大学学报》2003 年第 4 期。

研究中心,先后召开"中国近代思想史上的民族主义"、"传统思想的近代转换"等系列学术会议,推动思想文化史研究。2007年夏,北京师范大学组织召开"近代中国与近代文化"学术研讨会,全国重要高等院校和科研机构70余人参加会议。这次会议是继1987年郑州会议后召开的又一次全国性中国近代文化史学术会议,反映了学界最新研究水平。为方便学术交流,北京师范大学还创办了学术专刊《近代文化研究》和学术网站"中国近代文化网"。

21世纪的文化史研究表现出多元发展取向和强烈的求新意识。研究方向不一而足,学术史、思想史、观念史、知识史、社会文化史、中外文化交流史等,异彩纷呈。学术史方面,龚书铎主编的三卷本《清代理学史》(广东教育出版社2007年版),首次就清代260余年间的理学作专门系统研究,被认为是这一领域的标志性成果。桑兵主编的《近代中国知识与制度转型丛书》,对政治学、社会学等近代新学科的知识脉络作了认真梳理。张岂之主编的《民国学案》(湖南教育出版社2005年版),以370万字的篇幅就民国著名学者的学术成就及论著予以整理。思想史方面,汪晖《现代中国思想的兴起》(三联书店2004年版)借鉴海内外理论方法,就中国现代性话语系统予以反思;罗志田《国家与学术——清季民初关于"国学"的思想论争》(三联书店2003年版)等,切实推进了20世纪前期的思想观念史研究。

在理论方法上,一些学者借鉴海外的新文化史、后现代主义史学的理论方法,更新治史理念,丰富研究手段。欧美新文化史家彼得·伯克、林·亨特等人的著作受到不少年轻学者青睐。陈恒、耿相新主编的《新史学》(大象出版社2005年版)推出"新文化史"特辑,专门介绍新文化史的学术前沿。文化与社会互动研究,中下层文化史研究,已引起文化史研究者的普遍重视。耿云志主编的《近代中国文化转型研究》丛书(四川人民出版社2008年版),把鸦片战争后至五四新文化运动作为基本的考察时段,强调文化转型与社会变迁的关联,关注外来文化的刺激与影响。相较于中国文论界、哲学界,后现代主义思潮对中国史学界影响稍迟,此期也受到一帮年轻学者的热议。知识考古、文化霸权理论、文化建构论、话语分析方法等后现代主义的治史理念和方法,启发人们重新思考中国近代文化史诸问题。

新的世纪,中国近代文化史研究方兴未艾,充满了希望。

二

新时期30年的中国近代文化史研究,其间形成不少争论,如关于中国近代文化的起源问题、关于洋务思潮的评价问题、关于中体西用的评价问题、改良思想与改良主义的关系问题、救亡与启蒙的关系问题、五四新文化运动"全盘反传统"问题、现代新儒学评价问题、自由主义的评价问题、民族主义的评价问题等。这里仅择取三个较具代表性的问题为例,予以阐述。

1. 学科理论诸问题

新时期30年,中国近代文化史研究由微而著,学科理论建设在其中发挥了相当重要的作用。关于中国近代文化史的研究对象、任务、分期、方法、历史地位,关于近代文化的性质、特点、结构变化、发展规律以及中国文化与西方文化、近代文化与传统文化的关系等,学界都作了有益探讨。

关于中国近代文化史的研究对象和任务,绝大多数学者赞同采取文化的狭义,但具体理解有所不同。李文海主张把文化现象分为三类:观念形态;传播和反映这些观念形态的媒介和方式;群众日常活动中具有民族特色的社会生活要素。据此,他认为中国近代文化史的研究对象,即中国半殖民地半封建社会中这三个方面的状况。① 刘志琴也取文化的狭义,主张把意识形态作为文化史的研究对象。② 龚书铎主编《中国近代文化概论》则以观念形态的文化,也就是与政治、经济相应的文化为研究对象。关于近代文化史的研究任务,有人主张,文化史研究的重点应该是文化的精华部分,或者说是进步文化的方面。李文海认为,精华与糟粕、进步文化与反动文化,相互缠绕,都不是孤立存在的。"统治阶级的思想在每一时代都是占统治地位的思想",就其社会影响而言,是比那些进步的

---

① 参见李文海:《中国近代文化史研究对象与任务刍议》,《中国近代文化问题》,中华书局1989年版。

② 参见刘志琴:《怎样认识文化史》,《中国近代文化问题》,中华书局1989年版,第36页。

或革新的新文化更加经常起作用的社会存在。因此,应纳入重点考察对象。①

近年来,欧美新文化史理论在中国的传播,引起一些学者对这些问题重加思考。郑大华强调,加强社会变迁与文化转型之互动关系的研究,对于深化中国近代文化史研究具有十分重要的意义,因为社会变迁引起文化转型,并决定着文化转型的性质和速率,而文化转型又对社会变迁有着重要影响,有时还为下一步的社会变迁制造或提供思想前提。黄兴涛认为,文化史研究由三个层面组成,一是文化人物、事件、各文化分支门类自身一般状况的研究;二是多种文化因素整合而成的"文化现象"的发现和阐释;三是文化与社会、政治、经济等的互动关系的研究,尤其是要关注"社会的文化史"与"文化的社会史"之间的互动关系。也有学者指出,在确立中国近代文化史的研究对象时,有必要考虑这样几个方面问题:一是要区分近代文化与近代历史上的文化,以新文化的生成、发展为主,兼顾近代历史上的其他文化;二是要将文化史作为类文化的历史,而非专史的结合;三是既要把文化作为研究对象,又视为不断发展的理论方法;四是要处理好"外在取向"与"内在理路"的关系。②

关于中国近代文化史的开端,多主 1840 年鸦片战争说。此说立论的根据主要分两种情况,一是遵从社会性质、社会形态的划分标准,认为从鸦片战争开始中国进入半殖民地半封建社会,凡反映这一社会观念形态的文化即近代文化;一是西方学者所提出的"冲击—回应"模式,认为中国走向近代化的最大动力源自外部,始于鸦片战争。尽管双方观点有很大出入,但对中国近代文化史的起始时间则少有争议。20 世纪 80 年代,西方各种现代化理论流入中国,受此影响,有学者试图重新论证中国近代文化的起源问题。针对韦伯、费正清等人把中国现代化归于外力推动的结果,萧萐父、冯天瑜等重提侯外庐的明清之际早期启蒙思潮说。不过,与侯外庐从马克思主义社会形态理论立论不同,萧、冯主要是从文化现代化的角度予以解说。他们认为,中国文化的现代化必须从民族文化传统中寻找内在的历史根芽,从 17 世纪以来中国曲折发展的启蒙思潮中去探寻传统文化与现代化的历史接合点,明清之际出现的具有"破块启蒙"性质的社会思潮

---

① 参见李文海:《中国近代文化史研究对象与任务刍议》,《中国近代文化问题》,中华书局 1989 年版。
② 《笔谈:中国近代文化史研究的理论反思》,《史学史研究》2007 年第 3 期。

可视为中国文化现代化的起点。① 萧、冯的论点遭到包遵信、陈卫平等人的质疑。陈卫平认为,明清之际思想是近代思想的胚胎,所谓胚胎,就是说明清之际表现出从传统过渡到近代的某些动向,但它与西方文艺复兴不相类。彭明、程歗主编的《近代中国的思想历程》也对近代思想文化的起源问题提出了自己的看法。他们认为,探索近代思想文化的起源,既要充分把握中国外部条件的变化,更要充分考察中国社会内部的变迁和文化积累。因此,论析近代思想的起源,就需要跨过作为政治史开端的1840年,对乾嘉以来的社会事件有所考察。② 最近,耿云志在其新著《近代中国文化转型研究导论》中指出,片面强调外来文化的冲击作用,或片面强调中国传统文化的现代转换,都是不符合实际的。传统文化内部新质因素的积累与外部的刺激主次地位的变化应根据具体情况而定。③

关于中国近代文化结构问题。龚书铎《近代中国文化结构的变化》(《历史研究》1985年第1期)纵横结合,就近代文化的结构与发展予以阐述。该文指出:近代中国文化结构发生了前所未有的变化,在文化构成上,由鸦片战争前单一的封建文化,变为包括封建文化、帝国主义文化、资产阶级文化、无产阶级文化在内的复合体;在内部结构上,以儒学伦理纲常为核心的封建文化,逐步让位于以民权、平等为核心的资产阶级新文化;在部门结构上,原有学科如史学、文学等在学科内容、体系等方面发生变革,新学科如政治学、法学、自然科学等逐渐兴起。庞朴的《文化结构与近代中国》(《中国社会科学》1985年5期)把文化视为立体的系统,分为物质层、心物结合层(即理论、制度层)和心理的层面。他认为,从鸦片战争,中经甲午战败,到五四运动时期的整个中国近代文化史,表现为文化三结构的依次展开。王先明则把文化模式理解为一种特定的文化结构,也就是一定的文化在特定历史阶段演进过程中的文化结构形式。他认为,"中体西用"并不只是一种洋务派的思想原则或纲领,或社会思潮,还是近代中国独有的文化模式。这种文化模式,突破了传统的体用同源或体用不二结构模式,也不同于西学

---

① 1983年萧萐父在《中国社会科学》第1期发表《中国哲学启蒙的坎坷道路》、1984年冯天瑜和周积明在《中国史研究》发表《试论中国和欧洲早期启蒙文化的异同》,1985年冯天瑜在《历史研究》发表《从明清之际的早期启蒙到近代新学》;冯天瑜主编《东方黎明——中国近代文化走向近代的历程》,巴蜀书社1987年版。

② 参见彭明、程歗主编:《近代中国的思想历程》,第5页。

③ 参见耿云志:《近代中国文化转型研究导论》前言部分,四川人民出版社2008年版。

的文化模式,在近代特定历史条件下,发挥了独特作用。①

关于中国近代文化的特点,研究者虽无大的分歧,但在具体表述上存有差异。龚书铎把近代文化的特点归结为四:第一,近代文化是在西方文化和中国传统文化互相冲突又会通融合的过程中形成的;第二,民主与科学是近代文化的核心;第三,近代文化的发展从一开始就同政治、救亡图存密切结合在一起;第四,近代文化既丰富多样,又肤浅粗糙,没有完整的体系。② 也有学者认为,中国近代文化的特点可用"中、外、古、今"来概括。中、外、古、今文化互相斗争,互相渗透、融合,构成了近代文化多样复杂的特点。还有学者对近代文化的缺点予以总结,认为近代文化与政治结合得过于紧密,过分从属于甚至完全屈从于政治,缺乏一定独立性,相对忽略了全民族文化科学素质的提高。③

关于近代文化的地位和作用,在很长一段时间流行的看法是,中国古代文化成就辉煌,近代文化贫乏落后;近30年来,这种看法发生了很大变化。有学者认为,应该历史地看问题,从总体发展趋向上看,近代文化有相当大的进步。它有了资本主义文化,后来又有了马克思主义文化,这与古代文化相比,显然是质的变化。有学者认为,这一时期是继春秋战国之后又一个百家争鸣、文化大发展时期,其在文化史上的地位不容忽视。还有学者以中西文化的大融合来标示近代文化的进步。史全生《中华民国文化史》(吉林文史出版社1990年版)指出,民国文化在民主自由思想、自然科学和人们的科学精神、民族精神等三方面均有长足进展。

2. 革命与改良、激进与保守的关系问题

诸多问题中,围绕革命与改良、激进与保守的关系,学界争论较多,关涉面较大,富有代表性。革命与改良、激进与保守之争,其间有分有合,鉴于二者割不断的联系,在此一并叙说。

新时期对这一历史问题的探讨与对"文革"的反思密不可分。鉴于此前对革命思想的颂扬、对改良的贬抑,李泽厚《中国近代思想史论》(人民出版社1979年版)一书以太平天国革命、资产阶级改良思潮和革命思潮及其代表人物的思想为

---

① 参见王先明:《近代新学——中国传统学术文化的嬗变与重构》第七章,商务印书馆2000年版。
② 参见龚书铎:《略谈中国近代文化的特点》,《中国近代文化探索》,北京师范大学出版社1997年版。
③ 参见李侃:《中国近代文化与社会主义现代化》,《近代传统与思想文化》,文化艺术出版社1990年版。

对象,作了有针对性的解析。他认为,此前在歌颂农民起义的旗号下,把太平天国和洪秀全说得十全十美,歪曲了事情的本来面目,在反地主统治的革命中,小农的封建性及其沉重的社会影响不可低估;改良派的自由主义思想具有抵抗侵略的爱国主义和反对封建落后的特征,在历史上起了深刻巨大的启蒙作用;革命派由爱国而革命,是为了国家的独立、自由、富强而革命,从思想史角度看有其不足,思想启蒙工作,革命派做得很少,也不重视。1980年,陈旭麓发表《中国近代史上的革命与改良》(收入《近代史思辨录》广东人民出版社1984年版)一文,予改良和改良主义以新的评价。他指出,改良决不是历史的赘疣,不能简单视作是灰色的、骑墙的和反动的,视作阻止和对抗革命的政治势力;它与革命相辅而行,对立统一,不能互相替代、互相抹杀。学界对革命与改良重新定位,意味着与此密切相关的太平天国革命思潮、洋务思潮、维新思潮、资产阶级革命思潮等也要作出新的评价,因为,从某种程度上说,革命是中国近代思想史的重要坐标体系。

  80年代后期,中国出现一股反传统的声浪,海外学者余英时等针对中国近现代史上的"激进主义"思潮发表意见。1988年,余英时在香港中文大学发表题为"中国近代思想史上的激进与保守"的演讲,认为"中国近代一部思想史就是一个激进化的过程","无论是戊戌的维新主义者,五四时代的自由主义者,或稍后的社会主义者,都把中国的文化传统当作'现代化'的最大敌人,而且在思想上是一波比一波更激进"[①]。1992年,姜义华在《二十一世纪》发表《激进与保守:与余英时商榷》一文,引起热烈讨论。姜义华指出,百余年来,中国的"激进主义事实上不是太强,而是太弱"。现代化运动在很长一段时间内力量有限,北洋军阀和国民党新军阀取得统治地位以及由此引起的社会动乱,在很大程度上来自固有传统,而不是源于反传统的力量。《二十一世纪》、《哲学研究》、《东方》、《读书》、《原道》等刊物发表系列文章,就中国近代思想上的激进与保守问题进行争论。[②]其中,李泽厚等发表的《关于文化现状、道德重建的对话》、《告别革命》等,从反思和批判辛亥革命入手,对近代以降的革命予以否定性评价。他把谭嗣同看成是近代激进主义的开山,认为激进主义的负面影响极大,不仅影响到维新派和革命派,甚至一直影响到现在。他提出,根据以往"革命史观"的评价标准,"革命"是

[①] 余英时:《中国近代思想史上的激进与保守》,《钱穆与现代中国学术》,广西师范大学出版社2006年版,第188页。
[②] 参见李世涛主编:《知识分子立场——激进与保守之间的动荡》,时代文艺出版社2000年版。

好名词,"改良"是贬义词,现在应该把这个标准颠倒过来,"告别革命"。此说引起近代史学界极大关注。1995年,《高校理论战线》发表著名学者李文海、金冲及、胡绳武、龚书铎、张海鹏、杨天石、耿云志等人的文章,指出批判激进主义者在历史观与方法论方面存在严重错误,一定要实事求是,坚持以马克思主义指导史学研究。①他们强调,史学研究要从史实出发,而不能从假设出发,革命是近代以来民族危机和社会矛盾极其尖锐的产物,不能想当然地视为激进主义思潮的产物。②激进与保守之争,由于融入了强烈的现实关怀,并非是一般意义上的学理争辩,但其中所提出的问题,某种意义上延续了此前关于革命与改良的讨论,关系到如何看待戊戌变法、辛亥革命、五四新文化运动等重大问题,直至今日,学界仍未就此达成共识。

3. 关于五四新文化运动的评价

五四新文化运动是中国近代文化史领域讨论最多也最为持久的话题之一。进入80年代后,随着思想解放和科学发展,有关五四新文化运动的讨论可以说高潮迭起,争鸣不已。

关于新文化运动与五四运动的关系。长期以来,人们多对五四运动作广义的理解,认为它既指1919年的"五四事件",也包括以《新青年》为主要阵地的新文化运动。人们把"五四"或五四运动的精神概括为反帝反封建,某种上就涵盖了这两种运动。有学者认为,如此理解,在提升了"五四"革命性的同时,却掩盖了新文化运动的独特意义。③ 20世纪80年代"五四"研究的成果之一,是对五四政治运动与新文化运动的区分,从而彰显新文化运动的历史意义。这一方面的重要观点,是李泽厚提出的"救亡压倒启蒙"说。④ 李泽厚的论断以二者对立的形式,把救亡与启蒙鲜明区分开来,造成了关于五四爱国政治运动和新文化运动关系的不同理解,由此引发了救亡压倒启蒙或救亡促进启蒙的纷争。受李泽厚观点影响,在80年代的文化讨论中,五四启蒙中断的说法一度流行。进入90年代后,反对中断说的学者明显增多,其主要观点认为,五四后反帝反封建的民主

---

① 《历史学家谈中国近现代史研究的历史观和方法论》,《高校理论战线》1995年第8期。
② 这一方面的论点,可参见沙健孙、龚书铎主编:《走什么路》,山东人民出版社1997年版。
③ 参见洪峻峰:《思想启蒙与文化复兴——五四思想史论》,人民出版社2006年版,第4页。
④ 参见李泽厚:《启蒙与救亡的双重变奏》,原载《走向未来》1986年创刊号,后收入《中国现代思想史论》,东方出版社1987年版。

革命把思想启蒙具体落实到行动上,新文化运动的启蒙精神在新的历史背景下得以延续。

关于五四新文化运动的性质,有思想启蒙、文艺复兴、反传统等不同说法。20世纪80年代以来,以思想启蒙来表述新文化运动的性质,肯定其反帝反封建的意义,占据主流地位。这一观点可上溯至30年代中国共产党人发起的新启蒙运动。1937年,何干之所著《近代中国启蒙思想史》对此有系统阐述。"文艺复兴"说始自五四时期,当时,蔡元培、胡适、蒋梦麟等人曾把五四新文化运动比附为欧洲的文艺复兴。进入90年代后,随着学术史研究的深入,"国学热"出现,五四新文化运动时期的整理国故运动引起关注,加上美国学者格里德《胡适与中国的文艺复兴》等著作的影响,以五四新文化运动为"中国的文艺复兴"的说法流行开来。五四"反传统"或"全盘反传统"的说法,较早出现在美国学者林毓生20世纪70年代出版的英文著作《中国意识的危机——五四时期激烈的反传统主义》。他认为,五四时期的反传统主义非常激烈,完全可以说是全盘性的反传统主义。1986年,林著中文译本在国内出版。1988年,余英时在香港发表演说《中国近代思想史上的激进与保守》。他们的观点在国内引起激烈争论。严家炎、彭明、王桧林、丁守和、姜义华等人先后撰文对林、余的说法予以驳斥。严家炎在《五四新文化运动与传统文化》、《五四·文革·传统文化》等文中指出,把五四新文化运动称作全盘否定传统文化,从三个层面上说都是不恰当的:第一,这种说法把儒家当作了传统文化的全盘;第二,把三纲为核心的伦理道德当作了儒家学说的全盘;第三,忽视了儒家思想内部存在非主流、反主流成分。批评者有之,赞成者也不乏其人。1993年,陈来在《东方》杂志创刊号上发表《20世纪文化运动中的激进主义》,对林、余的观点表示认同。他说:"无可否认,对传统的反叛是'五四'文化运动留给知识阶层的最有特色的遗产,同时也开始了激进主义横决天下的历史。"

关于五四精神的内涵,学界一般认为,民主与科学是五四新文化运动的旗帜,其反帝反封建的革命精神极大地推动了中国历史进步。但也有学者提出不同看法。1989年五四运动70周年时,有学者发表文章称,"重新阐释五四,颠覆了'民主与科学',代之以'自由与秩序'"①。进入90年代后,王元化等人援用陈

---

① 许纪霖:《启蒙的命运——二十年代的中国思想界》,《另一种启蒙》,花城出版社1999年版,第265页。

寅恪为王国维纪念碑所撰铭文,认为"独立之精神,自由之思想"表现了五四文化精神的重要方面。① 也有学者认为,"多元主义是五四精神最弥足珍贵的思想遗产,它标志着启蒙时代开放的心灵和自由的思想","它是'科学'与'民主'赖以生长的基础"。② 这些学者的立论,主要是从蔡元培、胡适等人的思想中寻找学术资源。与此不同,余英时《文艺复兴乎?启蒙运动乎?——一个史学家对五四运动的反思》则主张将"国故"学者梅光迪、吴宓等文化保守主义者,置于与五四新文化的同一论述结构之中。③ 余英时的这一观点得到不少国内学者的认可。他们把杜亚泉、任鸿隽、章士钊、梅光迪等被长期视作反动或保守的人物,通过"同情之了解",纳入新文化运动序列,认为这些人也是五四新文化精神的代表。这些阐释,不同程度地拓展了新文化运动的研究范围。

三

新时期 30 年,中国近代文化史研究成就斐然,有目共睹。但若予以认真反思,毋庸讳言,其间存在一些不足之处,或一些有待解决的问题。例如,学界对文化史理论的讨论与总结④,即便与同期兴起的社会史比较,也差强人意,文化史学科理论方法的滞后已远远不能满足学科建设的要求。

第一是史观问题,具体说是如何对待唯物史观问题。

我们知道,文化史有其特定的研究对象,其中知识人是不可或缺的组成部分。至于著名思想家、学者或知识分子在历史进程中所起的作用,更是有目共睹。从中国近代文化史的实际看,其中相当多数的人是以唯心史观或文化决定

---

① 王元化:《对于"五四"的再认识答客问》,《九十年代反思录》,上海古籍出版社 2000 年版,第 133—134 页。
② 高力克:《五四的思想世界》,学林出版社 2003 年版,第 292 页。
③ 参见余英时:《重寻胡适历程》,广西师范大学出版社 2004 年版,第 266 页。
④ 恕笔者少见,已发表的成果中,较集中讨论近代文化史理论的主要有:《中国文化研究集刊》第 1 辑(复旦大学出版社 1984 年版)虽对文化史理论有所讨论,但专门探讨近代史者仅有陈元晖《把中国近代文化史的研究提到研究日程上来》一篇文章;《中国近代文化问题》(中华书局 1989 年版)收有李文海、刘志琴等人的四篇文章;《史学史研究》2007 年第 3 期所刊郑师渠等六位学者的笔谈"中国近代文化史研究的理论反思"。龚书铎《中国近代文化探索》(北京师范大学出版社 1997 年版)、罗志田《二十世纪的中国思想与学术掠影》(广东教育出版社 2001 年版)等著作,也收有数篇文化史理论方面的文章。

论为指导的。金冲及早在20世纪80年代初就曾大胆指出,"决不能简单地认为:凡是进步的思想家在哲学上一定是唯物主义的,凡是哲学上的唯心主义者在政治上也很难是进步的。不仅如此,纵观中国近代社会思潮的演变,甚至可得相反的结论:在长时间内支配进步思想界的哲学思想,却一直是唯心主义(特别是主观唯心主义)。"①吊诡的是,"错误的"或"落后的"史观何以能指导他们作出如此巨大的历史贡献? 笔者以为,对此,需要从唯物论本身寻找答案。

文化与经济基础、生产方式的关系也值得进一步思考。按照历史唯物主义教科书的一般说法,生产方式决定社会制度,经济基础决定上层建筑,文化被包括在上层建筑或意识形态之中。且不说国外形形色色的文化理论,即以当下流行的"文化生产力"、"文化力"等说法,我们对"文化"特别是文化与经济基础、生产方式等的关系,是否需要作出新的理解。进一步说,唯物论是否需要有所发展。而这对于如何考察和评价文化在中国近代历史进程中的地位,具有极其重要的理论意义。

唯物主义认识论同样受到挑战。唯物主义认识论有一个正式的名字——"反映论",意思是说:"我们所认识到的一切,都是客观事物的反映,是事物本身在我们主观中的反映。"②尽管唯物论者承认这种反映具有一定相对性、主观性,和照相机的那种反映不同(实际上照相机也并非百分百地反映),但从本质上说,反映论以历史的客观性、可知性为前提。具体到近代文化研究领域,一段时间以来,"一定的文化是一定社会的政治和经济在观念形态上的反映"被作为经典语录反复被引用。但这一理论近来受到后现代主义等史学思潮的强有力冲击。近年发表的一些文章,不同程度上源自文化建构论的影响,而建构论与唯物论有明显的差别。在建构论中,淡化历史事实与历史学之间的界线,导致历史的客观性与真实性大打折扣,甚至遭受质疑。一些新文化史家虽然对相对主义抱有高度警惕性,以避免陷入建构论之中,但他们也不以反映论为然。③

静心观察,不仅唯物史观与文化史的关系缺乏足够研究,而且唯物论本身也亟待发展。著名学者陈先达对历史唯物论研究有素,却发出这样的感慨:马克思主义传入中国虽有上百年历史,但"我们对什么是生产力、什么是生产关系、什么

---

① 金冲及:《中国近代思想史研究中的几个问题》,《中国文化研究集刊》第1辑。
② 艾思奇:《大众哲学》,新华出版社2001年版,第61页。
③ 参见Peter Burke, *Varieties of Cultural History*, Policy Press,1997, p.8。

是经济基础、什么是上层建筑、什么是社会存在、什么是社会意识,至今仍然不很清楚。在教科书中对历史唯物主义基本范畴和概念也很难给出明确的得到共识的定义。"①反过来说,这决不意味着文化史研究者可以袖手旁观,等待唯物论研究者提供现成的答案。如何处理文化史与唯物史观的关系,史学家有一份不可推卸的责任。

第二是问题意识,具体说是如何在保持国际视野的前提下提出本土问题。

毋庸置疑,国际的视野、比较的眼光,自近代以来即是推动中国学术进步的利器。梁启超早在20世纪初既已自觉认识到其积极意义。他说:"凡天下事,必比较然后见其真,无比较则非惟不能知己之所短,并不能知己之所长。"②完全可以说,新时期30年,中国近代文化史研究之所以能够取得如此显著的成绩,大量吸收海外史学界的理论观点是重要因素之一。

但通过前面总结不难看出,中国近代文化史研究领域大多数带有标志性的理论方法、学术成果或重要学术讨论,基本源自或是回应海外学术界的观点。就理论而言,从革命史理论、现代化理论到后现代主义,乃至所谓反对西方中心论的东方主义,无一不是源自西方。关于近代思想史上革命与改良、激进与保守等重大问题的讨论,也首先是为了回应海外学者的观点。问题是,中国近代文化史是以中国文化为主体的历史,作为中国学者,如何在保持国际视野的前提下提出自己的问题?

其间,虽然有不少学者在理念上强烈反对西方中心说,但就问题来源而言,就学术实践而言,他们在回应西方中心说挑战的同时,不自觉中又落入了西方中心论。借用一些学者的说法,"既然面临'文化霸权'存在的现实,要与国际学术研究进行真正的'对话',实不得不思其所思,言其所言"。③而且,西方文化是研究中国文化不可能离开的参照系或者说是坐标系。会通中西的严复曾提出这样的论断:"从事西学之后,平心察理,然后知中国从来政教之少是而多非。即吾圣人之精意微言,亦必既通西学之后,以归求反观,而后有以窥其精微,而服其为不可易也。"④在西方的"文化霸权"下,如何既保持国际对话,又能提出具有本土性

---

① 陈先达:《唯物史观在新中国的五十年》,《哲学动态》1999年第10期。
② 梁启超:《论中国学术思想变迁之大势》,《饮冰室合集》文集之七,中华书局1989年版,第2页。
③ 罗志田:《二十世纪的中国思想与学术掠影》,第59页。
④ 严复:《救亡决论》,《严复集》第1册,中华书局1986年版,第49页。

的重大问题,确实有其难度。周谷城早在新时期之初就曾提出,"研究中国文化史,同样要反对欧洲中心论,尤其说到近代的时候更要注意"。① 今天看来,如何真正走出西方中心论,还有很长的一段路要走。

第三是如何理解文化史,以及文化史与其他诸专史之间的关系问题。

如何理解文化史,首先要回答的便是"文化"的概念。沿用俗常的说法,文化有"大文化"、"小文化"之分。尽管研究者对"文化"的理解不完全一致,但从新时期 30 年的近代文化史研究看,研究者几乎一致采用的是"小文化",也就是偏重精神层面的文化概念。取文化的狭义,便于学术操作,且也符合近代历史实际,否则,广义的包罗万象的文化,会使研究者如同老虎吞天,无从着手。这似乎合情合理。但回顾 20 世纪上半期,梁启超、胡适、李大钊等人的文化史著,多从"大文化"立论,涉及种族、地理、政制、法律、社会组织、婚姻家庭等方方面面,而且,其中一些著作的学术价值至今为人称道。日本著名文化史家石田一郎则指出:"对文化史学的最大误解,是将'文化'视为相对于政治及经济的、有关宗教、学术、艺术等的狭义的文化现象,从而把'文化史'看作是部分地或综合地记述该类历史的一种特殊史。"②这不由引人深省,从"大文化"定义的中国近代文化史该是什么形象,从"大文化"角度研究近代文化史会取得什么效果? 毕竟,"小文化"仅是文化的一个面相。

即便"小文化"之下的次级文化定义,也不乏反思之处。对文化现象予以分类,然后确立该类型下的典型作为研究对象,是史学研究中常见的思维方式。但类型化、典型化的处理方式,也有其弊端,易失于准确。比如,研究者以"学派"、"主义"来指涉某一论域、某一主题,长处是个性鲜明,但值得注意的是,其实,不少时候是出于研究方便,不能绝对化,更不能坐实。再如,以"顽固"与"维新"、"激进"与"保守"、"复古"与"西化"等对立概念来划分思想文化,也常给人以"书不尽言,言不尽意"的感觉。正像有人所指出的,近代更多的文化现象可能处于新旧两极之间,同一个人物的文化思想,也是多种因素杂陈的复合体,并不见得绝对地旧派惟旧,新派惟新。同一学派下成员的差别性,与不同学派间的共同性,都应该予以重视。

---

① 周谷城:《中国文化史研究的意见和希望》,《中国文化研究集刊》第 1 辑,第 26 页。
② 〔日〕石田一郎:《文化的概念与文化史学》,《文化史学:理论与方法》,浙江人民出版社 1989 年版,第 144 页。

历史是一个多面的集合体,如何理解文化与社会、政治、经济的关系,如何进行跨领域研究,相当重要。进入80年代后,各门专史得到重视,却一定程度上弱化了综合性研究。近年来,不少论者已充分注意到,社会变迁与思想文化的互动,是一个有较大发展潜力的研究方向。社会史注重实证方法、注重社会实践、关注社会下层等特点,予近代文化史研究以很大启发,甚至催生了社会文化史、社会思潮史研究。同样,文化与政治、经济的关系也值得认真反思。人们常说,政治史是历史的主干,这一说法有其合理性。但政治与文化的关系,有时又不是简单地以主与次所能说明。政治既内在又外在于文化,文化既内在又外在于政治,二者相互缠绕、相互渗透又相互超越。一方面,思想与行动保持有某种一致性,另一方面,思想文化不能简单地化约为现实层面,学术立场并不代表着政治分野。在中国史研究领域,社会经济形态发展同文化史过程的相互关系问题是文化史理论中最重要的问题之一。这一综合问题的研究很大程度上直接以怎样解释文化为转移。研究者是把文化理解为上层建筑现象,还是把文化理解为广义的、贯穿整个社会生活的、真正渗透到社会机体所有毛孔的现象? 为避免简单化约的危险,在一些情况下,整个历史学的研究实践要求运用后一种方法,显然,任务更复杂更艰巨,但惟有如此,才能很好地解释和说明近代历史的整体进程。

　　文化史理论的建设需要学术实践经验的积累。80年代初,一些研究者针对文化史研究几近空白的状况,提出"草鞋没样,边打边像",主张先从具体问题做起。历时近30年,中国近代文化史研究已有长足进展,我们是否一如既往,满足于"边打边像"的文化史理论?

[作者简介:张昭军,北京师范大学历史学院教授,博士生导师。]

书　讯

《清代外交礼仪的交涉与论争》出版

北京师范大学历史学院王开玺教授的《清代外交礼仪的交涉与论争》一书，已于2009年8月由人民出版社出版。长期以来，王开玺教授致力于晚清政治史、外交史等方面的研究。该书积其20余年搜集史料之功，对清代中外交往过程中一系列外交礼仪的交涉与论争等，进行了全面而系统的梳理与研究，系为《国家清史编纂委员会·研究丛刊》之一。

全书除绪论和结束语外，共计7章，62万余字。

本书的绪论部分，从外交学或外交理论的角度论述了外交和外交礼仪、中西方国家不同的外交理念、外交礼仪与国家主权、民族尊严的关系等问题。

第一章至第三章，介绍了明清的天朝大国思想与东方国家秩序，论述分析了清代前期中俄、中英之间的交往过程和外交礼仪的冲突与交涉。

第四章至第六章，是全书的重点着力之处，占全书篇幅的一半以上。在此，作者分析论述了自1840年鸦片战争以后，有关中外国家的"平等"与"不平等"的交涉、咸丰朝外国公使驻京问题及其礼仪问题的交涉，以及在冲突中清廷外交礼仪的转型等。作者认为，清廷在西方列强的多次交涉下，放弃了传统的三跪九叩礼节，同意外国公使以立鞠躬或三揖之礼觐见同治帝。这是中外礼仪之争的一个重要转折点。

第七章，论述了1901年《辛丑条约》签订后，外国方面以武力征服者的姿态，向清廷提出了种种无理至极的礼仪要求，充分反映出中国半殖民地的国家地位。

结束语部分，以现代人的现代外交理念，对清代中外关系中的礼仪之争，进行宏观的纵向研究、横向分析，以求对此作出科学的评价。

作者认为,在清代中外礼仪之争的过程中,清廷顽固坚持传统的三跪九叩之礼,表现出唯我独尊的高傲心理,确实是迂腐无足取的。但在当时的历史条件下,这种外交礼仪之争又是与维护国家主权、民族尊严相联系的,谬误中包含有正确合理的因素。外国方面对中国传统的跪拜礼仪呶呶置辩,拒绝跪拜,要求公使驻京等,固然包含有其合理的成分,代表了新型国家关系的发展方向。但是,他们在与清廷进行礼仪争辩,要求清廷"平等"对待的同时,却又对中国进行了野蛮的武力侵略。西方列强在礼仪之争中的某些合理性,完全是服务于其强迫侵略性的,并为其强迫侵略性所湮没。

经过二百余年的中外礼仪之争,清王朝在外交礼仪问题上终于走上了与世界趋同的道路。但这仅是形式的变化。中国近代外交和外交礼仪的近代化,既不是中国社会独立正常发展的结果,也不是中国人民对西方国家外交礼仪经过长期的比较后自动认同的产物,而是在列强的侵略压迫下,付出了政治上半殖民地化巨大代价后,难辨苦、辣、酸、甜、咸的"怪果"。

《民国史料丛刊》出版

由北京师范大学"985 工程"特聘教授张研和北京师范大学历史学院教授孙燕京主编的大型史料丛书《民国史料丛刊》已由大象出版社于 2009 年 8 月出版发行。全书收录民国时期史事文献类出版物 2194 种,分政治、经济、社会、史地、文教五大类,大 32 开,计 1127 册,另附 1 册《民国史料丛刊总目提要》,总计 1128 册。

史料涉及的"民国时期",特指 1912 年中华民国成立到 1949 年中华人民共和国成立之间的 38 年。民国 38 年的历史是人们深刻认识中国特有国情、把握中华民族发展方向的鲜活样板。如何认识和把握这段历史,重要的途径就是剖析民国史料。对民国史料而言,当时的出版物、政策法规、数据统计、调查报告、演说文告、规章制度,举凡以文本、以书籍记录为主的文献资料,是其主体构成。

粗略统计,民国出版物大致在 10 万种以上,其中半数是自然科学类图书。社会科学、人文学科的研究性著作汗牛充栋,档案文献多得不可计数。如果说,史学研究建立在分析史料的基础上,那么,民国史料称得上史学研究的"富矿",

不仅逐渐被人们所认识,而且正不断地发掘整理出版。这对于深入研究和全面认识民国历史,有着重要的意义。

然而,正因为民国史料汗牛充栋、史迹未远、人物犹在,如何选编却又十分不易。本丛刊以政治、经济、社会、史地、文教5项分类,类下分目。具体如下:

(一)政治类
  1.法律法规;2.政权结构;3.对外关系;4.军队战事;5.民国初政;6.抗日战争

(二)经济类
  1.概况;2.财政;3.金融;4.农业;5.工业;6.商贸

(三)社会类
  1.农村社会;2.城市社会;3.边疆社会;4.社会问题;5.社会救济;6.社会调查;7.社会成员

(四)史地类
  1.地理;2.历史;3.年鉴

(五)文教类
  1.教育概况;2.高等教育;3.基础教育;4.文化概况;5.文博;6.文体

以上各类目,均以中央到地方分别选编。地方域界沿用民国时代的区域划分,按华北、西北、东北、华东、华中、华南顺序排列。

《民国史料丛刊》的书目,至少有三分之二是以《民国时期总书目》为线索按图索骥而来;其余部分则是多方搜寻,补总书目之无。另外,《民国史料丛刊》所收文本范围不包括《近代中国史料丛刊》、《民国丛书》、《伪满洲国史料》等已收入的相关书籍,亦不包括较为多见、并有专门门类集中编辑出版、属中共党史范畴的史料书籍。《民国史料丛刊》也不包括主要阐发作者主观观点的学术、理论论著;不包括艺术、戏剧及文学创作类书籍(纪实性游记、揭露社会现状之散文及个别野史除外);不包括翻译书籍、中小学课本。